本书获青海省“高端创新人才千人计划”、青海师范大学黄河文化研究院科研专项资助出版。

区域的交错与变奏

河湟地区历史文化研究

李健胜　著

人民出版社

前　言

因工作上的机缘，笔者于2008年左右开始研究河湟地区的历史文化，于今恰好历时十年。一开始，从读方志材料着手，发现清代及民国方志中有不少河湟地区民族宗教与社会生活方面的材料。接着，又读了大量回忆录性质的文史资料，其中有关近代青海的教育、文艺等方面的材料颇有价值。笔者试图查阅档案材料，但被告知因某些原因，当地档案馆不对外开放，只好作罢。当然，按照史学研究的一般方法，研读相关研究成果也是免不了的功课，发现民国以来研探河湟历史文化的论著较多，一些问题的研究已然颇为精深。在前贤研究基础上，我花费了一些时间和精力研究河湟地区历史文化问题，涉及史前历史、民族宗教、历史地理等专题。

我的专业是中国古代思想文化史，偏重先秦儒学，虽一直没有偏离专业方向，但在青海做学术研究，长期不与地方史学界沟通，等于错过宝贵的请教机缘。加之我出生于青海省贵南县，从小耳濡目染地方文化，研探相关问题时每每发现史料所载与我的观感颇相接近，而这促使着我去研究自己感兴趣的课题。我的区域史研究主要从河湟汉族历史文化着手，从儒学在河湟地区的传播与影响，清代至民国时期河湟城镇社会生活，以及汉族移民与河湟地区内地化等角度，研究了汉族群体中颇具地域特征的河湟汉人及其社会文化。结合先秦历史，我研究了早期羌族历史、青藏地区的早期经济史等专题。此外，通过与青海人民出版社合作的形式，我对丝绸之路青海道做了专题研究。

十年的研究，使我对河湟地区的社会文化及其特征有了自己的认识。我认为文化上的多元不过是河湟文化的一般性特征，其本质性特征在于这一区域文化的次生性。基于这一认识，我一直对打着弘扬地方历史文化旗号下进行的非实证研究，以及民族宗教史研究中的泛文化现象始终保持着警惕。同时，又对故乡的历史文化产生深深的眷恋之情。衷心希望我的研究成果对于了解、研探河湟历史文化能起到一点点的作用。

2018 年 6 月 25 日 西宁

目录

第一章　河湟地区的早期历史文化

本章主要研究河湟地区史前至青铜时代的石器、玉器加工，原始农业与畜牧业的形成与发展，早期移民与河湟彩陶的生成与发展，河湟冶铜业的起源与发展，以及这一地区早期商业情况。

第一节　河湟地区史前石器制作工艺的发展历程

史前手工业研究主要仰赖考古发现。近年来，随着考古工作的深入展开，史学工作者可资利用的考古学资料也进一步增多，本节即以相关考古资料为基础，结合时贤研究成果，拟对河湟地区史前石器制作工艺的整体状况进行较系统的研探。

一、用于狩猎和采集的史前石器

石器是史前人类使用的最为主要的生产工具，石器制作也是史前人类手工业的核心内容。1956 年，中国科学院地质研究所在柴达木盆地南缘的格尔木河上游找到了 10 余件旧石器时代的打制石器，其中有石核、石片和砾石等工具。[①]1980 年，青海省文物考古队在青海贵南县拉乙亥乡发现了一处中石器时代的遗址，经发掘，出土 1480 件石制品，

① 邱中郎:《青藏高原旧石器的发现》,《古脊椎动物学报》1958 年第 2、3 期合刊。

石器包括砍砸器、斧形器、刮削器、石刀、研磨器等，有些器物有垂直琢修痕迹。[①] 考古发现证明，从距今 3 万年左右的旧石器时代到距今 5000—3000 年左右的新石器时代，青海地区分布着石器加工业的史前遗存，这说明这一地区原始先民们制作和使用石器的历史甚为漫长。

河湟地区发现的原始石器以生产工具居多，部分用于生活装饰和制作兵器。这一地区发现的旧石器时代的石器主要用于狩猎和采集。如拉乙亥遗址中发现的研磨器底面平整，工作面中间深凹，似独木舟状，主要用来加工植物根、茎、果实。此外，还出土 8 件研磨棒，这些器物背面留有星状疤痕，可能是敲击坚硬物品所致。[②] 在新石器时代的考古遗址中也发现了用于狩猎和采集的石器。民和县阳山墓地有石球等狩猎工具出土[③]，虽在整个出土石器器物中所占比例较低，但也能反映出当时人们利用石球击杀猎物，以满足生存之需的社会生产力发展的一般状况。乐都柳湾半山、马厂、齐家墓葬中，均有石球与骨镞等狩猎工具出土，说明狩猎业在当时也占有一定地位。[④]

二、用于农业生产的石器及其工艺

新石器时代的磨制石器主要用于农业生产，常见的器型包括斧、锛、刀、锄、镰等。这一时期的磨制石器制作工艺较为精湛，一般采用打、切、磨、划孔和琢钻孔等技术。新石器时代晚期，磨石器分通体磨光和琢磨兼施两类，通体磨光石器制作十分精细，表面磨得相当光滑，琢磨兼施的石器一般为研磨器和部分的斧、锛等。这一时期的斧和刀上

---

① 盖培、王国道：《黄河上游拉乙亥中石器时代遗址发掘报告》，《人类学学报》1983 年第 1 期。

② 盖培、王国道：《黄河上游拉乙亥中石器时代遗址发掘报告》，《人类学学报》1983 年第 1 期。

③ 参见青海省文物考古队：《青海民和县阳山墓地发掘简报》，《考古》1984 年第 5 期。

④ 参见青海省文物管理处考古队、中国社会科学院考古研究所：《青海柳湾》（上），文物出版社 1984 年版，第 250 页。

一般都会穿孔，多用对钻法凿孔。

石斧是最为常见的一种原始农业生产工具，当时的人们用火烧掉树林后，就用石斧来清除残余的树木和杂草，并用它来翻土耕种。在河湟地区，石斧的出现可追溯至距今6000—5000年左右。青海民和阳洼坡遗址出土了一批磨制精细的锋利石斧，其中有一种板斧状石斧，通体磨光，中间有孔，两面磨刃，刃呈弧形，可能是为了绑束木柄而做成如此形状的。[①]乐都柳湾马厂类型墓葬中共出土石斧178件，分为梯形、长方形、长条形和穿孔形。其中，在902号墓发现一件石斧，“横剖面略呈椭圆形。斧长11厘米，刃宽5.4厘米。附木柄，柄长35厘米，柄之一端凿成长方銎，銎径长5.2厘米，宽2.4厘米，与石斧上端套接，然后用绳捆缚”[②]。这说明，当时的人们已掌握了制作斧柄的技术，而带有斧柄的石斧可以大大提高砍伐和翻种的效率，对于农业生产和畜牧业经济均有巨大影响。此外，青海民和阳山、胡李家、喇家遗址中都有石斧出土。

河湟地区的石斧制作工艺对西藏地区的石斧工艺产生了影响。西藏山南隆子县夏拉木、涅荣石棺墓中也出土了长条形磨光石斧，“最具特点之处是其长、宽比值很大，剖面呈长方形或正方形。类似的器物不仅在西藏卡若遗址、墨脱马尼翁、墨脱村、背崩村、格林村、地东村、西让村等石器地点有过发现，而且与黄河上游甘、青地区新石器文化中所出的同类器形接近”[③]。

石锛是用来伐木和加工木器的工具，同时也可以用来翻地。河湟地区新石器文化至青铜文化遗址中几乎都有石锛出土，出土量仅次于石斧，可见石锛在当时是一种十分重要的农业生产工具。锛的形状一般呈长方形或长条形，长7—11厘米，宽4—6厘米，多为单面起刃，使用

① 参见崔永红：《青海经济史（古代卷）》，青海人民出版社1998年版，第5页。

② 青海省文物管理处考古队、中国社会科学院考古研究所：《青海柳湾》（上），文物出版社1984年版，第88页。

③ 西藏自治区文管会文物普查队：《西藏山南隆子县石棺墓的调查与清理》，《考古》1994年第7期。

时也装有木柄。[1]石刀的用途较广，但主要用于农业收割。在河湟地区新石器时代文化遗址中，石刀也是常见的一种农业生产工具。民和阳洼坡遗址中出土的石刀一般呈长方形，有些石刀中间穿孔，一面或两面开刃。乐都柳湾半山、马厂及齐家文化墓地中皆有石刀出土，这些石刀有的两侧凹腰，有的穿孔，都是为了方便系上绳索，以便套在手指上使用。[2]

此外，石铲、石锄、石镰及研磨器等农业生产、加工工具伴随斧、锛、刀等常见工具，也大量出土。民和阳山马家窑文化半山类型墓地出土的农业生产工具还有镰刀和锄，谷物加工工具有石杵[3]，民和县胡李家遗址出土了铲和磨石[4]，民和喇家出土了研磨器。质地坚硬的石器还用于加工骨器、木器，有时也制作成纺织工具及兵器。柳湾齐家文化墓葬有石纺轮出土[5]，说明石器有时还用于纺织。上述用于狩猎的一些石器，如石簇、石球，可能也当作兵器使用，民和喇家遗址 F4 中，曾出土用于战争的刀、矛各 1 件。[6]此外，石器还用于制作装饰品。民和核桃庄曾出土石串珠和绿松石珠、块。[7]乐都柳湾墓地出土了大量石制串珠、石臂饰及绿松石，“以串珠为大宗，共有一万五千八百一十六颗，出在一百零八座墓中，最多者有墓 583、607、604 三座，数量达千颗以上。随葬石臂饰的有十一座，随葬骨片的有四十座，保存都比较完好。

---

① 参见崔永红：《青海经济史（古代卷）》，青海人民出版社 1998 年版，第 10 页。

② 参见崔永红：《青海经济史（古代卷）》，青海人民出版社 1998 年版，第 6 页。

③ 参见青海省文物考古研究所：《民和阳山》，文物出版社 1990 年版，第 62、139 页。

④ 参见中国社会科学院考古研究所甘青工作队、青海省文物考古研究所：《青海民和县胡李家遗址的发掘》，《考古》2001 年第 1 期。

⑤ 参见青海省文物管理处考古队、中国社会科学院考古研究所：《青海柳湾》（上），文物出版社 1984 年版，第 198 页。

⑥ 参见中国社会科学院考古研究所甘青工作队、青海省文物考古研究所：《青海民和县喇家遗址 2000 年发掘简报》，《考古》2002 年第 12 期。

⑦ 参见青海省文物考古研究所、青海省文物管理处、西北大学文博学院：《民和核桃庄》，科学出版社 2004 年版，第 27 页。

绿松石饰出在二十六座墓中，制造都很别致”[①]。

综上，旧石器时代和中石器时代的石器加工主要是为了满足渔猎和采集之需，新石器时代的典型石器则主要用于原始农业生产。河湟地区出土的旧石器时代的打制石器做工一般较为粗糙，器型包括石片、石球、刮削器等，一般都是从石核上直接打击制成的。中石器时代的石器制作虽仍以打制为主，但已对局部进行磨制，一般都从劈裂面向背面沿着边缘锤击加工，制作工艺较之前已有进步。新石器时代的石器制品中打制石器仍占很大比重，磨制石器则是这一时期的典型器物，斧、锛、刀、锄、镰等工具主要用于农业生产，其中一些属于复合型工具，还用来加工木器、骨器或建造房屋等。石器制作工艺的进步反映出河湟地区史前人类利用和改造自然能力的逐渐增强，也体现了原始社会生产力逐步发展和进步的历史过程。

第二节　河湟地区的原始农业与畜牧业

距今 5800 年左右，仰韶文化庙底沟类型人群把原始粟作农业带到河湟地区，这一地区的畜牧业源于原始狩猎，是在与原始农业相结合的饲养业基础上发展而成的。

一、原始农业发展概述

河湟地区原始农业的生成、发展与分布于黄河中游一带的仰韶文化关系密切，这一文化对河湟地区影响颇深。1980 年，民和阳洼坡石岭下文化类型遗址曾发现带贮坑房屋遗址，出土了石刀、石斧和骨铲

① 青海省文物管理处考古队、中国社会科学院考古研究所：《青海柳湾》（上），文物出版社 1984 年版，第 24 页。

等生产工具，学者们据此认为，当时的原始农业已经进入较进步的阶段。[①]1999年，考古工作者在文化内涵与民和阳洼坡遗址接近的民和胡李家遗址中，通过对灰坑堆积物进行浮选，“采集到炭化的小米粒。在沟状灰坑中还出土了多件炭化遗物，尚待检测鉴定。其中一件外观颇似面食花卷”[②]。这说明，仰韶文化庙底沟类型向马家窑文化类型过渡时期，河湟地区不仅已出现原始农业，且已具有一定的发展规模。马家窑半山类型时，青海东部人群已进入父系氏族社会阶段，当地的原始农业生产还不甚发达，从河湟地区出土的生产工具数量来看，狩猎工具所占比例较高，农业生产工具较少，这说明当时人们主要以狩猎为生，出土墓葬中也未见用粮食随葬的习俗。[③]距今4500年左右，得益于湿润、温暖的气候，以及受原始农业生产技术进步等因素影响，河湟地区的原始农业进入大发展时期。从乐都柳湾马家窑文化马厂类型遗址中出土的相关器物来看，“当时人们所用的生产工具除石斧、锛、刀外，还有宽刃的石镰等工具。还发现捆绑有长木柄的石斧，保存相当完好。这种复合工具的生产效率显然要比不带把的工具高出许多，它应是生产工具进步的标志。墓中还普遍发现粟的颗粒或皮壳，皆装在粗陶瓮内，说明粟是当时人们的主要粮食”[④]。可见，马家窑文化马厂类型时期农业生产工具种类更为多元，制作技艺也更为精细，而以粮食随葬习俗的出现，更能说明当时农业生产在居民生活中的比重在加大。距今4000年左右，齐家文化成为河湟地区占主导地位的原始文化类型。从考古发现来看，齐家文化遗址广泛分布于青海东部地区的河谷地带，其分布最西端已至青

---

① 参见青海省文物考古队：《青海民和阳洼坡遗址试掘简报》，《考古》1984年第1期；尚民杰：《青海原始农业考古概述》，《农业考古》1987年第1期；崔永红：《青海经济史（古代卷）》，青海人民出版社1998年版，第4页。

② 中国社会科学院考古研究所甘青工作队、青海省文物考古研究所：《青海民和县胡李家遗址的发掘》，《考古》2001年第1期。

③ 参见尚民杰：《青海原始农业考古概述》，《农业考古》1987年第1期。

④ 青海省文物管理处考古队、中国社会科学院考古研究所：《青海柳湾》（上），文物出版社1984年版，第252页。

海湖滨的沙柳河一带。青海乐都柳湾齐家文化墓葬出土的生产工具"以农业工具为主，纺织工具次之，狩猎工具很少"①。这说明，"齐家文化的人们过着比较稳定的定居生活，原始农业仍是主要的经济行业"②。

受仰韶文化影响，河曲地区的土著也开始从事农业生产。同德宗日遗址出土的农业工具中，最多的是石刀，有43件③，除用于日常生活外，石刀主要用于收割农作物④；石斧9件，其中一件尾窄刃宽，稍呈梯形，两面刃，刃端中部有一对钻而成的圆孔，尾端残，长10.45厘米，宽6.25厘米，厚0.9厘米⑤，石斧是最为常见的一种原始农业生产工具，宗日人用火烧掉树林后，就用石斧来清除残余的树木和杂草，并用它来翻土耕种；另外还有石锛6件，石锛可以用来伐木和加工木器，也可以用来翻地。上述石刀、石斧和石锛的出土，为我们展示了新石器时期羌人先民们从事原始农业生产的一些状态。农业生产在宗日文化中占据着重要地位，利用C和N稳定同位素分析方法研究青海宗日遗址先民食谱发现，骨胶原的 $\delta^{13}C$ 值和 $\delta^{15}N$ 值分析显示，宗日人群主要以 C_4 类植物为食，也摄取一定量的肉食，反映了宗日人群以粟、黍等为主食而渔猎为辅的生活方式。⑥

辛店、卡约文化时期，受青藏高原整体气候变干变冷的影响⑦，加

---

① 青海省文物管理处考古队、中国社会科学院考古研究所:《青海柳湾》(上)，文物出版社1984年版，第192页。

② 崔永红、张得祖、杜常顺主编:《青海通史》，青海人民出版社1999年版，第12页。

③ 参见青海省文物管理处、海南州民族博物馆:《青海同德县宗日遗址发掘简报》,《考古》1998年第5期。

④ 参见崔永红:《青海经济史(古代卷)》，青海人民出版社1998年版，第6页。

⑤ 参见青海省文物管理处、海南州民族博物馆:《青海同德县宗日遗址发掘简报》,《考古》1998年第5期。

⑥ 参见崔亚平、胡耀武、陈洪海等:《宗日遗址人骨的稳定同位素分析》,《第四纪研究》2006年第4期。

⑦ 参见安成邦、冯兆东、陈发虎:《甘青地区全新世中期的环境变化与文化演进》,《西北大学学报》(自然科学版)2003年第6期。

之早期羌人生产方式在河湟地区主导地位的确立[①]，自然条件较好、适合农作物生长的湟水中下游地区，农业生产较为发达。分布在西宁附近的上孙家寨卡约文化人群处于半农半牧或农业稍弱的状态，西宁以西的一些卡约文化遗存，自然条件相对较差，经济特点则以畜牧为主。[②]

综上，受制于独特的地理条件，河湟地区原始农业的起步晚于中原地区，故其史前农业的起源与发展不仅仅局限于新石器时代，且一直延续至青铜时代甚至更晚。[③]这一地区的原始农业主要受到黄河中游粟作农业的影响。

二、农作物种类

从考古资料来看，河湟地区原始时期的主要农作物为粟。新石器时代晚期，麦类作物也开始出现。此外，青海地区还发现黍和麻等农作物的考古遗存。

粟，又称稷，俗称谷子，去皮后称小米，由野生狗尾草逐步培育而成，性耐干旱，是黄河流域的传统农作物。学术界普遍认为，我国黄河流域是粟作农业的发源地，但在起源时间问题上意见不一。侯毅先生认为，粟作农业起源于距今 16000 年的山西下川旧石器晚期文化，距今 13000—9000 年是中国北方粟作农业的大发展阶段。[④]而大多数学者认为粟作农业起源于距今 8000 年左右的仰韶文化，在新石器时代，自中国北方向其他地区大规模传播，是我国北方种植范围最广泛的农作物。其中，甘肃省兰州白道沟坪、秦安大地湾、临夏马家湾等地都发现过粟

① 参见崔永红：《简论史前青海先民的经济活动及其与生态环境之关系》，《青海社会科学》2010 年第 1 期。

② 参见青海省文物考古研究所：《上孙家寨汉晋墓》，文物出版社 1993 年版，第 220 页。

③ 参见沈志忠：《青藏高原史前农业起源与发展研究》，《中国农史》2011 年第 3 期。

④ 参见侯毅：《从最近的考古发现看北方粟作农业的起源问题》，《北方文物》2007 年第 2 期。

作农业遗迹。[①]

从考古学的地层堆积关系看，陕、甘地区马家窑文化是由仰韶文化庙地沟类型发展而来的[②]，而随着陕、甘地区马家窑文化的西向迁播，粟作农业也传入河湟地区。1975年，考古工作者在青海乐都柳湾马厂类型墓地中发现了大量的粟炭粒子，“在一半以上的马厂墓葬中都有容积较大的装有粮食（粟）的粗陶瓮作为随葬品，如墓339有粗陶瓮4件，在出土的陶瓮内均放有粮食，在墓6内也出有粮食”[③]。这说明马家窑文化马厂类型时期，生活在湟水流域的人们主要种植粟，人们用大量粮食作为随葬品，说明当时的社会生产力已达到一定水平。

齐家文化时代，河湟地区的主要农作物也是粟。考古工作者在民和喇家遗址F20房址的东北部发现了倒扣在地上的一个陶碗，碗口直径14厘米，碗高约6—6.3厘米。当陶碗被揭开时，陶碗和里面的泥土沉积物已经能够自然分离开，附着在地面上的碗内沉积物呈现圆台形，在圆台体的顶部发现有像面条一样的东西。经科学检测，该碗中类似于面条的材料可以肯定是由植物淀粉做成的，从淀粉大小特征上判断这是更接近粟、黍一类的淀粉。喇家遗址发现的“面条”是真实存在的、罕见的古代食物遗存，对研究古代人类饮食文化体系具有重要意义。[④]

卡约文化时期，粟仍然是河湟地区的主要农作物，用粟来随葬的习俗也仍在流行。青海循化县阿哈特拉山墓地出土一种“小口瓮，多装有粮食、兽骨……应是储备粮食或肉类的器皿”。经检测，瓮内所装粮食为粟，这说明“粟是当时居民种植的最重要的一种粮食作物”[⑤]。

---

① 参见刘军社：《黄河流域史前粟作文化遗存的发现与研究》，《农业考古》2000年第3期。

② 参见田继周：《先秦民族史》，四川人民出版社1996年版，第35页。

③ 青海省文物管理处考古队、中国社会科学院考古研究所青海队：《青海乐都柳湾原始墓地反映出的主要问题》，《考古》1976年第6期；崔永红：《简论史前青海先民的经济活动及其与生态环境之关系》，《青海社会科学》2010年第1期。

④ 参见吕厚远等：《青海喇家遗址出土4000年前面条的成分分析与复制》，《科学通报》2015年第8期。

⑤ 许新国：《循化阿哈特拉山卡约文化墓地初探》，《青海社会科学》1983年第5期。

粟作农业从黄河上游地区曾传播至西藏。西藏山南昌果沟遗址中出土了粟炭粒子，这说明西藏地区最早种植的农作物是粟。针对植物特性与地域分布特点，学者们曾指出："卡若文化的粟米，很可能就是从马家窑等文化传播而来。"① 傅大雄先生认为，"昌果沟古粟的再度发现表明，粟肯定是西藏高原上长期、普遍栽培过的农作物，而且应当是整个西藏高原上最早栽培的粮食作物"②。陈崇凯先生根据考古学材料和学者们的相关研究成果，进一步论证了史前粟作农业经"藏彝走廊"的西缘通道由北而南，经过青藏高原东部边缘，传播至西藏东部乃至山南一带，进而认为"藏彝走廊"一带出土的粟作农业遗存，"当源于西北"③。

麦类作物是小麦、大麦和青稞的统称，在我国，其栽培历史晚于粟。循化县境内卡约文化遗址和都兰县诺木洪文化遗址中发现了麦类作物的遗迹。崔永红先生据此认为，"青海境内至迟在卡约文化、诺木洪文化时期已在较普遍地种植麦类作物"④。由于考古遗存保存不完善，青海地区发现的麦类作物的具体品种未能明确鉴定⑤，学术界对青海地区麦类作物的来源也未作研究，不过，根据傅大雄先生"青稞农耕很可能是首先在雅鲁藏布江流域确立后再向藏东北传播的"⑥ 的判断，不排除至今在青海地区广泛种植的青稞来自西藏的可能。傅大雄先生曾提出，"西藏高原于新石器时代中晚期是粟与麦的东西方农业文明的汇合部，西藏高原是栽培植物的次生起源中心"⑦。2001 年，考古工作者对互助丰

---

① 西藏自治区文物管理委员会等：《昌都卡若》，文物出版社 1985 年版，第 153 页。

② 傅大雄：《西藏昌果沟遗址新石器时代农作物遗存的发现、鉴定与研究》，《考古》2001 年第 3 期。

③ 陈崇凯：《西藏地方经济史》，甘肃人民出版社 2008 年版，第 48 页。

④ 崔永红：《青海经济史（古代卷）》，青海人民出版社 1998 年版，第 11 页。

⑤ 参见崔永红：《青海经济史（古代卷）》，青海人民出版社 1998 年版，第 11 页。

⑥ 傅大雄：《西藏昌果沟遗址新石器时代农作物遗存的发现、鉴定与研究》，《考古》2001 年第 3 期。

⑦ 傅大雄：《西藏昌果沟遗址新石器时代农作物遗存的发现、鉴定与研究》，《考古》2001 年第 3 期。

台卡约文化遗址进行了小规模的试掘，出土大量炭化植物种子，总计高达 2302 粒，以各种谷物为大宗，其中大麦 1487 粒，占 92%；粟 76 粒，占 5%；小麦 46 粒，占 3%。考古学者据此判断，大麦应该是以裸大麦为主，很有可能属于青稞。① 根据上述考古发现，以及从粟和麦类作物引种、传播的方式和过程来看，河湟地区应当是新石器时代中晚期东西方农业文明的汇合部。

此外，河湟地区可能较早已引种黍和麻。黍在西北地区俗称糜子，在青海的种植历史较为久远。麻分雌雄两种，茎干皮可用来织布。1978 年，甘肃东乡林家遗址发现了黍类遗迹和麻的种子。崔永红先生结合甘肃西部与青海东部相邻且自然地理条件大致相同，乐都柳湾墓葬中的布纹痕迹，以及《西宁志》《西宁府新志》《丹噶尔厅志》等方志材料中的相关记载，认为新石器时代晚期河湟地区已种植黍和麻类作物。②1999 年挖掘的民和喇家齐家文化遗址中，考古工作者发现了粟和黍的遗迹，这次考古发现进一步证明，距今 4000 年左右，青藏高原东北边缘已种植黍。③

三、畜牧业发展概述

原始农业出现之前，狩猎和采集是原始人群生存的主要手段，在河湟地区，史前原始土著居民也曾以狩猎和采集为生。民和胡李家遗址中，出土的动物骨骸甚多，一般都十分残碎，显然是人们食用后的骨渣，多为猎获的野生动物鹿、犬科动物、啮齿动物及鸟类的遗骸，大量分布于灰坑和底层堆积中。这说明距今 5000 多年前的原始人群一方面仍以狩猎为重要生活手段，攫取经济在当时经济生活中占有较大比重。

---

① 参见中国社会科学院考古研究所、青海省文物考古研究所：《青海互助丰台卡约文化遗址浮选结果分析报告》，《考古与文物》2004 年第 2 期。

② 参见崔永红：《青海经济史（古代卷）》，青海人民出版社 1998 年版，第 12—13 页。

③ 参见谢端琚：《喇家遗址发掘与齐家文化研究》，《中国文物报》2005 年 1 月 7 日。

此外，经过鉴定，其他可辨识的动物主要是饲养的羊和猪，房基下还找到有意识埋藏的狗头，说明狗也是当时人们饲养的家畜。[①] 民和核桃庄马家窑文化遗址、青海贵南尕马台马家窑文化遗址中，也发现了饲养家畜猪、狗、羊的遗存。新石器文化中后期，畜牧业还未脱离原始农业，人们通过圈禁的方式来饲养猪、狗、羊、牛等动物。在农业生产力极低的原始社会，圈养动物的饲料可能主要是收割、采集而来的野生植物，但也不排除用农产品喂养的可能，同时人们也开始种植牧草为家畜提供饲料，民和喇家齐家文化类型遗址中出土的苜蓿遗迹，就为史前人类种植牧草发展饲养业提供了考古学依据。[②]

随着人类驯化动物技能的提高和驯养动物野性的逐步退化，距今3500年左右的青铜时代，青海地区兴起较大规模的畜牧业，游牧业也逐步发展起来。崔永红先生认为，“青海地区大规模畜牧业的兴起是青铜器时代卡约文化时期的事，至于游牧经济的产生更晚至卡约文化后期，而这时原始农业在河湟地区产生已至少有2000多年的历史了”[③]。

如前所述，全新世后期青藏高原经历过一次大的气候变迁，自然生态环境的剧变也影响到了当时人们的生产生活方式。大致而言，西宁以东地区的原始人群仍过着以农业为主、兼以畜牧的生活，西宁周围地区为半农半牧，西宁以西地区畜牧业占主导地位，湟源一带的原始人群还从事农业生活，而生活在日月山以西草原地带的原始人群则逐步开始游牧生活。可见，除被驯化动物性状的改变为游牧业的产生提供先决条件外，生态环境的变化也是饲养业摆脱农业，形成相对独立的畜牧业及游牧作业方式的一个重要因素。

齐家文化时期，河湟地区的饲养动物有狗、猪、羊、牛、马、驴，家畜种类较为齐全[④]，这说明当时的人们已具备较高的动物驯化水平。

① 参见中国社会科学院考古研究所甘青工作队、青海省文物考古研究所：《青海民和县胡李家遗址的发掘》，《考古》2001年第1期。

② 参见谢端琚：《喇家遗址发掘与齐家文化研究》，《中国文物报》2005年1月7日。

③ 崔永红：《青海经济史（古代卷）》，青海人民出版社1998年版，第14页。

④ 参见白万荣：《青海古代文化分布概述》，《青海社会科学》1991年第2期。

在卡约文化的早期遗址中，仍能看到以粟随葬的现象，说明当时的人们仍然倚重农业生产，到了后期，农业生产的比重进一步下降，特别是西宁以西地区基本看不到从事农业生产的痕迹，如湟源莫布拉卡约文化遗址中，灰土、灰烬中找不到农业生产的遗物，而是“发现了以牛羊粪作为燃料的情况。据此推测，卡约文化时期的莫布拉人，是以家庭为单位，过着纯畜牧经济的生活”[①]。当时的人们盛行以动物随葬的习俗，“较大型的墓葬多随葬马、牛、狗、羊等动物骨骼，一般都是用四肢及头骨或尾骨，没有完整的牲畜骨架”[②]。此外，贵德山坪台卡约文化墓地中也有以家畜随葬的现象。[③]这一时期，人们使用的生活、生产工具多用家畜骨骼做成，分布在青海东中部的卡约墓葬中发现了骨锥、骨铲、骨簇、骨管、骨纺轮、骨针、骨棒、骨贝和其他大量的骨装饰品，这与数量和种类都很少见的农业生产工具形成鲜明对比。由此，“不难看出卡约文化牧猎生产力的发展水平，足以构成卡约文化的经济主体，而农业则退居为附庸的地位”[④]。从用饲养动物随葬的规模来看，当时的人们不再是小规模地圈养动物，而是以放牧的方式大规模畜养动物，我们也有理由相信，卡约文化晚期居住在日月山以西的原始先民们已过着逐水草而居的游牧生活。距今3200多年的辛店文化时期，畜牧业进一步得到发展，考古发掘资料最为丰富的民和核桃庄辛店文化墓葬中，“有马、羊、牛、狗等家畜，骨器也很多，说明文化主人的畜牧业是比较发达的”[⑤]。

---

① 高东陆、许淑珍：《青海湟源莫布拉卡约文化遗址发掘简报》，《考古》1990年第11期。

② 青海省考古队、湟源县博物馆：《青海湟源县境内的卡约文化遗迹》，《考古》1986年第10期。

③ 参见青海省文物考古队、海南藏族自治州群众艺术馆：《青海贵德山坪台卡约文化墓地》，《考古学报》1987年第2期。

④ 王杰：《试析卡约文化的经济形态》，《江汉考古》1991年第3期。

⑤ 青海省文物考古研究所，青海省文物管理处，西北大学文博学院：《民和核桃庄》（附录《民和核桃庄史前文化墓地人骨研究》），科学出版社2004年版，第305页。

四、畜牧种类

如前所述，河湟地区原始先民们驯养的家畜包括猪、狗、羊、驴等。其中，猪是最早驯化且对早期居民社会生活产生过重要影响的家畜品种，羊和牛的饲养和驯化是青海地区原始畜牧业的突出成就。

猪是杂食类哺乳动物，具有适应能力强、易饲养、繁殖快等特点。野生猪的性情相对温顺，较容易驯化，是人类最早驯化和饲养的家畜之一。上述民和胡李家等遗址中都发现了猪的遗存，说明距今5000年左右河湟早期居民就已开始饲养家猪，乐都柳湾马家窑文化马厂类型墓葬还发现了用猪下颚骨随葬现象。[①] 由于猪的体型与习性不适合游牧放养，在游牧业形成的时代也未见放养猪的考古学证据，一直以来都以圈养的方式在居民定居点及其周围进行饲养。猪的饲养一方面可看作是以原始农业为依托的动物饲养业的一个典型，另一方面也为定居居民提供了相对稳定的肉食来源，为人类社会的发展和原始文明的进步提供了重要的物质基础。

羊是较为温顺的食草动物，也是人类最早饲养的家畜之一。在距今六七千年的中石器时代拉乙亥文化遗址中，考古工作者发现了羊骨。[②] 一般而言，拉乙亥文化遗址所发现羊骨可能是猎获物的遗存，崔永红先生据此认为，可能从那时起原始先民们就开始了对羊的驯化。[③] 学术界一般都认为，藏系绵羊由野生盘羊驯化而来，后者的野生原种至今仍分布于唐古拉山区。除此之外，绵羊和山羊也是较早驯化的家畜。至今仍是青海牧民饲养的主要羊种，即藏系绵羊，可能是驯化后的盘羊与绵羊杂交的品种。齐家文化时期，河湟地区普遍饲养绵羊和山羊，从互

---

① 参见青海省文物管理处考古队、中国社会科学院考古研究所：《青海柳湾》(上)，文物出版社1984年版，第84页。

② 参见盖培、王国道：《黄河上游拉乙亥中石器时代遗址发掘报告》,《人类学学报》1983年第1期。

③ 参见崔永红：《青海经济史（古代卷）》，青海人民出版社1998年版，第15页。

助、湟源等县齐家文化墓地中用羊角随葬[①]，甚至把羊骨置于棺内的现象看[②]，当时的人们把羊看作是财富和地位的象征。

第三节　早期移民与河湟地区彩陶的生成与发展

研究证实，青藏高原是人类最后“占领”的陆地[③]，距今4万年左右，旧石器时代晚期人类曾在青藏高原留下活动遗迹，约七八千年前，中石器时代的人类曾在共和盆地一带活动。这说明早先进入青藏高原的人群在气候相对温润的河谷地带生息繁衍，至中石器时代完全土著化。考古发现也证实，当时在今贵南县黄河南岸拉乙亥地区活动的人群并未进入原始农业时期，也未使用陶器。大约5800年前，仰韶文化庙底沟类型人群向西迁徙至河湟地区，带来了原始粟作农业种植技术，也带来了仰韶文化晚期类型彩陶，并与当地土著一起创造出辉煌灿烂的彩陶文化。

一、早期移民与青海彩陶的生成

1955年，在青海民和阳洼坡发现了一处仰韶文化遗址，1980年4月，考古工作者正式试掘，发现了与庙底沟类型相同的曲腹盆、双唇小口尖底瓶等。仰韶文化遗迹之上从下到上依次叠压着马家窑文化石岭下类型和马家窑类型彩陶。[④]后来，考古工作者在青海循化、化隆一带也

---

① 参见许新国：《青海互助土族自治县总寨马厂、齐家、辛店文化墓葬》，《考古》1986年第4期。

② 参见青海省考古队、湟源县博物馆：《青海省湟源县境内的卡约文化遗址》，《考古》1986年第10期。

③ 汤惠生、李一全：《高原考古学：青藏地区的史前研究》，《中国藏学》2012年第3期。

④ 参见青海省文物考古队：《青海民和阳洼坡遗址试掘简报》，《考古》1984年第1期。

发现了仰韶文化的一些遗存。地处湟水流域下游的民和阳洼坡，循化、化隆黄河沿岸一带，都是青海的“东大门”，距今 5800 年左右，仰韶文化人群自东向西来到河湟地区，首次与当地土著相遇的地点，恰好在青海气候最温润的地区。

我国是粟作农业的起源之地。有学者认为我国粟作农业起源于距今 16000 年的山西下川旧石器晚期文化，距今 13000—9000 年是北方粟作农业的大发展阶段。[①] 不过，大多数学者认为粟作农业起源于距今 8000 年左右。仰韶文化人群首先种植粟，粟作农业自我国北方向其他地区大规模传播，成为原始时代北方地区种植范围最广泛的农作物。粟作农业也曾自华北平原向西北地区传播，甘肃秦安大地湾、兰州白道沟坪、临夏马家湾等地都发现过粟作农业遗迹[②]，而自渭水上游等地向西迁移的仰韶文化人群则把粟作农业带到了青海的“东大门”。

从考古学材料看，我们有理由相信，在仰韶文化人群未到达青海“东大门”之前，青海还未出现原始农业，亦未出现彩陶文化，或者说，当时的土著处于无陶文化阶段。仰韶文化人群的徙入，既昭示了原始粟作农业的传入，也意味着彩陶文化的西传。距今 5800 年以来，河湟地区的土著与外来仰韶文化人群经历了时间较长的文化交融发展期，河湟地区也从一个无原始农业、无陶的区域成为粟作农业及彩陶文化圈的组成部分。从源头上讲，青海彩陶文化是从仰韶文化发展而来的，尽管青海彩陶盛极一时，但它的确不是原生文化。学术界还关注到仰韶文化和马家窑文化彩陶之间存在的差异。邓建富先生认为，当甘青地区的土著居民接触到来自东方的仰韶彩陶后，在本土化的基础上进行了创新，从而使马家窑文化彩陶达到了中国制陶工艺的高峰。他还认为如果没有仰韶文化彩陶的影响，甘青地区土著文化只会沿着自己原来的文化发展道路前进，不可能在某一个时期由一个无陶文化发展成为中国史前彩陶文

---

① 参见侯毅：《从最近的考古发现看北方粟作农业的起源问题》，《北方文物》2007 年第 2 期。

② 参见刘军社：《黄河流域史前粟作文化遗存的发现与研究》，《农业考古》2000 年第 3 期。

化的三大中心之一。[①]

我们也认为仰韶文化庙底沟人群的西迁是青海彩陶生成的外在动力。彩陶是粟作农业的伴生物，人口迁徙导致的粟作农业的西向传播，是马家窑彩陶兴起的根本原因。仰韶先民西进后，在新的自然地理环境下与甘青土著文化相融合，造就了具有地方特色的马家窑文化。不过，马家窑文化早期类型彩陶的地方特色虽与土著文化因素有关，但与早期移民文化的关系似乎更为密切。

长期以来，人们把仰韶文化和马家窑文化视为两种不同的文化系统，事实上，马家窑文化与仰韶文化晚期类型之间关系紧密，可视之为仰韶文化庙底沟类型西向发展的产物[②]，它们同属于一个文化系统，庙底沟类型所表现出的文化特色一定程度上决定了马家窑文化早期类型彩陶的基本文化特色。作为仰韶文化的晚期类型，庙底沟类型本身也有早、中、晚不同的发展期，且与周边考古文化有着紧密联系。研究表明，我国考古时代的文化因素往往是多元的，很少存在单一类型的考古文化[③]，庙底沟类型也概莫能外。其中，庙底沟二期文化陶器的基本组合为夹砂罐、盆、钵、高领罐、釜灶、斝、鼎、豆等，前四类均上承仰韶文化，而后四类是庙底沟二期文化至关重要的文化因素和标志，是受大汶口及龙山文化影响而产生的新的文化因素。陶鬲的出现意味着庙底沟二期文化的终结[④]，鼎、豆等的出现则是这一文化礼乐色彩渐浓的标志。从青海地区出土的仰韶文化彩陶看，器物基本组合为罐、盆、钵，未见鬲、鼎等器物出土，这说明仰韶文化的晚期类型应当有不同的发展态势，青海地区的庙底沟类型属于西部类型，未受到大汶口、龙山文化的外来影响，一定程度上代表了较纯粹的仰韶文化类型。

---

① 参见邓建富：《试以文化变迁理论评马家窑文化的起源、发展说》，《中原文物》1995年第3期。

② 参见严文明：《甘肃彩陶的源流》，《仰韶文化研究（增订本）》，文物出版社2009年版，第359页。

③ 参见李伯谦：《论文化因素分析方法》，《中国文物报》1989年第44期。

④ 参见罗新、田建文：《庙底沟二期文化研究》，《文物季刊》1994年第2期。

从考古材料看，进入青海的这支仰韶文化人群与东部地区典型的庙底沟类型文化的确有所区别，尤其是缺乏代表礼乐色彩的陶鬲、鼎、斗等器物及其文化表现。一般都认为，礼乐文化与我国古代文明形影相随，是中华文明固有的特点之一，而礼乐制度形成于龙山文化。[①] 如果我们把中华礼乐文化的起源与中华文明起源对等视之，那么，它的源头就应当是多元的，尤其是黄河中下游地区的新石器时代考古文化应当都对礼乐制度的形成起到一定的作用。就仰韶文化庙底沟类型来说，无论是其器物类型的组合，还是彩陶的纹饰，都具有早期礼乐文化的一些特点。

庙底沟西部类型中常见的罐、盆、钵器物组合本身具有一定的礼乐色彩，代表了以饮食器具体现人类早期礼乐文化的观念意识，其彩陶纹饰中由平行条纹构造的艺术风格本身也有强烈的礼乐色彩。以民和阳洼坡出土的彩陶盆为例，制作者用平行条纹装饰盆面和盆里，且让平行条纹的绘制和走向服从于某种预先设计好的艺术手法，从而使彩陶盆体现出我国传统艺术的两大法则：一是由上而下“俯察”的艺术创作手法；一是以移动的散点透视形成“游目”的审美原则。[②] 这种以盆的某一端为相对的中心，让平行纹体现对称艺术的绘制手法，是生活秩序在艺术世界的体现，也是我国早期礼乐文化的一种表现形式。

仰韶文化的这一艺术风格为马家窑文化石岭下、马家窑两个类型所继承，它们都以“俯察”的艺术手法体现着“游目”的审美原则，表达了各类纹饰及动物纹样服从于对称美学的礼乐思想。更为关键的是，这两个类型的陶器组合也继承了仰韶文化庙底沟类型的基本器物组合方式。

由此可见，青海彩陶不仅起源于仰韶文化的庙底沟类型，其生成与

---

① 参见高炜：《龙山时代的礼制》，载王仁湘主编《中国考古人类学百年文选》，知识产权出版社 2009 年版，第 285—297 页。

② 参见张岱年、方克立主编：《中国文化概论》，北京师范大学出版社 2004 年版，第 179 页。

前期发展的动因也基本来自庙底沟类型人群的西迁。在马家窑文化石岭下、马家窑类型时期，青海河湟地区的土著文化尚未形成较大影响力，这一定程度上有利于外来人群的徙入，以及粟作农业和彩陶文化的传播。尽管同德宗日的土著已然开始学习如何制陶，但是，典型的马家窑文化彩陶的制作和使用应当都与移民有关。早期移民的徙入不仅带来了彩陶文化，其器物组合和艺术形式已然表现出较浓厚的早期礼乐文化色彩，从而使青海东部地区纳入早期礼乐文化圈当中。尽管在1000多年的发展变化过程中，地方化的色彩日渐浓厚，但外来移民对青海彩陶的生成及前期发展起到了决定性影响。

二、早期移民与青海彩陶的发展

马家窑彩陶经过1200多年的发展后，进入半山类型阶段。一般都认为，半山类型的形成是马家窑文化发展过程中最重要的一次转折，主要体现在突然涌现出来的黑红复彩、锯齿纹等诸多新因素方面，这与内蒙古中南部以及晋中地区仰韶晚期的文化存在关联，文化主人明显来自东部[①]，且这种关联应当与人口迁徙有关。研究还表明，半山文化居民与东亚蒙古人种华北类型比较接近。[②]半山类型突然增多的屈肢葬也是马家窑类型所不曾有的，加之黑红复彩、锯齿纹彩陶的出现，表现出与马家窑类型明显的疏离。

文中所说的东部人群是指分布于西辽河、冀中北地区的雪山一期文化和内蒙古中南部的仰韶文化海生不浪类型文化人群。在地理分布上，东部人群远离河湟地区，应当不会直接迁徙致使马家窑文化出现强烈转折。研究表明，介于东部人群和半山类型人群之间的宁夏菜园遗址等所代表的人群，是实现东部人群彩陶文化西迁的主要因素。菜园遗址早期

---

① 参见李水城：《半山与马厂彩陶研究》，北京大学出版社1998年版，第19、198—199页。

② 参见张忠培：《仰韶时代——史前社会的繁荣与向文明时代的转变》，《文物季刊》1997年第1期。

类型马缨子梁遗存与马家窑文化石岭下、马家窑类型相类似，其中晚期类型林子梁一、二期，切刀把墓地、瓦罐嘴墓地、寨子梁墓地、二岭子湾墓地、石沟遗址等，出土了双耳罐、鸭形壶等，与马家窑文化半山早期类型十分接近，而其折腹盆却和内蒙古清水河白泥窑子出土的同类器皿很相似。东部文化人群盛行屈肢葬并有洞室墓，半山类型的屈肢葬和洞室墓表现为东有西无、东多西少，而马家窑类型既无屈肢葬也无洞室墓。半山类型和东部文化人群的彩陶有着相当的一致性，在构图元素上，锯齿纹、折线纹、鳞纹、棋盘格纹、菱格纹等都先流行于东部文化而后盛行于半山类型，但都基本不见于马家窑类型。种种迹象表明，东部人群的西迁使得长城沿线首次出现贯穿东西部的大幅度的文化交流，造成了甘青宁地区文化发展方向的转变，为西部文化增添许多新鲜内容。①

显然，半山类型彩陶的生成与距今约4600—4300年的早期移民活动是有很大关联的。尽管马家窑类型的一些文化表现为半山类型所继承，但文化上的转折比继承关系更为明显是不争的事实。具体来说，半山类型彩陶上常见的锯齿纹表现出明显的地域文化特色，以此纹样装饰的平行纹、波浪纹在黑红复彩的艺术技法中占有很大比重，加之菱格纹、盘格纹等的大量使用，使得马家窑类型彩陶上有十分典型的对称、“游目”等美学意味，在半山类型彩陶上成为附属性质的文化意象，而常见的锯齿纹则反映出东部人群与中原仰韶文化庙底沟类型不同的社会意识和审美情趣。东部人群的徙入使马家窑文化的礼乐色彩变淡，而原先误以为是土著文化渐浓的因素很大程度上是东部人群的文化表现，而非土生土长的地方文化。

马厂类型的彩陶一方面继承了马家窑文化彩陶的一些特点，又受到半山类型彩陶影响，应当是土著化了的一种文化类型。马厂类型彩陶纹样更趋简化，制作粗糙，彩陶所代表的礼乐色彩更为淡化，这说明当中

---

① 参见韩建业：《半山类型的形成与东部文化的西迁》，《考古与文物》2007年第3期。

原地区彩陶的礼乐功能逐步被青铜礼器所取代之时，河湟地区的彩陶也在愈加地方化的过程中逐步丧失其礼乐功能，也说明，没能持续地获得中原文化的滋养是马家窑文化走向衰落的根本原因。

齐家文化彩陶的兴起也能证明早期移民对青海彩陶发展的深刻作用。如前所述，在齐家文化彩陶的来源问题上，学术界是有争议的。越来越多的证据表明，齐家文化是在客省庄二期文化基础上发展而来的，或者说是客省庄二期文化人群的西迁形成了齐家文化。当然，这一时期，河湟地区以马厂类型人群为主的土著文化已然深厚，客省庄二期文化人群西进后必然与之有一个交融过程，因此，反映在彩陶上即是文化来源上的多元表现。从客省庄二期文化的主要分布区域及其文化表现看，这支文化具有明显的西戎文化色彩，其族属应当是东羌文化。先秦时期，羌人已然有东、西羌之分[①]，原先学术界比较注重研究羌人的东迁问题，但从客省庄二期文化向西迁播的态势看，距今 4000 年左右，东羌文化亦有向西传播的现象。

到了青铜时代的辛店文化，其向西传播的趋势也较明显，但地理范围越来越窄，基本属于甘肃东部、南部的地方文化人群向西向北传播至河湟、河西一带。不过，辛店与卡约文化碰撞、交融的前提仍是早期移民的徙入，新的移民对青海彩陶的发展仍然起到了重要作用。卡约文化兴起之后，来自东部的文化因素进入河湟地区的频率和程度都在降低，究其缘由，主要是土著文化兴起后，较大程度上抑制了外来移民的徙入。因此，大约是在夏代晚期至西周时期，或许有零星的渭水上游、大夏河等地的人群移民至河湟的情况，但总体上土著文化占据了主导地位，移民对彩陶文化发展所起的作用也在下降。

从以上的分析看，早期移民对青海彩陶发展所起的作用是阶段性的，马家窑文化半山类型时期彩陶文化的发展，得益于东部人群的徙入；齐家文化彩陶风格一定程度上受到客省庄二期文化的影响；青海地

---

① 参见陈琳国：《东羌与西羌辨析》，《史学月刊》2008 年第 4 期。

区的辛店文化彩陶也伴随着甘肃地区某一人群西迁。这种阶段性的移民活动造就了彩陶文化发展的某种断裂，即各个时期的彩陶无论是制作技艺、彩陶纹饰还是器物种类及组合都各不相同，与此同时，受益于土著文化的连续发展，青海彩陶从生成期开始，也有其文化上较明显的连续性。如果说移民是外部因素的话，那么土著文化是内部因素，外部因素导致彩陶文化的突变，而土著文化确保了彩陶文化的内在连续性。

就移民与青海彩陶的发展关系而言，移民导致的外来文化的迁播对于青海彩陶所代表的地域文化形成了较强烈的作用。如果说仰韶文化庙底沟类型彩陶和马家窑文化石岭下、马家窑类型阶段的彩陶代表了粟作农业、彩陶技艺及早期礼乐文化在河湟地区的传播与扎根的话，那么，马家窑文化半山类型、齐家文化及辛店文化时期的移民一定程度上逐步冲淡了礼乐文化在河湟地区的影响力，或者说，这几个时期的移民文化可能与中原礼乐文化之间的关系较为疏离，新的人群的徙入意味着新的文化因素的进入，这对之前已然扎根河湟的礼乐文化而言，往往具有某种意义上的“革命”意味，加上土著文化的兴起，彩陶纹饰所反映的礼乐文化色彩愈加淡薄。

半山类型以来，河湟地区礼乐文化色彩淡化，这导致河湟地区与华夏文化核心地域之间形成较为疏离的关系，而这对于这一区域的文化发展和文明演进形成较大的制约作用。到了卡约文化时代，尽管当地已然进入青铜时代，但迟迟未能进入国家阶段。具体来说，当时的西羌占据的青藏高原东北部地区正好处于东亚与中亚之间，这为该民族吸收融会来自不同地区的文明成果提供了良好的地理基础，而这样的地理分布也为该民族成为东西文化交流中介创造了基本条件。西羌是黄河中游粟作农业的承续者，也是中亚冶铜、小麦种植技术东传的载体[①]，因而拥有丰富的文明积累。然而，由于长期处于不相统属且相互征伐的部落时代，在以亲属血统关系为纽带的“分枝性社会结构”中，大大小小的层

① 参见李健胜：《夷夏羌东中西说》,《青藏高原论坛》2014年第4期。

级性西羌部落之间一直仅保持松散的统属关系，没有形成真正的国家组织，这种情况一直持续到东汉甚至更晚。[①] 为何会出现这样的状况？我们认为，从文化源头上讲，正是因为卡约文化时代礼乐文化色彩的淡化，使得西羌不具备上下有序的等级秩序理念，缺乏与中原类似的国家伦理观念，从而导致了国家组织的缺失。

三、一点思考

通过分析早期移民与青海彩陶生成、发展之间的关系，我们对以下几个问题有了较深入的认识。

第一，应当重视以移民为分析工具的区域史研究，尤其应当把这一分析工具运用到史前及青铜时代的研究当中。移民问题是多学科共同关注的话题，就历史学而言，通过研究历史时期不同地域各种类型的移民活动，来阐发因移民引发的各种历史问题是史学界长期关注的研究课题。一般来说，移民活动是指人的聚居位置在空间上的移动，迁移的过程则是在特定的推力和拉力的双重作用下完成的。葛剑雄先生认为，“中国历史上的移民有各种类型，有其不同的特点，但就性质而言，却基本只有两种——生存型和发展型”[②]。在我国古代，以行政或军事手段推行的强制性移民往往是徙边屯田的主力军，这类移民既有生存型移民的特点，也有发展型移民的因素，所以很难简单地加以区分。从移民的动力角度看，自发的移民活动和政策性的移民有着较大的区别，前者是自发的甚至是盲目的移民活动，后者则是在某种力量的驱使下进行的移民活动。

综观史书所载河湟地区的移民活动，大多为政策性移民，其中，自两汉以来中原汉族的不断徙入改变了当地的人文生态。[③] 此外，鲜卑、

① 参见王明珂：《游牧者的抉择》，广西师范大学出版社 2008 年版，第 179—191 页。

② 葛剑雄主编：《中国移民史》第 1 卷，福建人民出版社 1997 年版，第 48 页。

③ 参见李健胜：《汉族移民与河湟地区的人文生态变迁》，《西北人口》2010 年第 4 期。

吐蕃、蒙古等民族的徙入也对河湟地区的人文生态产生重要影响。当然，个别时期河湟地区扮演过人口徙出之地的角色，如西羌的东迁、元时汉族移入山西大同等。如果结合移民史分析河湟地区的社会变迁，诸多问题的成因可以迎刃而解，因此，以移民为分析工具研讨河湟历史文化问题是历史学中一个有效的研究路径。

然而，在以往的相关研究中，我们往往把移民问题与文字记载以来的历史挂钩，没有考虑到史前及青铜时代的移民活动也值得研究，这一时期的移民活动对当时区域文化的建构也起到颇为重要的作用。具体研究过程中，在解析不同时期的移民活动基础上，以考古学材料为基础，以彩陶纹饰等具有典型分析价值的素材为研究对象，就可以得出较客观的研究结论。如前所述，马家窑文化马家窑类型和半山类型之间彩陶文化所表现出的转折特征，实际上是移民活动导致的，同属马家窑文化的两个类型之所以有那么大的区别，主要原因是它们属于不同的人类文化体系。

总之，以移民为分析工具的研究，一定程度上吻合了河湟地区自古至今人类活动的基本面貌，因而是一种行之有效的研究方法。我们不仅要把这一研究方法延伸至史前及青铜时代，还应当关注河湟地区当代的移民问题，从而使学术研究与现实生活有机地结合起来。

第二，应当检讨考古类型学分析的有效性。

考古类型学是考古学理论的基本内容之一，主要用以研究遗迹或遗物的形态变化过程，找出其先后演变规律，来确定遗存的文化性质，分析其反映的生产和生活状况以及社会关系、精神活动等。这一考古学理论受生物分类学的启发而产生，又称标型学或者器物形态学，被大量用于研究陶器等使用周期短、变化较明显的器物。这一研究方法对收集到的实物资料进行归纳和分类分析，在此基础上做比较研究，具体研究过程中，往往忽略了实物资料与当时人类活动的内在关系，得出的结论并不一定符合事实。比如，在研究不同类型彩陶共存的蛙纹及其演变规律时，有学者把庙底沟时期至马家窑、半山、马厂、齐家、辛店时期的蛙纹进行类型学分析，得出它们从写实到抽象再到符号化的演化过程。[①] 这一研究结论完全忽略了不同时期不同地区移民对彩陶文化施加的不同影响，无法解释半山、马厂类型中写实蛙纹的大量存在，也无法解释青铜时代彩陶上各类纹饰趋于写实的缘由。

从以上的研究可知，把彩陶的生成与发展当作一个历史问题，就能意识到彩陶的生成与发展过程与当时的移民活动有关，不同类型或不同时期彩陶文化表现出的差异性也与不同移民群体的文化特点有关联。尽管考古学意义上的连续性是存在的，土著化过程也强化着这样的连续性，但是，如果不考虑其中的移民因素，不会得出正确的结论。当然，我们不会忽视考古类型学在研究相关问题中的地位与作用，只是认为史前及青铜时代的学术研究应当是多学科的，尤其应当把历史学的研究方法纳入其中，这样才能得出正确的结论。

最后，有必要对河湟乃至整个青海地区的文化性质做出理性判断。文化性质是一个较为宽泛的概念，从文化生成的角度看，文化性质往往是指某一文化是否属于原生或受其他文化影响具有次生性质。我们认为，青海文化具有次生性的特点。所谓文化的次生性是指特定文化体系及其表现形式具有外源性，在特定地理单元的存续是以其原生地形态为基础的。青海文化的次生性是不言而喻的，青海汉族文化是以中原地区汉文化为其原生形态的，青海汉族的生产生活方式、宗教信仰、衣食住行等方方面面都袭自中原文化，其基本内涵及表现形式也继承了中原文化。青海地区的藏族、蒙古族文化也承袭了西藏、内蒙古等的文化体系。以藏传佛教为例，早期传入青海的藏传佛教教义、教规都来自西藏地区，尽管在后弘期曾是藏传佛教复兴之地，但在政教合一的局势下，青海地区仍是西藏政治与文化的承袭之地，这些因素都导致青海的藏传佛教文化具有鲜明的次生性质。青海地区信仰伊斯兰教的民族是伊斯兰文化东向发展的承载者，源于西亚的伊斯兰教教义教规，穆斯林世界的

---

① 参见段小强:《马家窑文化彩陶蛙形纹饰新解》,《兰州学刊》2009 年第 9 期。

生产生活方式、习俗等对青海的回族、撒拉族等影响巨大，可以说青海穆斯林世界的文化实质上是中西亚伊斯兰文化的复制品，它的次生性也是显而易见的。

和对移民问题的认识一样，我们起初把青海文化的次生性与文字记录时代的历史相挂钩，没有意识到这一次生性的源头在史前及青铜时代。从以上的分析可知，无论是青海彩陶的起源，还是彩陶文化的流变等，都深刻地受到中原文化的影响，如果没有仰韶文化人群的西迁，青海地区恐怕不会在距今5800年左右进入彩陶时代，如果没有中原人群的数次西徙，也不会造就青海彩陶艺术的辉煌成就。

一般来说，具有次生特性的文化体系天然地需要与其母体文化之间建立有效的沟通渠道，只有这样才能不断地从母体文化中汲取养分，以确保自身的延续与发展。就青海彩陶而言，起源于仰韶文化庙底沟类型的彩陶文化蕴含着中原礼乐文化的特色，但是在多元移民活动的影响下，以青海彩陶为代表的地域文化没有能够在不断延续的中原礼乐文化中汲取自我更新的养分，也就没有发展出系统的使地域文化得以升华的早期文明。不过，后来的历史证明，源源不断的汉族移民为青海汉族文化注入了新鲜血液，使其能够不断吸收到来自母体文化的新的文化因素，从而与母体文化基本保持同步发展的态势。此外，青海的藏传佛教、伊斯兰教文化也与其母体文化之间保持着紧密联系。这说明，史前及青铜时代孕育出的青海文化的次生性特征一直在延续。

第四节　河湟地区冶铜业的起源与发展

新石器时代中晚期，我国进入青铜时代，青铜冶炼技术的出现也一向被视为人类进入文明阶段的重要标志之一。考古学证明，河湟地区是我国最早进入铜器时代的区域之一。据学者研究，青海同德宗日文化中出土的铜器实物为砷铜，其考古学年代距今 5600—4000 年。砷铜的首度发现足以说明青藏高原东北部居民较早接触到了铜器冶炼技术。[①] 距今 4000 年左右的齐家文化时期，青海地区已进入青铜文化阶段，在这一时期的考古遗址中，红铜器和青铜器的出土较为普遍。青海贵南拉乙亥乡尕马台齐家文化墓地出土了铜镜、铜指环、铜泡等 50 余件。经鉴定，这些铜器既有红铜，也有铅青铜与锡青铜。其中，在 M25 号墓中出土了一面铜镜，压在墓主人胸下。这面铜镜直径 9 厘米，厚 0.4 厘米，表面平滑，背面为不规则七角星纹图案。角与角之间饰以斜线纹，因镜钮已经坏损，另在镜的边缘凿有两个小孔作为系绳穿挂之用。该铜镜经中国科学院考古研究所快中放射性分析法鉴定其铜和锡的比例是 1 ∶ 0.096，属青铜质。铜镜制作规整，铸造工艺精美，达到了相当高的水平。这面铜镜既是尕马台遗址最为典型的文化遗物，也是迄今为止我国境内出土最早的一面铜镜。1980 年，青海互助总寨齐家文化墓地中出土了 2 件铜刀，其中一件“形体较宽，一面开刃，刃部有使用痕迹，长 13.5 厘米，宽 2.3 厘米，厚 0.2 厘米”[②]。尽管齐家文化阶段的铜器制品制作工艺尚处初级阶段，但它们的出土证明当时的人们已经掌握了金属冶炼技术，这无疑是人类文明的一大进步。

卡约、辛店文化时期，河湟地区的青铜冶炼技术有了进一步提高。1963 年秋天，西宁发现了一件卡约文化时期的青铜鬲。这件青铜鬲保存完好，口沿外侈，短颈，深腹，袋状锥形足。通高 15.4 厘米，口沿 11.8 厘米。口部附一对称半圆形耳，各高 2.1 厘米，内径 1.7 厘米。颈部饰三道凸弦纹，腹部饰双道人字形凸弦纹。这件铜鬲出土地距朱家寨北山根卡约文化墓不远，考古学者判断其年代大致是商代。[③]1983 年，湟源县大华中庄出土了一件青铜权杖首，鸠头状杖銎之上，一端塑铸了

① 参见徐建炜、梅见军等：《青海同德宗日遗址出土铜器的初步科学分析》，《西域研究》2010 年第 2 期。

② 青海省文物考古队：《青海互助土族自治县马厂、齐家、辛店文化墓葬》，《考古》1986 年第 4 期。

③ 参见赵生琛：《青海西宁发现卡约文化铜鬲》，《考古》1985 年第 7 期。

一只猛犬，另一端为一头母牛。这件造型生动的青铜器可能是多范合铸而成，反映了当时青铜手工业技术已达到较高水平。1985 年，大通黄家寨卡约文化墓地出土了一件鸡形铜权杖首，采用了青铜镂空技术，制作难度较大。[①]此外，化隆县上半主洼卡约文化墓地共出土完整铜器 98 件，多是一些小饰品，包括铜铃、铜锥、铜连珠饰、铜刀、铜钺等。[②]民和核桃庄小旱地墓地有铜器出土的墓葬共 24 座，出土铜器 133 件，种类有铜泡、铜铃、铜饰、铜球等。[③]

一般而言，河湟地区的青铜冶炼技术形成的总体时间可能早于中原地区，考虑到河湟地处东亚与西亚之间，而西亚又是北半球最早产生青铜冶炼技术的地区，故中原地区最先接触到的外来青铜冶炼技术有可能是从青藏高原及河西走廊东向传播过去的。[④]河湟地区的青铜冶炼技术到卡约、辛店文化时期已日趋成熟，出现多范合铸和镂空技术。从器物类型上看，这一地区的青铜器多为铜镜、铜泡、铜铃、铜饰等生活、装饰器物，也出土了用于战争的铜刀、铜钺、铜镞等，这与中原地区以青铜冶炼技术完善原始礼乐文化的传统多有不同。到西周至战国时期，中原礼乐文化西向发展并影响到了甘青地区的羌人，青铜礼乐器物也开始出现，但在制作技艺上已落后于中原。学者们普遍认为青铜冶炼技术的出现意味着社会生产力的飞跃发展，特别是对原始农业生产力的提高起到过至关重要的影响。赵世超先生经过研究发现，自然界中稀有的青铜并不像人们想象的那样广泛运用于农业生产，铁器未出现之前人类主要

---

① 参见马兰、刘杏改：《大通黄家寨及杨家湾墓地清理简报》，《青海文物》1989 年第 2 期。

② 参见青海省文物考古研究所：《青海省化隆县上半主洼卡约文化墓地第二次发掘》，《考古》1998 年第 1 期。

③ 参见青海省文物考古研究所、青海省文物管理处、西北大学文博学院：《民和核桃庄》，科学出版社 2004 年版，第 26 页。

④ 有关中原地区冶金业起源问题，学术界争议较大，安志敏、李水城先生认为甘青地区的齐家文化及其青铜冶炼技术可能对中原地区产生过影响。参见安志敏：《试论中国的早期青铜器》，《考古》1993 年第 12 期；李水城：《西北与中原早期冶铜业的区域特征及交互作用》，《考古》2005 年第 3 期。

使用的农业工具为石器、木器、骨器等。[①] 以此说反观河湟地区的青铜冶炼业，我们需谨慎审视青铜冶炼技术对当时社会发展的作用与影响。

第五节　河湟地区早期商业的发展

史前时代，河湟地区的商业活动大致经历了创始、初步发展及逐步兴盛三个阶段，早期贸易以物易物为主，后来逐步有了货币交换，贸易活动十分典型地体现了河湟地区与中原的文化联系。

一、商贸概况

旧石器时代，人们主要从事狩猎和采集，社会生产力发展水平极低，阶级分化尚未出现，可能有邻近部落之间零星的以物易物的交换活动，但在社会生活中并不占有重要地位。新石器时代以来，随着原始农业的发展、社会分工的细化、贫富差异的出现，以及人类迁移活动的加剧，原始商业活动也得到初步发展。河湟地区的马家窑文化类型墓葬中，出土了海贝、蚌壳、叶腊石、绿松石等产于中原及沿海地区的物品。如乐都柳湾马家窑文化墓葬中就曾出土海贝和叶腊石，“叶腊石多产于福建寿山和浙江青田等地。海贝产自南海”[②]。此外，半山类型26座墓葬中曾出土产于湖北、陕西一带的绿松石40件。[③] 贵南尕马台齐家文化墓葬中约有三分之一的墓出土过海贝，数量少者几枚、十几枚，多的达几十枚、甚至百余枚，同时伴有石贝、骨贝出土。相当于中原商

① 参见赵世超：《殷周大量使用青铜农具说质疑》，《农业考古》1983年第3期。

② 青海省文物管理处考古队、中国社会科学院考古研究所：《青海柳湾》（上），文物出版社1984年版，第259页。

③ 参见青海省文物管理处考古队、中国社会科学院考古研究所：《青海柳湾》（上），文物出版社1984年版，第49页。

周时期的卡约文化墓葬中，几乎都有海贝出土，这说明海贝是尕马台遗址的一种典型文化遗物。[①] 河湟地区出土产于我国南方沿海地区的海贝，这引起了学术界的高度关注，经有关学者研究，海贝的出土根据年代远近形成由少到多的趋势，出土的海贝上人工穿孔也呈现由小到大的变化过程，辛店、卡约墓葬中石贝、骨贝的数量逐步增加，到后期还出现了青铜贝，说明贝作为实物货币经历了使用频率由低到高的不同发展阶段。也有学者认为，贝在当时主要是一种装饰品，或是财富的象征，而对作为实物货币流通的程度不能估计过高。[②]

海贝、绿松石等应当是通过不同部落之间以物易物的形式，逐步从中原地区进入河湟的，新石器时代出土的海贝、绿松石等在当时一般被当作装饰品或财富象征而受人们的格外珍视，扮演着一定的货币的职能，它们在河湟地区的出土既是中原文化东向发展的考古学见证，同时也反映出青藏地区原始居民与中原地区早期先民具有共同的文化心理。海贝、绿松石等物品既有可能是以物易物的重要货品，也有可能是邻近部落之间商业活动的货币媒介。

辛店、卡约文化时期，居住在甘青地区的羌人已经完全具备了货币交换所需的各种条件。1978 年，大通上孙家寨卡约文化 455 号墓葬中出土了 32 枚金贝，1981 年，贵南沙沟乡关塘卡约文化遗址中，出土了 2 枚青铜贝。这说明大约在春秋时期，当地羌人也已经利用金属贝进行商业交换。崔永红先生认为，这一时期的部分羌人已经从事游牧业，游牧业的经济特性更倚重商业贸易，以换取必需的生产、生活资料，因而这一时期的商业活动可能较为兴盛。[③]

① 参见李健胜：《拉乙亥文化述论》，《青海社会科学》2009 年第 4 期。
② 参见崔永红：《青海经济史（古代卷）》，青海人民出版社 1998 年版，第 31 页。
③ 参见崔永红：《青海经济史（古代卷）》，青海人民出版社 1998 年版，第 32—33 页。

二、玉石之路

青藏高原盛产玉石，特别是横亘于青藏与新疆地区之间的昆仑山是我国重要的玉料出产之地。昆仑山所产玉石中，最为著名的是产于北麓的和田玉，考古学材料证明，距今5000—4000年左右，和田玉已输往中原，良渚文化遗址、二里头文化遗址、商代妇好墓中都曾出土用和田玉制成的精美玉器，有学者据此提出“玉石之路”这一概念。[①]一般而言，玉石之路的主要路线是指产自新疆于阗等地的玉石，沿和田河或克里雅河穿过塔克拉玛干沙漠至塔里木河，从天山南口穿银山道或兴地沟至哈密，然后一路东行穿过河西走廊或北方草原进入中原。

近年来，考古工作者发现齐家文化遗址出土的玉器大多由昆仑玉制成，其中，喇家遗址所出土的7件玉器皆为软玉，“经初步观察鉴定，认为属于广义的昆仑山玉，很可能玉料来源于昆仑山东麓的格尔木，也就是广义的和田玉”[②]。齐家文化一般被认为是沟通中原及东部地区玉文化与西部玉料产地的一个中介，加之齐家文化与四川三星堆文化之间具有一定的文化联系[③]，使我们更有理由相信，除上述玉石之路的主要路线外，可能有一条从昆仑山南麓经柴达木盆地到达河湟地区，再向东部地区延伸，或经藏彝走廊，向西南地区运送玉料的运玉路线。玉石之路不仅是先秦时期西域与中原贸易交往的重要通道[④]，也是河湟地区与中原及西南地区之间的重要商业通道。

玉为石之美者，用玉、赏玉是中华文化的一大传统，中原及东部地区的龙山文化、红山文化及良渚文化遗址中都有大量玉器出土，可见玉石文化源远流长。曾在青藏高原东北部创造辉煌灿烂的原始文化的齐家文化部族也是一个用玉民族，他们所使用的珍贵玉料可能先由靠近昆仑

---

① 参见杨伯达：《中国古代玉器面面观》（上、下），《故宫博物院院刊》1989年第1、2期。

② 叶茂林、何克洲：《青海民和县喇家遗址出土齐家文化玉器》，《考古》2002年第12期。

③ 参见彭燕凝：《齐家文化玉器与三星堆文化的关系》，《深圳大学学报》（人文社会科学版）2008年第4期。

④ 参见臧振：《“玉石之路”初探》，《人文杂志》1994年第2期。

山玉料产地的部落采挖后以交换、馈赠的形式输入河湟地区，然后由齐家文化先民使用或传递至中原及西南地区，通过玉石之路进行玉料交换的现象是先秦时期青藏高原与中原地区及西南地区进行文化及商品交往的重要方式，也是丝绸之路未开通之前中原与青藏地区产生经济联系的重要途径。

第二章　河湟地区的民族文化

河湟地区是我国典型的多民族文化汇聚之地，研探当地的民族文化是认知这一区域社会文化基本状况的必由之径。本章中，笔者拟从族源问题、宗教文化之迁播等角度，讨论河湟地区的民族宗教问题。

第一节　“大禹出于西羌”辨

关于大禹与羌族的关系问题，传世文献多有述及，陆贾《新语·术事》云：“大禹出于西羌。”《史记·六国年表》云：“禹兴于西羌。”《史记索隐》称：“皇甫谧曰：‘孟子称禹生石纽，西夷人也。’传曰：‘禹生自西羌’是也。”《史记正义》云：“禹生于茂州汶川县，本冉駹国，皆西羌。”扬雄《蜀王本纪》云：“禹本汶山郡广柔县人，生于石纽，其地名痢儿畔。禹母吞珠孕禹，坼副而生于县。”《吴越春秋·越王无余外传》云：“鲧娶有莘氏之女……产高密，家于西羌，地曰石纽，石纽在蜀西川也。”《盐铁论·国病》亦云：“禹出西羌。”其中，“大禹出于西羌”一说，颇为典型，后世学者多从陈说，认为川西羌地即为禹出生、兴起或导江之地。北魏郦道元《水经注·沫水》广柔县条云：“县有石纽乡，禹所生也。”南宋人王象之《舆地纪胜》卷30云：“《禹贡》岷山在西北，俗谓之铁豹岭。禹之导江，发迹于此。”民国人祝世德所编《汶川县志》载有清人李锡所书《石纽山圣母祠碑记》，称石纽山岭上平行处为“刳儿坪”，系“圣母生禹处”。

“当禹之时，天下万国”[①]，今四川、重庆一带为蜀国、巴国领地，大禹无论如何不可能远徙至巴蜀一带治水，更遑论其出生、兴起之地为川西羌地，这一点顾颉刚先生的《古代巴蜀与中原的关系说及其批判》一文已有过翔实驳论。[②]然而，近现代一些史家受羌夏一家或夏出于羌等传统观念制约，或受当下史学研究地缘及族别色彩日浓等因素影响，仍然认为“大禹出于西羌”一说可信。徐中舒先生就认为羌人是夏民族的后裔，夏王朝的主要部族也为羌人，根据汉至晋500年间流传的羌族传说，没有理由否认夏即是羌。[③]冉光荣、李绍明等学者所著《羌族史》，引徐中舒先生之言，认定大禹为羌人后裔。[④]李绍明先生还根据传世文献中大禹生于“石纽”“出于西羌”等记载，以及相关地区的考古发现和羌地流传的一些颂扬大禹治水的民间歌谣、石崇拜等人类学材料，认为“禹兴于西羌”是有根据的。[⑤]王纯五先生认为大禹治水一事多与四川盆地的考古遗迹相合，大禹在四川治水的事实也有相关文献的支持，故而认为四川盆地的开发史就是一部治水史，大禹治水之地当在四川。[⑥]段渝先生认为，大禹生于岷江上游地区的事实有历史文献、民族学、民俗学和考古学资料为证，大禹治水也是从江水上源岷江开始的，“可谓信而有征”[⑦]。耿少将先生认为，禹为羌人，他“既是夏王朝

---

① 《吕氏春秋·用民》,《诸子集成》第6册，中华书局1954年版，第244页。

② 参见顾颉刚：《古代巴蜀与中原的关系说及其批判》,《顾颉刚全集》第5册，《顾颉刚古史论文集》卷5，中华书局2010年版，第291—352页。

③ 参见徐中舒：《中国古代的父系家庭及其亲属称谓》,《四川大学学报》(哲学社会科学版)1980年第1期。

④ 参见冉光荣、李绍明等：《羌族史》，四川人民出版社1984年版，第7页。

⑤ 参见李绍明：《从石崇拜看禹羌关系》,《徐中舒先生百年诞辰纪念文集》，巴蜀书社1998年版。李绍明：《“禹兴西羌”说新证》,《阿坝高等师范专科学校学报》2006年第3期。

⑥ 参见王纯五：《大禹治水的地域、〈禹贡〉江沱及成都古城址》,《四川文物》1999年第1期。

⑦ 段渝：《酋邦与国家起源：长江流域文明起源比较研究》，中华书局2007年版，第457页。

的开创者，也是古代羌人的一个非常有名的大巫师”[①]。至今，羌族群众一般都认为大禹是羌人祖先，大禹治水之地在今四川羌族世居之地。[②]笔者不揣浅陋，拟对“大禹出于西羌”一说进行辨析，以祈教于方家。

一、大禹治水及其神化

学界一般认为夏族是居住在晋南、豫西及渭水下游，即伊洛嵩高一带的古老民族，也有学者认为夏族起源于东方，主要活动于古济河之间，夏代晚期才迁往河洛一带。[③]综合上述观点，夏族的活动范围东达豫东、鲁西，西至陕东，北到冀南，南及徐淮一带，“而周边有众多的方国林立，其内部亦有众多方国存在。”[④]正因如此，夏族首领大禹出生、兴起之地当在上述地域范围内。从考古材料来看，仰韶文化孕育了华夏文明，庙底沟类型二期遗址中已有礼器性质的陶、石器出土，仰韶文化晚期类型与龙山文化交汇而成的河南龙山文化即是夏文化的开端，考古学上对应的遗址包括晋南陶寺遗址、豫西二里头遗址及古济河之间的考古遗存。近年来，四川成都平原陆续发现了新津宝墩遗址、郫县古城、都江堰芒城等距今4500—3700年之间的宝墩文化，研究表明，宝墩文化是三星堆文化的上源[⑤]，而三星堆遗址出土的权杖、金饰面具及其他青铜器物则清楚表明了它是与中原文化不同区系的一种文化，是当时我国早期文明中心之一。[⑥]岷江上游一带是今日羌族百姓聚居之地，

① 耿少将：《羌族通史》，上海人民出版社2010年版，第27页。

② 参见王明珂：《羌在汉藏之间：川西羌族的历史人类学研究》，中华书局2008年版，第231—236页。

③ 参见王国维、杨向奎及沈长云先生持此说。参见王国维：《殷周制度论》，《观堂集林》，中华书局1950年版；杨向奎：《夏民族起于东方考》，《禹贡》第7卷，1937年版；沈长云：《夏族兴起于古济河之间的考古学考察》，《历史研究》2007年第6期。

④ 詹子庆：《走近夏代文明》，东北师范大学出版社2006年版，第123页。

⑤ 参见陈显丹、刘家胜：《论三星堆文化与宝墩文化之关系》，《四川文物》2002年第4期。

⑥ 参见屈小强、李殿元、段渝主编：《三星堆文化》，四川人民出版社1993年版，第619—640页。

也是“禹生石纽”传说源起之地，当地新石器晚期遗址中出土彩陶的纹饰、风格及制作方法皆源自黄河上游马家窑文化[①]，该地区也是黄河上游氐羌民族经藏彝走廊南下至川西、藏东、滇西北的必经之地[②]，而当时黄河上游地区与华夏族聚居之地间更无统属的关系，夏后氏当不可能是兴起于黄河上游的部族。总之，夏商时期，四川盆地、黄河上游及岷江一带的社会资源并不为华夏族所掌控。正唯如此，夏的建立者大禹不可能出生、兴起于巴蜀一带。

首先，大禹出生、兴起之地不仅不在巴蜀一带，其治水活动亦当与巴蜀无关。距今4000年左右，我国大部分地区历经了持续百年的“大洪水”期。《尚书·尧典》云：“汤汤洪水方割，荡荡怀山襄陵，浩浩滔天。”《诗·商颂·长发》云：“洪水芒芒，禹敷下土方。”春秋初年青铜器“齐叔夷钟”铭云：“[illegible][illegible]（虩虩）成唐（汤），又（有）敢（严）才（在）帝所……咸有九州，处禹之堵（土）。”[③]考古发现证明，中原地区的河南新寨遗址、矬李遗址、孟县遗址、焦作西金城遗址、偃师二里头遗址，山东尹家城遗址，以及山西南部的绛县周家庄遗址等，都发现了距今4000年左右的大洪水的地质与考古遗迹。[④]长江三峡地区的大宁河流域、重庆市丰都县玉溪遗址，先后发现距今4000年左右的古洪水遗存。[⑤]成都平原发现多座年代距今4000年左右的早期城址，有洪灾遗迹及具有防洪功能的夯土城墙。[⑥]距今4000多年的青海民和喇家遗址也

① 参见徐学书：《岷江上游新石器时代文化的初步研究》，《考古》1995年第5期。

② 参见石硕：《从新石器时代文化看黄河上游地区人群向藏彝走廊的迁徙》，《西南民族大学学报》（人文社科版）2008年第10期。

③ 中国社会科学院考古研究所：《殷周金文集成》第1册，中华书局1984年版，第329页。

④ 参见张俊娜、夏正楷：《中原地区4KaBP前后异常洪水事件的沉积证据》，《地理学报》2011年第5期。

⑤ 参见张强、张生、朱诚等：《长河三峡大宁河流域三千年来沉积环境与河床演变初步研究》，《水利学报》2002年第9期；白九江、邹后曦、朱诚：《玉溪遗址古洪水遗存的考古发现和研究》，《科学通报》2008年第S1期。

⑥ 参见王纯五：《大禹治水的地域、〈禹贡〉江沱及成都古城址》，《四川文物》1999年第1期。

毁于以黄河异常洪水和地震为主，并伴有山洪暴发的群发性自然灾害。“大洪水”期恰好处于我国文明起源的一个关键时期，即尧、舜禅让传说至大禹建国之时。据《国语·周语下》记载，大禹改变了共工和鲧壅堵治水之法，采用“疏川导滞”的方法，成功解决了河水壅塞的问题。

“大禹治水”一事有神话传说、传世文献、出土铭文及考古学材料为证，当是确实发生过的史实。不过，大禹治水的具体地点、方式则陈说各异。《诗·大雅·韩奕》云：“奕奕梁山，维禹甸之。”“梁山”指今陕西韩城西北黄龙山，说明时人认为大禹曾在此地治水。《诗·大雅·文王有声》亦云：“丰水东注，维禹之绩。”说明大禹治水涉及今西安一带。出土文献《容成氏》云：“决九河（第25简）之阻……禹通淮、沂，东注之海……禹乃通蒌与易……禹乃通三江五湖……禹乃通伊、洛……禹乃通泾与渭……”[①] 按《容成氏》一文描述，大禹治水的范围遍及“九州”。《孟子·滕文公上》云：“禹疏九河，瀹济、漯而注诸海，决汝、汉，排淮、泗而注之江。”《墨子·兼爱中》云：“古者禹治天下，西为西河渔窦，以泄渠孙皇之水。北为防原泒，注后之邸，滹池之窦；洒为底柱，凿为龙门，以利燕、代、胡、貉与西河之民。东方漏之陆，防孟诸之泽，洒为九浍，以楗东土之水，以利冀州之民。南为江、汉、淮、汝，东流之，注五湖之处，以利荆楚、干、越与南夷之民。”《庄子·天下篇》亦云：“墨子称道曰：昔者禹之湮洪水，决江河而通四夷九州也，名川三百，支川三千，小者无数。”先秦文献中，已将大禹治水的范围扩展至九州各地。秦汉以来，华夏文化延及之地大致都有大禹在当地治水的传说，借此来凝聚和强化华夏认同，以至大禹治水的范围和功效被“夸大到离谱地步”[②]。

实际上，大禹时代社会生产力相对低下，劳动生产工具落后，大禹

① 马承源主编：《上海博物馆藏战国楚竹书》（二），上海古籍出版社2002年版，第250—293页。

② 詹子庆：《走近夏代文明》，东北师范大学出版社2006年版，第123页。

虽贵为夏后氏首领，但“亲自操橐耜”[①]的大禹不可能带领其族众在黄河、长江、淮水等大江、大河干流上治水，而当在夏后氏势力范围内的黄河中下游的某条小河上。夏代地理中心有三，其一为今山西西南部，河曲之内，汾浍之会与涑水流域；其二为河南西部伊洛黄河间古称三川之地；其三为今河南东北部古黄河南北大平原。夏族初期居于河曲之内，后活动范围向东扩大。[②]循着夏族活动轨迹，基本可确定大禹治水的地点在晋南、豫西、关中及古济、河之间，詹子庆先生认为大禹治水的地点在黄河下游，“即今河北、山东之间平原上（包括太史、覆釜、胡苏、徒骇、钩盘、鬲津、马颊、简、洁等‘九河’），今流经禹城的徒骇河当是大禹疏导的工程之一”[③]。詹先生以禹都来判定治水之地，符合逻辑，但学界关于禹都地望历来都有争议，陶寺、二里头等古城皆被认为可能是大禹定都之城。因此之故，甚难确定大禹具体是在哪条黄河支流上治水的。就本节关涉的问题而言，无论大禹在其势力范围内的哪条河上治水，都不可能带领其族众远徙至岷江治水。

大禹治水之所以为后世所褒扬、夸饰，“禹穴”、“禹墟”、“禹会村”、“夏后氏陵”及大禹治水的传说之所以遍布全国各地，这首先与华夏族悠久、成熟的文字记述传统有关。华夏族的文字记述传统是聚合、发扬和延展华夏族性的一个重要手段，“虽东方系之商人，也说‘浚哲维商，长发其祥，洪水芒芒，禹敷下土方’，明明以禹为古之神明”[④]。《左传·昭公元年》云：“天王使刘定公劳赵孟于颍，馆于洛汭，刘子曰：‘美哉禹功！明德远矣。微禹，吾其鱼乎！’”《孟子·滕文公上》云：“当是时也，禹八年于外，三过其门而不入。”《魏书·术艺传》云：

① （清）王先谦：《庄子集解·天下》，国学整理社编纂：《诸子集成》第3册，上海书店出版社1986年，第446页。

② 参见严耕望：《夏代都居与二里头文化》，《严耕望史学论文选集》（上），中华书局2006年版，第8页。

③ 詹子庆：《走近夏代文明》，东北师范大学出版社2006年版，第123页。

④ 傅斯年：《夷夏东西说》，载欧阳哲生编：《傅斯年全集》第3卷，湖南教育出版社2003年版，第199页。

“洪波滔天，功隆大禹。”《贞观政要·俭约》亦云：“昔大禹凿九山，通九江，用人力极广，而无怨读言者，物情所欲，而众所共有故也。”从上述文献看，如果说“鼏宅禹责”之说是秦国借大禹治水来夯实其统治地位合法性的话，那么，历代关于大禹治水精神与功绩的赞美与褒扬则是华夏族群之间形成政治与文化认同感的重要历史资源，而大禹治水的确是受益于华夏族文字记述传统才得以发扬光大的。随着华夏族实际控制区域的拓展，大禹治水传说流布的范围也随之扩大，而随着时间的流逝，逐世层累而成的关于大禹治水的描述也更趋夸张。到后来，随着先秦儒家以美化了的“三代”之治为认知基础的人文与社会批判意识的延展[①]，大禹治水也成为历代儒家用以“美圣”和批判现实的重要认知资源，其中的史实因素反而成了其次的内容，对于历代统治者而言，他们治理水患及征调民力的合法性也可上溯至大禹，故常有“上继禹功，下除民疾”[②]之说。

其次，大禹治水一事之所以为华夏族代代相传，这与中国早期国家的形成及其形态特点有关。尧、舜、禹的时代，晋南、豫西地区从部落酋长统治形态逐步向早期国家形态演进，到大禹统治的时期，“合诸侯于涂山，执玉帛者万国”[③]，“万国”之说当属夸大之词，但大禹为方国联盟之首领当属无疑。据说，大禹还“娶涂山”[④]。涂山氏一般被认为是东夷族，这都说明华夏族的政治形态并非源于单一族群，靠近夏族并与

① 笔者认为，以美化了的“三代”之治来批评现实和构建“大一统”理念的做法，是历代儒家的一种叙事策略，其中蕴含着的“法先王”的观念经过历代儒家的层累式构造，业已成为儒家思想中占主导地位的历史观。儒学是中国传统文化的主要人文资源，故这一历史观对历代的中国人多有影响，大禹治水被褒扬、夸大乃至神化的历史过程及其内在成因亦与这一历史观念有关。（李健胜：《先秦文化批判思想研究》，兰州大学出版社 2006 年版，第 32—37 页）

② 《资治通鉴·孝平皇帝下》，中华书局 1956 年版，第 1148 页。

③ 《左传·哀公七年》，《春秋左传正义》，《十三经注疏》整理本第 7 册，北京大学出版 2000 年版，第 1641 页。

④ 《尚书·益稷》，《尚书正义》，《十三经注疏》整理本第 2 册，北京大学出版社 1999 年版，第 123 页。

夏族通婚或被夏族征服的西羌、东夷的一些部落也是以夏族为核心的部族联盟体系的组成部分。在当时的部族联盟体系中，大禹拥有“共主”的地位，随着中原地区早期国家势力的扩张以及中原文化在西羌、东夷等族世居之地的传播，这些族群中原有治水传说的主角也被置换为大禹，各个方国的治水活动也被看成是在大禹率领和指挥下完成的。随着夏朝的建立和时代的发展，大禹在政治上的“共主”地位和他在文化上的贡献逐步被糅合到了一起，大禹本人也成为类似于黄帝的文化英雄，和黄帝被塑造为当时各种器具事物与文化现象的发明者与创造者一样，大禹的身上了集合了大洪水时期各个族群的奋斗精神和可贵智慧。

最后，大禹治水一事的延展与巫术文化有关。《荀子·非相》记有“禹跳，汤偏”，此处的“禹跳”是指大禹的脚有残疾。《尸子》云：“古者龙门未辟，吕梁未凿，禹于是疏河决江，十年不窥其家，生偏枯之病，步不相过，人曰禹步。”这说明战国时期的人们就有所谓“禹跳”或“禹步”之说，到后来，“禹步”成为方士们竞相模仿的步态。《抱朴子内篇·登涉》详载有“禹步”之法：“正立，右足在前，左足在后，次复前右足，以左足从右足并，是一步也。次复前右足，次前左足，以右足从左足并，是二步也。次复前右足，以左足从右足并，是三步也。如此，禹步之道毕矣。凡作天下百术，皆宜知禹步，不独此事也。”李零先生认为，大禹的“偏枯之病”与他长期治水、劳累过度有关。[①]刘宗迪先生认为，“禹步”的原型是曲足而舞，是人们在祈雨仪式上跳的“踏歌”。[②]笔者认为大禹的“偏枯之病”虽有可能是因治河而过度劳累所致，但毕竟跛着脚的大禹形象与人们心目中的圣王形象不合，而后世方士和道士们的聪明之处在于通过模仿“禹步”使大禹的这一身体缺陷转而成为带有神秘色彩的一种步态，这既为他们的巫术活动找到源于圣人的历史原型，也巧妙地淡化了大禹的身体缺陷，而被方士、道士们沿用已久的所谓“禹步”也在一定程度上传播了大禹治水的故事，从而使

① 参见李零：《禹步探原——从“大禹治水”想起的》，《书城》2005 年第 3 期。

② 参见刘宗迪：《禹步·商羊舞·焚巫》，《民族艺术》1997 年第 4 期。

大禹治水一事逐步神秘化、神话化。

王国维先生曾说："上古之事，传说与史实混而不分。史实之中，固不免有所缘饰，与传说无异；而传说之中，亦往往有史实为之素地：二者不易区别，此世界各国之所同也。"[①]后世所谓的大禹治水也是在一定的史实基础之上层累起来的历史故事，其中集合了当时各个方国及族群治水的过程、方法和意义，同时也体现了上古时期英雄崇拜的文化内涵。对于后世而言，大禹是人、神兼备的上古英雄，而大禹治水也是史实与神话的集合。顾颉刚先生所持鲧、禹是"天神性的传说"[②]之观点，虽为一些学者所批评与诟病，但顾先生对大禹神性因素的揭示对我们还原大禹治水一事的真实面貌多有助益。

二、禹文化的西迁

大禹出生、兴起及治水之地既然不在巴蜀，那么，巴蜀一带有关大禹的传说是如何形成的？这些传说是在怎样的"意图"、"情境"下形成的？"大禹出于西羌"之说是如何得出的？诸如此类的问题仍值得探讨。

春秋战国时期，封建体制的礼乐功能因周天子势力衰落而式微，戎夷蛮狄侵逼华夏时，周天子的"共主"地位往往会转化为文化上的某种象征，进而成为华夏族抵御外族的精神指引。与此同时，夷狄的华夏化与华夏的夷狄化交织并行，现实社会中的民族关系往往需要历史资源印证，故而春秋战国之人，往往将华夏与诸族间的关系史上溯至西周，以求证或反证不同情境、形势下的民族关系。就华夏族与羌人关系而言，传说中黄帝与炎帝两族关系，成为印证现实的一个依据。《国语·晋语四》云："昔少典娶于有蟜氏，生黄帝、炎帝。黄帝以姬水成，炎帝以姜水成。成而异德，故黄帝为姬，炎帝为姜。"这个烙有东周人印记的

① 王国维：《古史新证·总论》，姚淦铭、王燕主编：《王国维文集》第4卷，中国文史出版社1997年版，第1页。

② 吕思勉、童书业编著：《古史辨》第7册（下），上海古籍出版社1982年版，第144页。

古史传说成为周族与羌戎联姻关系的历史依据，也成为后世有关华夏与羌（姜）关系的文本见证，是时人有关西部民族关系史的简要总结。嬴秦民族本为东夷一支，西迁后没入羌戎，这和古公亶父率周族至周原且与羌戎杂处的历史，颇有相似。周天子东迁后，嬴秦民族领有周族故地，并迅速壮大，文化上也日趋华夏化。“秦公簋”铭云：“不（丕）显朕皇且（祖）受天命，鼏（幂）宅禹责（迹）。”[①]可见，秦人已自视为华夏的后裔。春秋时，一些内迁羌戎被中原华夏族视为同源之族，《左传·襄公十四年》载，姜戎氏驹支说晋惠公“谓我诸戎是四岳之裔胄也”。战国时，中原水利工程技师曾导青衣水入长江，秦国势力进入巴蜀后，一些水利工程往往打着大禹治水的旗号而开展，大禹作为华夏文明的代表，西向传播至蜀地。[②]日本学者工藤元男利用睡虎地秦简《日书》并结合其他文献研究发现，战国及秦时大禹作为和嫁娶凶日相关之神灵被信仰，楚文化圈中大禹作为治愈神信仰。他还利用其他学者关于石纽不是一个地名而是一种地质现象的结论，结合川西羌地的石制建筑物等，认为将大禹视为保护神来信仰的羌人为石夷，进而认为先秦社会中以禹为神格加以信仰的行神祭祀，在组合进入五祀之中，被经典化后，抬升为国家祭祀。[③]汉晋时期，蜀地精英对本土历史记忆进行改造，通过间接攀附黄帝后裔——禹，来构建巴蜀历史的华夏本源。[④]扬雄《蜀王本纪》称：“禹本汶山郡广柔县人，生于石纽。”常璩《华阳国志·蜀志》云：“郡西百里有石纪乡，禹所生也。”《三国志·蜀书·秦宓传》记载广汉太守夏侯纂为中原人士，蔑视蜀人，秦宓称“禹生石纽，今之汶山郡是也”，以攀附大禹来强调华夏认同。由此可见，大禹

---

① 中国社会科学院考古研究所：《殷周金文集成》第8册，中华书局1987年版，第4315页。

② 参见顾颉刚：《古代巴蜀与中原的关系说及其批判》，《顾颉刚全集》第5册《顾颉刚古史论文集》卷5，中华书局2010年版，第324页。

③ 参见［日］工藤元男著，［日］广濑薰雄、曹峰译：《睡虎地秦简所见秦代国家与社会》，上海古籍出版社2010年版，第259—284页。

④ 参见王明珂：《英雄祖先与弟兄民族》，中华书局2009年版，第70页。

出生、兴起、治水于巴蜀的传说，是华夏文化西向传播的结果，是华夏人及后来的汉族以文本建构的方式改造当地历史记忆，强化巴蜀与中原认同关系的结果。与此相映衬的是，主张大禹治水在蜀地或大禹即为羌人的当代汉族学者，也大多为川籍或长期生活在川地。

如果把巴蜀一带有关大禹的传说理解为汉人精英华夏认同与文本建构的结果，显然并不符合全部的事实。实际上，羌族对大禹的认同及对华夏文化的攀附心理才是大禹传说植根羌地的真正原因。秦汉以来，华夏精英视羌人为西方夷狄，称其为“三苗之裔”或无弋爰剑之后。王明珂先生将无弋爰剑没入西羌的所谓“英雄徙边记”，视为华夏族“英雄祖先历史心性”规导而成的有关边疆史的模式化情节之一。[①] 然而，远离华夏政治势力范围的西羌，其祖先认同遵从游牧社会的“移动”法则[②]，并不为历史记忆与族群认同所困，也没有攀附华夏的必要。内附中原的羌人则甚少认同华夏精英强加己身的身份标签，多自称为黄帝后裔，或是夏后氏之后。明清时期，中原统治势力延及的羌地，当地百姓不得已认同大禹，以汉人身份求得安全，他们的祖先记忆与身份认同多带有浓郁的民族压迫之色彩。直到今日，高山深谷地区的山寨羌人都自称“尔玛”，视上游村寨人群为“赤部”，称下游村寨人群为“而”（汉人），他们的历史记忆与祖先认同中也无大禹的印记。深受汉文化影响的羌族人则视大禹为羌人，一些羌族知识分子通过著书立说，试图将大禹为羌人一事确实化。羌人聚集的汶川县城受汉文化影响较重，羌地一带所谓“禹迹”也大都分布在该县城周围，这说明大禹是当地羌人汉化的历史与空间符号。[③] 汉化程度颇深的羌人及其周边民族，仍在通过延展祖先故事，来强化他们与汉人文化的认同关系。王明珂先生在川

---

① 参见王明珂：《英雄祖先与弟兄民族》，中华书局 2009 年版，第 77—83 页。

② 参见王明珂：《游牧者的抉择》，广西师范大学出版社 2008 年版，第 104 页。

③ 参见王明珂：《英雄祖先与弟兄民族》，中华书局 2009 年版，第 218—219 页。我们的相关调查尽管不甚全面，但得出的看法与当前学术界人类学、民族学的相关调查与研究往往能相印证。参见李祥林：《民间叙事和身份表达——羌区大禹传说的文学人类学探视》，《西南民族大学学报》（人文社科版）2010 年第 10 期。

西丹巴县巴底乡参加的一场嘉绒藏族婚礼上，听到一场别样的“祖先故事”，“我惊然发觉那位舅爷将本族之历史远溯自元谋猿人，且大汶口文化、仰韶文化等都被纳入这历史之中”，“他们所述说的历史，已不再是被20世纪上半叶民族学者归纳为‘民族传说神话’的那些叙事；他们从各种外来新知中汲取材料，结合本土知识，重新透过历史来说明、宣称‘我们是谁’”。[①]

三、“大禹出于西羌”的历史底层

行文至此，“大禹出于西羌”的由来似乎得以解决：大禹与羌人的关系是华夏文化西向传播的结果，也是当地汉族精英与羌人基于不同目的、不同情境所形成的华夏认同意识的合流。不过，传说中的黄帝后裔人数众多，巴蜀汉族精英及羌人为何更愿意攀附大禹呢？或许这是战国以来岷江地区治水的历史恰与大禹治水相合使然，不过，翻检两汉史料，结合夏族与羌人的历史关系，或许可以得出不同结论。

有关“禹生西羌”的记载中，陆贾《新语·术事》中的具体记述如下：

> 文王生于东夷，大禹出于西羌，世殊而地绝，法合而度同。

陆贾为楚人，当不会有汉晋巴蜀之地汉族精英的地方意识，但他却说“大禹出于西羌”，这一点值得深究。从上述引文来看，陆贾是把“文王生于东夷”和“大禹出于西羌”并列起来看待的。文王是岐周之人，当不会“生于东夷”，王晖先生结合《诗·大雅·大明》“挚仲氏任，自彼殷商。来嫁于周，曰嫔于京。乃及王季，维德之行。大任有身，生此文王”的记载，认为“文王生于东夷”是从母系之说，即文

① 王明珂：《羌族通史·序一》，载耿少将：《羌族通史》，上海人民出版社2010年版。

王母亲乃东夷女子，此处所指的是文王的母系血缘，王晖先生还进一步说："这种情况大概和文王、大禹之母婚后一段时间'不落夫家'有关。"①

《吴越春秋·越国无余外传》中有"鲧娶于有莘氏之女"的记载，《华阳国志·蜀志》亦云："石纽，古汶山郡也。崇伯得有莘氏女，治水一行天下，而生禹于石纽之刳儿坪。"有莘氏为夏族同姓氏族，其地望一说为今陕西合阳，一说为今山东曹县，夏族自古有同姓不婚之俗，故上述记载当不可信。相传，与夏后氏有姻亲关系的氏族有仍氏、有虞氏及涂山氏，皆为东夷部族，无法与"大禹出于西羌"一说相连接。不过，除东夷族外，夏族与其接近的西方民族间也有通婚的可能，可能是夏与羌人联姻传统使然，自称夏人的周族也与羌人保持着通婚关系，这至少从一个侧面说明夏人与羌人有通婚的可能。《荀子·大略》云："禹学于西王国。"刘向《新序·杂事》将"禹学于西王国"一事记为孔子弟子子夏之言，可见大禹与西方之"国"或"族"有关联之说起源尚早。当时的夏族聚居之地在伊洛嵩高及古济、河一带，渭水中游及晋中、豫西一带是古羌人活动的区域，夏族与他们保持通婚关系，大禹母亲也当为东羌女性，而非远在甘青或川西北地区的羌人，和"文王生于东夷"一样，"大禹出于西羌"一说可能也是针对"从母居"之俗而言。从"禹学于西王国"一说来看，大禹母亲可能居于渭水中下游，在地望上属于夏人之"西"。春秋战国至两汉魏晋时期，华夏族关于"西方"的指涉自渭水流域向西北、西南方向扩展，"禹学于西王国"一说逐步西渐，汉晋时已到达岷江地区，因这一地区为西羌人所居，故人们把西方之"国"或"族"确定为"冉駹"或"西羌"。"禹兴于西羌"、"大禹生于西羌"、"禹生石纽"等说法纷然兴起，其中一些言论并非出自巴蜀地区汉族精英之口。时至今日，"大禹生于西羌"一说中"西"的地域指涉已到达黄河上游。②四川、青海、河南三省为开发旅游业，都想借

① 王晖：《古文字与商周史新证》，中华书局 2003 年版，第 28 页。

② 参见鲍义志：《喇家遗址与大禹治水》，《中国土族》2006 年第 3 期。

大禹“扮靓”当地山川、古迹，纷纷兴建“大禹故里”，四川汶川县和北川县为此还聚讼不已[①]，众多学者参与其中，使史学研究沦为商品经济之附庸。

此外，从秦、汉帝国在少数民族地区实行的政治制度及法制律令中，也可循迹华夏族与羌人的血缘联系。秦在被征服或归顺的少数民族居住地设置边郡，边郡下设属邦、道。在法律地位上，边郡与内地郡无异，是在统一郡县制前提下实行特殊制度的边区[②]，但在政治上是臣服于秦的属邦，道则是边郡下设立的一级行政机构，类似于秦国统治核心区的县。义渠羌国被灭后，设北地、陇西、上郡三郡。这三郡在法律上是属邦，羌人上层及一般平民都被编入秦的爵级秩序中。按秦律，属邦内少数民族父母所生之子称为“真”，“真”即“客”，法律地位仍为少数民族，只有生于秦母，即其父娶秦国之女所生之子称为“夏子”，“夏子”即为法律身份上完整的秦人。[③]两汉将秦时的属邦称为属国，以避刘邦之讳，在征服之地及内迁少数民族地区设立属国，并派属国都尉统治。虽不清楚两汉时如何区分属国百姓的法律身份，但汉承秦制，其所采取的法制律令当与秦类似，不过，从考古资料看，两汉时期，汉政权势力进入青海河湟地区，汉政权也在这一地区设置金城属国、护羌校尉等管辖归义羌众，同时，中原流族迁徙至此，与归义羌人杂居而处。汉族移民与当地羌人杂居的状况在当今考古发现中已有初步展现[④]，而从长沙走马楼三国吴简中有关“真吏”的记载，说明当时有一些出自土著族群的基层行政人员亦称为“真”，其意义与睡虎地秦简中“城邦真戎

---

① 参见武越：《川青豫三省多地大禹故里之争一浪高一浪》，《中国地名》2012 年第 5 期。

② 参见杜晓宇：《试论秦汉“边郡”的概念、范围与特征》，《中国边疆史地研究》2012 年第 4 期。

③ 日本学者工藤元男利用睡虎地秦简《法律答问》等材料系统研究了秦、汉帝国在少数民族地区实行的政治制度及法制律令，借此探讨秦、汉扩充领土的方式及其国际秩序。参见［日］工藤元男著，［日］广濑薰雄、曹峰译：《睡虎地秦简所见秦代国家与社会》，上海古籍出版社 2010 年版，第 73—99 页。

④ 参见祁国彪：《陶家寨汉墓群最后一座大墓即将消失》，见新华网 www.xinhuanet.com/chinanews/2005-06/03/content_4367526.htm。

君长”之“真”在身份指涉上是一致的。当时，因这些人身份特殊，享有不缴口算，复除徭役等特权。[①] 由此可知，秦以来在属邦实施的律法制度，至三国时仍有效，而两者之间的汉代当然也当有这种律法制度。具体到早期羌人，秦时，原义渠羌人与秦人通婚，使后代获得“夏子”身份；两汉时，大批羌人被迫内迁，其中的一些人，特别是羌人豪酋也与中原汉人通婚，使子孙拥有汉人血统。“夏子”之称，已明显具有华夏特质，而夏族首领大禹自然是这种身份特质的起源，于是，成为“夏子”的羌人顺理成章地归宗于大禹。

汉武帝元鼎六年（前111），汉政权入侵岷江地区的冉駹羌国，《史记·西南夷列传》云：“南越破后，及汉诛且兰、邛君，并杀筰侯，冉駹皆振恐，请臣置吏。乃以邛都为越巂郡，筰都为沈犁郡，冉駹为汶山郡，广汉西白马为武都郡。”汉宣帝地节三年（前67），因“立郡赋重”[②]，汶山郡又归蜀郡北部都尉管辖。如前所述，秦汉时，在征服或归顺的少数民族地区设立属邦或属国，秦曾以区别“真”与“夏子”的不同法律身份来试图将少数民族纳入秦的法律体系中，汉承秦制，当在冉駹羌地实行过类似的政策，其结果是将大禹信仰与华夏认同传播至羌地。汉政权在羌地实施的华夏化之策在羌人上层效果明显，史书称北部（冉駹）都尉属国，“其王侯颇知文书，而法严重”[③]，一般羌人百姓被迫遵从汉政权法令，进而在同化政策下成为新的汉人，一些违背汉法者，则逃入深山。《水经注》卷3“沫水”云：“有罪逃野，捕之者不逼，能藏三年，不为人得，则共原之，言‘大禹之神所祐也’。”先秦时期，华夏地区流传着大禹行神信仰[④]，汉权政统治羌人过程中，又以法治律令推行汉化政策，同时又认为那些没入荒野的羌人受大禹护佑，上述种种因素综合起来，就在羌人中自觉或不自觉地形成大禹为祖先、大禹为保

① 参见罗新：《“真吏”新解》，《中华文史论丛》2009年第1期。

② 《后汉书·南蛮西南夷列传》，中华书局1965年版，第2857页。

③ 《后汉书·南蛮西南夷列传》，中华书局1965年版，第2858页。

④ 参见［日］工藤元男著，［日］广濑薰雄、曹峰译：《睡虎地秦简所见秦代国家与社会》，上海古籍出版社2010年版，第189—230页。

护神等观念，并一直流传至今。

西周至两汉时期，有关大禹的历史已逐步神化，但其中也掺杂着一些史实，大禹与西方之“国”或“族”的联系，反映出夏后氏与羌人通婚的历史事实，“大禹出于西羌”并非空穴来风。历代内迁羌人及近代羌族攀附大禹一事也并非全无历史根据，而岷江地区羌人则在汉武帝时已逐步纳入中央王朝的边疆制度及其法治律令之中。我们认为不能把历史事实简单地称为文化传播与族群认同的结果，而应当将其视为文化传播与族群认同的内在根据，否则无法辨清历代羌人攀附大禹的内在缘由。王明珂先生强调建构一种新的历史知识，“这种历史知识不在于强调分辨历史记载之真实与虚构，而在于尝试理解书写者的‘情感’与‘意图’，及产生如此叙事的各种‘情境’，如此我们才可能对他者宣称的‘历史’产生同情的理解，并反思及反省我们所相信的‘历史’”[①]。王先生秉持的历史人类学理论与方法，将“情感”“意图”及“情境”视为“本相”，进而淡化了史学追求实证的学科禀赋，也使他所理解的“羌族史”成为华夏边缘的一个借镜，与之相关的史实皆为“情感”“意图”及“情境”的体现，或是“情感”“意图”及“情境”的产物，忽略了作为一个历史实体本身，羌族及与之相关的历史、文化皆有史实为依托，而非“近代建构”的产物，就“大禹出于西羌”而言，建构这一系列观念的背后也有客观的历史材料，这些材料不是历史的“表征”而是历史的本相。

第二节　河湟洮岷地区青铜文化的族别问题

河湟洮岷地区位于青藏高原东北边缘，地域范围包括青海省东北

① 王明珂：《英雄祖先与弟兄民族》，中华书局2009年版，第246页。

部和甘肃省东南部，是中原与青藏高原少数民族聚居区之间的过渡地带。从《后汉书·西羌传》的相关记述看，秦汉时期这一地区为古羌人世居之地。当代学者结合考古学材料，认定河湟洮岷地区为古羌人的起源地。马长寿先生认为，西羌主要“分布在河西走廊之南，洮岷二州之西”[①]，“羌族应是河曲一带新石器文化的主人”[②]。俞伟超先生认为，“根据卡约、寺洼及辛店的分布区域，就知道它们是以羌人为主体的西戎部落的遗存”[③]。也有学者将马家窑厚葬习俗与卡约文化的扰乱葬，视为不同灵魂观念的产物[④]，或将包括辛店文化在内的青铜文化皆笼统地归为羌人。[⑤]河湟洮岷地区新石器时代、青铜时代的文化遗址分布甚为广泛，各个遗址的文化内涵也颇为繁复，此地前后持续2000多年的人类活动在文化归属上可否视为一类，这一点值得进一步研探。事实上，由于马家窑文化与仰韶文化晚期类型之间关系紧密，可视为仰韶文化西向发展的产物[⑥]，特别是半山类型的文化主人明显来自东部[⑦]，由马家窑文化发展而来的齐家文化与当地青铜文化之间有近200多年的文化断裂，这些原始文化的主人是否都是羌人，显然值得深究。闫璘、柳春城二位先生通过对羌人习俗的古今对比，并借助考古学材料，论证了马家窑文化的居民并非羌人之祖先，而宗日文化才是先羌文化这样一个观点。[⑧]笔者

① 马长寿：《氐与羌》，广西师范大学出版社2006年版，第80页。

② 马长寿：《氐与羌》，广西师范大学出版社2006年版，第81页。

③ 俞伟超：《关于卡约文化与辛店文化的新认识》，《中亚学刊》第1辑，中华书局1983年版，第15页。

④ 参见李智信：《试论马家窑文化至卡约文化经济转变的原因及影响》，《青海文物》1991年第6期。

⑤ 参见崔永红、张得祖、杜常顺：《青海通史》，青海人民出版社1999年版，第19页；王明辉、朱泓：《民和核桃庄史前文化墓地人骨研究》，青海省文物考古研究所等：《民和核桃庄》，科学出版社2004年版，第303—305页；耿少将：《羌族通史》，上海人民出版社2010年版，第13页。

⑥ 参见严文明：《甘肃彩陶的源流》，见《仰韶文化研究》，文物出版社1989年版，第325—326页。

⑦ 参见李水城：《半山与马厂彩陶研究》，北京大学出版社1998年版，第198—199页。

⑧ 参见闫璘、柳春城：《羌人渊源考释》，《青海民族研究》2001年第1期。

拟在时贤研究基础上，利用考古学材料，探讨这一地区的新石器文化与青铜文化的内在关系，借此研探河湟洮岷地区青铜文化的族别问题，以及陇东、关中一带羌人考古文化与河湟洮岷地区的关系。

一、从人头骨数据看青铜文化人群的族属问题

晚更新世以来，史前人类有三次向青藏高原东北部迁移、扩张的历程，其中，全新世大暖期时期，马家窑文化人群自东向西经河湟谷地进入青藏腹地的过程，即是东部人群西向发展的一个典型，而末次冰消期全新世早期进入青藏腹地的人群则在马家窑文化人群到来之时已成为当地土著。[①] 正因如此，马家窑文化人群与拉乙亥中石器时代遗址主人为代表的当地土著居民在人种学上并非同种人群。考古学人头骨分析证明，以土著居民为人群主体的宗日文化虽由马家窑文化与当地土著文化共同作用而形成，但其人群主体显然是当地土著，其在人种学上与青铜时代的卡约人群一脉相承，且与当代藏族B型人群显然有亲缘关系；以乐都柳湾、民和阳山等遗址为代表的马家窑文化人群不仅在体质上属于同一人群，且和齐家文化人群和后来的辛店文化人群在体质上亦表现出鲜明的亲缘关系。

① 参见侯光良等：《史前人类向青藏高原东北缘的三次扩张与环境演变》，《地理学报》2010年第1期。

十三项颅、面绝对测量平均值（男性）对照表

地点 头骨数据	青海柳湾	青海宗日	青海阳山	青海李家山	青海核桃庄	甘肃铜石时代	甘肃火烧沟	现代藏族B组	现代华北
颅长（1）	185.4（15）	179.8（6）	181.8（7）	183.4（13）	178.5（9）	181.6（25）	182.8（57）	185.5（14）	178.5（86）
颅宽（8）	137.8（11）	136.1（6）	133.3（7）	139.8（13）	139.6（9）	137.0（26）	138.4（50）	139.4（14）	138.2（50）
颅高（17）	139.8（16）	137.5（6）	133.9（6）	137.3（13）	135.5（9）	136.8（23）	139.3（55）	134.1（15）	137.2（86）
眶高（52）	34.5（14）	33.0（10）	33.3（7）	35.5（13）	35.0（9）	33.8（16）	33.6（58）	36.7（15）	35.5（58）
颅基底长（5）	104.7（17）	103.9（7）	100.5（6）	101.3（13）	100.5（9）	102.1（23）	103.7（56）	99.2（15）	99.0（86）
眶宽（51）	43.6（15）	43.2（9）	42.2（7）	43.6（13）	43.2（9）	45.0（18）	42.5（59）	43.4（15）	44.0（62）
鼻高（55）	55.5（17）	53.3（10）	54.8（7）	57.4（13）	54.0（8）	55.0（20）	53.6（59）	55.1（15）	55.3（86）
鼻宽（54）	27.4（18）	25.9（10）	25.9（7）	27.1（13）	25.9（7）	25.6（17）	26.7（59）	27.1（15）	25. 0（86）
面基底长（40）	100.6（16）	94.6（7）	96.7（6）	94.3（13）	94.6（8）	97.3（14）	98.5（50）	97.2（15）	95.2（84）
颧宽（45）	136.7（14）	138.3（7）	131.7（6）	139.4（13）	135.8（6）	130.7（19）	136.3（52）	137.5（15）	132.7（83）
上面高（48）	78.6（16）	–	75.6（7）	78.8（13）	72.6（8）	74.8（16）	73.8（53）	76.5（15）	75.3（84）

续表

头骨数据＼地点	青海柳湾	青海宗日	青海阳山	青海李家山	青海核桃庄	甘肃铜石时代	甘肃火烧沟	现代藏族B组	现代华北
额最小宽（9）	90.6（15）	91.0（8）	87.7（7）	92.5（13）	88.3（9）	92.3（24）	90.1（60）	94.3（15）	89.4（85）
面角（72）	88.8（12）	85（6）	89.2（7）	86.9（13）	–	85.0（17）	86.7（47）	85.7（15）	83.4（80）

说明：阳山组、李家山组、阿哈特拉山组、柳湾组、甘肃铜石时代组、甘肃火烧沟组、现代华北组、现代藏族组（与陈靓《宗日遗址墓葬出土人骨的研究》中所用"藏族B"相关数据参比可知，此组数据为现代藏族B的人头骨分析数据）取自韩信康《青海民和阳山墓地人骨》(表四)，见青海省文物考古研究所：《民和阳山》，文物出版社1990年版，第166页。宗日组取自陈靓《宗日遗址墓葬出土人骨的研究》(《西部考古》第1辑，2006年10月，第120—121页)；核桃庄组取自王明辉、朱泓：《民和核桃庄史前文化墓地人骨研究》(青海省文物考古研究所等：《民和核桃庄》，科学出版社2004年版，附表一，小旱地遗址男性组)。

乐都柳湾遗址拥有马家窑文化半山、马厂类型文化遗存，二者是青藏高原东北缘最为典型且分布最为广泛的两种文化类型。学术界曾对马家窑文化的发展去向问题认知不一，总括起来约有七种不同见解[①]，这些看法都与对齐家文化的不同认识有关，段小强先生从地域分布、考古学年代、地层叠压关系及文化特征等角度分析了马家窑文化与齐家文化的承袭关系，认为马家窑文化的发展去向即是齐家文化。[②]乐都柳湾也出土了齐家文化时期的墓葬，经过对柳湾出土的半山、马厂、齐家三种不同类型人头骨的分析研究，发现这些居民在体质上没有显著的差异，基本上属于相同的体质类型，这一结论证实了马家窑文化的确是齐家文化的上缘。研究进一步证明，柳湾合并组的体质特征显示出明显的蒙古人种特征，柳湾组与商代安阳（1）组之间反映出接近关系，暗示甘青

① 参见段小强：《马家窑文化》，文物出版社2011年版，第241页。

② 参见段小强：《马家窑文化》，文物出版社2011年版，第240—248页。

地区的上古居民与商代华北地区的古居民之间在体质上可能有较密切的关系。[①] 青海民和阳山是典型的马家窑半山类型遗址，研究发现，阳山组体质特征与我国甘、青地区古代居民和现代华北人具有更明显的接近蒙古人种的东亚支系类型，与北亚和东北亚支系类型则有较明显的区别。[②] 从上表相关数据来看，宗日居民体质比较接近现代东亚蒙古人种，虽与柳湾组相接近，但其颅型趋短，鼻型趋狭，上面部在水平方向上的扁平度趋小，这些特征更接近藏族 B 组。[③]

上表反映出的青铜时代的文化人群主要是辛店文化人群和卡约文化人群。经人头骨分析，辛店文化的典型遗址民和核桃庄组居民与东亚蒙古人种的典型代表——近代华北组颇为接近，核桃庄组居民与马家窑文化居民之间存在很强的一致性，尤其与柳湾合并组的关系很密切[④]，这说明青铜时代的辛店文化人群实际上是马家窑、齐家文化人群的延续。乐都柳湾共发掘 1500 多座墓葬，而辛店墓葬仅有 5 座，但也揭示了马家窑文化半山类型、马厂类型，以及齐家文化与辛店文化墓葬的分布规律，马家窑文化和齐家文化墓地分布在东、中、西墓地较低处，而辛店文化墓地分布在墓地北部最高处，甘肃临洮、永靖等地某些辛店文化遗址或墓地也都位于海拔较高台地上，这是辛店文化遗址分布的一个规律。[⑤]《柳湾墓地的人骨研究》一文未对辛店文化人骨做研究，但从墓葬分布来看，可能逐步走向牧业专化的辛店文化人群活动区域与齐家文化人群的活动范围相接近，这也从一个侧面说明辛店文化人群与马家

① 参见潘其风、韩康信：《柳湾墓地的人骨研究》，见青海省文物管理处考古队、中国社会科学院考古研究所：《青海柳湾》（上），文物出版社 1984 年版，第 261—278 页。

② 参见韩康信：《青海民和阳山墓地人骨》，载青海省文物考古研究所：《民和阳山》，文物出版社 1990 年版，第 168 页。

③ 参见陈靓：《宗日遗址墓葬出土人骨的研究》，《西部考古》第 1 辑，2006 年 10 月，第 124—125 页。

④ 参见王明辉、朱泓：《民和核桃庄史前文化墓地人骨研究》，载青海省文物考古研究所等：《民和核桃庄》，科学出版社 2004 年版，第 303—305 页。

⑤ 参见青海省文物管理处考古队、中国社会科学院考古研究所：《青海柳湾》（上），文物出版社 1984 年版，第 257 页。

窑、齐家文化人群一脉相承。

从上表数据来看，青海湟中李家山卡约文化居民在体质上保留了原始蒙古人种的综合特征，与民和阳山、柳湾头骨接近东亚蒙古人种不同，李家山卡约文化居民体质与马家窑、齐家文化人种之间并不具有一脉相承的关系。[①] 因核桃庄组辛店文化人种体质与民和柳湾合并组关系密切，故李家山组与核桃庄组间也存在较大差异，经头骨测量角度研究，李家山居民与藏族东部类型（藏族 B 型）具有密切关系[②]，而前述宗日文化与藏族 B 型相接近，这从侧面证明宗日文化人群与李家山卡约文化人种之间具有亲缘关系。

由此看来，河湟洮岷地区的新石器时代文化人群在体质上大致可分为两大类：一类是以柳湾合并组为代表的马家窑、齐家文化人群，一类是以宗日文化为代表的土著人群，对这些人群虽然不能以“民族”这一概念来统摄，但他们显然是青铜时代河湟地区不同民族的前身。从人头骨分析来看，马家窑、齐家文化人群和青铜时代的辛店文化人群在体质上是一脉相承的，而宗日文化和青铜时代的卡约文化则有更紧密的亲缘关系。进而言之，藏族 B 型活动范围在今青藏高原东北部，其族源甚为复杂，与一般泛称的藏族为吐蕃后裔多不相称。公元 7—8 世纪，吐蕃北上、东进，统一了青藏地区，这为包括羌人在内的河湟洮岷地区各民族融入吐蕃奠定了政治基础，在之后的数个世纪里，吐蕃民族以其宗教、语言及习俗文化进一步影响河湟洮岷一带的各个民族，最终使包括世居该地主体民族羌人在内的诸多民族融入藏族，藏族 B 型在人种上与宗日、卡约文化人群相近的考古学证据也说明，对于生活在青藏高原

① 参见张君：《从头骨非测量特征看青海李家山卡约文化居民的种族类型》，《考古》2001 年第 5 期。

② 参见张君：《青海李家山卡约文化墓地人骨种系研究》，《考古学报》1993 年第 3 期。

东北部的藏人而言，羌人为其种族之源[①]，这也反过来证明卡约文化的族属当为羌人。

二、从葬俗、陶器等看青铜文化的族属问题

河湟洮岷地区新石器及青铜时代文化人群的不同分类还反映在葬俗上。宗日文化墓葬二次扰乱葬占发掘墓总数的13%，二次葬时，将棺椁付之一炬[②]，甚至对人骨进行焚烧，颇具特色。[③]李锦山先生结合民族学材料，认为宗日文化火葬墓主大概不出首领、巫师、勇士或年高望重者之类特殊人物，或许只有这些人的灵魂才具备升天神化的资格。[④]宗日文化有石棺葬，石棺以修整成长方形的石板构成四壁，安放于墓穴之间，均无底板，盖板或有或无。宗日文化中的石棺葬具有时代早、数量多的特点。[⑤]青海化隆县上半主洼卡约文化墓葬的第一次考古挖掘，发现两座火葬墓，其中M10棺内人骨架以泥土包住后再用火烧，使人骨架被红烧土紧紧裹住。[⑥]化隆县上半主洼卡约文化墓葬中除瓮棺葬、木棺葬外，有些墓室两端排列有密集的石块，也有在墓口上围有大石块，不少墓葬还有头枕石块和脚下垫石的习惯。[⑦]湟源大华中庄卡约文化墓

---

① 藏族族源问题一直存有争议，传统观点认为藏族源于西羌，现当代学者则大多持不同观点。实际上，现代藏族是一个文化民族，其形成历史过程中融入了多个不同民族，故甚难在种族上确定其唯一源头。本文的相关分析至少可说明青藏高原东北部的藏人与世居此地的羌人在种族上有亲缘关系，对于这些藏族而言，羌人为其人种的祖先。

② 参见青海省文物管理处、海南藏族自治州民族博物馆：《青海同德县宗日遗址发掘简报》，《考古》1998年第5期。

③ 参见陈洪海、格桑本、李国林：《试论宗日遗址的文化性质》，《考古》1998年第5期。

④ 参见李锦山：《论宗日火葬墓及其相关问题》，《考古》2002年第11期。

⑤ 参见青海省文物管理处、海南藏族自治州民族博物馆：《青海同德县宗日遗址发掘简报》，《考古》1998年第5期。

⑥ 参见青海省文物考古研究所等：《青海化隆县半主洼卡约文化墓葬发掘简报》，《考古》1996年第8期。

⑦ 参见青海省文物考古研究所：《青海化隆县上半主洼卡约文化墓地第二次发掘》，《考古》1998年第1期。

地第6、39号墓随葬有陶器、海贝、马和羊的足趾骨、砾石等物，墓口和墓口中部发现烧灰痕迹。[①]广泛分布于兰州以东的甘肃地区，在陕西宝鸡也偶有发现的寺洼类型墓葬中也有“火葬后将骨灰盛在陶罐中”的葬俗遗迹[②]，说明这一青铜文化类型与卡约文化有共同的性质。上述火葬及石棺葬一般都被认为是羌人葬俗的典型特征，而由宗日文化延续至卡约、寺洼文化的特殊葬俗也与传世文献中羌人“聚柴薪而焚之”[③]的葬俗相一致，这说明卡约、寺洼文化当为羌人所创造。

乐都柳湾马家窑文化半山和马厂类型墓葬，以及齐家文化墓葬的形制、葬式及随葬品组合等既具有马家窑文化的基本共性，同时也有一些地方特色。比如，马厂类型墓葬已知150具人架中，仰身直肢葬110具，占73%，这与仰韶文化的葬式基本相同。马厂类型墓葬三分之一的墓带有长方形或梯形的墓道，且都有成形木棺或垫板，这又与甘肃地区的马厂类型多有不同。[④]民和阳山半山文化墓葬葬式分单人墓和合葬墓两种，单人墓中俯身直肢葬占27.7%，二次葬占32.3%。[⑤]民和小旱地辛店文化墓葬葬俗，一是竖穴土坑墓为主，少数竖穴偏洞墓；二是陶葬陶器差别不大；三是仰身直肢葬；四是二次扰乱葬式盛行。二次扰乱葬着重于对尸骨的破坏，头骨等主要骨骼被打乱次序、抛弃、砸碎、随葬品也一并遭到破坏，这与仰韶二次扰乱葬重新安放尸骨的习俗大有不同。[⑥]青海乐都柳湾辛店文化墓葬共五座（M1189、1196、1198、1244、1248），除M1244外，都分布在柳湾墓地的山顶上，于1977年发掘。

---

① 参见青海省湟源县博物馆：《青海省湟源县大华中庄卡约文化墓地发掘简报》，《考古与文物》1985年第5期。

② 参见夏鼐：《临洮寺洼山发掘记》，载《中国考古学报》第4册，商务印书馆1949年版，第98页。

③（清）孙诒让撰，孙启治点校：《墨子·节葬下》，中华书局1993年版，第268页。

④ 参见青海省文物管理处考古队、北大历史系考古专业：《青海乐都柳湾原始社会墓葬第一次发掘的初步收获》，《文物》1976年第1期。

⑤ 参见青海省文物考古研究所：《民和阳山》，文物出版社1990年版，第8页。

⑥ 参见青海省文物考古研究所等：《民和核桃庄》，科学出版社2004年版，第273页。

葬式有仰身直肢葬和二次葬两种，前者只有一座，后者共四座。[①]辛店文化与马家窑、齐家文化在葬俗上既有继承关系，也有诸多不同之处。马家窑文化人群起初虽来自东部，但在2000多年的发展过程中逐步土著化，加之河湟洮岷地区相对封闭的自然地理环境及当地土著居民的影响，使马家窑、齐家文化人群形成不同于仰韶文化人群的葬俗，由齐家文化发展而来的辛店文化的葬俗则更具有浓重的地方特色。辛店文化以墓上放置石块为标志，石块之下多是一次葬的墓穴所在，凡经二次扰乱的墓葬，绝大多数在墓穴填土中有石块，有的在地面上仍有石块。[②]墓葬中陪葬石器以石串珠，绿松石珠、块为主，墓地外还有砺石、石球等少量器物。[③]这说明辛店文化中也有石崇拜的文化现象。不过，卡约文化和寺洼文化中都有火葬的证据，但辛店文化中尚未发现，这说明后者虽受当地羌人葬俗的一些影响，但终究不属于羌人文化。

河湟洮岷地区的辛店文化与卡约、寺洼文化在族属上的不同还反映在其文化上源在陶器类型上的区别。卡约、寺洼文化上源的宗日文化中具有地方特色陶器为乳白色夹砂陶上施紫红彩、变形鸟纹和多道连续折线图案、腹壁与器底的结合方式等，均与马家窑文化截然不同。[④]通过对宗日遗址中马家窑类型陶器和宗日式陶器分布比例、相互影响等因素的考察，发现宗日遗址居民可制造精美的马家窑类型陶器，但更多地使用宗日式陶器，这说明宗日居民与马家窑文化的人们不属同一集团。[⑤]马家窑文化以丰富精美的彩陶而闻名于世，从石岭下至马厂类型，器型、纹饰及制作工艺皆具有鲜明的前后继承关系，而且有礼乐器物出土，如民和阳山有陶鼓出土，共3件，使用时可能是在二环耳上系

---

① 参见青海省文物管理处考古队、中国社会科学院考古研究所：《青海柳湾》(上)，文物出版社1984年版，第234—237页。

② 参见青海省文物考古研究所等：《民和核桃庄》，科学出版社2004年版，第271页。

③ 参见青海省文物考古研究所等：《民和核桃庄》，科学出版社2004年版，第27页。

④ 参见青海省文物管理处、海南藏族自治州民族博物馆：《青海同德县宗日遗址发掘简报》，《考古》1998年第5期。

⑤ 参见陈洪海、格桑本、李国林：《试论宗日遗址的文化性质》，《考古》1998年第5期。

绳悬挂于腰部，这种喇叭状、两端联通的陶器很可能是原始乐器——腰鼓[①]，结合民和喇家遗址齐家文化墓葬中出土的玉刀等礼器，足以说明马家窑文化与其上源仰韶文化一样，具有礼乐文化的初级形态，也足以说明这一文化人群与宗日文化为代表的土著文化有显著区别。

由齐家文化发展而来的辛店文化也具有较发达的彩陶制作工艺，如民和核桃庄小旱地墓地共发掘辛店文化墓葬367座，出土的“陶器群整体特色可以概括为：夹砂橙红陶，乳黄色陶皮，施黑色单彩或红、黑色复彩，双耳、凹圜底”[②]。陶器种类包括瓮、罐、盆、杯，只发现1件鬲。小旱地人为牧羊种族，陶器上最为典型的纹饰为近似一对羊角的双勾纹，如M65随葬陶罐上就有典型的对称羊角纹饰。[③]乐都柳湾辛店文化墓葬随葬的陶器都是夹砂红褐陶，器型完整的有双耳陶罐和陶壶两种，底部多呈圜底或小平底。[④]卡约文化的陶器一般较为粗糙，化隆县上半主洼卡约文化墓葬的第一次考古挖掘共发掘第一期陶器49件，这些陶器整体上器形矮小，陶质均为夹砂陶，以细砂陶为主，陶色以灰陶为主，有少量红陶，彩陶极少。陶器制作手法均为手制，器表大都打磨光滑。第二期陶器共92件，多以夹砂粗陶为主，多为手制，纹饰简单，制作粗糙。[⑤]寺洼文化陶器以夹砂质灰褐色或黄褐色陶为主，一般制作不够精细，多素面，少见彩陶，这与卡约文化多相接近。有学者认为寺洼文化是卡约文化的一个地方类型[⑥]，但由于二者之间在陶器类型及组合方面区别较大，甚难说是同一类文化，不过，从上述人种体质及火葬墓等现象看，卡约、寺洼文化共同源于宗日文化的可能性更大。

---

① 参见青海省文物考古研究所：《民和阳山》，文物出版社1990年版，第110页。

② 青海省文物考古研究所等：《民和核桃庄》，科学出版社2004年版，第19页。

③ 参见青海省文物考古研究所等：《民和核桃庄》，科学出版社2004年版，第73页。

④ 参见青海省文物管理处考古队、中国社会科学院考古研究所：《青海柳湾》（上），文物出版社1984年版，第234—237页。

⑤ 参见青海省文物考古研究所等：《青海化隆县半主洼卡约文化墓葬发掘简报》，《考古》1996年第8期。

⑥ 参见许新国：《试论卡约文化的类型与分期》，《青海文物》1988年第1期。

宗日—卡约、寺洼文化的古羌人文化属性与马家窑—齐家—辛店的文化属性在长期交融过程中，共同创新造了一些文明成果，其中，铜器制作即是最为典型的例证。河湟洮岷地区的冶铜业上溯至新石器时代晚期，宗日文化中就出土了砷铜，宗日文化的考古学年代距今5600—4000年，砷铜的首度发现足以说明青藏高原东北部居民较早接触到了铜器冶炼技术。①距今4000年左右的齐家文化时期，青海地区已进入青铜文化阶段，在这一时期的考古遗址中，红铜器和青铜器的出土较为普遍。青海贵南拉乙亥乡尕马台齐家文化墓地出土了铜镜、铜指环、铜泡等50余件。经鉴定，这些铜器既有红铜，也有铅青铜与锡青铜。其中，在M25号墓中出土了一面铜镜，压在墓主人胸下。这面铜镜直径9厘米，厚0.4厘米，表面平滑，背面为不规则七角星纹图案。角与角之间饰以斜线纹，因镜钮已经坏损，另在镜的边缘凿有两个小孔作为系绳穿挂之用。该铜镜经中国科学院考古研究所用快中放射性分析法鉴定，其铜和锡的比例是1 ∶ 0.096，属青铜质，铜镜制作规整，铸造工艺精美，达到了相当高的水平。这面铜镜既是尕马台遗址最为典型的文化遗物，也是迄今为止我国境内出土最早的一面铜镜。②1980年，青海互助总寨齐家文化墓地中出土了2件铜刀，其中一件“形体较宽，一面开刃，刃部有使用痕迹，长13.5厘米，宽2.3厘米，厚0.2厘米”③。尽管青藏高原齐家文化阶段的铜器制品制作工艺尚处初级阶段，但它们的出土证明当时的人们已经掌握了金属冶炼技术，这无疑是人类文明的一大进步。

卡约、辛店文化时期，青海地区的青铜冶炼技术有了进一步提高。1963年秋天，青海西宁发现了一件卡约文化时期的青铜鬲。这件青铜鬲保存完好，口沿外侈，短颈，深腹，袋状锥形足。通高15.4厘米，口沿11.8厘米。口部附一堆成半圆形耳，各高2.1厘米，内径1.7

① 参见徐建炜、梅建军等：《青海同德宗日遗址出土铜器的初步科学分析》，《西域研究》2010年第2期。

② 参见李健胜：《拉乙亥文化述论》，《青海社会科学》2009年第4期。

③ 青海省文物考古队：《青海互助土族自治县总寨马厂、齐家、辛店文化墓葬》，《考古》1986年第4期。

厘米。颈部饰三道凸弦纹，腹部饰双道人字形凸弦纹。这件铜鬲出土地距朱家寨北山根卡约文化墓不远，考古学者判断其年代大致是商代。[①]1983年，湟源县大华中庄出土了一件青铜权杖首，鸠头状杖銎之上，一端塑铸了一只猛犬，另一端为一头母牛。这件造型生动的青铜器可能是多范合铸而成，反映了当时青铜手工业技术的高超水平。1985年，大通黄家寨卡约文化墓地出土了一件鸡形铜权杖首，采用了青铜镂空技术，制作难度较大。[②]此外，青海都兰县诺木洪找搭里他里哈遗址出土的铜器有斧、刀、钺形器和镞4种，同时还采集到铜渣和炼铜用具的残片，铜渣表面有铜绿，容易破碎。[③]

河湟洮岷地区不同青铜文化中青铜器物类型具有很多的共性，出土器多为铜制工具、铜饰、铜镜。民和小旱地辛店文化墓地铜器出土的墓葬有24座，共133件，种类不多，大体有铜泡、铜铃、铜饰、铜球等。[④]其中，铜泡40枚，铜铃7件（出自3座墓，均在人架膝盖骨处，用途可能是装饰品），铜饰83件（均为长方形铜牌饰，出土时均在人架肢骨关节部位处），铜珠1粒。化隆县上半主洼卡约文化墓葬的第一次考古挖掘第一期遗物中出现铜刀1件，刀体略呈柳叶状，还发现数量较多的铜泡，第二期遗物中也发现了铜泡。[⑤]化隆上半主洼卡约文化墓葬第二次发掘出土完整铜器共98件，多为小饰品，包括铜铃、铜锥、铜连珠饰等，皆为青铜器。[⑥]不同族属的青铜文化在器型上的一致性侧面说明不同族群在区域内的交互影响。

---

① 参见赵生琛：《青海西宁发现卡约文化铜鬲》，《考古》1985年第7期。

② 参见马兰、刘杏改：《大通黄家寨及杨家湾墓地清理简报》，《青海文物》1989年第2期。

③ 参见青海省文物管理委员会、中国科学院考古研究所青海队：《青海都兰县诺木洪搭里他里哈遗址调查与试掘》，《考古学报》1963年第1期。

④ 参见青海省文物考古研究所、青海省文物管理处、西北大学文博学院编著：《民和核桃庄》，科学出版社2004年版，第26页。

⑤ 参见青海省文物考古研究所等：《青海化隆县半主洼卡约文化墓葬发掘简报》，《考古》1996年第8期。

⑥ 参见青海省文物考古研究所：《青海化隆县上半主洼卡约文化墓地第二次发掘》，《考古》1998年第1期。

此外，从考古学地层叠压关系中亦能看出河湟洮岷地区青铜文化的不同族属。一般而言，辛店文化遗址一般出土于湟水下游的乐都、民和一带，尽管与齐家文化有考古学年代上的断层关系，但其遗址一般都会出现在离齐家文化遗址不远的地势较高处，上述乐都柳湾辛店文化墓葬即是典型例证。研究表明，青海境内黄河两岸出土的卡约文化遗址上层一般都伴随着宗日文化类型陶器出土①，加之上述分析，足以说明宗日文化与卡约文化的确一脉相承。

学术界一般认为寺洼文化的上源即为齐家文化，但又无法解释二者之间的考古学缺环，也有学者尝试以范儿遗址做二者间补充②，但笔者认为齐家文化虽对河湟洮岷地区的青铜文化多有影响，但有火葬墓现象的寺洼及卡约文化当是宗日文化发展的结果，至于宗日文化与卡约、寺洼之间的考古学缺环，可能是距今 4000 年左右受自然环境影响所导致的新石器时代文化“突变”③在西部地区的表现。当然，也须看到，寺洼文化并不是单一的羌人文化，而是西戎之辛店文化和羌人的卡约文化相汇合的产物。从地望上看，甘肃临洮所处之地是马家窑文化人群西进和卡约文化东向发展的必经之地，因此具备两种文化相互融合的地理条件。从陶器类型上看，马鞍口双耳陶罐从半山、马厂、辛店至寺洼文化前后存在着承续关系④，而从墓葬的葬式和葬俗看，寺洼文化与卡约文化关系更为密切，说明这一文化既具有马家窑及其后续文化的因素，也有羌人文化的内涵。

总之，早期羌人的地望即是青海境内的黄河两岸，即所谓河曲之地，行政区划上包括今青海同德、兴海、贵南、共和的河谷地带，这一地区即《后汉书·西羌传》所说的“大允谷”，这一带是宗日文化的分

① 参见陈洪海等：《试论宗日遗址的文化性质》，《考古》1998 年第 5 期。

② 参见樊维华：《范儿遗址文化初探》，《考古》1994 年第 1 期。

③ 参见俞伟超：《龙山文化与良渚文化衰变的奥秘》，《古史的考古学探索》，文物出版社 2002 年版，第 114—116 页。

④ 参见夏鼐：《临洮寺洼山发掘记》，《考古学论文集》，科学出版社 1961 年版，第 11—45 页。

布地带，由宗日文化发展而来的卡约文化在此地壮大后影响波及今龙羊峡以下的黄河两岸及湟水流域，特别是后来被《后汉书·西羌传》称为“大、小榆谷”的循化至贵德一带的黄河谷地成为早期羌人繁衍生息的核心地带。宗日文化人群的东向发展所形成的寺洼文化则是刘家文化的上源之一[①]，而刘家文化既与先周文化关系密切，同时也是东羌民族文化的源起之地。至于河湟洮岷地区的辛店文化则不是由羌人创造的，它的上源当为齐家文化，且受到土著文化的深刻影响，可归入西戎文化，与羌人文化有明显区别。

第三节 国家视野中的河湟汉族

在河湟移民史上，王朝国家既是移民迁徙走向的支配力量，也是移民未来发展及其前途命运的主宰。在王朝国家的视野中，移民既是可资利用以巩固边疆的一个特殊群体，也是其施政目的及其效用的承载体。作为一个特殊的移民群体，河湟汉族一直是王朝国家开疆拓土、安定边疆的重要力量，也是导致河湟地区社会经济文化发展变迁的重要因素，因此，探究王朝国家视野中的河湟汉族，可从一个侧面认清这一移民群体在历史上的作用，以及他们受王朝国家支配的历史命运。本节以历史发展为纵向轴，拟以王朝国家在不同时期的施政措施、开边方略等为分析对象，来研探相关问题。

一、两汉至宋元时期

西汉时期，王朝国家的统治力量首次延及河湟，面对族众繁多的羌

① 参见邹衡：《夏商周考古学论文集》，文物出版社 1980 年版，第 351 页。

族及其地方势力，其施政重心实质上是军事攻掠，且其开疆拓土的进程一开始就受到羌族的反抗与阻挠。汉武帝时期，军事攻伐是最为核心的开边策略，其目的主要是打击与匈奴联合侵边的羌族，尽管也有零星的移民实边措施，但移民巩固边疆的具体效果并不明显。到赵充国屯田河湟时，以弛刑徒与应募之人为主体的汉族移民成为重要的屯田劳力，移民对当地土地资源的开发及对巩固军事成果的作用也日趋明显，至此，王朝国家认识到了汉族移民的重要性。

东汉时，攻伐羌族之后，屯田以固疆、移民以实边成为王朝国家开疆辟土的上策。如光武帝建武十一年，马援奉命逐西羌，“援中矢贯胫，帝以玺书劳之，赐牛羊数千头，援尽班诸宾客”[①]。是时，“朝臣以金城破羌之西，涂远多寇，议欲弃之。援上言，破羌以西城多完牢，易可依固；其田土肥壤，灌溉流通。如令羌在湟中，则为害不休，不可弃也。帝然之，于是诏武威太守，令悉还金城客民。归者三千余口，使各反旧邑”[②]。这些前往湟水中上游地区的汉族移民实际上之前就已生活在“湟中”一带，因羌乱之故，后撤至金城，待局势稳定后，重又回到“旧邑”。由此可见，在王朝国家的开边策略中，汉族移民已成为重要的政治砝码。

两汉时期，王朝国家在河湟地区虽已设置郡县，但实际控制的区域并不广阔，汉族移民屯田垦殖的区域也十分有限，这在很大程度上限制了移民人口的数量与移民活动的规模。魏晋时期，历代政权在河湟的建制呈逐步完善化的趋势，移民人口也较前代有所增加，河湟汉族在王朝国家拓边政策中的重要性也在逐步提升。至隋唐时，以移民充边不仅是一种国策，同时也成为统治者在西部地区炫耀国威的一种工具。大业五年（609），隋炀帝西巡河右，“西域诸胡，佩金玉，被锦罽，焚香奏乐，迎候道左。帝乃令武威、张掖士女，盛饰纵观。衣服车马不鲜者，州县督课，以夸示之”。这一年，隋炀帝还亲征吐谷浑，“破之于赤水。慕容

① 《后汉书·马援列传》，中华书局1965年版，第835页。
② 《后汉书·马援列传》，中华书局1965年版，第835—836页。

佛允，委其家属，西奔青海。帝驻兵不出，遇天霖雨，经大斗拔谷，士卒死者十二三焉，马驴十八九。于是置河源郡、积石镇。又于西域之地，置西海、鄯善、且末等郡。谪天下罪人，配为戍卒，大开屯田，发西方诸郡运粮以给之。道里悬远，兼遇寇抄，死亡相续”[①]。隋炀帝所设西海郡，地理位置大致在环青海湖地区，部分河曲之地即是此郡的辖地。为扩充移民，王朝国家不仅以犯禁之人为移民主体，还视这些移民为开边之工具，在甚少考虑移民前途命运的前提和徙边实效的情况下，使之“死亡相续”。由此可见，随着开拓西部疆土进程的深化，王朝国家视野中的河湟移民逐步工具化，王朝国家只在乎开边拓疆的结果，对于借此来实现这一目的的移民及其命运则不是他们关注的重心。

安史之乱后，河湟地区为吐蕃掠取，至唐穆宗长庆二年，吐蕃请定疆候刘元鼎出使吐蕃，“至龙支城，耋老千人拜且泣，问天子安否，言‘顷从军没于此，今子孙未忍忘唐服，朝廷尚念之乎？兵何日来？’言已皆呜咽。密问之，丰州人也”[②]。此时，在王朝国家视野里，那些沦为异国子民的汉族移民后裔及其生存现状，一方面成为拓边失利的牺牲品，另一方面成为志士仁人试图恢复故土、挽救败局或批评时局的一种口实。

汉族沦为异国子民的情形显然不是中原人士和王朝国家所乐见的，诗人贾至作《送友人使河源》亦云：“举酒有余恨，论边无远谋。河源望不见，旌旆去悠悠。”[③]感叹国无良谋，边塞沦丧。唐朝统治者也日夜思谋，企图恢复河湟故地。史称，“宪宗常览天下图，见河湟旧封，赫然思经略之，未暇也。至是群臣奏言：‘王者建功立业，必有以光表于世者。今不勤一卒，血一刃，而河湟自归，请上天子尊号’帝曰：‘宪宗尝念河湟，业未就而殂落。今当述祖宗之烈，其议上顺、宪二庙谥

① 《隋书·食货》，中华书局1973年版，第687页。

② 《新唐书·吐蕃下》，中华书局1975年版，第6102页。

③ 此诗见《全唐诗》卷235。

号，夸显后世。’又诏：‘朕姑息民，其山外诸州，须后经营之。’”[①]至唐宣宗大中四年（850），“沙州首领张义潮奉瓜、沙、伊、肃、甘等十一州地图以献。始义潮阴结豪英归唐，一日，众擐甲噪州门，汉人皆助之，虏守者惊走，遂摄州事。缮甲兵，耕且战，悉复余州”[②]。

北宋时，唃厮啰政权控制河湟，王朝国家在此地的影响甚微。熙宁元年（1068），年仅20岁的宋神宗继位，任用王安石为相，实行各项政治、经济改革，并采取拓边政策，以抵御辽及西夏的内侵。王安石上台后，任用王韶发动熙河之役，收复洮岷河湟地区，以“断西夏右臂”。熙宁五年（1072）五月，王韶收复熙州、河州，《续资治通鉴长编》卷233载，宋军“拓地千二百里，招抚三十余万口”，王安石遂主张“今三十万众，若渐以文法调驭，非久遂成汉族”，同时提出移民实边。王韶西进开边活动，引起青唐主董毡的担忧，他曾遣大首领鬼章参与吐蕃部落抗宋的战争，“熙宁开边”活动也因各种原因宣告结束。王韶的开边活动虽然没有延及河湟，但宋朝收复熙州、河州，已将西境推至河湟东缘，这不仅导致青唐政权联宋抗夏策略松动，使这一带的政治形势变得复杂化，同时也为之后宋军收复河湟奠定了一定基础。宋哲宗亲政后，罢黜了元祐旧党，启用章惇等新派人物，以效法神宗进行改革，并恢复神宗时期的对外政策，元符二年（1099）七月，孙路以王赡统河州兵为先锋，王愍统岷州及熙州军马为策应，西进湟水流域。元符三年（1100），宋哲宗去世，徽宗继位，二月诏令王赡撤出青唐至湟州。崇宁元年（1102），宋徽宗起用新派人物蔡京为相，并效法神宗开拓西境，任用王韶之子王厚知河州兼洮西安抚使，主持收复鄯湟诸州事宜。崇宁二年（1103）六月，宋军挺进河湟，进入青唐城（今西宁），唃厮啰政权灭亡。之后，宋军又西进青海湖，南下廓州。据《续资治通鉴长编拾补》卷23，宋军“开拓疆境幅员三千里，其四至：正北及东南至夏国界，西过青海（湖）至龟兹国界，西至卢甘国界，东南至熙河、兰、岷

① 《新唐书·吐蕃下》，中华书局1975年版，第6107页。

② 《新唐书·吐蕃下》，中华书局1975年版，第6107—6108页。

州，连接阶、成州。计招降到首领二千七百余人，户口七十余万。”为减轻政府负担，宋朝也在河湟地区大兴屯田，以缓解财政压力，屯田活动的承担者则主要是士兵及汉族移民。不过，北宋在河湟的统治甚为短暂，靖康元年（1126），金兵大举进攻北宋，使之无力顾及河湟诸州事宜。陕西经制使钱盖提议宋廷放弃河湟诸州，并寻找唃厮啰后人，代为统治。

元朝对河湟的经略与前代大为不同，尽管元朝在青海的建制仍以河湟地区为重点，设西宁州，隶属于甘肃行中书省，且元朝的西宁州辖地远大于前朝，包含了原来的西宁州、乐州和廓州，但据《元史·刘容传》记载，“西夏平，徙西宁民于云京”，蒙古军队初入西宁州后，曾将该州大批民户迁往原金朝属地西京大同路。这说明蒙元统治者没有利用汉族人口巩固边疆的政治预设，这致使西宁州户口不足6000，地广人稀，所以西宁州为下州。元朝在黄河以南的主要行政建制为贵德州，隶属于治所在河州的吐蕃等处宣慰使司都元帅府。据《元史·地理志》，贵德州在元前期曾一度隶属于陕西等地行中书省河州路。贵德也是下州，其州治名为必赤里，统治中心相当于今青海贵德县一带。按元制，州设有达鲁花赤、知州各一员，同知、州判各一员，脱脱禾孙（掌辨使臣奸伪）一员，捕盗官一员。贵德州以东为积石州元帅府辖地，也隶属于吐蕃等处宣慰使司都元帅府，今青海循化一带属该州辖区，治所在今甘肃积石山县境。从行政建制上看，贵德州统领之民即为当地土著，迁徙中原汉族以开发边疆的政治需要让位于因俗而治的统治策略。此时，在蒙元王朝的视野中，汉族移民的重要性远不及前代。

二、明清及民国时期

洪武元年（1368），明朝建立。洪武三年（1370），明将徐达率部在甘肃定西大败元将扩廓贴木儿，并派副将邓愈分兵由临洮进克河州，经略洮岷河湟地区。原元代吐蕃等处宣慰使何锁南普、镇西武靖王卜纳刺分率所部归附邓愈。洪武四年（1371），原元甘肃行省右丞朵尔只失结、西宁州同知李南哥等在明将宁正招谕下相继降附，明朝势力由此进入河湟地区。洪武六年（1373），明朝改西宁州为西宁卫，宣德七年（1432），升为军民指挥使司，正式成为具有兼理地方民政职能的军政合一的机构，故西宁卫不是单纯的军事建制，也是具有一定行政职能的行政地理单位。西宁卫设有指挥使1员、指挥同知7员、指挥佥事7员。西宁卫初属陕西都司，洪武十一年改隶陕西行都司，明后期又受甘肃总兵官和甘肃巡抚节制。西宁为“河西巨镇”，明朝十分重视此地的防御，明成祖时又置镇守官于西宁卫，以右军都督府或陕西行都司都指挥等充任。

明王朝通过筑城置堡、移民屯垦、茶马互市和封建土司，推行“因俗而治”的拓边方略来统治河湟。随着时间的推移，汉族移民不断增加，王朝国家对汉族的控制也愈加严密起来，《秦边纪略》记载，西宁卫“北川外汉人之作奸犯科及逼于不得已者皆在焉。夷无苛政，凡为盗者，以九九罚之，如盗马一匹者，罚马九匹而已。杀人者不死，以家所有之羊为偿命钱而已。奸淫者出牛羊头畜为遮羞钱而已。其盗而涉于疑似，杀而非兵刃，奸而非强，且不得收焉。夷之征敛，若豆麦青稞，若牛羊驼马，但十分而取一，不及者不取也。”[①]

明初，为吸引内地汉族，国家对迁徙至河湟的移民多有优惠之策，最吸引人的莫过于免税权，但随着移民行动的完成及国家拓边政策的实现，又要撤销这样的优惠，如“明季［初］洪武十三年，修筑贵德土城工竣。因所地土著多系羌戎，故拨河州民四十八户，处之临城近地，给与田亩，免其税粮，责以城守，乃寓兵于农之意。国朝因之。雍正元年，青海蒙古谋逆，勾通贵德生番。其防守城池，堵御贼众，大得民兵之力。统兵大将军曾颁花红茶布，以奖励之。今覆露生息，生齿繁衍。历年所官多欲将田亩升科，裁去民兵。自乾隆四年归隶宁郡，经西

① （清）梁份著，赵盛世等校注：《秦边纪略·西宁卫》，青海人民出版社1987年版，第50—51页。

宁道佥事杨应琚率同知府申梦玺亲至其地，见官兵数少，生番甚众，岂可贪弹丸黑子之赋税，而毁数百年已效之章程。爰三选其一，胜兵得一千二百九十四名，捐给旗帜。详请两台奏明，仍循旧制，以绝后官希冀”[①]。由此可见，王朝国家将河湟汉族移民工具化的传统并没有随着王朝的更迭有所变化。

清顺治二年（1645），清军陕甘总督孟乔芳率军攻下西宁，招抚河湟地区各土官，迅速恢复了该地区的统治秩序。清初，因袭前明旧制，湟水中下游地区归西宁卫管辖，黄河以南的今青海尖扎、贵德等地归河州卫归德千户所管理，均隶属于陕西行都司和陕西布政使司。雍正三年（1725），改西宁卫为西宁府，下辖二县一卫一所，分别为西宁县、碾伯县、大通卫和贵德所。

如前文所述，清政府一方面承续前朝做法，在河湟地区进行大规模屯田和移民；另一方面，结合行政建制，加强社会控制、完善教育文化体系，使得汉族移民的数量远超前代。除对移民以编户齐民之策加以控制外，还对他们的政治动向多加注意，如嘉庆十二年（1807）九月十二日会同宁夏将军兴公奎、陕甘总督长公龄奏为筹议《西宁善后章程》事“窃查循、贵野番不法，屡肆抢劫蒙古，节经随时查办，嘉庆八年（1803）又经钦差侍郎贡楚克札布等酌议八条，奏蒙允准在案”[②]。其中第二条：“严禁通事人等私入番地，以免勾结也。查内地通事熟悉番语，往往私入番族，透漏内地消息，或指示内地道路，藉以诓骗资财牲畜，以致贼番敢于肆逞。应严禁通事人等若非奉票传唤番民，缉拿番贼，不准私赴番地。并令文武各该衙门造具通事名册，间日点查：如有私自潜赴番地者，即核其犯事轻重，禀明西宁办事大臣衙门，从严惩办。并传谕各族番民：如有通事人等不持官票私入番族者，令该番等送出惩治；

① （清）杨应琚纂修，李文实校注：《西宁府新志·武备·贵德民兵》，青海人民出版社 1988 年版，第 467 页。

② （清）那彦成著，宋挺生校注：《那彦成青海奏议》，青海人民出版社 1997 年版，第 66—67 页。

倘有隐匿，查出一并治罪。则内地与外番声气隔绝，不致有勾结潜通之弊矣。”[①] 嘉庆十二年（1807）十月初五日军机大臣字寄奉上谕，答曰：“又严禁通事人等不许私入番地一条，所议甚是。汉族私入番地来往勾通，不但诓骗资财牲畜，致启番众劫夺之渐。甚且透漏内地消息，指示内地路径，其酿恶不可胜言。嗣后非但通事人等不准私入番界，即内地民人凡有通晓番语者私自潜往即系汉奸，亦当普行禁止，以杜勾结。”[②]

汉族人口的增加深刻地改变了河湟地区的人文生态面貌，同时也使当地的社会秩序发生了大的变化，王朝国家仰赖众多的汉族移民及其子孙稳固了统治，同时也试图以人口占多数的汉族移民及其社会影响力来进一步影响当地的社会结构，进而酿成大的民族冲突。从王朝国家与地方社会的角力关系看，同光年间的回变事件即是典型的事例。经过连年的战乱，导致百姓流离失所，“离乱十年，一望榛莽，村舍悉成瓦砾”[③]。各地“间有零星各残堡逃回难民，或数家或数十家不等，苦无生计，殊堪悯恻”[④]。汉族移民及其子孙后代其间所遭受的种种苦难，与王朝国家将这一群体视为拓边工具的事实有着深刻的内在联系。

民国时期，政府开发西北的动向常引起人们议论，其中，移民问题是一个重点话题，时人认为青海地广人稀，可开垦土地甚多，“如大举兴垦，垦民自属不敷，内地移民，则风土气候工作等等均不相同，究应如何进行，方徵妥善，此移民问题也”[⑤]。可见，尽管近代化的进程使王朝国家为近代民族国家所替代，但解决边疆与内地差异化问题的办法一直没有变，那就是要利用移民屯垦，使河湟地区的生产方式、居民结构

---

① （清）那彦成著，宋挺生校注：《那彦成青海奏议》，青海人民出版社 1997 年版，第 67—68 页。

② （清）那彦成著，宋挺生校注：《那彦成青海奏议》，青海人民出版社 1997 年版，第 70 页。

③ 吴丰培编：《豫师青海奏稿》，青海人民出版社 1981 年版，第 121 页。

④ 吴丰培编：《豫师青海奏稿》，青海人民出版社 1981 年版，第 134 页。

⑤ 李积新：《青海之农垦问题》，《新青海》第 1 卷第 1 期，载徐丽华、李德龙主编：《中国少数民族旧期刊集成》第 35 册，中华书局 2006 年版，第 774 页。

与内地达成均质化，进而使民族国家的政治、经济及文化结构植入边疆地区，以实现民族国家的边疆建构。

经年历久，袭自中原的汉族文化传统也固着于河湟地区，如光绪甲辰科进士西宁人李焕章曾作《湟中杂咏》，其诗云："婚嫁争奁聘，神州见虏风。张筵同显宦，授室甫成童。闾巷头垂辫，裙钗足似弓。何年将俗易？怪状少湟中。"① 如果说晚清士人视妇女缠足为落后这一看法代表了晚清开明人士的先见的话，那么抗战前夕，河湟地区仍普遍存在妇女缠足现象，则在近代国家眼里是落后、保守不求开化、进取的一个典型事例。为革除青海妇女缠足，当时的青海教育厅通令各中等学校，迅速组织"不娶缠足女子会"，要求学生"余等谨以至诚奉行新生活运动，复兴中华民族，健康国民体格，誓不与缠足女子结婚，如有违背誓词，不遵信守，愿受最严厉之处分"。在这种激进的反对妇女缠足的运动中，妇女缠足的恶陋之习一定程度上代表了近代国家眼中河湟汉族的形象，正如时人所言："顾我青海，僻居西陲，交通塞梗，文化低落，加以民智未开，对于妇女缠足，尚未能深刻了解与认识，迄今以来，此风尤胜，'三寸金莲'之恶象，迭示于眼前。"② 为禁止妇女缠足，时人认为，"学校学生组织宣传队，分发各乡镇各城市对缠足作普遍之宣传，使其明了缠足害之所在，认识大足之特征。前者可获教育普及之效，足能革除社会一切恶习，促成新生活的建设，可谓治本之善策；后者可获目前暂时醒悟之效，足能使认识缠足恶习，树立心理建设"③。

近代国家推行的内地化进程使得中原与河湟边疆之间的差异性得以全面展现，特别是那些已走出河湟的人们来说，这种差异性实际上就是河湟地区的落后与贫困。民国时期由青海籍在京学生主编的《新青

---

① （清）邓承伟修，张价卿、来维礼等纂，基生兰续纂：《西宁府续志·志余》，青海人民出版社 1985 年版，第 673 页。

② 《革除青海妇女缠足之治本办法》，《新青论坛》，《新青海》第 3 卷第 7 期，载徐丽华、李德龙主编：《中国少数民族旧期刊集成》第 38 册，中华书局 2006 年版，第 179 页。

③ 《革除青海妇女缠足之治本办法》，《新青论坛》，《新青海》第 3 卷第 7 期，载徐丽华、李德龙主编：《中国少数民族旧期刊集成》第 38 册，中华书局 2006 年版，第 180 页。

海》杂志曾刊文《痛苦万分的青海老百姓》，其文云："我是实地到田间去做复兴农村工作的一个人，但是近两年来，因受了一般青天大老爷的恩典，不但无形中解决了我们的工作，并且把大家一起赶到穷人寺上去了。二十二年的秋天吧？孙殿英妙想天开，神经过敏，不知做错了什么的梦，顿时调迁大队，屯垦青海的风播出，一时当局的论调，高张云霄，战争的声浪，甚嚣尘上，有若山雨流来，岌岌不可终日的势，考察当时的情形，我们人民的前途难有光明，经济的破产社会的决裂，固无论矣，其在事实上表现最显明者，孰胜孰败，人民所遭的涂炭，难乎其免！自此以还，未上两三月的工夫，青省驻军，星夜向宁夏开拔，我青海人民的担负自此儿骤然加重，所有一切不幸的遭遇自此儿开始了——民骡、人夫，急如星火的光临，……，而营卖粮，营卖草，继而又是采卖富户粮，采卖草了……，一天紧张一天，接着还有那前方接济费、慰劳费、养伤费……等的委员，乱七八糟，连三赶四来到乡间了。"①

该文还对政府以抗日为名搜刮百姓，致使民不聊生的状况也作过详述："还有另（令）人不可思议摸索一事，就是青海为边远的省分（份），苦贫的区域，经济的困难，乃是无可讳言的事实，在此天灾人祸交迫下，兼受九一八的影响，皮毛不能销出，市面呈现出萧条的状态而有停顿忧，当局为谋补救计便由财政厅印行三百万的维持券，用以救济市面，但政客军阀籍（藉）此而吸收现款，图饱私囊，于是纸票的信用渐低，又加于人心纷纷互相猜疑，即有不能流通的现象。政府当局因鉴于此，通令各局卡，严禁白洋的流出，又令全省人民维持券不能打照十足的应用。但此弊虽杜，而军费的庞大，款不敷用，而各机关各学校所欠薪金均积有七八月的多，不但不能顾及家计，就自己的生活，也只吃气吸风的一条途径了。于是我们组织了索薪团，向政府请愿，申诉苦衷，但因政府本身贫穷，未得效果而返，未及二三日，东路某卡，稽查出白洋十七万，呈报上级机关，始知是某要人太太的存款，只好冷淡淡

① 《痛苦万分的青海老百姓》，《读者通信》，《新青海》第3卷第5期，载徐丽华、李德龙主编：《中国少数民族旧期刊集成》第38册，中华书局2006年版，第81页。

垂头丧气的作为罢论。先生！执法者犯法，下令者违令，真使我们大惑不解啊！愈说愈心痛，总而言之，青海的农村只有加速度的趋向于崩溃的途径，经济更有加速度的破产，复兴，改进，乃是一般政客军阀的招牌，老百姓的前途，只有死的一条路了！”①

在多民族国家，民族国家的建构并非易事，随着民族主体意识的萌芽，各民族社会文化的差异性也随之显现出来，这使得汉族移民在河湟社会结构中的引领作用也发生着变化。民国人士马鹤天曾云：“十年前，余在甘肃任教育厅长时，青海尚属甘肃，余见各民族之复杂，教育之落后，一切之不进步，即主张由教育上减少各民族隔阂，改进各民族生活，使一切与汉族真正平等，不止发展其文化已也。年来政府对边疆政策，特别注意，对边疆各民族，特别优待，但结果反使隔阂愈深，情感愈疏，蒙也、藏也已改进而与内地人士无异者，复改其姓名，衣其奇装，而效未改进之蒙人、藏人，以求在政治上受到特别优待，教育上享特别利益，将来愈分离而愈不平等矣。”② 由此可见，随着近代民族国家建构步伐的加快，原来王朝国家视野中的河湟汉族及其工具化的社会政治地位已然解构，近代国家在边疆的注意力也随之发生变化，少数民族及其社会存在成为政府重点考量的对象，汉族移民及其子孙的社会诉求则成为衡量社会发展进步的各种指标，二者之间显然存在某种矛盾，这也是近代民族国家建构中的一种悖论。

总之，两汉至晚清，河湟地区行政建制及其历史沿革逐步呈现内地化趋势，已“由边卫而郡县，自畜牧而农田，势相因也”③。在这一过程中，王朝国家利用汉族移民逐步达成内地化的统治效果，汉族移民也是内地化的主要推进者，而在王朝国家的视野里，汉族移民则是其拓边方略得以实现的一个工具。近代以来，建构民族国家的政治需要与少数民

① 《痛苦万分的青海老百姓》，《读者通信》，《新青海》第 3 卷第 5 期，载徐丽华、李德龙主编：《中国少数民族旧期刊集成》第 38 册，中华书局 2006 年版，第 82 页。

② 马鹤天著，胡大浚点校：《甘青藏边区考察记》，甘肃人民出版社 2003 年版，第 198 页。

③ （清）杨应琚纂修，李文实校注：《西宁府新志·地理·沿革表》，青海人民出版社 1988 年版，第 111 页。

族社会地位的普遍上升，使得汉族移民在内地化进程中的地位与作用发生大的变化，这一群体的存在很大程度上与当地社会发展进步的实效有关，同时也在进一步重构着当地的社会结构与人文生态。这说明河湟汉族移民被工具化的历史事实在近代社会既在延续，也在裂变。

第四节　藏传佛教对清代河湟洮岷地区汉人社会的影响

秦汉以来，随着中原政权统治势力西向延伸，汉族移民开始扎根河湟洮岷地区。唐代中期，吐蕃攻占河西、陇右之地，藏传佛教自吐蕃故地迁播而来。明清时期，这一地区成为汉、回、藏、土等民族杂居之地，政治势力的此消彼长与民族文化的碰撞互融构成该地区社会历史的基本面貌。本节拟利用方志材料，结合时贤研究成果，探究清代河湟洮岷汉人与藏传佛教的关系。

一、藏传佛教的流播

有清一代，河湟洮岷民间社会丧葬、祭祀活动中常有藏族僧人的身影。岷州地区汉人丧礼一般都延请藏僧，“惟自首虞至七虞，自小详至即吉，无论智愚，以多作佛教为孝。城中道士、汉僧、番僧俱用，乡中专用番僧。少则一日，多至三日”[①]。光绪《洮州厅志·风俗》载，洮州地区百姓丧礼“亦有作佛事者”。河湟百姓“俗尚佛教”[②]，不仅丧葬、

① （清）王元纲修：《岷州志·风俗·丧祭》，张羽新主编：《中国西藏及甘青川滇藏区方志汇编》（第 26 册），学苑出版社 2004 年版，第 106 页。

② （清）杨应琚纂修，李文实校注：《西宁府新志·地理·风俗》，青海人民出版社 1988 年版，第 250 页。

祭祀延请藏僧，“至若人死，则延僧、道讽经以解罪阨；疾病则问卜制祟驱魔。甚则巫觋师祝之辈，或妄传神言以示祸福，或传方示药以疗病灾”。[①] 汉族民间信仰往往儒、释、道三教并流，其中，延请喇嘛诵经“以解罪阨”，是民间社会宗教信仰的重要形式。

藏传佛教借助节庆、法会吸引汉族信众，借此扩大影响，汉族群众参与其中，以满足精神需求，二者之间由此产生联系。据史料记载，清代西宁府所辖藏传佛教寺院，“每岁元霄（宵）节，皆燃酥油花灯。其中花灯最多而花样最奇者，莫若塔尔寺酥油灯。其花样年年改变，所不变者，惟左右较大之佛像耳。每于一定地点搭彩棚两处，上悬玻璃灯数十对，旁列花架数层，所有庙宇、宫殿、花卉、人物，皆以酥油制成。五光十色、惟妙惟肖。架前燃铜灯百千万盏，光辉相映、笙箫和鸣。远近观者，人如山海。”[②] 元宵节为汉族重要节日之一，藏传佛教寺院值此举办灯会，吸引附近汉族群众及其他民族信众，使宗教信仰融入节庆文化。岷州大崇教寺曾是藏族后氏家族主导的家族性寺院，在沟通中央与西藏地方社会及汉藏文化交流方面发挥过重要作用。[③] 每年农历四月，大崇寺举行佛诞大会，自初八日起，僧人坐堂诵经，十一日至十五日，举行跳神、迎佛等活动。“此数日中，居民约会者携茶茗、运炒面，供僧食用，谓之熬广茶。其余汉番男妇及临郡、洮州诸番朝山进香者摩肩接踵，各携清油酥油赴寺点油礼佛，谓之燃海灯。”[④] 在举行法会的过程中，汉族群众以“摩顶”之礼与当地活佛相接触，以企求安康、祛除灾祸。其间，“汉人亦时往彼中货易，然必能操番语、认酋豪为主人，而

---

① （清）杨志平编纂，何平顺等标注：《丹噶尔厅志·风俗》（青海地方旧志五种），青海人民出版社1989年版，第290页。

② （清）邓承伟修，张价卿、来维礼等纂，基生兰续纂：《西宁府续志·志余》，青海人民出版社1985年版，第509—510页。

③ 参见杜常顺：《明代岷州后氏家族与大崇教寺》，《青海民族研究》2011年第1期。

④ （清）王元纲修：《岷州志·风俗·岁时》，见张羽新主编：《中国西藏及甘青川滇藏区方志汇编》（第26册），学苑出版社2004年版，第108页。

后可通云”[①]。

一些河湟洮岷汉人还接受剃度，成为藏传佛教寺院僧人，这是藏传佛教影响当地汉族信仰的重要方式。今甘肃夏河一带是藏传佛教及其文化传统汇集之地，格鲁派六大寺院之一的拉卜楞寺就坐落于此，“边鄙之地，大起梵刹，宏振黄教，当其盛时，喇嘛四千人，夷夏云集，蔚为宗教都会”。拉卜楞寺“寺内喇嘛无民族地域之限制，集汉藏满蒙土（青海土族）诸族之人于一堂，语言各有不同，习惯互异其趣……寺内有汉族喇嘛五十余人，杨喇嘛（临夏人）尤知名”。[②]此外，河湟地区“汉人亦有为番僧者”[③]，甘肃临夏报恩寺，青海湟中塔尔寺、互助佑宁等，都有汉人喇嘛。

二、藏传佛教的影响

有清一代，河湟洮岷汉族士人也在一定程度上受到藏传佛教的影响，他们或延请藏僧参与祭祀、葬礼，或拒斥僧、道以示崇信儒教之坚定，或对藏传佛教持宽容心态，或对其加以批判。总之，藏传佛教是当地汉族精英思想视域中的重要内容。前揭史料表明，岷州城中一些汉族士人延请藏僧参与祭祀、葬礼，说明当地一些汉族士人的社会生活已承纳了藏传佛教。也有一些汉族士人视儒教为正宗，主张“惟孝与义，风化攸关”[④]，“居丧一遵家礼，不延僧道”[⑤]。

① 《岷州乡土志·人类》，见张羽新主编：《中国西藏及甘青川滇藏区方志汇编》（第 26 册），学苑出版社 2004 年版，第 215 页。

② 张其昀编：《夏河县志·历史》，台湾成文出版社有限公司据民国手抄本影印，1970 年版，第 119、98 页。

③ （清）杨应琚纂修，李文实校注：《西宁府新志·祠祀·番寺》，青海人民出版社 1988 年版，第 385 页。

④ 刘运新等编纂，大通县民族古籍办公室标注：《大通县志·人品志上》，青海人民出版社 1989 年版，第 524 页。

⑤ （清）杨应琚纂修，李文实校注：《西宁府新志·献征·孝义》，青海人民出版社 1988 年版，第 725 页。

部分汉族精英还对藏传佛教的发展历程及其宗教特质作过解析，所持观点甚为精辟。如西宁县人杨应琚曾说："湟中本小月氏之地，且屡没羌戎，无怪释氏多而道士少，而番僧尤众。番汉诸僧，虽服制不同，而经教则一。今则又分道而扬镳焉。一以涅槃为大，一以转生为奇，是边方释氏又分为二矣。……盖以番僧为羌戎所重，藉以羁縻之意。……番、土人死，则以产业布施于寺，求其诵经，子孙不能有。故番、土益穷，而僧寺益富。"[①] 从上揭史料看，杨应琚对喇嘛教之所以兴盛于河湟地区，有较理性的认识。历史上，河湟地区一直是重要的民族文化大走廊，在各民族文化此消彼长的历史进程中，当地百姓选择了藏传佛教，这自有其历史的必然性。杨氏以"一以涅槃为大，一以转生为奇"来总结汉佛教传与藏传佛教的宗教特质，更是一语中的。杨应琚还认识到，清政府赞助喇嘛教，意在从俗而治，"藉以羁縻之意"。他还注意到，藏、土等族专事于出家信佛，造成民众益贫而寺院愈富的现象，不利于当地社会进步，在前现代社会能有如此看法，实属难能可贵。

清末民初人士杨志平也对藏传佛教有较深入的认知，他注意到，丹噶尔靠近青海牧区，"番僧特盛，土人信奉惟专。其教原始于印度，蕃衍于西藏，流播于青海。本境各寺院僧徒，论其支派，要皆宗黄教之风者也，而亦间有红教者，流错出其间，不列各寺院名额之中也。惟此红、黄二教，即所谓喇嘛教而非释氏牟尼之旧也。然黄教亦各有等级，曰'格楞者'，明字母能讽诵者也。曰'格昔者'，经明行修者也。曰'喇嘛者'，由藏考试及格锡名，谓慧性不灭，能以灵魂传至再世，即世所谓转生也。进而上之谓'呼图克图'，则惟国家特封名号，建有专寺，始克世袭者也。此外，有热主巴者，番僧家称谓修行士也。以诵经讲析、禅定静修为宗旨。间有著述立说，以自鸣其所得者，其中每有学博名高，僧众从学，其徒自数十人至数百人，远近蒙、番争输货财器物食用，奉布施以表诚信。如青海现时之夏莽，僧众悦服，尊之为佛，数

① （清）杨应琚纂修，李文实校注：《西宁府新志·祠祀·番寺》，青海人民出版社 1988 年版，第 385—386 页。

千里外皆敬重焉。此则韦布之士，无位而贵，无禄而富，不藉封号名字，以积学为高者也。至若住居寺院、城市者流，则虽各以讽经为名，而额给衣单口粮之外，尚多田土租税，人民差徭之供，其摧科扰民，无异衙蠹。其挟势牟利，卖买逃税甚于市侩，僧徒之无赖，病民而取诟于世也，非偶然矣"[①]。杨志平对藏传佛教寺院喇嘛等级制度颇有了解，他还注意到寺院"尚多田土租税，人民差徭之供，其摧科扰民"的现象，这些寺院一般都拥有大片土地，领有众多民户，把持地方钱粮、包揽词讼，宗教超然于世俗的旨趣已异化为对现实政治和经济利益的追逐。

从上文分析来看，清代河湟洮岷地区汉人的宗教信仰与社会生活多受藏传佛教影响，究其原因，有以下两个方面。

首先，在河湟洮岷地区，汉传佛教一直没有形成较大影响，而藏传佛教寺院星罗棋布、信众广泛，当地汉人群众因利就便，信奉藏传佛教。

魏晋隋唐以来，佛教逐步中国化，汉传佛教成为汉人宗教信仰的重要内容。然而，在河湟洮岷地区，由于缺乏信众基础和传播途径，汉传佛教没有形成大的影响。晚清时期，混杂于佛道之间且多有迷信色彩的汉传佛教宗教势力还呈现出日趋衰微的迹象。与之形成鲜明对比的是，元明清时期，中央王朝大力扶持藏传佛教，借此来加强对藏区的统治，当地藏族、蒙古族、土族等少数民族也对藏传佛教崇信至深，靠着政府、民间的布施与供养，藏传佛教寺院往往规模巨大、财力雄厚，政治地位和物质生活崇高、丰厚的喇嘛尤受尊崇，史称"边人见其车服赫奕，殊以为荣。故番人、土人有二子，必命一子为僧。且有宁绝嗣而愿令出家者"[②]。清代河湟洮岷汉人多为中原移民及其后裔，身处藏传佛教兴盛的民族边疆地区，自然受之吸引，将其视为精神支柱，以获得相应

---

① （清）杨志平编纂，何平顺等标注：《丹噶尔厅志·宗教》（青海地方旧志五种），青海人民出版社 1989 年版，第 294—295 页。

② （清）杨应琚纂修，李文实校注：《西宁府新志·祠祀·番寺》，青海人民出版社 1988 年版，第 385 页。

的地域认同，加之佛教一贯主张众生平等，这都构成了藏传佛教进入汉人信仰领域的社会与文化因素。

其次，儒学在河湟洮岷地区的影响相对较弱，这为藏传佛教进入汉族社会生活提供了一定空间。

两汉以来，中央王朝一直在河湟洮岷地区推行儒学教育，以求移风化俗之效。有清一代，地方政府设立了体系相对完备的庙学、府县学，民间也有义学、社会等基层儒学教育机构。然而，自古以来当地人民"崇释尚武"[①]，百姓当中，"入学读书者颇多，明通礼义者甚少，至识孔教而信奉惟谨者，则绝无其人也。若释、道二教，精理奥旨知者固鲜，而坚信者亦不乏。如参元、清茶各会，止念炼气者，谓之参元会。禁酒肉荤菜者，谓之清茶会。妄冀长生，或死后升天，及灵魂不昧之说"[②]。受到原有社会风尚、宗教信仰等因素影响，儒学及其价值观念的承载基础在此地相对薄弱，这也为藏传佛教进入汉人社会生活提供了一定空间。

汉族士人对藏传佛教的态度颇为复杂、多元，这与历代统治者治理边疆过程中所持不同理念密切相关。《史记·鲁周公世家》载，"周公卒，子伯禽固已前受封，是为鲁公。鲁公伯禽之初受封之鲁，三年而后报政周公。周公曰：'何迟也？'伯禽曰：'变其俗，革其礼，丧三年然后除之，故迟。'太公亦封于齐，五月而报政周公。周公曰：'何疾也？'曰：'吾简其君臣礼，从其俗为也。'及后闻伯禽报政迟，乃叹曰：'呜呼，鲁后世其北面事齐矣！夫政不简不易，民不有近；平易近民，民必归之。'"上揭史料中，"变其俗、革其礼"即指移风化俗之策，而"从其俗"是说从俗而治。在如何治理边疆问题上，统治者有时会有"化俗"或"从俗"之争，有时也依循具体情势，以"从俗"为手

① （宋）司马光等:《资治通鉴》卷 49"汉安帝永初四年"条，中华书局 1956 年版，第 1582 页。

② （清）杨志平编纂，何平顺等标注:《丹噶尔厅志·风俗》(青海地方旧志五种)，青海人民出版社 1989 年版，第 290 页。

段，最终达到“化俗”之目的。

清政府通过改革河湟洮岷地区的行政建置，加快了当地内地化的历史进程。与此同时，地方政治势力和民俗民风仍然具有较强的社会影响，在国家权力与地方社会的角力中，“从俗”与“变俗”之策所依赖的政治与社会基础交织在一起，使得当地汉族士人对待包括藏传佛教在内的地方文化因素的态度呈现出较为复杂、多元的面貌。一方面，在社会生活中，依从或排拒当地礼俗，具体反映出他们对藏传佛教或亲和或拒斥的心态。正唯如此，上文中岷州地区的一些士人援请喇嘛参与丧葬祭祀而河湟地区的一些士人则只遵儒礼，其中缘由，不难理解。在治理边疆问题上，当地汉族士人一方面依循国策，支持中央王朝的“羁縻”之策；另一方面对藏传佛教及其社会影响持有清醒认识，力主对少数民族实施移风化俗之策。这都说明藏传佛教已根植于当地汉族士人的思想视域，成为他们有别于中原士人的身份特征之一。

第五节　“土人”考——兼论土族族源问题

《辞源》释“土人”一为“土著，当地人”，二为“泥塑的人像”。[①]《监铁论·殊路》：“今仲由冉求无檀柘之材，隋和之璞而强文之，譬若雕朽木而砺鈆刀，饰嫫母，画土人也。”这是“土人”为泥塑人像的例证。就人之属性而言，“土人”非仅“土著”之意，其概念外延为域外之人、边疆少数民族、土官（土司）及土官（土司）治下之民等，“土人”还是一个与土族族源密切相关的概念，学界对河湟地区“土人”的

① 《辞源》(修订本)，商务印书馆1988年版，第315页。

民族身份多有论争[①]，莫衷一是，究其原因，是对“土人”这一概念辨析不清，因此，笔者拟在时贤研究基础上，对“土人”的含义及其与土族的关系加以考论。

一、“土人”的概念指涉

“土人”一词常见于史籍，其首义即为“土著”,《后汉书·虞诩传》:“其土人所以推锋执锐，无反顾之心者，为臣属于汉故也。”[②]《魏书·慕容白曜传》:“督上土人租绢，以为军资，不至侵苦。”[③]《旧唐书·卢钧传》:“先是土人与蛮獠杂居，婚娶相通，吏或挠之，相诱为乱。”[④]《新唐书·任瓌传》:“枢至，则分质子与土人合队，贼近，质子稍叛，枢即斩其队帅。”[⑤]《宋史·食货志下六·茶下》:“蜀茶之细者，

---

① 关于土族族源，学术界颇有争议。一说土族乃吐谷浑之后，吐谷浑本为慕容鲜卑的一支，曾在青海草原立国三百五十多年之久，吐蕃北上攻灭吐谷浑后，吐谷浑人融入吐蕃或内徙中原，一部分则徙往互助、大通等地，这些“土人”成为土族之“源”,（陈寄生:《青海土人为吐谷浑后裔考》,《新中国》1945 年第 7 期；顾颉刚:《昆仑传说与羌戎文化》,顾颉刚:《顾颉刚古史论文集》卷 6，中华书局 2011 年版，第 267—268 页。）持此观点者多数认为土族是吐谷浑为主体融合其他民族成分形成的一个少数民族。（芈一之:《土族族源考》,《青海社会科学》1981 年第 2 期。）也有学者认为土族就是吐谷浑之后，甚至将土族族源上溯至鲜卑族。（吕建福:《土族史》，中国社会科学出版社 2002 年版。）一说是霍尔人与蒙古人的结合，吐蕃通称北方游牧民族为霍尔人，其中就包括吐谷浑人，成吉思汗率部进入青海东部后，其部将格日利特的部落留在了今青海互助一带。后来，格日利特部与当地霍尔人通婚，逐步形成了一个新的民族即土族。（青海历史纪要编写组:《青海历史纪要》，青海人民出版社 1987 年版，第 109 页。）一说土族为蒙古人之后，他们或认为土族是匈奴、阻卜、蒙古、吐谷浑的混合体，或认为是明代被安置在西北地区“土鞑”之后，或认为土族是进入河湟流域的阴山白鞑靼的后裔，土族既不是吐谷浑之后，亦非源于蒙古人与霍尔人，因为霍尔即鞑靼，鞑靼即霍尔。（陈玉书:《关于土族的来源问题》,《历史研究》1962 年第 6 期；陶克塔呼:《土族源流新议——兼谈土族的历史斗争》,《民族研究》1982 年第 3 期；李克郁:《白鞑靼与察罕蒙古尔——也谈土族族源》,《青海民族学院学报》（社会科学版）1982 年第 3 期。）此外，还有源于沙陀突厥等观点。

② 《后汉书·虞诩传》，中华书局 1965 年点校本，第 1866 页。

③ 《魏书·慕容白曜传》，中华书局 1974 年点校本，第 1119 页。

④ 《旧唐书·卢钧传》，中华书局 1975 年点校本，第 4592 页。

⑤ 《新唐书·任瓌传》，中华书局 1975 年点校本，第 3776 页。

其品视南方已下，惟广汉之赵坡，合州之水南，峨眉之白牙，雅安之蒙顶，土人亦珍之，但所产甚微，非江、建比也。”[①]《宋史·食货志上三·漕运条》：“在部进纳官铨试不中者，注押上供粮斛，不用衙前、土人、军将。”[②]《元史·奥鲁赤传》：“尝驻兵太原、平阳、河南，土人德之，皆为立祠。”[③] 上述史料中的“土人”即“土著”，虽多为中原汉人对边地少数民族土著居民的泛称，但不排除一些汉人土著亦称为“土人”的情况。

其次，“土人”多指少数民族。《周书·贺若敦传》载：“荆州蛮帅文子荣自号仁州刺史，拥逼土人，据沮漳为逆。”[④] 此处的“土人”指荆州当地少数民族。《隋书·东夷传·靺鞨传》载，隋文帝诏曰：“朕闻彼土人庶多能勇捷，今来相见，实副朕怀。朕视尔等如子，尔等宜敬朕如父。”[⑤] 此处的“土人”系靺鞨。《宋史》所记“土人”也多指少数民族，“诏荆湖南、北路溪峒头首土人及主管年满人合给恩赐，俾各路帅司会计覆实以闻”。[⑥]“熙宁初，知宜州钱师孟、通判曹觌擅裁损侵剥之，土人罗世念、蒙承想、蒙光仲等为乱。”[⑦] 这两条材料中的“土人”是西南地区的夷人。《元史·张立道传》：“立道凡三使安南，官云南最久，颇得土人之心，为之立祠于鄯善城西。”[⑧] 此处的“土人”系云南行省百姓，多为当地少数民族。《清世宗实录》（雍正十年二月条）：“丁未，谕内阁：朕闻西宁北川口外白塔地方，出产石煤，系附近汉、土、番、回民人挖取贩卖，以为生计，每驮纳税钱三十文，西宁府委员收解充饷。”[⑨] 这条史料中，西宁“土人”也与其他民族并称。《清史稿·赵

① 《宋史·食货志下六·茶下》，中华书局 1977 年点校本，第 4510 页。
② 《宋史·食货志上三·漕运条》，中华书局 1977 年点校本，第 4255 页。
③ 《元史·奥鲁赤传》，中华书局 1976 年点校本，第 3190 页。
④ 《周书·贺若敦传》，中华书局 1971 年点校本，第 475 页。
⑤ 《隋书·东夷传·靺鞨传》，中华书局 1973 年点校本，第 1822 页。
⑥ 《宋史·蛮夷传二·西南溪峒诸蛮下传》，中华书局 1977 年点校本，第 14188 页。
⑦ 《宋史·蛮夷传三·抚水州传》，中华书局 1977 年点校本，第 14208 页。
⑧ 《元史·张立道传》，中华书局 1976 年点校本，第 3919 页。
⑨ 《清实录·世宗实录》，中华书局 1985 年影印本，第 534 页。

廷臣传》：“贵州古称鬼方，自城市外，四顾皆苗。其贵阳以东，苗为夥，而铜苗、九股为悍；其次为革老，曰羊黄，曰八番子，曰土人，曰佪人，曰蛮人，曰冉家蛮，皆黔东苗属也。”[①] 此处的“土人”系“黔东苗属”之一，是典型的少数民族。

再次，“土人”指域外之人。《后汉书·西域传》：“班固记诸国风土人俗。”[②]《旧唐书·西戎传·波斯传》：“气候暑热，土地宽平，知耕种，多畜牧，有鸟形如橐驼，飞不能高，食草及肉，亦能啖犬攫羊，土人极以为患。”[③]《宋史·外国传六·高昌传》：“下有穴生青泥，出穴外即变为砂石，土人取以治皮。”[④]《清史稿·属国二·越南》：“康熙五十九年，法兵舰俄罗地号泊交趾，士官三人登陆至平顺省，土人缚而献之王。”[⑤] 这四条材料中的“土人”是指域外土著。

此外，“土人”亦有土官（土司）及土官（土司）属民之义。《新唐书·选举志下》：“高宗上元二年，以岭南五管、黔中都督府得即任土人，而官或非其才，乃遣郎官、御史为选补使，谓之‘南选’。”[⑥] 这里的“土人”指岭南、黔中所任土官。《明史·贵州土司列传·镇远列传》：“时土官何碖父子罪死，土人思得流官，守臣以闻，报可。”[⑦]《明史·广西土司列传一·庆远列传》：“部议增设永安长官司，授土人韦万妙等为正、副长官，并流官吏目一员。”[⑧] 上述两条《明史》中的“土人”有土官及土官治下之民之义。《清史稿·土司传一·四川传》：“光绪三十一年，川军讨巴塘乱，里塘头人不支乌拉，粮饷不能转运，赵尔丰诛头人，正土司逃往稻坝贡噶岭，啸聚土人为乱。”[⑨] 此处的“土人”

① 《清史稿·赵廷臣传》，中华书局1977年点校本，第10030页。

② 《后汉书·西域传》，中华书局1965年点校本，第2912—2913页。

③ 《旧唐书·西戎传·波斯传》，中华书局1975年点校本，第5312页。

④ 《宋史·外国传六·高昌传》，中华书局1977年点校本，第14113页。

⑤ 《清史稿·属国二·越南》，中华书局1977年点校本，第14645页。

⑥ 《新唐书·选举志下》，中华书局1975年点校本，第1180页。

⑦ 《明史·贵州土司列传·镇远列传》，中华书局1974年点校本，第8180页。

⑧ 《明史·广西土司列传一·庆远列传》，中华书局1974年点校本，第8210页。

⑨ 《清史稿·土司传二·四川传》，中华书局1977年点校本，第14247页。

意为土司之民。

“土人”的上述几种含义到底哪一种占多数，也可以用统计法得以确定。

《宋史》所见“土人”统计表

含义	次数	所占比例（%）
泛指土著	36	61
域外、藩属国之民	4	7
少数民族	15	25
土官及土官之民	4	7

综上，“土人”主要含义为“土著”，其含义外延为少数民族、域外之人、土官（土司）及土官（土司）之民。从《宋史》中“土人”一词的统计看，“土人”多泛指土著，就较大区域的民族身份而言，“土人”并不专指哪个具体的少数民族，它是中原汉人对少数民族及域外民族的泛称，而在一个较小区域，“土人”专指某个具体的少数民族。

二、“土人”与土族

“土人”与土族族源关系密切，那么，与之相关的史志中“土人”一词又作何解，这是弄清“土人”与土族族源关系的关键。

明代遗民梁份所著《秦边纪略》中多见“土人”一词，该书所记“全秦边卫”地域范围大致为河湟、河西及朔方，“其地南始于阶州而河州，西而西宁，折而北而庄浪，又西而凉州、甘州、肃州，东而靖虏、宁夏，及与榆林，皆边卫也”。在这一区域分布着“汉人、土人，杂以黑番、回回、黄番、番僧，众寡不一，要皆在疆域之中”①。可见“土

① （清）梁份著，赵盛世、王子贞、陈希夷、姚继荣校注：《秦边纪略·全秦边卫》，青海人民出版社2016年版，第24页。

人”是与汉人、藏族、裕固族、回族等并称的一个少数民族。《秦边纪略》所载两个或数个民族并称中，常提及“土人”，如河州卫“出马特多，由土人、熟番、回回、生番俱以孳牧为业”[①]。“海夷”寇边，“攻土民、杀汉人、败官兵，无所不至”[②]。西宁卫互市之地，“自汉人、土人而外，有黑番，有回回，有西夷，有黄衣僧，而番、回特众，岂非互市之故哉？”[③]

细究之，《秦边纪略》中“土人”之义并不专指族源单一的某个少数民族，可释为土司及土司之民，虽称为“土人”，但其民族身份未必一致。

《秦边纪略》记有河州“土人”，当地“土人或云：其先世夷人，居中土已久，服食男女与中国无别，且久与汉人连姻，与汉人言，则操汉人音，又能通羌夷语，其实心为汉，非羌夷所可及云。西宁、庄浪者亦然”[④]。河州卫所辖“二十四关”也有“土人”，当地“崇山峻岭，茂木深林，蹊径狭隘，有山川之险矣。关东二十四族之番，杂土人、回回而居，有民人之众矣”[⑤]。与河州相邻的“巴暖三川”东南距西宁二百五十里，这里“汉土杂居，番夷环处”[⑥]，三川十八堡“土人皆李土司所

① （清）梁份著，赵盛世、王子贞、陈希夷、姚继荣校注：《秦边纪略·河州（卫）》，青海人民出版社 2016 年版，第 39 页。

② （清）梁份著，赵盛世、王子贞、陈希夷、姚继荣校注：《秦边纪略·西宁卫》，青海人民出版社 2016 年版，第 59 页。

③ （清）梁份著，赵盛世、王子贞、陈希夷、姚继荣校注：《秦边纪略·西宁卫》，青海人民出版社 2016 年版，第 77 页。

④ （清）梁份著，赵盛世、王子贞、陈希夷、姚继荣校注：《秦边纪略·河州（卫）》，青海人民出版社 2016 年版，第 39 页。

⑤ （清）梁份著，赵盛世、王子贞、陈希夷、姚继荣校注：《秦边纪略·河州（卫）》，青海人民出版社 2016 年版，第 44 页。

⑥ （清）梁份著，赵盛世、王子贞、陈希夷、姚继荣校注：《秦边纪略·西宁卫》，青海人民出版社 2016 年版，第 69 页。

部”[①]，古鄯之东“皆土人番族”[②]，巴州“土人所居。东接古鄯，西通黑山，北临大通河，河山之水皆可导以溉田。土人自守，倍于兵民。汉人无居此者，山高而地瘠也”[③]。巴州“土人”为冶土司所辖。今青海民和下川口“亦土人所居”[④]，上川口“土司李氏之所居也。……今其精锐土人，尚以万计”[⑤]。民和上、下川口地处湟水下游，自此向西即进入“湟中”，“湟中”指老鸦峡以西湟源石峡以东的区域，汉武帝时，曾攻占该区域，“羌乃去湟中，依西海、盐池左右”[⑥]。这条道路是依湟水河谷而形成的，是丝绸之路南道的干线，清初，这里分布着诸多“土人”。今青海乐都老鸦城为“汉土之所杂居”[⑦]，由此向东至平戎驿，这里也是“土番杂居，有乡田同井之风”[⑧]之地。由平戎驿向西行即至清初的西宁卫，其西川口“土司西祁之所居也。东西二祁所辖之土民，各号称十万。……而西宁之共支大厦者，非李、祁土司而谁也！效命之赏未行，苞苴之索未已，何以服土人之心哉！”[⑨]可见西宁东西二川“土人”甚众。由西宁卫北上，今北川河一带及互助等也有“土人”，《秦边纪

① （清）梁份著，赵盛世、王子贞、陈希夷、姚继荣校注：《秦边纪略 · 西宁卫》，青海人民出版社 2016 年版，第 70 页。

② （清）梁份著，赵盛世、王子贞、陈希夷、姚继荣校注：《秦边纪略 · 西宁卫》，青海人民出版社 2016 年版，第 70 页。

③ （清）梁份著，赵盛世、王子贞、陈希夷、姚继荣校注：《秦边纪略 · 西宁卫》，青海人民出版社 2016 年版，第 71 页。

④ （清）梁份著，赵盛世、王子贞、陈希夷、姚继荣校注：《秦边纪略 · 西宁卫》，青海人民出版社 2016 年版，第 72 页。

⑤ （清）梁份著，赵盛世、王子贞、陈希夷、姚继荣校注：《秦边纪略 · 西宁卫》，青海人民出版社 2016 年版，第 72 页。

⑥ 《后汉书》卷 87《西羌传》，中华书局 1965 年版，第 2877 页。

⑦ （清）梁份著，赵盛世、王子贞、陈希夷、姚继荣校注：《秦边纪略 · 西宁卫》，青海人民出版社 2016 年版，第 73 页。

⑧ （清）梁份著，赵盛世、王子贞、陈希夷、姚继荣校注：《秦边纪略 · 西宁卫》，青海人民出版社 2016 年版，第 75 页。

⑨ （清）梁份著，赵盛世、王子贞、陈希夷、姚继荣校注：《秦边纪略 · 西宁卫》，青海人民出版社 2016 年版，第 81 页。

略》载，冰沟堡“在小山之巅，土人所居”[①]。棹子山一带也有“土人”，“冰沟土人咸植牧焉。番亦依山而牧云”[②]。此外，清初的庄浪卫，治所在今甘肃永登县，此处是青海之外土族的主要聚居区，梁份称此卫“绛节之所络绎，土汉之所杂居，黑番之所出入，盖九达之区，河西之都会也”[③]。据《秦边纪略》，今甘肃临夏、永登，青海民和、乐都、西宁、大通、互助等地，以湟水流域为中心，自东南向西北皆有“土人”分布，这些地区也是今日土族的主要聚居区。

《秦边纪略》所谓“土人”也有土司及土司之民的含义。其文云：“西宁李土司所辖仅万人，祁土司所辖十数万人，其他土官吉、纳、阿、陈、辛等，所辖合万人。土人所居，悉依山傍险，屯聚相保，自守甚严……征赋所入，足以赡兵养士，由是边鄙无虞，且给以衣禄金帛，又以土人将校，使勇者贪于禄，而富者安于家也。”[④]梁份把众土司及其所治之民统称为“土人”，其实，这些土官的族别是不同的。乾隆《西宁府新志》载，李南哥系“西宁土人，本沙陀李氏”[⑤]。《秦边纪略》称“朱邪赤心尽忠于唐，后裔之昌宜哉”[⑥]。朱邪赤心为沙陀突厥人，唐元和三年（808），其父率众归附唐朝，赤心因功进大同节度使，赐姓李，名国昌，为五代后唐李克用之父。另据（顺治）《李氏世袭宗谱·李氏世系谱》，“李氏初生朱邪，沙陀人。先世事唐，赐姓李”。李氏自称其族上为沙陀李氏。李南哥之后李英《明史》有传，称“李英，西番

① （清）梁份著，赵盛世、王子贞、陈希夷、姚继荣校注：《秦边纪略·西宁卫》，青海人民出版社 2016 年版，第 88 页。

② （清）梁份著，赵盛世、王子贞、陈希夷、姚继荣校注：《秦边纪略·庄浪卫》，青海人民出版社 2016 年版，第 100 页。

③ （清）梁份著，赵盛世、王子贞、陈希夷、姚继荣校注：《秦边纪略·庄浪卫》，青海人民出版社 2016 年版，第 120 页。

④ （清）梁份著，赵盛世、王子贞、陈希夷、姚继荣校注：《秦边纪略·西宁卫》，青海人民出版社 2016 年版，第 58—59 页。

⑤ （清）杨应琚纂修，李文实点校：《西宁府新志·献征·人物》，青海人民出版社 1988 年版，第 683 页。

⑥ （清）梁份著，赵盛世、王子贞、陈希夷、姚继荣校注：《秦边纪略·西宁卫》，青海人民出版社 2016 年版，第 72 页。

人”[①]。《明史》所谓“西番即古吐番”[②]，这说明《明史》所记李英族别有误。陈土司系汉人，《西宁府新志・献征志》记有土司陈光先事迹，“光先始祖子名，本江南人，以元右丞归明，遂授为土官”[③]。冶氏土司是回族土司，《清史稿・土司传》载，“薛都尔丁，西域缠头回人。元，甘肃省佥事。明洪武四年，投诚，授小旗。子也里只补役，洪熙元年，从征安定贼有功，擢所镇抚。子也陕舍袭。陕舍孙祥，更姓冶氏。顺治二年，冶鼎归附，仍予世袭。冶氏世居米拉沟”[④]。《西宁府新志》记有冶鼐、冶光斗等世袭土司。[⑤]这说明西宁十六家土司及其所辖“土人”，其族源未必出于同一民族。

值得一提的是，梁份虽称庄浪卫“土汉”杂居，但他并不称鲁土司之民为“土人”。庄浪卫有编户兵民之外，有“土司之人十万，熟番之户三千。……土司姓鲁，本巩卜失加之后。自明初世袭指挥。今袭职者鲁宏，其子名帝臣。所部精锐有三万余人。又有土司姓毛，明伏羌侯毛忠之后，亦有土兵。……其民居中，土兵居外地，外而熟番，又外而生番”[⑥]。鲁土司乃蒙古人之后，其始祖巩卜失加为脱欢之子，因率部降明，封百户长，后鲁土司官至庄浪卫指挥同知，赐姓鲁。可能是梁份清楚鲁土司之民为蒙古人，所以称其民为“土司之民”而不称“土人”。当地还有毛土司，乃明代伏羌侯毛忠之后，所率民众亦不称“土人”，只是说他有“土兵”。

梁份慊于清朝、忧心边患，所记“全秦边卫”之目的与顾炎武《天下郡国利病书》颇多类似。不过，梁氏虽亲自考察诸边卫，但未必能遍

---

① 《明史・李英列传》，中华书局1974年点校本，第4275页。

② 《明史・兵志二・卫所条》，中华书局1974年点校本，第2227页。

③ （清）杨应琚纂修，李文实点校：《西宁府新志・献征・人物》，青海人民出版社1988年版，第694—695页。

④ 参见《清史稿・土司传六・甘肃传》，中华书局1977年点校本，第14314页。

⑤ （清）杨应琚纂修，李文实点校：《西宁府新志・官师・土司附》，青海人民出版社1988年版，第617页。

⑥ （清）梁份著，赵盛世、王子贞、陈希夷、姚继荣校注：《秦边纪略・庄浪卫》，青海人民出版社2016年版，第108—111页。

访各地，因而所记也有不当之处。如河州“西南有二十四关”之西的起台堡、保安堡、归德堡“皆在河曲地”，梁份认为“其兵民俱非汉人，乃土人也”[①]。梁氏所称“河曲地”是今青海黄南、海南一带，是中原通往青藏腹地的要冲，杨矩于唐玄宗时任左卫大将军，奉诏守黄河九曲之地，吐蕃厚贿之，矩尽与之，“土番就之，以广畜牧，侵犯内地，矩悔惧自杀”[②]。明洪武三年（1370），左副将军邓愈平定河曲，部设戍于三堡，并移民屯田。此处的居民“非番人也。故今有曰‘吴屯’者，其先盖江南人，余亦有河州人。历年既久，衣服言语渐染夷风，其人自认为土人，而官亦目为之番民矣”[③]。显然，梁份不了解“吴屯”地区的民族分布，把当地兵、民一概视为“土人”，其实，这些人是明初来自江南的汉族移民。

综上，《秦边纪略》及《西宁府新志》等史志所载“土人”，虽与其他民族并称，但族别不一，族源上并非单一民族。可以明确的是，明西宁卫李土司自称是突厥沙陀之后，冶土司为回族土司，陈土司为汉人土司，庄浪卫的“土人”系鲁土司治下的蒙古人及毛土司所辖之民，今青海同仁、尖扎一带的“土人”系自称，其祖上来自江南。因此，河湟一带的“土人”虽与其他民族并称，但并非一个单一民族，《秦边纪略》所谓“土人”亦有土著、土司及其属民之义。

三、土族与吐谷浑、河湟诸族群的关系

明确“土人”与土族的关系，还须考订宋代灵、环诸地的“土人”是何族属，与河湟“土人”有无关联，元明时期河湟地区的群族分布与

① （清）梁份著，赵盛世、王子贞、陈希夷、姚继荣校注：《秦边纪略・河州（卫）》，青海人民出版社 2016 年版，第 43 页。

② （清）梁份著，赵盛世、王子贞、陈希夷、姚继荣校注：《秦边纪略・河州（卫）》，青海人民出版社 2016 年版，第 48 页。

③ （清）龚景瀚编，李本源校，崔永红校注：《循化厅志・管内族寨工屯》，青海人民出版社 2016 年版，第 142 页。

清初“土人”有何关联等问题。

之所以须考订宋代灵、环诸州“土人”身份，是因为自民国始，有诸多学者主张土族乃吐谷浑之后，如若此说可信，那么分布于北宋缘边地带的“土人”与河湟“土人”在族源上应当一致。吐谷浑国是建政于青海及甘肃西南部草原的一个国家，起初在㶏川一带活动，国力强盛时，以青海湖西南的伏俟城为中心，西北据今柴达木盆地，越阿尔金山控制了今南疆地区，东南向控制了至今兴海、共和黄河沿岸及其周边、贵南茫拉、同仁隆务河流域等地。受南凉、西秦、北魏等国限制，吐谷浑国的势力总体上未越日月山而进入湟水流域，也未在该地区建政，因此，湟水流域没有吐谷浑人。唐高宗龙朔三年（663），吐蕃尽占吐谷浑领土，吐谷浑王诺曷钵率部投奔凉州，立国青海草原350年之久的吐谷浑亡国。因吐蕃实行强制民族同化政策，降归吐蕃的吐谷浑、汉族、西羌等皆被吐蕃同化[①]。宋时，留在青海境内的吐谷浑人在大通河流域一带活动[②]，考虑到明清时这一带是鲁土司率蒙古部落活动的区域，彼时，吐谷浑人可能已迁徙或融入他族，由这些人为主体形成河湟“土人”的可能性甚小。吐谷浑王内附后，吐谷浑人散于凉州之西的灵州一带，唐武宗会昌五年（845），“会羌、浑叛，以何清朝为灵武节度使，诏博副之，擢右谏议大夫，召对，赐金紫”[③]。可见，这部分吐谷浑人已然纳入唐朝管辖范围。

经过五代十国，至北宋时，西夏统治的灵州及环庆、麟州、府州一带仍有一些吐谷浑人。据史志，北宋咸平四年（1001），西夏进逼宋境，灵州孤悬一线，兵部尚书、陕西经略使张齐贤在《上真宗乞进兵解灵州之危》中说：“灵州斗绝一隅，当城镇完全、碛路未梗之时，中外已言合弃，自继迁为患已来，危困弥甚。南去镇戎五百余里，东去环州仅六七日程，如此畏途，不须攻夺，则城中之民何由而出，城中

① 参见汶江：《吐蕃治下的汉人》，《西藏研究》1982年第3期。

② 参见周伟洲：《吐谷浑史》，广西师范大学出版社2006年版，第202页。

③ 《新唐书·韦博传》，中华书局1975年点校本，第5289页。

之兵何由而归？……然后取灵州军民，而置砦于萧关、武延川险要处以侨寓之，如此则蕃汉土人之心有所依赖。”[①]在这个奏章中，张齐贤将“蕃”、“汉”、“土人”并称，说明当地“土人”是不同于汉、藏的一个少数民族。大中祥符五年（1012），曹玮奏称，“缘边诸州蕃落指挥皆土人，习知山川道路及诸蕃情状，每有擒逐，常为先锋，望自军校止于本指挥叙进”[②]。曹玮招抚“土人”且利用山险拒西夏兵，以“弓箭手皆土人，习障塞蹊隧，晓羌语，耐寒苦，官未尝与兵械资粮，而每战辄使先拒贼，恐无以责死力”为由，把“境内闲田”[③]分给“土人”。北宋边患甚危，陈贯曾上书宋真宗：“请募土人隶本军，籍丁民为府兵，使北捍契丹，西捍夏人。”[④]“土人”是与契丹、党项羌人有别，且多归附，因此招募为兵。乌、白两池出青白盐，李继迁禁止入塞取盐，“自范祥议禁八州军商盐，重青白盐禁，而官盐估贵，土人及蕃部贩青白盐者益众，往往犯法抵死而莫肯止”[⑤]。显然，灵州一带“土人”是与“蕃部”有别的。综合而观，灵州及近边的“土人”应当是某个民族的专称，且与汉、蕃、契丹并称。安史之乱后，吐蕃吞并灵州，吐谷浑迁河东，散居于蔚州等地，后又附契丹，他们中的一部分融入汉、契丹等族，至宋时，仍有一部分吐谷浑人活动在灵州一带，党项羌中的拓跋部即吐谷浑拓跋氏[⑥]，因此，上述史料所称“土人”当是吐谷浑人。明时，灵州一带仍有“土人”，《嘉靖宁夏新志》载：“灵为关陕襟喉，国初以土、汉之人杂居之，今历百年余，益见繁庶。”[⑦]不过，此处与汉人并称的“土

① 《宋史·张齐贤传》，中华书局 1977 年点校本，第 9156 页。

② 《续资治通鉴长编》卷 77“大中祥符五年甲寅”条，（宋）李焘撰，上海师范学院古籍整理研究室、上海师范大学古籍整理研究室：《续资治通鉴长编》（第六册），中华书局 1980 年点校本，第 1762 页。

③ 《宋史·曹玮传》，中华书局 1977 年点校本，第 8985 页。

④ 《宋史·陈贯传》，中华书局 1977 年点校本，第 10047 页。

⑤ 《宋史·食货志下三·盐上》，中华书局 1977 年点校本，第 4419 页。

⑥ 唐嘉弘：《关于西夏拓跋氏的族属问题》，《四川大学学报》（社会科学版）1955 年第 2 期。

⑦ （明）胡汝砺编、管律重修：《嘉靖宁夏新志·名贤祠》，宁夏人民出版社 1982 年版，第 192 页。

人”，未必是吐谷浑，当解为“土著”。

如前所述，安史之乱后，吐蕃奄有河西、陇右之地，当地百姓也多被吐蕃化，河湟一带也多为吐蕃部落驻牧之地。吐蕃瓦解后，唃厮啰政权建政河湟，这一区域分布的民族仍以吐蕃为主，北宋西北缘边地区也分布有诸多吐蕃部落，因此，唃厮啰境内没有与灵州“土人”同族的吐谷浑人。蒙古灭西夏后，灵州“土人”是否迁至河湟是判断这一“土人”群体与河湟“土人”关系的一个关键。查（顺治）《李氏世系宗谱》、（宣统）《李氏家谱》，李氏追朱邪赤心为始祖，其二至四世祖为后唐国主，至宋时，转承拓跋李思恭世系，至元时，其祖上自赏哥、梅的古至管吉禄，四世至李南哥。[①] 李氏土司祖先谱系有两处事实上的断裂，即沙陀李氏转为拓跋李氏，再转为蒙古族人，这对厘清这一土司部族的族源造成困难。笔者认为李土司远追朱邪赤心为其始祖，且把不同民族的李氏皇族追认为祖先，可能是出于祖源攀附的心理，也有可能元时被赐蒙古姓氏，明初归附后又改回李姓。进而言之，沙陀李氏可能是李土司攀附之族，但拓跋李氏可能就是这一部族的直接族源，随附蒙古后改姓氏的情况则较为普遍。当然，这一判断得当与否还需进一步研究，但笔者不同意吕建福先生以西夏晋王察哥取代元代李氏祖系[②]，否则元代李氏祖系只能是空白了。杨卫先生认为，没有证据表明灵州一带“土人”徙往河湟[③]，然而，依李氏土司家谱所载，这一判断未必可信。

蒙古族进驻青海以来，河湟地区的民族分布发生了大的变化，元明时，和硕特、土尔扈特部等进驻青海草原及河湟一带[④]，成为改变当地民族结构的主力军。陶克塔呼先生认为，蒙古族进入河湟后，为适应当

---

① 参见（清）李天俞撰修：《李氏世袭宗谱·太宗世系图》，（清）李承志纂修：《李氏家谱》卷 1《唐朝五代派衍图》，青海省图书馆影印本。

② 参见吕建福：《李土司先世辨正》，《西北民族研究》2005 年第 3 期。

③ 参见杨卫：《“土人”考源——宋朝“土人”史料考辨》，《西北民族大学学报》（哲学社会科学版）2013 年第 5 期。

④ 参见丘向鲁：《青海各民族移入的溯源及其分布之现状》，《新亚细亚》第 5 卷第 3 期，1933 年 3 月 1 日，第 130—131 页。

地的社会环境，背离原有的社会组织和生活方式，逐步形成了叫作“土鞑”的“土人”族群。[①]除蒙古族外，元明以来，汉族移民也是改变河湟地区人口结构的重要因素，上述“吴屯”及今尖扎一带部分“土人”之祖先即为江南汉族。此外，撒拉族祖先沿丝路东徙，生息于黄河岸边的循化一带，史料表明，元代河湟“土人”也包括撒拉族祖先。[②]

清人杨应琚对河湟“土人”祖属早有分析，他说：“按宁郡诸土司计十六家，皆自前明洪武时授以世职，安置于西、碾二属。是时地广人稀，城池左近水地给民树艺，边远旱地赐各土司，各领所部耕牧。内惟土司陈子明系南人，元淮南右丞归附。余俱系蒙古暨西域缠头，或以元时旧职投诚，或率领所部归命，嗣后李氏、祁氏、冶氏皆膺显爵而建忠勋矣。”[③]杨氏基本罗列了西宁十六家土司的族属，土司所治土民通称“土人”，这些人多为蒙古族、汉族、西域缠头回回之后。中华人民共和国成立后的民族识别，以“名从主人”为原则，把这些河湟“土人”视作土族的直接来源，从而解释了为何互助大通一带的土族“带几分番气”[④]，一些土族习俗、民风几乎与汉族无异且族源上认同山西洪洞县、南京珠玑巷。此外，无论是河湟“土人”为“吐谷浑说”，还是“蒙古说”，几乎都忽略了今青海黄南州土族的族源问题，据当代民族学调查，当地的五屯语是一种长期受藏语影响且以汉语为基础吸收藏语后形成的汉藏语混合结构式方言，在隆务河流域，同样被识别为土族的年都乎、郭麻日、尕沙日的语言则是蒙古语的分支，其族源与元代的蒙古驻军有关。[⑤]这说明，即使是人数较少的黄南土族，与其祖源有关的“源”与

---

① 参见陶克塔呼：《土族源流新议》，《民族研究》1982 年第 3 期。

② 参见杨卫：《“土人”再考》，《青海民族大学学报》（社会科学版）2013 年第 3 期。

③ （清）杨应琚纂修，李文实点校：《西宁府新志·官师土司附》，青海人民出版社 1988 年版，第 618—619 页。

④ 丘向鲁：《青海各民族移入的溯源及其分布之现状》，《新亚细亚》第 5 卷第 3 期，1933 年 3 月 1 日，第 133 页。

⑤ 参见班班多杰：《和而不同：青海多民族文化和睦相处经验考察》，《中国社会科学》2007 年第 6 期。

“流”的关系也是相当复杂的，土族源于“吐谷浑”或“蒙古”说显然都有以偏概全之嫌。

总之，河湟之“土人”，其含义亦为“土著”，主要指土司及其属民，可以确知的族属包括蒙古、汉人、西域缠头回回等，这些原有族属十分明确的族群之所以被称为“土人”，是因为在长期的民族杂居过程中，他们往往脱离或疏远原生民族，生产生活方式及宗教习俗等有趋同的倾向。被认定为土族的“土人”在地理上的分布恰好与河湟及甘肃永登一带的土司分布大体一致，说明中华人民共和国成立后的民族认定从结果上与明清土司治理土民的历史进程是相吻合的。尽管土司所治土民成分不一，但他们皆未编户齐民，土司率土民保卫边疆，土兵以善战著称，加之受汉、藏文化的双重影响，经年历久，逐步形成了儒家化的政治理念，农牧并举的生产方式，以及普遍信仰佛教、相信轮回报应的民族文化心理。因此，以民和、乐都为主要区域的青海东部土族地区，以大通、互助为主的青海北部土族聚居区，以及以同仁五屯地区为中心的黄南土族，尽管事实上的族源并不一致，但从“人群共同体”走向“民族共同体”过程中，不仅获得了基于政治体制的合法性身份[①]，也在一定程度上拥有共同的民族文化心理。

① 参见祁进玉：《历史记忆与认同重构：土族族源“源”与“流”之争》，《青海民族研究》2013 年第 2 期。

第三章　河湟地区的历史地理

河湟地区的历史地理是青海地方史学界长期关注的课题，李文实、崔永红等先生的论著多有涉及。本章以丝绸之路青海道为核心，研探河湟地区的历史地理问题。

第一节　西羌与丝绸之路青海道的国际化

羌族是一个古老的民族，曾分布于我国河北中部至新疆南部的广大区域，西汉中期以来，中原文献把居住在上郡、北地、西河一带的羌人称为“东羌”，把居住在今青海、甘肃、新疆地区的羌族称为“西羌”。研究证实，早期羌族起源于河曲地区的宗日文化，该文化是马家窑文化与河曲土著文化交流融会的产物，见于该遗址的宗日式乳白陶、二次扰乱葬、火葬、白石崇拜、石棺葬等文化因素皆能说明宗日是羌族文化的上源[①]，宗日文化中砷铜的发现也说明羌族祖先较早地接触到了铜器冶炼技术。[②]

从人群分布上看，羌中道与西域南道连接处分布着西羌的一支婼羌，《汉书·西域传上》云：“出阳关，自近者始，曰婼羌。婼羌国王号去胡来王。去阳关千八百里，去长安六千三百里，辟在西南，不当孔

① 参见李健胜、武刚：《早期羌史研究》，人民出版社 2014 年版，第 53 页。

② 参见徐建炜等：《青海同德宗日遗址出土铜器的初步科学分析》，《西域研究》2012 年第 2 期。

道。户四百五十，口千七百五十，胜兵者五百人。西与且末接。随畜逐水草，不田作，仰鄯善、且末谷。山有铁，自作兵，后有弓、矛、服刀、剑、甲。”婼羌分布的范围大致在今天山以南，著名的和田玉产地即是当时他们活动的主要区域之一。距今3000年左右，分布在柴达木盆地的考古文化主要是诺木洪文化，这一文化时期，当地的畜牧业已得到长足发展，人们过着农牧兼营的定居生活[①]，畜牧业水平也较之前有较大进步。诺木洪文化最为典型的搭里他里哈遗址发现了长7.3米，最宽处6.6米的大型圈栏，“圈栏内地面上有大量的羊粪堆积，厚约15—20厘米，其间也夹杂有少量的牛、马和骆驼的粪便”[②]。考古发掘者认为，这可能是当时人们饲养家畜的圈栏。从诺木洪文化出土的陶器、玉器、石器、青铜器看，这一文化的主人应当是西羌的一支。由此可知，距今3500年左右，分布在羌中道沿线及与该道相连接的西部地区主要分布的民族是西羌。这一区域内原始农业的发展，区域间交换关系的稳定化，以及野畜驯化技术的发展，最终促进了游牧业的产生与进步，西羌依靠这一生产技艺逐渐壮大，成为主宰这一地区的主要人群。

一般来说，丝绸之路青海道分为湟中道、河南道和羌中道三大干线。[③]大约在齐家文化、卡约文化时代，广泛分布于今新疆南部、河湟地区、河西走廊等地的西羌，利用河南道把铜器冶炼技术、玉器及明显具有西亚特质的一些文化因素传播至青海东部、四川盆地及中原地区，使羌中道、河南道国际化，也使湟中道成为贯通东西的国际通道，从而使丝绸之路青海道成为国际化的交通要道。

---

① 参见白万荣：《青海古代文化分布概述》，《青海社会科学》1991年第2期。

② 青海省文物管理委员会、中国科学院考古研究所青海队：《青海都兰县诺木洪搭里他里哈遗址调查与试掘》，《考古学报》1963年第1期。

③ 参见张得祖：《古玉石之路与丝绸之路青海道》，《青海师范大学学报》（哲学社会科学版）2008年第5期。

一、西羌的兴起与羌中道、湟中道的国际化

从考古发现看，居住在羌中道沿线的西羌把玉石、小麦、冶金术等传入中原及西南地区，中亚、西亚的一些文化因素也借助他们的传播，对我国东部地区产生影响。

首先，产自今新疆的和田玉经婼羌及柴达木地区的羌人传输，进入到我国东部及西南等地。

研究证明西羌是一个用玉民族，作为羌族文化上源的宗日文化中出土过 1 件玉璧，这件玉器用灰黄色软玉精心磨制而成，单面钻孔，通体光亮。直径 14.5 厘米，厚 0.7 厘米，孔径 2.65 厘米。① 西羌也是昆仑玉输往中原、东南及西南地区的重要中介。② 距今 5000 年左右的青海东部马家窑文化，距今 4000 年的齐家文化，以及青铜时代的卡约、辛店文化皆有用玉的现象，如著名的青海柳湾马家窑文化墓葬中就曾出土“大理石、粉砂岩、蛇纹岩、方解石、凝灰岩、砂岩、灰岩、细砂岩、铁碧玉和软玉等十多种”③ 质料的工具，柳湾齐家文化“装饰品及其他遗物共一百四十一件（颗）。装饰品有石璧、石臂饰、串珠与绿松石饰等，其他遗物有玉饰、石磬与海贝等，但为数不多。其中，海贝与玉饰，保存都比较好，非本地出产，系由外地交换来的”④。青海民和喇家遗址也有玉器、玉料出土。⑤ 这说明青藏高原北部地区的原始文化及商周时期的考古文化同属亚洲东部的用玉文化圈。

---

① 参见青海省文物管理处、海南州民族博物馆：《青海同德县宗日遗址发掘简报》，《考古》1998 年第 5 期。

② 参见李健胜：《三代时期昆仑玉输往中原的路径与方式初探》，《青海民族研究》2006 年第 2 期。

③ 青海省文物管理处考古队、中国社会科学院考古研究所：《青海柳湾》，文物出版社 1984 年版，第 25 页。

④ 青海省文物管理处考古队、中国社会科学院考古研究所：《青海柳湾》，文物出版社 1984 年版，第 192 页。

⑤ 参见中国社会科学院考古研究所甘青工作队、青海省文物考古研究所：《青海民和县喇家遗址 2000 年发掘简报》，《考古》2002 年第 12 期。

我国西北地区的软玉矿主要蕴藏在新疆南部的昆仑山脉，多在海拔4000—5000米高处，绵延近千里。每年夏季冰消雪融时，高山玉璞随湍流而下，徙出二三百里，至塔克拉玛干大沙漠南沿。从古至今，人们就在昆仑山北麓河水中捞取那些已碰掉璞皮的“籽玉”；此外还有所谓“山流水”，即冲出不远，不呈卵形的玉料。再高一些的地方，人们穴坑采取，称“山料”。因矿脉高，仅个别地点出露在3500米处，常年积雪，空气稀薄，加之交通困难，“山料”的获得十分不易。①昆仑山东麓出产的玉料虽不及和田玉名贵，但也是我国玉石的重要产地之一，属于广义上的和田玉，它们最早的开采者应当是居住在昆仑山北麓的婼羌和东麓的与诺木洪文化相关的西羌部落。青海民和县喇家遗址出土的7件玉器皆属软玉，均带有西部玉料的特征。经初步鉴定，属于广义的昆仑山玉，玉料来源于昆仑山东麓的格尔木地区②，说明从格尔木地区到青海民和之间已有运输玉料的通道。随着我国东部地区的红山文化、大汶口文化、良渚文化及龙山文化等玉石文化西向发展，催生出以齐家文化为代表的西部地区的用玉传统，而和田玉的东向传播，又逐步形成2000多年来中原地区上层社会用玉依赖西部资源的格局。③考古发现证实，二里头文化遗址中出土了一件由新疆和田白玉制成的玉柄④；商代妇好墓中出土的755件玉器中，一部分也是由和田玉制成的⑤；战国早期湖北省随县曾侯乙墓出土的活环插榫佩饰、玉带钩、玉四节佩饰、玉兽面纹琮等玉器，其材质也来自和田玉。⑥这说明，大约4000年前，有一条从柴达木盆地经湟中道向我国东部地区输送玉石的通道，即“玉石

① 参见臧振：《“玉石之路”初探》，《人文杂志》1994年第2期。

② 参见叶茂林、何克洲：《青海民和县喇家遗址出土齐家文化玉器》，《考古》2002年第12期。

③ 参见叶舒宪：《丝绸之路还是玉石之路——河西走廊与华夏文明传统的重构》，《探索与争鸣》2013年第7期。

④ 参见中国科学院考古研究所二里头工作队：《偃师二里头遗址新发现的铜器和玉器》，《考古》1976年第4期。

⑤ 参见申斌：《“妇好墓”玉器材料探源》，《中原文物》1991年第1期。

⑥ 参见谭维四：《曾侯乙墓》，生活·读书·新知三联书店2003年版，第102—143页。

之路”。[①] 就青海境内而言，昆仑山东麓向西运送玉石的道路为羌中道和湟中道，湟中道沿线的齐家文化接触到中原用玉传统后，使当地羌戎族群成为原始玉文化的承载者。

其次，小麦的东向传播也可能借助过羌中道。

据考古研究，已知最早驯化小麦的籽粒是大约公元前6500—公元前2500年。这些小麦籽粒是和大麦以及干豆类一起在“肥沃的新月地带”（由美索不达米亚平原和叙利亚沙漠侧翼的山脉构成）以及安纳托利亚和巴比伦发现的。野生二倍体或单粒小麦自然出现在伊朗西南部、伊拉克西北部和土耳其东南部开阔的橡树疏林和类似于干旱草原的植物群系中。在这个地区以及更远的外高加索、叙利亚、土耳其的中部和西部以及希腊，野生单粒小麦在次生生境如路旁和田边是非常普遍的。[②] 不少证据显示，从公元前3000年开始，驯化的普通小麦出现在中国西部。目前，凡有小麦的遗址主要集中在中国西北地区。夏商周时期，尽管小麦已经流入中原，但一直未能取代中国本土的农作物，直至汉代以后，这一格局才逐渐改变。[③]

由于缺乏考古学材料，小麦何时传入青海尚未有定论。考古工作者在循化县境内卡约文化遗址和都兰县诺木洪文化遗址中发现了麦类作物的遗迹。崔永红先生据此认为，“青海境内至迟在卡约文化、诺木洪文化时期已在较普遍地种植麦类作物”[④]。这说明与西羌有关的一些考古文化类型中出现了麦类作物的痕迹，结合西羌广泛分布于新疆南部至柴达木盆地及河湟地区的情形[⑤]，有理由相信小麦的东传与羌族有着密切关系，而羌中道即是小麦种植技术从新疆传入柴达木盆地再东传至河湟地

① 参见臧振：《“玉石之路”初探》，《人文杂志》1994年第2期。

② 参见［英］N.W. 西蒙兹编辑，赵伟钧等译：《作物进化》，农业出版社1987年版，第261页。

③ 参见李水城：《西北与中原早期冶铜业的区域特征及交互作用》，《考古学报》2005年第3期。

④ 崔永红：《青海经济史（古代卷）》，青海人民出版社1998年版，第11页。

⑤ 参见李健胜：《夷夏羌东中西说》，《青藏高原论坛》2014年第4期。

区的重要中介。

第三，西羌通过羌中道将铜器冶炼技术传播至我国东部地区，使羌中道成为著名的青铜之路。

铜器冶炼技术被视为人类进入文明阶段的重要标志之一。考古学证实，欧亚大陆最早的冶金技术来自西亚，并以西亚为中心向四周扩散。距今5000年左右，一支吐火罗人曾驻足伊犁河谷，发现尼勒克铜矿，利用先进的矿业技术、冶炼技术，开发这一亚欧草原地带难遇的富矿，为新疆和中亚其他地区不断地提供铜料。还有一支吐火罗人部落来到新疆罗布泊，在这个相对封闭的环境中，长期保持着自己独特的文化传统，创造了完全有别于周边其他文化的小河文化。大约同时或稍晚的时候，吐火罗人进入哈密盆地，先后和由河西走廊而来的马厂晚期和四坝文化相遇，创造出了当时中国境内最发达的青铜文化。[①] 由此可知，新疆是我国最早接触到铜器冶炼技术的地区。

从铜器冶炼技术的传播路线看，二里头青铜文明的起源或许与中亚地区巴克特里亚的冶金术东传有密切关系，而活跃在中亚和西伯利亚一带的塞伊玛—图宾诺文化、奥库涅夫文化和安德罗诺沃文化等游牧民族在这中间扮演了重要的中介角色。这几支分布在欧亚草原的青铜文化首先进入新疆地区，既而通过河西走廊作用于河湟地区，最终通过齐家文化对中原的二里头文化施加了影响。[②] 这也说明齐家文化分布区域是东西方文化交往的重要孔道和不同文化碰撞与接触的敏感地带，同时也是连接黄河文明与中亚文明的中介区域。[③] 实际上，除齐家文化分布区外，青藏高原的北部地区，即今天以"中国聚宝盆"著称的柴达木盆地，也是冶金技术东传的中介地区。

---

① 参见刘学堂、李文瑛：《中国早期青铜文化的起源及其相关问题新探》，《藏学学刊》2007年第3辑。

② 参见李水城：《西北与中原早期冶铜业的区域特征及交互作用》，《考古学报》2005年第3期。

③ 参见李水城：《西北与中原早期冶铜业的区域特征及交互作用》，《考古学报》2005年第3期。

从冶炼技术传播层面看，新疆地区的冶炼技术对西亚的冶金术并非全盘被动地接受，而是主动加以改造和利用，并不断形成自身的特色，河西走廊、河湟地区接受新疆冶金术的过程亦是如此。异域地区的冶金技术、器形、纹饰等经过一站站的中转、筛选和改造而不断地被弱化，最终在二里头文化晚期形成特色鲜明的华夏风格。① 受西来冶铜技术影响，新疆东部、四坝文化及宗日文化中有使用砷铜的现象，这一人类较早掌握的二元合金技术是近东文化在我国西部地区扩散的表现。青海同德宗日遗址出土的早期铜器含砷量均较高，宗日遗址铜器是中国西北地区迄今所知年代最早的砷铜，对中国早期冶金史的研究有非常重大的意义。② 综合上述研究成果及考古发现可知，铜器冶炼技术的东向传播与青海地区关系密切，这就为探讨羌中道在铜器传播过程中的地位与作用提供了可靠的考古学依据。

在今格尔木至青海湖西岸之间，都兰香日德地区是羌中道沿线重要的中继站，该地区就发现了诸多青铜遗址，考古工作者在该地区采集到铜渣和炼铜用具的残片。铜渣为小块，表面有铜绿，容易破碎。炼铜用具只见长 4 厘米，宽 2.5 厘米，厚 0.5 厘米的一小块残片，呈灰黑色，陶土中羼有草屑，胎内有小孔状空隙，外表粗糙，内表附着薄薄的一层铜渣，说明该地出土的铜器是当地铸造的。③ 该地区发现的铜器有斧、刀、钺和镞四种，其中，铜刀中比较特殊的是平面略成马蹄形的一件，刀面的上部有五个圆形的小孔，每孔的下部有一脊下垂到刃部附近，刀背部有椭圆形的銎，制作精致。④ 香日德地区向东的夏日哈乡，乌兰希

---

① 参见李水城：《西北与中原早期冶铜业的区域特征及交互作用》，《考古学报》2005 年第 3 期。

② 参见徐建炜等：《青海同德宗日遗址出土铜器的初步科学分析》，《西域研究》2012 年第 2 期。

③ 参见青海省文物管理委员会、中国科学院考古研究所青海队：《青海都兰县诺木洪搭里他里哈遗址调查与试掘》，《考古学报》1963 年第 1 期。

④ 参见青海省文物管理委员会：《青海柴达木盆地诺木洪、巴隆和香日德三处古代文化遗址调查简报》，《文物》1960 年第 6 期。

里沟镇皆有青铜时代遗址出土[①]，海西州共发现诺木洪青铜遗址共计40多处。[②]1981年5月的考古调查中，曾在环青海湖地区征集到带翼铜镞一件，形制与卡约文化同类器物相同[③]，在布哈河畔的青铜墓葬里发现了多孔管状铜器，铜管的四周各有四个椭圆孔，上下排列成行，用途不详。[④]

上述考古发现皆为我国青铜时代的遗物，时间上限距今3000多年，显然与同德宗日文化的考古发现不属于一个时期。笔者认为造成这种情况的主要原因是香日德地区等的考古遗存不能支持铜器冶炼技术首先到达这一地区的事实，而非这一地区的青铜冶炼技术诞生于商周时代。李水城先生认为，我国青铜文化分东部和西部两大类型，以龙山—二里头、齐家文化为代表的东部青铜文化圈经历了从红铜—锡铜的发展过程，西部青铜文化圈以四坝文化、天山北路—焉不拉克文化、察吾呼文化和伊犁河—准噶尔盆地周边的青铜文化为代表，经历了红铜—砷铜—锡铜的冶炼发展历程。冶金术以新疆地区为中心东向传播，通过甘青地区传播至中原[⑤]，西部青铜文化圈东向传播必然要经过西羌聚居区，所以掌握了冶铜技术的西羌自然而然地成为这一文明成果东向发展的中介。[⑥]此外，羌中道至湟水流域及青海黄河南北两岸皆有很多铜器冶炼遗址出土，但当地发现的铜器多为小型器物，多用于日常生活，我国中原地区少有铜矿，但出土过商周时期的大型青铜器物，中原的礼制文明也依托发达的青铜冶炼技术，当时可能有一条专门输送铜料的通道，将西北地区的铜料通过远距离运送输往中原。因此，有学者认为从中亚至

① 参见陈良伟：《丝绸之路河南道》，中国社会科学出版社2002年版，第191、196页。

② 参见白万荣：《青海古代文化概述》，《青海社会科学》1991年第2期。

③ 参见青海省文物考古队：《青海湖环湖考古调查》，《考古》1984年第3期。

④ 参见顾文华：《青海布哈河畔的青铜器墓葬》，《考古》1978年第1期。

⑤ 参见李水城：《西北与中原早期冶铜业的区域特征及交互作用》，《考古学报》2005年第3期。

⑥ 参见李健胜：《夷夏羌东中西说》，《青藏高原论坛》2014年第4期。

河湟、河西地区存在一条“青铜之路”。[①] 结合上述羌中道沿线的铜器冶炼遗迹，笔者认为在冶金技术的传播过程中，西羌可能借助羌中道将这一技术带到河湟地区，才会在这一区域形成特色鲜明的青铜文化。

从考古发现看，湟中道沿线出土了大量青铜遗址。青海大通县黄家寨卡约墓葬出土青铜器 16 件，包括铜鸟饰 1 件。铜鸟长喙，有冠，环眼，昂首，长颈，椭圆形圆鼓腹每侧有三条镂孔，空腹内有一橄榄状铜丸，宽扁尾，足为一长管状，上有一长形镂孔，高 10.8 厘米，长 7.8 厘米。此外，还出土铜铃 5 件、铜管 6 件、铜泡 2 件、铜削 1 件、铜矛 1 件。[②] 青海平安、互助县卡约文化遗存中发现铜戈 2 件、铜铃 1 件、铜泡 2 件。[③] 青海西宁发现了卡约文化铜鬲 1 件，该青铜鬲保存完好，口沿外侈，短颈，深腹，袋状锥形足。通高 15.4 厘米，口沿 11.8 厘米。口部附一对称半圆形耳，各高 2.1 厘米，内径 1.7 厘米。颈部饰三道凸弦纹，腹部饰双道人字形凸弦纹，这件铜鬲与河南省郑州市白家庄出土的商代铜鬲在器形与花纹方面比较接近。因此，可判断其年代与郑州白家庄出土的铜鬲相当。[④] 此外，在西宁沈那卡约文化遗址中还发现了一件铸造精美、形体宽大的圆銎宽叶倒勾铜矛。[⑤] 湟水下游的民和核桃庄小旱地墓出土了 133 件铜器，类型有铜泡、铜铃、铜饰、铜球等。[⑥] 可见，卡约时代湟水流域出土的铜器多以生活器具、装饰器物及兵器为主，有少量礼器，但不一定产于本地。

青海黄河流域出土的铜器也有上述特征，如青海贵南尕马台齐家文

---

① 参见刘学堂等：《史前“青铜之路”与中原文明》，《新疆师范大学学报》（哲学社会科学版）2014 年第 2 期。

② 参见青海省文物考古研究所、吉林大学考古学系：《青海大通县黄家寨墓地发掘报告》，《考古》1994 年第 3 期。

③ 参见青海省文物考古研究所：《青海平安、互助县考古调查简报》，《考古》1990 年第 9 期。

④ 参见赵生琛：《青海西宁发现卡约文化铜鬲》，《考古》1985 年第 7 期。

⑤ 参见王国道：《青海早期铜器的讨论》，《青海社会科学》1999 年第 6 期。

⑥ 参见青海省文物考古研究所，青海省文物管理处，西北大学文博学院：《民和核桃庄》，科学出版社 2004 年版，第 26 页。

化墓地出土了铜镜、铜指环和铜泡与铜镜等50余件。经鉴定，这些铜器既有红铜，也有铅青铜与锡青铜[①]，所出土铜镜，镜呈圆形，直径89毫米，厚（不包括镜钮，加上锈蚀层不均匀）约3毫米，重量109克。镜面已经全部锈蚀，背面有残损镜钮，形骸仍然可见。镜边缘有两个梨形穿孔，两孔之间有一道系沟，可能是悬挂用的。整个背面饰有大小两个圆圈，在两圆圈之间有一个不规则的七角星图案，星角的余地以斜纹相饰，对古镜（LR5）γ-的全谱中铜和锡的特微峰进行计算，结果得出铜和锡的比应为1∶0.096。[②]青海化隆县上半主洼卡约文化墓葬共出土完整铜器98件，多是一些小饰品，包括铜铃、铜锥、铜连珠饰、铜刀、铜钺等。[③]青海循化苏呼撒卡约文化墓地也出土了铜器16件，均为饰品。[④]

日本学者三宅俊彦通过对卡约时期黄河流域和湟水流域青铜器的比较研究，发现湟水流域的青铜器在种类、数量及制造技术上卓越于黄河流域，这些青铜器既具有中原及北方青铜器的共同因素，也有西亚地区传来的因素，同时也有一定的地方因素[⑤]，可见，当时湟中道干线即今湟水流域是青铜文化的核心区，这一区域既是东部和西部两大青铜文化类型的汇合区，同时也是西亚青铜技术东传的中转站。

最后，从传世文献中也可窥见湟中道、羌中道区域沟通作用及其国际化的一些信息。

据传世文献，周武王伐商时，羌、髳率师会于牧野，至周穆王时，"戎狄不贡，王乃西征犬戎，获其五王，又得四白鹿，四白狼，王遂迁

---

① 参见李健胜：《拉乙亥文化述论》，《青海社会科学》2009年第4期。

② 参见李虎侯：《齐家文化铜镜的非破坏鉴定——快中子放射化分析法》，《考古》1980年第4期。

③ 参见青海省文物考古研究所：《青海化隆县上半主洼卡约文化墓地第二次发掘》，《考古》1998年第1期。

④ 参见青海省考古研究所：《青海循化苏呼撒墓地》，《考古学报》1994年第4期。

⑤ 参见［日］三宅俊彦：《卡约文化青铜器初步研究》，《考古》2005年第5期。

戎于太原”[①]。另据《穆天子传》：“乙丑，天子西济于河，爰有温谷乐都。”有学者认为，周穆王渡河后，进入今青海西宁一带，汉、晋南北朝，这里有乐都城，正符合“温谷乐都”的情景。[②]虽然《穆天子传》所载“乐都”并非今青海乐都，不容否认的是，周族与羌人交好的历史可谓久远，借湟中道东进至陇山以东的通道早在卡约文化早期已开通[③]，率师伐商的羌人来自甘青一带的说法当是成立的。

东部人群西进的通道也一直是通畅的。据《后汉书·西羌传》：“西羌之本，出自三苗，姜姓之别也。其国近南岳。及舜流四凶，徙之三危，河关之西南羌地是也。滨于赐支，至乎河首，绵地千里。赐支者，《禹贡》所谓析支者也。南接蜀、汉徼外蛮夷，西北接鄯善、车师诸国。所居无常，依随水草。地少五谷，以产牧为业。”可见，东部人群的西向发展在传世文献中也有印证。战国时，羌人无弋爰剑为秦所执，成为奴隶，后逃脱西奔，“与劓女遇于野，遂成夫妇。女耻其状，被发覆面，羌人因以为俗，遂俱亡入三河间”[④]。无弋爰剑西迁至“三河间”一事，被王明珂先生理解为“英雄徙边记”的“故事”[⑤]，但不可否认的是，借助湟中道徙至湟水、黄河之间的河谷地带的人群迁徙现象，在战国时期仍在持续。

秦王嬴政“务并六国，以诸侯为事，兵不西行，故种人得以繁息”[⑥]，西羌与中原之间的政治隶属关系还未建立，羌人得以相对独立的发展。西汉中期，中央王朝势力进入河湟地区，从《汉书·赵充国传》、《后汉书·西羌传》等文献看，西汉军队及移民西进的路线即湟中道自东向西的通道。

---

① 《后汉书·西羌传》，中华书局1965年点校本，第2871页。

② 参见钱伯泉：《先秦时期的丝绸之路——〈穆天子传〉的研究》，《新疆社会科学》1982年第3期。

③ 参见李健胜、武刚：《早期羌史研究》，人民出版社2014年版，第47—61页。

④ 《后汉书·西羌传》，中华书局1965年点校本，第2875页。

⑤ 参见王明珂：《游牧者的抉择》，广西师范大学出版社2008年版，第104页。

⑥ 《后汉书·西羌传》，中华书局1965年版，第2876页。

传世文献印证羌中道、湟中道于商周以来国际化的材料还有张骞从西域东归时，想要借“羌中”回国的记录，说明当时的确有从西域经羌中道，借湟中道至中原的交通线，只是中原文献记载得不多罢了。

综上，距今4000年左右，西羌成为羌中道沿线主要居民，来自西亚的小麦种植技术、铜器冶炼技术和昆仑山南北麓的玉料，经这一族群的传播进入河湟地区，再向东传播至中原地区，这一时期，羌中道和湟中道已成为国际化的贸易通道。

二、西羌南下与河南道的国际化

战国时期，秦献公兵临渭首，西羌首领无弋爰剑之后畏秦之威，“将其种人附落而南，出赐支河曲西数千里，与众羌绝远，不复交通。其后子孙分别，各自为种，任随所之。或为牦牛种，越巂羌是也；或为白马种，广汉羌是也；或为参狼种，武都羌是也。忍及弟舞独留湟中，并多娶妻妇。忍生九子为九种，舞生十七子为十七种，羌之兴盛，从此起矣”[①]。西羌从河曲地区迁往川西北地区，依循的是马家窑文化人群南下时开辟的通道，而西羌的南下及西羌文化在西南地区的传播，证明了当时已开通从西亚、中亚经羌中道至青海湖南，再经过河南道南下接西蜀分道至四川平原的国际通道。

西羌最早开辟作为国际通道的河南道，其证据主要是三星堆遗址出土的铜器、金杖、雕像等器物在技术、工艺、形象方面皆以西羌为中介，与西亚、中亚发生深刻的联系。

如前所述，从西亚至新疆南部，经青海柴达木盆地向南至河曲地区，再向南至白龙江、岷江流域，皆分布着西羌。考古发现证实，从青海河曲地区至岷江上游及“藏彝走廊”一带分布着一个石棺葬文化圈，最近的考古发现证实，原来认为没有石棺葬文化现象的玉树地区也发现

① 《后汉书 · 西羌传》，中华书局1965年版，第2876页。

了这种葬俗。[①] 石棺葬在青海河曲、川西、藏东、滇西北等地的分布，正好印证了古羌人从河湟地区南下的历史过程，石棺葬是古羌人的葬俗也已成为学界共识。[②] 从民族学材料看，羌族史诗《羌戈大战》分六个部分讲述远古时期羌族先祖从河湟地区向岷江流域迁徙的故事。迁徙途中，历经艰难万险，遭受暴雪风霜，一路上与魔兵、戈基人血战，与险恶的自然灾难抗争，“多少兄弟失散了，多少牛羊寻不见！过了一山又一山，遭了一难又一难”[③]，最终才定居于川西一带，开拓出一方羌族安居的乐园。

从新疆至滇西北皆有西羌族群分布，这就为西亚、中亚与四川盆地之间的文化联系提供了条件。宗日文化砷铜的出土，马家窑东乡林家遗址中发现的青铜刀，以及青海贵南尕马台出土齐家文化时代的铜镜等，皆说明新疆地区的铜器冶炼技术，经西羌自西北向东南的传播，有可能传入四川盆地。考古学证实，三星堆文化的青铜器因不含锌而有别于同时期的中原殷商文化，古蜀文化源于岷江上游，而这一带在青铜时代已深受早期西羌文化影响，因此，三星堆铜器技艺最有可能受到来自西北地区的铜器冶炼技术的影响。[④] 三星堆铜器最突出的特点即是人面像上的“纵目”，这种形象亦不见于中原铜器，但在齐家文化为代表的西北玉器人面琮上，人面用琮的射孔来替代人的嘴，则是继承了马家窑蛙纹彩陶罐上蛙的嘴用罐口来替代的艺术特征。西北地区出土的这些人面琮，大多数有“纵目”的现象，虽然没有三星堆文化“纵目”那么明

---

① 参见青海省文物考古研究所：《石棺葬文化的新发现》，《中国文物报》2014 年 6 月 20 日。

② 学界对石棺葬族归问题的讨论经历过从源于汉族说至羌族说的变化，其中，李绍明先生的观点尤其值得关注，当前，学界已对此问题达成统一意见。参见李绍明：《关于羌族古代史的几个问题》，《历史研究》1963 年第 5 期；李复华、李绍明：《论岷江江上游石棺葬文化的分期与族属》，《四川文物》1986 年第 2 期；陈剑：《石棺葬文化研究的新视野》，《中华文化论坛》2010 年第 1 期。

③ 罗世泽、时逢春搜集整理：《木姐珠与斗安珠》，四川民族出版社 1983 年版，第 92 页。

④ 参见彭燕凝：《齐家文化玉器与三星堆文化的关系》，《深圳大学学报》（人文社会科学版）2008 年第 4 期。

显、夸张，但与三星堆“纵目”人面铜器显然也有前后继承的关系。①

考古研究证实，三星堆出土的玉石标本的肉眼观察和显微结构光性观察结果按矿物学定名为闪石玉，即透闪石矿物集合体，具软玉结构②，从化学分析结果比较看，三星堆玉与殷墟妇好墓中出土玉器及新疆和田玉化学成分相近，而其中三星堆玉与妇好墓玉化学成分更为接近，说明它们的来源是相同的③，这说明三星堆软玉也来自新疆，但从数量和质地看，三星堆大多数玉器原料来源于岷江上游的可能性更大。④由此可知，应当是西羌把来自新疆的和田玉通过羌中道南接河南道带入四川盆地的，至于岷江上游的玉料为三星堆文明所吸收，更能说明作为区域通道的河南道一直是北方文化南下的大通道。从三星堆玉石器的成型效果和加工痕迹看，运用了锯、凿、挖、琢、钻、磨、雕刻等工艺。其玉石器成品、半成品的璋、璧等，都留有明显的切割痕迹和锯痕⑤，这些加工方法与甘青地区玉器的加工方法是一脉相承的，只不过由于它年代稍晚，更大量地使用了青铜工具罢了。⑥

金杖、雕像是三星堆出土的最具特色的代表性金属器物。三星堆金杖、雕像无论在中原、长江流域还是古蜀地本身都没有发现其文化来源，应与对外来文化的采借有关。段渝先生认为，综观世界古文明，西亚、近东是青铜雕像和权杖的渊薮，并有向南连续分布的历史，再联系到三星堆遗址出土的大量海贝、海洋生物、青铜造像和象牙等文化遗物，判定金杖、雕像文化因素来源于西亚、近东文明，是文化交流、传

① 参见彭燕凝：《齐家文化玉器与三星堆文化的关系》，《深圳大学学报》（人文社会科学版）2008年第4期。

② 参见苏永江：《广汉三星堆出土玉器玉料来源的讨论》，《出土玉器鉴定与研究》，紫禁城出版社2001年版，第49页。

③ 参见苏永江：《广汉三星堆出土玉器玉料来源的讨论》，载杨伯达主编：《出土玉器鉴定与研究》，紫禁城出版社2001年版，第49—53页。

④ 参见赵殿增：《三星堆文化与巴蜀文明》，江苏教育出版社2005年版，第396页。

⑤ 参见陈显丹：《三星堆文化玉石器研究》，《四川文物》1992年第S1期。

⑥ 参见彭燕凝：《齐家文化玉器与三星堆文化的关系》，《深圳大学学报》（人文社会科学版）2008年第4期。

播的产物。[①]至于这种文明现象是如何传入四川盆地的，学者们也有过研究。李绍明先生认为，从三星堆青铜人物的冠式、体质面部特征看，可分为两种，一种为华南濮越民族系，一种为西北氐羌系，前者的体质具有南蒙古利亚小种族的特征，后者具有北蒙古利亚小种族的特征。[②]换言之，这种文明现象一部分来自西北地区，一部分来自西南。有学者注意到甘青地区的一些遗址中比较普遍地出现了各类显示权力和威势的标志物，主要是以玉、石类材质制作的各类权杖头，其形状主要为球形和类似于齿轮形两类，而权杖这类不同于中原系统的象征权力和威势的特殊礼仪用具是由中亚一带传入的。[③]传说古蜀国第一代王蚕丛“其目纵”，始兴于“岷山石室之中”，蚕丛的形象与昆仑山正神烛龙“直目正乘”，即“纵目”是一脉相承的，始兴之地的考古文化又与甘青新石器时代文化有前后继承关系。因此，可以较肯定地说，三星堆金杖、雕像的文化因素源于西亚、近东，经过西羌的吸收与传播，进入四川盆地，进而对当地的早期文明产生重要影响。从文化传播的路线看，近东、中亚文化因子通过四坝文化分布区甘肃河西走廊和卡约文化分布区青海渐次传入邻近的四川是极有可能的。因此，青海道南段也应该初步形成于卡约文化时期。[④]

大约在齐家文化、卡约文化时期，自新疆南部至白龙江上游等地，皆为西羌故地，他们不仅是这些区域的主人，也是西亚、中亚文明向东传播的重要中介，西羌掌握的铜器冶炼、玉器制作技术、象征权力的器物等上承西亚、近东文明，经过西羌自西向东、自北向南地传播，将上

① 参见段渝：《论商代长江上游川西平原青铜文化与华北和世界古文明的关系》，《东南文化》1993 年第 2 期。

② 参见李绍明：《巴蜀民族史论集》，四川人民出版社 2004 年版，第 56 页。

③ 参见王辉：《甘青地区新石器——青铜时代考古学文化的谱系与格局》，《考古学研究（九）》（上册），文物出版社 2012 年版，第 226 页；李水城：《文化馈赠与文明的成长》，载吉林大学边疆考古研究中心：《庆祝张忠培先生七十岁论文集》，科学出版社 2004 年版，第 16 页。

④ 参见张朋川：《从甘肃一带出土文物看丝绸之路形成过程》，《丝绸之路》1999 年第 S1 期。

述文化因素传播至包括四川盆地在内的广大区域。

总之，距今4000年左右，西羌开辟了作为国际通道的河南道，这条道路不仅承担了西羌人群不断南下的功能，也将来自西亚、中亚的文化因素传播至四川盆地。广泛分布于甘、青、新地区的西羌借助西域南道、羌中道与河南道，不仅维系了民族内部不同种落之间的关系，还利用上述国际通道保持了文化上的优势地位。作为国际通道的重要组成部分，河南道的地位与作用超越马家窑文化时期，成为贯通东西文明的重要交通要道。商周时期，西羌因气候变干变冷、北方民族的威逼挤压，一部分南迁至川西北地区[①]，一部分东迁，更多的部族在为争夺大、小榆谷、大允谷等地，展开旷日持久的争战。这一时期，三星堆文明为代表的四川区域文明开始崛起，不仅建立了酋邦形态的王权[②]，在文明发展程度上已远远超过了西北地区。笔者认为三星堆文明崛起后，产于蜀地的特产及其文化因素可能开始借助河南道向西北方向传播，并已抵达中亚，此时河南道的主要走向不再是自北向南的，而是自南向北。

综上，大约距今3万多年至1万年，旧石器及中石器时代晚期，人类在青藏高原进行季节性游猎，他们的足迹已踏上青海道的三大干线；距今5800—4200年，仰韶文化人群及黄土高原粟作农业人群沿湟水谷地及青海境内黄河谷地自东向西迁徙，进入青海河谷地带；距今约4200年以后，定居于河谷的人群向高海拔地区大规模扩张，一部分人则南下进入川西高原等地。根据人类迁徙活动及其行走路线，结合考古发现及传世文献可知，丝绸之路青海道源起于旧石器晚期及中石器时代，马家窑人群西进、南下过程中开辟了湟中道和河南道，大约在4000年后，西羌兴起，成为沟通、促进中古文化交流的重要族群，他们把来自西亚的小麦种植技术、冶金术及昆仑山地区的玉料等传播至中

① 比如，商周时期的密人随战争迁往岷江流域形成黑水羌，参见武沐：《密国、岷人与黑水羌》，引自王希隆主编：《西北少数民族史研究》，民族出版社2003年版。

② 参见段渝：《酋邦与国家起源：长江流域文明起源比较研究》，中华书局2007年版，第260—264页。

原及西南地区，使丝绸之路青海道真正国际化。

第二节　汉代丝路青海道述略

汉前期，青海道沿线为羌胡所居，道路凶险，汉武帝曾想借此“蜀身毒道”与大夏国交通。汉中期以来，随着中原王朝势力进入河湟，当地羌族被迫利用青海道或南迁西徙，或与匈奴联合反击汉军。汉王朝通过行政建置、屯田移民，逐步掌握了经营、开发青海道的主动权。

一、汉代史籍中的青海道

先秦时期，中原政权势力未进入青海地区，《尚书·禹贡》所载九州之一的雍州，其地理指涉达青海东北部，属荒服。《后汉书·西羌传》云：“及舜流四凶，徙之三危，河关之西南羌地是也。滨于赐支，至乎河首，绵地千里。赐支者，《禹贡》所谓析支者也。南接蜀、汉徼外蛮夷，西北（接）鄯善、车师诸国。所居无常，依随水草。地少五谷，以产牧为业。”在华夏中心观的支配下，青海河曲被想象为“舜流四凶”之所。《后汉书·西羌传》亦载，无弋爰剑逃入河湟时，当地“少五谷，多禽兽，以射猎为事，爰剑教之田畜，遂见敬信，庐落种人依之者日益众”。这一记载也是华夏族“英雄祖先历史心性”演化而成的有关边疆史的模式化情节之一，是“英雄徙边记”的西部版本。[①]

汉初，匈奴“破东胡，走月氏，威震百蛮，臣服诸羌”[②]，西羌为匈奴所挟，时常侵袭汉朝西境。汉武帝时，确立“征伐四夷，开地广境，

① 参见王明珂：《英雄祖先与弟兄民族》，中华书局2009年版，第77—83页。
② 《后汉书·西羌传》，中华书局1965年点校本，第2876页。

北却匈奴，西逐诸羌”[①]的战略，派兵攻击西羌，以断匈奴“右臂”。在这样的时代背景下，青海道沿线的地理条件、民族状况等信息开始进入汉文史籍的视域。

《史记·大宛列传》载，张骞出使西域时，曾取道湟水流域，经河西走廊时被匈奴俘获，后借机逃脱。从西域归汉时，途经于阗、鄯善，“并南山，欲从羌中归，复为匈奴所得”[②]。张骞先沿“南山”东行，然后试图借道“羌中”，说明他计划东归的路线中须经过今柴达木盆地，利用商周以来西羌开辟的连接南疆至河湟地区的通道避开匈奴回国。张骞试图行走的路线最有可能是从敦煌南下经当金山口从柴达木北线绕青海湖北岸至湟水流域。归国后，张骞曾详细描述了当时与西域相连接的丝路：

> 骞曰：“臣在大夏时，见邛竹杖、蜀布。问曰：‘安得此？’大夏国人曰：‘吾贾人往市之身毒。身毒在大夏东南可数千里。其俗土著，大与大夏同，而卑湿暑热云。其人民乘象以战。其国临大水焉。’以骞度之，大夏去汉万二千里，居汉西南。今身毒国又居大夏东南数千里，有蜀物，此其去蜀不远矣。今使大夏，从羌中，险，羌人恶之；少北，则为匈奴所得；从蜀宜径，又无寇。”[③]

从上述文献看，西汉中期，蜀地通往中亚、西亚的丝路有两条：一条是大夏国人描述的西南丝路，这条道从今四川成都出发向西南经西昌，云南姚安、大理、永昌（保山）、腾冲，从缅甸至印度河流域，又称“蜀身毒道”[④]；另一条即羌中道，因沿线有西羌活动，张骞认为此条道颇凶险，如果走羌中道北支线，会“为匈奴所得”。如前所述，自西

① 《后汉书·西羌传》，中华书局 1965 年点校本，第 2876 页。

② 《史记·大宛列传》，中华书局 1959 年点校本，第 3159 页。

③ 《史记·大宛列传》，中华书局 1959 年点校本，第 3166 页。

④ 徐作生：《“支那”源于古傣语考——从蜀身毒道诸种因素论梵语 cina 的由来》，《中国文化研究》1995 年第 1 期。

羌将青海道国际化之后，这条通道承载起氐羌民族与中亚、西亚交流、沟通的功能，由于西羌与匈奴的阻隔，中原政权尚无法借助这一通道达到他们的政治、军事目的。因此，张骞建议从蜀地向西南借助“蜀身毒道”与大夏国交通。汉武帝试图借助此道与身毒国建立联系，因滇王“闭昆明”①，未能成功。这条史料说明西南丝路在当时已完全国际化，同时也从另一个侧面反映出汉政权还未控制青海道。当时的青海道所经之地皆为少数民族控制区域②，统治势力还未延及该地，造成区域统治及地理认知上的空白与盲区，是汉政权无法利用青海道直接与西域沟通的主要原因。由此可见，尽管张骞出使西域之前，青海道早已开辟，但对于中原而言，张骞的出使活动及他对西北地区地理通道的认知，的确可以称得上是“凿空”。

汉代史籍对青海道及其周边自然地理状况的认知，也与这一通道原有的一些功能相关。比如,《史记·大宛列传》云：“汉使穷河源，河源出于阗，其山多玉石，采来，天子案古图书，名河所出山曰昆仑云。”③中原对“河源”的认知显然与事实不符，但利用这条通道获取玉料的现象则说明当时的中原王朝接续了齐家文化以来的传统，仍视昆仑山北麓及东麓为重要的玉料出产地。《史记·货殖列传》云：“天山、陇西、北地、上郡与关中同俗，然西有羌中之利，北有戎翟之畜，畜牧为天下饶。”“羌中之利”当不指一般所理解的畜牧产品，而是国际贸易，即陇东南经河湟地区也与西域的贸易往来④，说明当时青海道的贸易功能为世人所熟知。汉代史籍还以记录武帝以来征伐匈奴、西羌的军事行动，为后世提示出汉代经略青海道的一些历史信息，如霍去病征匈奴的路线、赵充国伐西羌的行军过程，皆被一些学者认为是开辟“羌中道”的

① 《史记·西南夷列传》，中华书局1959年点校本，第2996页。

② 参见陈良伟：《丝绸之路河南道》，中国社会科学出版社2002年版，第10页。

③ 《史记·大宛列传》，中华书局1959年点校本，第3173页。

④ 参见苏海洋：《再谈丝绸之路青海道的形成》，《青海民族大学学报》（社会科学版）2012年第4期。

起始。[①]

二、西羌与汉代的青海道

两汉时，青海河湟地区羌族种落繁多，有烧当羌、彡姐羌、卑湳羌、累姐羌、罕种羌、湟中羌、义从胡、先零羌、煎巩、黄羝、幵（小幵、大幵）羌、零吾羌等。[②]在中原王朝势力未延及河湟时，西羌处于松散的部落联盟阶段，各种落互不统属，以松散部落联盟的政治形态繁衍生息于青海高原。自汉政权势力进入河湟后，这些羌族部落与汉的关系十分紧张，汉代史籍也多着眼于此，记录了与西羌有关的诸多史实。中原史籍所载西羌历史，集中于《汉书·赵充国传》、《后汉书·西羌传》等，皆着眼于持续时间甚久的汉羌争战。史籍所载汉政权经略河湟的历史过程，也是西羌的悲惨史，与之对应的则是汉政权开疆拓土、将才辈出的光荣史。正是在这样的史学书写视角中，西羌利用早已开辟的丝路与西域诸民族交往的历史，西羌在中西文化交流过程中所起的重要作用等[③]，几乎完全被遮蔽。通过这些记载，只能部分地窥见汉政权威逼下西羌利用丝绸之路谋求生存的艰辛与无奈。

《后汉书·西羌传》记载，居于河西的月氏胡被匈奴击败后，“余种分散，西逾葱领。其羸弱者南入山阻，依诸羌居止”。除阳关西南的月氏人外，还有一部分月氏人徙居于湟水与祁连山之间，称为“湟中月氏胡”。汉武帝后元元年（前88），先零羌通使匈奴，匈奴使人至小月氏，“传告诸羌曰：‘……羌人为汉事苦。张掖、酒泉本我地，地肥美，可

① 参见刘光华：《汉武帝对河西的开发及其意义》，《敦煌学辑刊》1980年第1集；吴礽骧：《两关以东的“丝绸之路”——兼与鲜肖威同志商榷》，《兰州大学学报》（社会科学版）1980年第4期；初师宾：《丝路羌中道开辟小议》，《西北师大学报》（社会科学版）1982年第2期。

② 参见李健胜、武刚：《早期羌史研究》，人民出版社2014年版，第114—116页。

③ 参见李健胜：《夷夏羌东中西说》，《青藏高原论坛》2014年第4期。

共击居之。’”[①]河西四郡设立后，匈奴要想与湟水流域一带的小月氏联系，只能从河西走廊东西端南下。汉昭帝始元六年（前 81）设金城郡，加强了河西走廊东端的防御，匈奴与小月氏及河湟一带的羌人只能通过走廊西端相联系。可见，月氏胡南下河湟，后试图借匈奴势力恢复故地，因而与之取得联系时，皆须通过连接河西与河湟的丝路，因汉政权势力的干预，他们不得已改变了原来的行走路线。

西汉中期以来，在汉政权的进攻、挤压下，一些西羌种落不得不西徙南迁，以躲避汉的暴政。其中，卑湳羌南下、迷唐远徙河源即是典型事例。

《后汉书集解》引《说文》云："湳水出西河美稷县故羌人因水为姓。"[②]卑湳羌曾一度占有大、小榆谷，与先零并称强大。[③]东汉建初元年（76），安夷县吏掠卑湳羌妇，为其夫所杀，安夷县长派兵追捕，引起羌人反抗，陇西太守等派兵镇压，卑湳羌遭重创，余部南迁至岷江上游。[④]卑湳羌的南下说明河湟羌族借助河南道仍与白龙江、岷江流域发生联系。

汉政权的压迫，使西羌"群种蜂起。遂解仇嫌，结盟诅，招引山豪，转相啸聚，揭木为兵，负柴为械。（毂）马扬埃，陆梁于三辅；建号称制，恣睢于北地。东犯赵、魏之郊，南入汉、蜀之鄙，塞湟中，断陇道，烧陵园，剽城市，伤败踵系，羽书日闻"[⑤]。其中，滇零羌曾"招集武都、参狼、上郡、西河诸杂种，众遂大盛，东犯赵、魏，南入益州，杀汉中太守董炳，遂寇钞三辅，断陇道"[⑥]。可见，羌汉战争过程中，西羌民族曾借助河南道"南入汉、蜀之鄙"、"南入益州"，尽管史籍曾言战国时南下至川西地区的武都羌、广汉羌和越嶲羌与河湟羌人

① 《汉书・赵充国传》，中华书局 1962 年点校本，第 2973 页。
② （清）王先谦：《后汉书集解》，中华书局 1984 年版，第 1007 页。
③ 参见冉光荣等：《羌族史》，四川民族出版社 1985 年版，第 59 页。
④ 参见闻宥：《论所谓南语》，《民族语文》1981 年第 1 期。
⑤ 《后汉书・西羌传》，中华书局 1965 年点校本，第 2899—2900 页。
⑥ 《后汉书・西羌传》，中华书局 1965 年点校本，第 2886 页。

“不复交通”[①]，但从上述史料看，河湟等地的羌人是借助了之前开辟的河南道与四川盆地西北缘边地区之间保持着较为紧密的联系。

东汉建初二年（77），烧当羌首领迷吾起兵反汉，与汉军战于大、小榆谷，败降后被护羌校尉张纡毒杀，其子迷唐于永元（89—105）年间联合诸羌与东汉军队作战，皆以失败告终。迷唐被迫远徙赐支河首（黄河河源一带），最后依发羌而居。迷唐率部众从河湟远徙黄河河源时，当借助了河南道西线及唐蕃古道的一部分路线。

在联合匈奴抗击汉政权过程中，西羌民族还利用青海道进行过一些军事行动。如西汉宣帝元康三年（前63），“先零遂与诸羌种豪二百余人解仇交质盟诅”，赵充国担心西羌与匈奴联合反汉，匈奴可能会“遣使至羌中，道从沙阴地，出盐泽，过长阬，入穷水塞，南抵属国，与先零相直”。数月后，“羌侯狼何果遣使至匈奴藉兵，欲击鄯善、敦煌以绝汉道”。赵充国认为狼何为小月氏种，居于“阳关西南”，势力弱小，“势不能独造此计”[②]，这是匈奴使者抵达“羌中”且与先零等诸羌联合反汉的一个征兆。匈奴通过西域狼何羌地，借羌中道北支线沿南山南麓东行，再越过祁连山，经今张掖一带的“沙阴地”、“盐泽”、“穷水塞”等地，[③]与活动于金城、北地、三辅一带的先零羌取得联系，说明匈奴使者是绕过敦煌、酒泉两郡与先零羌取得联系的。

总之，在匈奴与汉政权的双重挤压之下，河湟地区的西羌被迫借助青海道西徙南迁，而他们的迁徙活动则促使了青海道的进一步发展，汉文史籍所载匈奴与西羌关系史料，则多着眼于二者联合反汉。匈奴疆域广大，控制了西域大部分地区，除与西羌民族进行军事联合外，两族间也应当有商贸往来，作为国际通道的组成部分，当时青海道也发挥着东西文化交流的作用，只是相关情况未见于传世史籍罢了。

---

① 《后汉书·西羌传》，中华书局1965年点校本，第2876页。

② 《汉书·赵充国传》，中华书局1962年版，第2972—2973页。

③ 参见徐万和、王国华：《“沙阴地”、“盐泽”、“穷水塞”考述》，《西北史地》1998年第1期。

三、汉朝对青海道的经营

汉朝通过设置郡县、屯田移民等形式经营青海道，逐步成为这条丝路的主导者。

为抗击匈奴，汉武帝时，“数万人度河筑令居”[①]，在河西走廊东端建起隔绝匈奴与西羌联系的桥头堡。汉政权势力深入河西后，“始筑令居以西，初置酒泉郡以通西北国”[②]。经过一系列征伐匈奴的战争后，汉“初开河西，列置四郡，通道玉门，隔绝羌胡，使南北不得交关”[③]。

完成在河西走廊的建置后，汉政权着力建构湟水流域的行政建置和邮驿系统。汉昭帝始元六年（前 81）秋七月，“以边塞阔远，取天水、陇西、张掖郡各二县置金城郡”[④]。据《汉书·地理志》，金城郡共辖 13 县，其中新设的允吾县治今青海民和县下川口，破羌县治今青海乐都县老鸦城，安夷县治今青海平安，临羌县治今青海湟源县东南。这四县分布在湟水流域，说明这一地区的大部正式纳入汉的行政体系。

西汉还设护羌校尉和金城属国管理羌务。护羌校尉是管理羌人事务的军政要职，始设于武帝元鼎六年（前 111），昭帝和宣帝前期省废，宣帝神爵年间，汉羌矛盾上升，匈羌联系又有反复的可能，所以在神爵二年（前 60）复置护羌校尉，成为常设官职。[⑤]同年，赵充国平定西羌，为安置归降羌人，“初置金城属国以处降羌”[⑥]。

西汉末年，王莽辅政，“欲燿威德，以怀远为名，乃令译讽旨诸羌，使共献西海之地，初开以为郡，筑五县，边海亭燧相望焉”[⑦]。西海郡所

---

① 《史记·平准书》，中华书局 1959 年点校本，第 1439 页。

② 《史记·大宛列传》，中华书局 1959 年点校本，第 3170 页。

③ 《后汉书·西羌传》，中华书局 1965 年点校本，第 2876 页。

④ 《汉书·昭帝纪》，中华书局 1962 年点校本，第 224 页。

⑤ 李正周：《从悬泉简看西汉护羌校尉的两个问题》，《鲁东大学学报》（哲学社会科学版）2009 年第 5 期。

⑥ 《汉书·赵充国传》，中华书局 1962 年点校本，第 2993 页。

⑦ 《后汉书·西羌传》，中华书局 1965 年点校本，第 2878 页。

辖五县的名称及辖区史籍无载，根据考古发现可知，这五县故城：一是今青海海晏县三角城，在青海湖东北侧、湟水南岸。城呈梯形，东西长600—650米，南北宽600米。城有东、西、南、北四门。城内出土了篆刻有“西海郡虎符石匮，始建国元年十月癸卯，工河南郭戎造”铭文的虎符石匮。据学者考证，该城即王莽西海郡城。[①]二是今青海海晏县甘子河乡的尕海古城。三是今青海刚察县吉尔孟乡北向阳古城。四是今青海共和县曲沟乡的曹多隆古城，该古城现已被龙羊峡水库淹没。五是今青海兴海县河卡乡宁曲村的支东加拉古城。[②]

东汉“建安中置西平郡”[③]，从临羌县分置西都县（今西宁）以为郡治，辖西都、临羌、安夷、破羌四县，处在湟水下游的允吾县仍属金城郡。

屯田垦殖是汉政权安定边塞的重要举措。据《汉书·食货志》载：“南粤反，西羌侵边。天子为山东不澹，赦天下囚，因南方楼船士二十余万人击粤，发三河以西骑击羌，又数万人度河筑令居。初置张掖、酒泉郡，而上郡、朔方、西河、河西开田官，斥塞卒六十万人戍田之。”[④]击败匈奴后，“汉度河自朔方以西至令居，往往通渠置田官，吏卒五六万人，稍蚕食，地接匈奴以北”[⑤]。河湟流域的屯田始自汉宣帝时期，赵充国平定羌乱后，奏请屯田河湟：

> 臣谨条不出兵留田便宜十二事。步兵九校，吏士万人，留屯以为武备，因田致谷，威德并行，一也。又因排折羌虏，令不得归肥饶之地，贫破其众，以成羌虏相畔之渐，二也。居民得并田作，不失农业，三也。军马一月之食，度支田士一岁，罢骑兵以省大费，四也。至春省甲士卒，循河湟漕谷至临羌，以视羌虏，扬威武，传

① 参见安志敏：《青海的古代文化》，《考古》1959年第7期。
② 参见毕艳君、崔永红：《古道驿传》，青海人民出版社2007年版，第18页。
③ （唐）杜佑：《通典·州郡四·鄯州》，中华书局1984年版，第922页。
④《汉书·食货志下》，中华书局1962年点校本，第1173页。
⑤《汉书·匈奴传上》，中华书局1962年点校本，第3770页。

世折冲之具，五也。以闲暇时下所伐材，缮治邮亭，充入金城，六也。兵出，乘危徼幸，不出，令反畔之虏窜于风寒之地，离霜露疾疫瘃堕之患，坐得必胜之道，七也。亡经阻远追死伤之害，八也。内不损威武之重，外不令虏得乘间之势，九也。又亡惊动河南大开、小开使生它变之忧，十也。治湟狭中道桥，令可至鲜水，以制西域，信威千里，从枕席上过师，十一也。大费既省，徭役豫息，以戒不虞，十二也。①

赵充国认为“屯田得十二便，出兵失十二利”②。“治湟狭中道桥，令可至鲜水，以制西域，信威千里，从枕席上过师”的主张，显然是认识到利用青海境内的丝路控制湟水上游及其以远地区的战略价值。

汉和帝永元年间，汉朝在河湟的开疆拓土达到顶峰，屯田规模达到34部，按每部800人计，当时屯田的士卒达27000人以上，加上一些地方官及军屯士卒家属，当时屯田人口达30000人以上。③东汉垦荒屯田的区域包括湟水中下游，黄河流域的东、西邯地区，共和盆地缘边地区等，这些地区皆是青海道各干线的必经之地。东汉屯田的目的在于“隔塞羌胡交关之路，遏绝狂狡窥欲之源。又殖谷富边，省委输之役，国家可以无西方之忧”④。由此可见，在丝路沿线屯田具有争夺经营这些线路主导权的意味。

在西羌故地屯田自然会引起羌人的反感与抵抗。汉顺帝永建年间，“两河间羌以屯田近之，恐必见图，乃解仇诅盟，各自儆备。续欲先示恩信，乃上移屯田还湟中，羌意乃安。”⑤东汉主动从“两河间”撤屯田，意在平抚西羌，同时也说明当地西羌经营丝路青海道的主导权

① 《汉书·赵充国传》，中华书局1962年点校本，第2987—2988页。

② 《汉书·赵充国传》，中华书局1962年点校本，第2988页。

③ 参见李健胜、郭凤霞：《国家、移民与地方社会：河湟汉族研究》，人民出版社2015年版，第19页。

④ 《后汉书·西羌传》，中华书局1965年点校本，第2885页。

⑤ 《后汉书·西羌传》，中华书局1965年点校本，第2894页。

失而复得。阳嘉元年（132），“以湟中地广，更增置屯田五部，并为十部”①。汉政权又恢复了对河湟部分地区的统治，但是规模不及和帝时期。不过，屯田“湟中”，使东汉政权又取得了对湟中道的控制权。

汉朝以屯田经营边疆过程中，大量汉族移民徙入河湟，这些人主要由屯垦士卒及其家属、弛刑徒及犯禁之人构成。屯田士卒是军屯的主要劳动力，弛刑徒及犯禁之人也归入军屯进行管理。元鼎五年（前112），汉武帝遣将军李息、郎中令徐自为率兵十万人攻击先零，“羌乃去湟中，依西海、盐池左右。汉遂因山为塞，河西地空，稍徙人以实之”②。这是汉政权移民河湟的开端。《汉书·平帝纪》《汉书·王莽传》记载，汉末设西海郡后，大规模“徙天下犯禁者处之”，为充实人口，王莽不惜扩大“犯禁”的范围，“又增法五十条，犯者徙之西海。徙者以千万数，民始怨矣”。迷唐远徙河源后，护羌校尉邓训“遂罢屯兵，各令归郡。唯置弛刑徒二千余人，分以屯田，为贫人耕种，修理城郭坞壁而已”③。汉政府往往给予“赐田宅什器，假与犁、牛、种、食”④的优惠，鼓励移民徙往青海道沿线屯田。

考古工作者在青海都兰香日德发现了两处坼堠，被当地人称为“南坼堠”“北坼堠”。崔永红先生认为香日德坼堠很可能始建于王莽当权的西汉末年，它们或许是《后汉书·西羌传》所言“边海亭燧相望焉”的“边海亭燧”的组成部分。如果此说成立，香日德坼堠不仅填补了汉代在柴达木盆地重要实物证据的空白，而且将汉族人成批迁居柴达木盆地腹地的历史，由过去熟知的始于在吐谷浑故地设郡县的隋炀帝时期，又向前提了几百年，换言之，早在西汉末年，汉族移民定居垦殖于羌中道沿线。⑤

汉族移民徙居河湟过程中，青海道成为中原文明向青海地区传播的

① 《后汉书·西羌传》，中华书局1965年点校本，第2894页。

② 《后汉书·西羌传》，中华书局1965年点校本，第2877页。

③ 《后汉书·邓训传》，中华书局1965年点校本，第611页。

④ 《汉书·平帝纪》，中华书局1962年点校本，第353页。

⑤ 参见崔永红：《都兰香日德坼堠始建年代浅议》，《青海民族研究》2013年第4期。

大动脉。1980 年，考古工作者在青海共和曲沟乡曹多隆古城发现了一件 V 型铁铧，其形制与战国以来中原地区常见的铁铧基本相同。20 世纪 70 年代，青海大通上孙家寨东汉末墓葬 M3：28 中出土 V 字形铁铧，叶刃长 22.8 厘米，后端宽 28.2 厘米。[①] 上述考古发现说明，最晚至新莽时期牛耕铁犁技术已推广至青海地区。

总之，汉朝在青海道部分沿线地区设置郡县、移民、筑塞、屯田的活动可看作经营青海道的开始[②]，正是这些行动，使青海道的开发、经营主导权逐步从当地世居少数民族转移至中央王朝手中，尽管这一过程有反复，但汉朝对青海道的经营在该丝路历史演进过程中具有转折性意义。

第三节　丝绸之路青海道的历史地位

当前，在“一路一带”国家战略的引领、刺激下，掀起了一股研究丝绸之路的热潮，青海道亦为诸多学者所关注。综观相关成果，专论青海道历史地位的较少，个别论著虽涉及此问题，但观点值得商榷。要研究青海道，应当准确判断青海道的历史地位，而要较合理地把握青海道的历史地位则需通过青海道发展变迁史以观之。

总的来说，在国家统一的政治形势下，河西道是中原与西域交通的首选丝路，青海道往往只具有辅助之路的地位。在南北分裂、政权割据的时代，河西道往往被地方政权阻塞，青海道地位显著上升，成为沟通东西的交通要道。从青海道历史发展的内生因素看，青海道的一些干线具有相对独立的交通价值。理解青海道的历史地位既应结合其历史演进的总体过程，也需考量其中的地域、民族因素。

---

① 青海省文物考古研究所：《上孙家寨汉晋墓》，文物出版社 1993 年版，第 155 页。

② 初师宾：《丝路羌中道开辟小议》，《西北师大学报》（社会科学版）1982 年第 2 期。

一、青海道兴盛原因解析

如前所述，马家窑人群的西进、南下开辟了区域内的青海道，西羌的兴起则促使青海道国际化。换言之，无论是开辟阶段的青海道，还是作为国际贸易通道组成部分的青海道，其最初的主导权在当时的少数民族手中。

在中央王朝势力未进入青海地区之前，青海道是西羌内部联络的交通要道，这条通道使得居住分散的西羌各种落间保持了松散的联盟关系，也使得从新疆南部至湟水流域，从柴达木盆地北缘至川西北地区的广大羌族聚居区之间具备相互连通、共同发展的可能，从而使这个分布地域十分广泛的古老民族内部一直保持着语言、风俗等方面的一致性，也确保了西羌族性的个别性，使得西羌内部一直充满着文化创造的活跃性，成为西部地区有重要影响的民族。

西羌通过青海道，还与西域、中原及西南地区的民族保持着持久而广泛的交往关系。得益于这条丝路沟通东西的交通功能，西羌较早接触到了冶铜技术、小麦种植技术等，而这些文明成果本身也促进了西羌民族的进步。在西羌的传播与影响下，中原、西南地区也接触到了来自西亚、中亚的文明成果，从而促进了我国早期文明发展的步伐。夏商时期的用玉文化、三星堆文明等都得益于西羌的贡献而创造出辉煌灿烂的文明成果。

笔者认为自青海道国际化以来，这条丝路一直保持着兴盛发展的态势，这一点可从沿线考古发现中找到证据，只是当时中原统治势力未波及此地，相关情况未被汉文史籍记载罢了。

两汉时期，中央王朝攻掠西羌故地，打破了这一民族原有的生存格局，西羌世居之地成为汉王朝屯田之地，西羌各种落之间的交通也因汉王朝的经略而呈现碎片化趋向。随着汉王朝在河湟、川西北等地军事、政治活动的深化，西羌逐步失去了使用、经营青海道的主导权，而汉王朝错误的对羌政策，激起了羌族猛烈的反抗[①]，青海道沿线成为羌汉争斗的战争热地，原来由西羌使用、经营的青海道或沦为战场，或成为汉、羌调兵遣将的路线，或被荒芜。自开辟以来，一直较为繁忙的青海道，在两汉时因羌汉战争也较"热闹"，但这与青海道初始功能相去甚远了。有学者认为，"羌族是个好剽掠的民族，动辄攻略边城，内部变乱频繁，这都妨碍着丝路的畅通"[②]。笔者认为这种判断是十分错误的，没有哪个民族的族性是"好剽掠"的，西羌在汉政权的经济剥削和政治压迫下，不得不起来反抗，虽然在客观上破坏了原来由他们经营和主导的青海道的畅通，但导致这种结果的原因是汉王朝对羌的攻掠，而非西羌。

汉政权控制河西、河湟等地后，河西丝路成为中原与西域交往的主要通道，尽管湟中道作为辅路一直在使用，但因经营主导权的转移，青海道的重要性无法与西羌时期相提并论，而羌汉战争为丝路开辟之始的看法[③]则是中原文化中心观的产物，与历史事实相去甚远。

吐谷浑时期，青海道迎来它最为繁盛的时期，而吐谷浑是继西羌之后，进一步开发、经营青海道的少数民族。学者们一般都把这一时期青海道兴起的原因归结于河西道的堵塞，这种观点也有其合理的部分，的确，正因为当时河西道所经之地割据政权林立，战争频仍，才导致河西道的萧条。然而，综观当时整个河西、陇右的民族分布和政治形势，当时青海地区也为多民族分布区，不同民族或建政于此或其统治势力曾延及青海，为攻城略地，这些割据政权之间的战争也十分频仍，当时，湟中道经扁都口至张掖的通道也时常被堵塞。在与河西地区类似的政治形势下，吐谷浑建政青海时期为什么能造就青海道的辉煌，这一问题值得深思。

---

① 参见高荣：《论两汉对羌民族政策及东汉羌族起义》，《广东社会科学》1998 年第 3 期。

② 阎永宏：《浅析经青海通西域路线不发达的原因》，《青海社会科学》1999 年第 4 期。

③ 参见初师宾：《丝路羌中道开辟小议》，《西北师范大学学报》（社会科学版）1982 年第 2 期。

笔者认为，吐谷浑掌握青海道经营主导权后，循着西羌在青海道留下的历史印迹，以这条丝路来维系其生存、发展，最终使青海道进入全面兴盛时期，这虽得益于河西道的阻塞，但这一时期青海道的兴盛不能完全归因于此，事实上，它的重要性在当时并不亚于河西道。夏鼐先生曾说："从前我们常以为古代中西交通孔道的'丝路'的东端，是由兰州经过河西走廊而进入今日新疆维吾尔自治区的。这次西宁发现这样一大批的波斯银币，令我们要重新考虑这一问题。我以为由第四世纪末到第六世纪时尤其是第五世纪中（包括卑路斯在位的年代），西宁是在中西交通的孔道上的。这条比较稍南的交通路线，它的地位的重要在当时绝不下于河西走廊。"① 夏先生的判断对学界理性认识青海道的历史地位起到了关键作用。

吐谷浑和西羌一样是游牧民族，相同的生产方式使得这两个民族都十分依赖与外界的商品交换，通过青海道与中原及西域进行商品交易是他们的重要生存法则。青海牧区基本上都是吐谷浑的牧场，他们对沿线的关隘、渡口、梁津等十分熟悉，不存在地理认知上的盲区，这在很大程度上方便了与外界的联系。因此，即便是河西道畅通，方便中原内地与西域交往的情况下，统治势力无法延及河西的吐谷浑也会利用本国内的丝路与中原、西域进行商贸往来。

和西羌相比，吐谷浑的社会发展程度更高，已具有完整的国家制度。吐谷浑不仅利用青海道与外界沟通，还通过设置卫戍、修建桥梁等形式维护青海道，使之保持畅通。吐谷浑的税收也基本依赖商贸活动，这也使统治上层更加注重对外贸易，只有这样才能保证国家财政的正常运转。可以想见，统治势力无法延及河西的吐谷浑，只有维持、经营好青海道，才能在东西贸易中获得更多的利润，也才能维持一个庞大草原国家的运转与发展。换言之，是吐谷浑在其国土范围内经营、维护了青海道，才使得这条丝路得以兴盛，而非仅仅因为河西道的萧条为青海道

---

① 夏鼐：《青海西宁出土的波斯萨珊朝银币》，《考古学报》1958 年第 1 期。

的兴起提供了机遇。

吐谷浑的立国思想与当时总体的政局也有一定关联。吐谷浑兴起之时，正值“五胡乱华”，天下大乱，如何在政权纷立、战乱不止的时代立足于青海高原，这对于吐谷浑来说既是机遇，更是挑战。在南北纷争的时代，吐谷浑采取颇为灵活、实用的外交策略，既向北方各政权称臣、纳贡，也与南朝诸政权间建立朝贡关系，这种立国思想一方面有利于吐谷浑与南北各政权间建立联系，融入不同政治势力建构的朝贡贸易体系中，另一方面也可利用他们之间的矛盾，牵制对吐谷浑产生威胁的西秦、前秦、北魏、西魏等政权，为其生存、发展开拓空间。

对于南朝诸政权而言，河西道为割据政权或南朝敌对方把持后，如何与西域保持联系，成为其外交政策中的一个大问题。因南朝控制的益州与吐谷浑国接壤，吐谷浑又主动向南朝诸政权称臣，这为南朝通过吐谷浑国与西域交通提供了便利。通过青海道，南朝诸国的商品源源不断地运往西域、漠北，西域的贡朝使团、僧侣商队也借河南道至益州、建康等地。南朝诸政权借青海道与西域的交往的确促使了青海道的繁盛，但其前提是吐谷浑拥有维护、经营青海道的主导权。

唐朝前期，青海道的进一步发展得益于唐蕃两国的交好。安史之乱后，唐蕃古道的主导权为吐蕃所掌握，利用青海道与中原、西域交往，并从中牟取利益，既壮大了吐蕃，也使青海道沿线的一些城镇得以发展、繁荣。青唐吐蕃政权时期，历史似乎又在重演，青海道发展、繁荣的诸种因素与西羌、吐谷浑时期何其相似！这足以说明，当建政青海的地方政权获得经营青海道的主导权后，这条丝路关系这些政权的兴衰存亡，经营青海道即是在图谋国运，加之外部条件有利于青海道的发展，这条丝路的繁盛似乎又是一种历史必然。

总之，判断青海道兴衰的根据不能仅局限于中原王朝对其的控制和使用上，而是在避免仅用中原文化中心论为视角观察相关问题的基础上，客观、公正地判断、评价当地少数民族在青海道及其发展演变过程中所起的重要作用。只有这样，才能真正领会青海道兴盛的内在缘由，

也才能正确判断这条丝路的历史价值。

二、青海道萧条、衰落原因分析

总体上看，历史上青海道的数次萧条出现在中原政权主导青海道经营权的时期，这与中央王朝对不同丝路交通地位、使用价值的判断相关。一般而言，河西走廊在战略地位方面比青海道更有优势，因此，在王朝国家全面控制河西、陇右之地的前提下，中原王朝更愿意选择河西道而非青海道；青海道的衰落则与整个陆上丝路的衰落是相始终的。

青海道在两汉、隋唐、元明时期皆出现萧条迹象，而这三大时期皆是中央王朝能全面掌控河西、陇右之地的时期。

西汉中期以来，河西走廊成为隔绝匈奴与西羌联合的重要战略要地，汉政权在此设置郡县，设立体系完备的邮驿系统，并通过移民、屯田等具体措施加强对河西走廊的控制与管理。由汉政权控制的河西走廊犹如一把插入西北腹地的利剑，既有效地隔绝了匈奴和西羌的联合，也打通了汉政权与西域诸国间的交通。因此，无论是从国家战略角度，还是从经贸往来的便利、安全等方面考量，对于汉政权而言河西走廊是不二的选择。

有学者通过青海道与河西道在经济形态、地理条件等方面的比较，认为区域性经济基础的薄弱是影响青海道不发达的根本原因。[①] 实际上，河西走廊的自然条件未必优于青海道，当地也有大量的牧业区域，况且牧业生产本身与丝路的发展之间是相互促进的关系，并非如一些学者理解的那样，牧业落后于农业，且不利于丝路的发展。问题的实质在于：西汉以来，中原王朝就着力经营河西道，该道沿线的行政建置、屯田规模、卫戍体系等在设置时间上比青海道沿线早，且规模也比青海道沿线大，这一点印证了在王朝国家的视野里，河西走廊的战略价值大于青海

① 参见阎永宏：《浅析经青海通西域路线不发达的原因》，《青海社会科学》1999 年第 4 期。

道沿线。汉政权在青海道沿线区域内的行政建置往往集中在湟水流域及青海黄河南北两岸，也曾在青海湖周围建立西海郡，其行政管辖的范围基本在青海道沿线的东部、东南部等地，羌中道的中部及西部沿线，河南道的南部区域并未纳入汉政权的版图当中。与之相较，河西道的东西两端皆在汉的有效控制之下。正唯如此，汉政权控制了河西、河湟等地后，从战略角度自然优先考虑河西道为其与西域交通的主要路线，河西道沿线出现“驰命走驿，不绝于时月；商胡贩客，日款于塞下”[①]的繁盛景象也就不足为奇了。

隋唐时期，王朝国家对河西道的战略定位与两汉是一致的，为防止突厥与青藏地区的吐谷浑及吐蕃的联合，中央王朝强化了河西道沿线的行政建置，通过移民实边、屯田垦殖等形式加强了对这一区域的控制力度。同时，为了将西域诸地纳入朝贡贸易体系，着力维护、经营河西道，当时的河西走廊商团、僧侣、使臣往来不绝，河西重镇“凉州为河西都会，襟带西蕃、葱右诸国，商旅往来，无有停绝”[②]。与之相较，青海道的战略价值逊色不少，其在沟通西域方面的交通功能自然也不及河西道。因唐蕃古道的兴起，唐代的青海道还是颇受中原王朝重视的，不过，唐蕃间无休止的争战，却在很大程度上抑制了唐蕃古道的商贸功能。

元明时期，青海道萧条的因素更为复杂一些。元时，窝阔台汗国、察合台汗国在西域拥有很大的影响力，元政权虽曾一度借助畏兀尔亦都护政权将其势力延及西域，但与上述汗国之间一直存在着不可调和的矛盾。至元八年（1271），元设在阿力麻里的大本营有效地确保了其对西域的控制权，火州之战失利后，元朝退出天山以北的区域，至迟到至元二十六年（1289），元朝又退出天山以南地区。[③]明时，西域为察合台汗

---

① 《后汉书·西域传》，中华书局1965年点校本，第2931页。

② （唐）慧立、彦悰著，孙毓棠、谢方点校：《大慈恩寺三藏法师传》卷1，中华书局2000年点校本，第11页。

③ 参见贾丛江：《关于元朝经营西域的几个问题》，《西域研究》1998年第4期。

国与吐尔羌汗国统治，明的西境退缩至玉门关、阳关以东。在这种政治形势下，因各种政治势力的阻碍，元、明政权无法通畅地利用西域南、北二道与西亚、近东乃至欧洲各国交往，丝绸之路总体上也因此萧条。就区域内的交流而言，和两汉、隋唐时期相同，元明政权也更倚重河西走廊，其与西域诸势力间的交往也往往借助河西道而非青海道，前述撒拉族东迁过程中，第一批移民是从河西走廊东进至甘肃西南一带，便是一个颇为典型的实例。

明中期以来，整个丝绸之路衰落。当时，海上丝绸之路为西方列强的海上运输及贸易体系所取代，西亚伊斯兰势力的兴起拦截了中国与欧洲之间的贸易往来，[①] 加之近代以来沙俄势力在西亚、中亚的扩展[②]，诸种外部因素皆为丝绸之路衰落的主要因素。内在原因方面，郭卫东先生认为，历史上丝绸之路屡扑屡起有商品属性的内在因由，那就是各国对丝绸的大量需求。棉花普及后，丝绸贸易缺失了海外需求的拉动力，国内也因此减少了原生性动力，因此，棉花的普及以及对丝绸形成替代作用是丝路衰绝的内在原因。[③] 丝绸贸易衰落后，中国对外出口的大宗商品为茶叶，但在上述外部因素影响下，丝绸之路没能再成为茶叶贸易的国际大通道。在这一时代大背景下，丝路青海道最终衰落的缘由也不难理解了。

三、青海道历史地位评析

通过以上分析，可对青海道的历史地位作出以下几点评析。

第一，青海道在青海地区少数民族发展史上起到过不可替代的重大作用。

---

① 参见贺茹、朱宏斌：《丝绸之路衰落因素新探》，《兰台世界》2014 年第 7 期。

② 参见郭卫东：《丝绸、茶叶、棉花：中国外贸商品的历史性易代——兼论丝绸之路衰落与变迁的内在原因》，《北京大学学报》（哲学社会科学版）2014 年第 4 期。

③ 参见郭卫东：《丝绸、茶叶、棉花：中国外贸商品的历史性易代——兼论丝绸之路衰落与变迁的内在原因》，《北京大学学报》（哲学社会科学版）2014 年第 4 期。

我国多民族统一国家的形成经历了漫长、艰辛的历史过程，在这一过程中，青海地区的土著民族及迁徙至青海地区求生存谋发展的一些少数民族，皆利用青海道与外界进行沟通，青海道由他们开发、经营、维护而兴起，他们的发展、壮大也得益于青海道。马家窑文化时期，西戎族群开辟了青海道，他们自东向西的迁徙过程，仰赖于山川河谷间的各条通道。西羌兴起后，青海道是各个种落迁徙、发展的依凭，通过西羌的开发，有效沟通东西方的青海道使中国文明起源过程在内生因素的基础上，有了外源因素的参与，这无疑加速了中国进入文明阶段的步伐。为融入中原王朝为核心的朝贡贸易体系，吐谷浑、吐蕃等少数民族都借青海道与中央王朝建立政治、经贸、文化往来。在青海道的联通作用下，青海地区的少数民族政权与中原王朝或建立相互隶属的政治关系，或进行平等的友好往来，为青海地区融入华夏政治体系奠定了坚实的政治基础，与内地的经贸、文化交往，既促进了青海地区的社会发展，也为中原文化扎根青海创造了条件。中原王朝借道青海与西域地区的往来，也在客观上促进了青海地区少数民族社会文化的发展与进步。

此外，青海地区少数民族借助青海道求生存谋发展的过程中，其分布格局受到了青海道的深刻影响。其中，较为典型的实例即是撒拉族借丝绸之路进入青海，最终繁衍生息于河南道东线与甘肃丝路的相接处。元代以来，回族民众大量分布在丝路沿线，青海道各干线及支线皆有从事商业活动的回民分布，他们的迁徙活动也往往受到丝路沿线经济发展状况的影响。比如，元代以来，四川松潘沿袭唐宋茶马互市的传统，成为川西北茶叶贩运的重镇之一，从洮州、河州、西宁州等地到松潘从事贸易的回族中就有“青海回”①。

第二，从中央王朝为主体的丝路经营史看，青海道很大程度上是河西道的辅路。

如若把解析青海道历史地位的视角从青海地区转移至全国，从中央

① 参见张泽洪：《茶马古道的松潘回族与伊斯兰教》,《北方民族大学学报》(哲学社会科学版）2014 年第 1 期。

王朝为主体的丝路经营史看，青海道的历史地位就不能估计得太高。在国家统一的前提下，决定丝绸之路路线走向的主导权掌控在中央王朝手中，国家会从战略角度统筹考量中西贸易往来的路线，因此，正如笔者在前面分析的那样，河西道的战略优势远高于青海道，在河西道畅通的前提下，青海道在国家整体的丝路贸易体系中的地位是较低的。[①] 此时，尽管区域内通道的作用一直在持续，但在国际贸易体系中，青海道的确不是占主流地位的通道。

在特定历史时期，王朝国家因国力下降、少数民族内侵等原因，失去对河西道的控制，但与西域之间又要保持往来，在这种情况下，青海道成为中央王朝必须选择的商贸路线，因此，在这一外在因素的作用下，青海道在丝路经营史上发挥着其作为战备、辅助之路的作用。[②]

总之，在王朝国家的统治版图内，政治情势的跌宕起伏、民族关系的亲疏离和，决定着青海道交通功能的盛衰变迁。

第三，青海道在我国交通史上的地位与作用，应从其沟通西南与中亚、西亚间的联系方面加以判断。

前文所述，青海道虽有战备、辅助功能的性质，但不能把青海道仅仅视为一条辅助之路，原因在于它的兴盛发展往往取决于沿线少数民族的历史贡献，在正史未能述及的领域内，这条丝路一直是当地少数民族经贸往来、文化交流的重要通道。进而言之，如果深入分析，我们还会发现，青海道不仅仅是辅助之路的另一个因素在于，自马家窑人群南下以来，青海道的干线之一河南道是沟通西南地区与青海地区间往来的重要丝路，河南道北接羌中道即可打通西南地区与中亚、西亚间的联系，这条路线的繁荣期固然与吐谷浑时期特殊的政治形势相关，但它的沟通功能并非仅因特殊政治形势所造就，自古以来，它就是由历代沿线少数

① 参见黄兆宏：《甘青古道述略——以青海与甘肃河西走廊交通为例》，《丝绸之路》2014 年第 14 期。

② 参见徐苹芳：《序》，见陈良伟《丝绸之路河南道》，中国社会科学出版社 2002 年版，第 1 页。

民族共同开发出的东西往来的捷径，这条通道的使用、发展与河西道的通畅、堵塞与否基本无关，直到明清时期仍是连通西南与青海、新疆乃至西亚、近东等地的一条捷径。除吐谷浑时期外，在我国古代交通史上，这条通道的意义往往是隐而不显，究其原因，主要是中央王朝对这条通道沿线的地理认知不够深入，对其交通功能的判断也不甚明确，加之这条通道所经之地皆为少数民族地区，对其开发、使用者也是以少数民族为主体，这些因素都导致中央王朝不够重视这条丝路，汉文史籍对该通道的记载也不多。但这些因素都不能抹杀这条通道的历史意义，相反，如若正确判断青海道在我国交通史上的地位与作用，这条通道的价值应当是独一无二的。

第四节　丝绸之路青海道的商贸功能

丝绸之路的商贸功能是其最为主要的功能。历史上，丝绸之路上曾开展过玉石、香料等贸易，但最为主要的贸易商品是丝绸，且起源甚早，张骞出使西域前零星的丝绢贸易已在东西间展开，但确定意义上的丝路贸易发展始于“张骞凿空”之后[①]，因蚕丝是中国最早开发、利用的衣料来源，是棉布产生前最适合人类穿着的衣料，加之丝绸柔软舒适，宜贴身穿着，尤其受到上层社会的欢迎，因此在西方，它的价值贵比黄金，西域各国多从事丝绸转手贸易，大秦（罗马）“与安息、天竺交市于海中，利有十倍”[②]。为显示天朝大国的体面，历代王朝以重往薄来的朝贡贸易体现天朝大国之威望，用经济手段表达政治威权。西域诸商借朝贡贸易外贡虽薄、从重给赏的不等价交换赚取巨额利润，为此，他们不惜路途遥远、艰辛，以使臣朝贡、商团贸易、僧侣传道等形式，

① 参见蒋致洁：《丝绸之路贸易若干问题新论》，《中国经济史研究》1993年第4期。

② 《后汉书·西域传》，中华书局1965年点校本，第2919页。

用进贡的西域方物换取丝绸，再转运至本国或转手卖至近东、欧洲等地。西汉中期以来，丝绸之路渐趋繁盛，至唐代，“伊吾之右，波斯以东，贡职不绝，商旅相继”[①]。继丝绸之后，茶叶成为丝路贸易的重要商品，一部分茶叶在区域内行销，成为西北牧民的生活必需品，还有一部分远销海外。

总之，丝绸之路上的商贸往来既促进了中国商品外销，中亚、西亚及青藏地区的特产也借丝路行销至中原，丝绸之路上因此也兴起了一些贸易城镇。青海道作为丝绸之路的组成，也承载过东西商品的交换，沿路上也兴起过一些贸易城镇。笔者拟在本节中以经青海道的丝绸贸易、西北特产销往中原，以及青海道沿线城镇经济三个方面研探青海道的商贸功能。

一、经青海道的丝绸贸易

两汉时期，湟中道作为河西道的辅路，当已承载了丝绸贸易的功能，但相关情况不见记载。魏晋时期，在吐谷浑还未掌握青海道经营主导权之前，前凉曾经从河南道南下与东晋往来，除想在政治上获得东晋支持外，也有通过朝贡贸易从东晋获得蜀锦，运至姑臧（今甘肃武威）与西域商人交易，以获取商业利益的商业考量。

吐谷浑时期，益州是当时世界上最大的丝绸生产、贸易基地，吐谷浑商人经河南道频繁往返于益州与青海牧区，目的就是要把蜀锦运至吐谷浑，除部分行销国内外，大量蜀锦转卖给西域商人，或以出使名义，派官员、军队护送蜀锦至他国交易。据《南齐书·芮芮虏传》记载，柔然也经青海道从益州获取蜀锦，并要求南朝齐为其提供“医工等”，南朝齐以“织成锦工，并女人，不堪远行”为由拒绝了柔然的要求。据《续高僧传·释道仙传》记载，粟特僧人道仙曾“往来吴蜀，江海上下，

① （宋）宋敏求：《唐大诏令集·讨高昌王麴文泰诏》，商务印书馆 1959 年版，第 702 页。

集积珠宝。故其所获赀货，乃满两船，时或计者，云值钱数十万贯。既怀宝填委，贪附弥深，唯恨不多，取厌吞海。行贾达于梓州新城郡牛头山，值僧达禅师说法”。[①]唐长孺先生认为，“这位高僧是个胡商，他‘往来吴蜀，江海上下，集积珠宝’，疑与西域、南海的商货有关”。[②]还有一些西域商人为方便丝绸贸易甚至举家迁至益州居住。《北史·何妥传》记载，“何妥字栖凤，西城人也。父细脚胡，通商入蜀，遂家郫县，事梁武陵王纪，主知金帛，因致巨富，号为西州大贾。”[③]

西魏废帝二年（553），西魏攻取益州，吐谷浑使萧梁的通道堵塞，转而出使北齐，以获取丝绸。史称“夸吕又通使于齐氏。凉州刺史宁觇知其还，率轻骑袭之于州西赤泉，获其仆射乞伏触扳、将军翟潘密、商胡二百四十人，驼骡六百头，杂彩丝绢以万计”。[④]当时，西魏在河西势力尚未巩固，吐谷浑出使北齐时，横切河西道北上柔然再向东至北齐。在返回的路上，被西魏凉州刺史宁觇堵截，所获“杂彩丝绢以万计”，可见这一商团规模之大。为保证商团安全，吐谷浑派仆射乞伏触扳、将军翟潘密率兵护送，但最终还是被西魏拦截。这从一个侧面说明吐谷浑十分重视与中原的朝贡贸易，由他们主导、西域商人参与的丝绸交易是吐谷浑获得商业利润以维持国家运转的主要手段。

经青海道的丝绸贸易之盛况，还可从青海都兰吐蕃墓的出土文物中窥得一二。1982—1985年，考古工作者在都兰一带挖掘唐代吐蕃墓葬20余座，获得大量丝绸文物，其中既有来自中原的绢丝、蜀锦，还有产自中亚、西亚的粟特锦、波斯锦。据统计，都兰吐蕃墓共出土丝绸残片350余件，图案品种达130余种，其中112种为中原织造，占品种总数的86%，18种为中亚、西亚织造，占14%，几乎囊括了唐代所有的

---

① （唐）道宣：《续高僧传·释道仙传》，任继愈等编纂：《中华大藏经》第61册，中华书局1997年版，第959页。

② 唐长孺：《南北朝期间西域与南朝的陆道交通》，《魏晋南北朝史论拾遗》，中华书局1983年版，第194页。

③ 《北史·何妥传》，中华书局1974年点校本，第2753页。

④ 《周书·吐谷浑传》，中华书局1971年点校本，第913页。

丝绸品种。[1]其中，都兰吐蕃一号墓中出土鸟纹锦 4 件，建筑与人物图案锦 1 件，石榴花纹锦 2 件，联珠纹锦 1 件，枝叶纹锦 1 件，几何纹锦 1 件，菱格纹锦带 2 件，丝带若干条，流苏 3 件，各色织物几十件。[2]3 件织锦具有浓厚的波斯萨珊朝艺术风格，带有西方太阳神织锦的出土也说明当时的中原地区也流行这种纹饰，这种图像经过了中国本土艺术观念的洗练，融合了中国内地文化因素之后，又传播到了青藏高原的柴达木盆地。[3]都兰吐蕃墓葬出土的含绶鸟锦系粟特锦和波斯锦，具有厚实、平挺、覆盖严实等特点，说明其织造技术相当高超，而且配色和用色都非常讲究，对比强烈，鲜明，色牢度特佳，均不亚于中国织锦，说明中亚、西亚的织锦技术也达到很高水平。[4]而东、西两地丝织品在同一地区出土的现象说明，青海道在吐蕃国为主导的丝绸贸易中起着重要作用。

吐蕃时期，都兰一带气候相对温润，此地的吐蕃贵族多可享用丝绸，但是青海高原腹地气候寒冷，不宜穿着丝织品，尽管丝绸也经唐蕃古道输往拉萨等地，但往往作为上层人士间的馈赠佳品，是一种政治性礼品，也是荣耀、地位的象征。[5]经唐蕃古道运往西藏南部、尼泊尔等地的丝绸或转卖至西亚，或为当地贵族及少量平民用作衣料。

唃厮啰时期，西域诸国经青海道把丝绸运往中亚、西亚进行交易，主导青海道经营权的唃厮啰贵族上层也喜爱享用丝绸衣料，北宋屯田员外郎刘涣出使青唐城，“唃厮啰迎导供帐甚厚，介骑士为先驱，引涣至庭，唃厮啰冠紫罗毡冠，服金线花袍、黄金带、丝履，平揖不拜，延坐

① 参见北京大学考古文博学院、青海省文物考古研究所：《都兰吐蕃墓》，科学出版社 2005 年版，第 130 页。

② 参见北京大学考古文博学院、青海省文物考古研究所：《都兰吐蕃墓》，科学出版社 2005 年版，第 20—26 页。

③ 参见许新国：《青海都兰吐蕃墓出土太阳神图案织锦考》，《中国藏学》1997 年第 3 期。

④ 参见许新国：《都兰吐蕃墓出土含绶鸟织锦研究》，《中国藏学》1996 年第 1 期。

⑤ 参见石硕、罗宏：《高原丝路：吐蕃“重汉缯”之俗与丝绸使用》，《民族研究》2015 年第 1 期。

劳问，称‘阿舅天子安否’。”[①]唃厮啰着装虽有本民族特色，但用料多为丝绸，说明青唐吐蕃人也通过朝贡贸易从中原获取丝绸。唃厮啰往往“市易用五谷、乳香、硇砂、罽毯、马牛以代钱帛”[②]，除自用外，唃厮啰可能像吐谷浑一样，还在青唐城向西域商人售卖丝绸。

汉晋时期，养蚕缫丝法已传入塔里木盆地[③]，至唐时，波斯一带成为世界第二大丝绸生产基地，至14世纪，意大利实现丝绸自产，并垄断了欧洲丝绸贸易[④]，加之棉花种植的推广，这都对中国丝绸外销形成较大抑制作用。一般都认为丝绸贸易衰落之后，丝绸之路迎来“茶叶世纪”[⑤]。事实上，丝绸与茶叶贸易在唐宋时期及明初是相交并的，唐代以来，茶马贸易是丝绸之路贸易史上的重要内容之一。

二、经青海道东输的商品

青海道沿线及西域诸国输往中原的商品往往为本地“方物”，即地方特产。自先秦时期，西羌把产于当地的玉料、铜器等输往中原，开启了西北地区特产运往中原的先河，自此，吐谷浑、吐蕃、唃厮啰等皆用地方特产与中原交易。

吐谷浑善养马，《北史·吐谷浑传》云：“青海周回千余里，海内有小山。每冬冰合后，以良牝马置此山，至来春收之，马皆有孕，所生得驹，号为龙种，必多骏异。吐谷浑尝得波斯草马，放入海，因生骢驹，能日行千里，世传青海骢者也。”向南朝、北魏等贡马，是吐谷浑时代朝贡贸易的主要手段。据史料记载，拾寅曾“通使于刘彧，献善

---

① 《续资治通鉴长编》卷128，元康元年八月癸卯条记事，中华书局1985年版，第3035页。

② 《宋史·吐蕃传》，中华书局1977年点校本，第14163页。

③ 参见殷晴：《丝绸之路经济史研究》，兰州大学出版社2012年版，第229—235页。

④ 参见蒋致洁：《丝绸之路贸易若干问题新论》，《中国经济史研究》1993年第4期。

⑤ 参见郭卫东：《丝绸、茶叶、棉花：中国外贸商品的历史性易代——兼论丝绸之路衰落与变迁的内在原因》，《北京大学学报》（哲学社会科学版）2014年第4期。

马、四角羊，或加之官号”[①]。另据《南齐书·河南传》，“宋世遣武卫将军王世武使河南，是岁随拾寅使来献。诏答曰：‘皇帝敬问使持节、散骑常侍、都督西秦河沙三州诸军事、车骑大将军、开府仪同三司、领护羌校尉、西秦河二州刺史、新除骠骑大将军、河南王：宝命革授，爰集朕躬，猥当大业，祗惕兼怀。闻之增感。王世武至，得元徽五年五月二十一日表，夏中湿热，想比平安。又卿乃诚遥著，保宁遐壃。今诏升徽号，以酬忠款。遣王世武衔命拜授。又仍使王世武等往芮芮，想即资遣，使得时达。又奏所上马等物悉至，今往别牒锦绛紫碧绿黄青等纹各十匹。’”[②]可见，当时吐谷浑与南朝是以马易丝绢的。夸吕统治时期，曾向南朝梁纳贡，天监十五年（516），“又遣使献赤舞龙驹及方物。……普通元年（520），又奉献方物。……其世子又遣使献白龙驹于皇太子。”[③]

至宋代，“河曲马”是茶马互市的主要马种，这一马种适宜骑乘驮载，自古为天然马匹良种。[④]明时，整个藏区皆纳入茶马贸易的范围之中，“洮州火把藏思囊日等族，牌四面，纳马三千五十匹；河州必里卫西番二十九族，牌二十一面，纳马七千七百五匹；西宁曲先、阿端、罕东、安定四卫，巴哇、申中、申藏等族，牌十六面，纳马三千五十匹。下号金牌降诸番，上号藏内府以为契，三岁一遣官合符。其通道有二，一出河州，一出碉门，运茶五十余万斤，获马万三千八百匹。”[⑤]当时，明朝以五十余万斤茶易马一万三千八百多匹，其中“塞外四卫”及巴哇、申中、申藏等部落所贡“三千五十匹”当经湟中道至西宁卫城交易。清中期以来，茶马贸易废弛，但青海道沿线的马匹交易仍在持续，在丹噶尔，马匹“每年约四五百匹，每匹约银十两，共银五千两。贩至

① 《魏书·吐谷浑传》，中华书局1974年点校本，第2237页。

② 《南齐书·河南传》，中华书局1972年点校本，第1026页。

③ 《梁书·诸夷传》，中华书局1973年点校本，第810—811页。

④ 郑国穆、韩华：《甘南藏区茶马古道文化遗产考察研究——甘肃茶马古道文化线路遗产考察之二》，《鲁东大学学报》（哲学社会科学版）2014年第6期。

⑤ 《明史·食货志四》，中华书局1974年点校本，第1949页。

兰州、西安一带销售者居多，宁属各乡亦买之”[①]。

除马外，青海牧区的诸多特产也经青海道运往中原销售，从《丹噶尔厅志》的相关记载看，产自牧区的大黄、牛、羊、羊毛、羔羊皮、骆驼毛、鹿茸角、麝香、盐、硼砂、硫磺等都经集市贸易运至内地。[②]这些商品中的大多数当从吐谷浑时代即是贡往中原的“方物”。

西域地区的“方物”品种甚多。魏晋时期，滑国曾向南朝“遣使献黄师子、白貂裘、波斯锦等物”[③]，粟特曾向南朝进贡“生师子、火浣布、汗血马”[④]。于阗产美玉，齐家文化时期已通过青海道运往中原及西南地区，云南江川县李家山古墓出土的玉镯、玉耳环等饰件，经鉴定系和田玉制成。[⑤]自汉以来，除经河西道大量进贡至中原外，于阗玉也从青海道运往江南、西藏等地。两晋时，“贵人、夫人、贵嫔……佩于阗玉”[⑥]。据《汉藏史集》，公元7世纪吐蕃王朗日伦时，从于阗诸地曾“将十八头骡子驮的玉石运到吐蕃”[⑦]。宋太祖开宝二年（969），于阗曾向北宋进贡一块重达“二百三十七斤”[⑧]的玉料。宋朝皇帝玉玺等多用于阗玉，帝王陵墓中“玉圭、佩剑、玉宝等皆用于阗玉”[⑨]。于阗产好马，《续资治通鉴长编》卷361“元丰八年十一月壬寅条”记载：“于阗国进马，赐钱百二十万”。《北史·西域传》记载，龟兹国产“胡粉、安息香、良马……土多孔雀，群飞山谷间，人取而食之”。这些特产也曾经青海道输往南朝。1970年，南京象山东晋豪门王氏7号墓发现两件

① （清）杨治平编纂，何顺平等标注：《丹噶尔厅志》（青海地方旧志五种），青海人民出版社1989年版，第274页。

② 参见（清）杨治平编纂，何顺平等标注：《丹噶尔厅志》（青海地方旧志五种），青海人民出版社1989年版，第273—276页。

③ 《梁书·诸夷·西北诸戎传》，中华书局1973年点校本，第812页。

④ 参见《宋书·索虏传》，中华书局1974年点校本，第2358页。

⑤ 参见王大道：《云南出土货币概述》，《四川文物》1988年第5期。

⑥ 《晋书·志·舆服》，中华书局1974年点校本，第774页。

⑦ （明）达仓宗巴·班觉桑布著，陈庆英译：《汉藏史集》，西藏人民出版社1986年版，第87页。

⑧ 《宋史·外国六》，中华书局1977年点校本，第14107页。

⑨ 《宋史·礼二十五》，中华书局1977年点校本，第2848页。

直桶形白色透明玻璃杯，一整一残。完整的1件杯壁厚0.5—0.7厘米，白中呈黄绿色，口外刻有一周线纹和花瓣，腹部更有7个椭圆纹饰，其底部则有长形花瓣。沈福伟先生认为，“这件圆圈纹玻璃杯应该是直接从拜占庭运来的”[①]。如果此说可信，那么经西域的转口商品也有可能经过青海道运抵建康。此外，来自西域的药材、香料、银器、珠宝等也通过青海道运往中原。

上述来自西域的“方物”虽然珍贵，但未必实用，在不对等交换的朝贡贸易中，西域商团往往赚取了数倍于其供货物价值的利润，因此，他们东来朝贡的意愿十分强烈，这却给中原王朝带来沉重负担。中原政权为限制西域商团的进贡规模，往往以朝贡贸易制度来规范之。如北宋时期规定于阗“间岁一入贡，余令于熙秦州贸易”[②]，且“不得过一百日”[③]。清乾隆时，规定西藏进贡商团“亦如俄罗斯例，四年贸易一次，人数不得过二百，限八十日还部，来京者道出肃州、西安。其往肃州者，亦以四年为限，数不得过百人，除禁物外，买卖各从其便”[④]。

三、青海道沿线商贸活动的影响

青海道沿线商贸活动的兴盛，促进了当地经济发展，催生出诸多与丝路贸易息息相关的城镇。

吐谷浑城是当时青海道沿线最著名的贸易城镇，这座城镇处于羌中道南线的绿洲上，是西域商人进入青海道的重要中继站，交通条件十分便利，不仅是吐谷浑重要的政治中心，也是当时商业贸易的中心。因吐谷浑城远离中原，周边为荒漠，易守难攻，吐谷浑控制了白兰羌后，将此地当作战略后方，历代吐谷浑王一旦在黄河南岸的军事行动中失利，

---

① 沈福伟：《中西文化交流史》，上海人民出版社1985年版，第98页。
② （清）徐松辑：《宋会要辑稿》蕃夷四之一七，中华书局1957年点校本，第7722页。
③ （清）徐松辑：《宋会要辑稿》蕃夷四之一八，中华书局1957年点校本，第7722页。
④ 《清实录》卷110，乾隆五年二月上，中华书局1985年点校本，第635页。

皆会沿河南道中线、西线与羌中道相连处北撤至此。交通、政治与军事上的优势，使得这座城镇的商贸活动能够平稳发展，日臻兴盛。吐蕃控制此城后，商业贸易活动非但没有停止，反而借青海道与西域间的贸易活动，使之进一步繁荣。吐谷浑时期的树敦、贺真等城也是一座较为重要的商贸城镇，556年，西魏拔树敦、贺真二城，“大获珍物”[①]，侧面说明了这两座城镇的繁荣。

北宋时期唃厮啰的青唐城也是一座著名的商贸城镇，据宋人李远《青唐录》，青唐城“枕湟水之南”[②]，城中“四统往来贾贩之人数百家”[③]，四面八方皆与其他丝路相通：

> 自青唐西行四十里至林金城，城去青海，善马三日可到，海广数百里，其水咸不可食，自凝为盐。其色青，中有岛，广十里。习宣往，意权至，羸粮居之。海西地皆平衍，无垄断，其人逐善水草，以牧放射猎为生，多不粒食。至此百铁堠，高丈余，羌云：“此以识界。”自铁堠西皆黄沙，无人居。西行逾两月，即入回纥、于阗界。又牦牛城在青唐北五十余里，其野产牛，城之北行数日，绕大山，其外即接契丹。又青唐之南有泸戎，汉呼为“芦甘子”，其人物与青唐羌相类，所造铠甲刀剑尤良。泸戎之南，即西蜀之背，泸戎至蜀，有崇山，绝险之。[④]

从青唐城向西经林金城可至青海湖，此处是湟中道和羌中道的交汇处，从此向西可至回纥、于阗；从青唐城向北经牦牛城可至“契丹”，

① 《周书·史宁传》，中华书局1971年点校本，第468页。

② （宋）李远撰，马忠辑注：《青唐录》（青海地方旧志五种），青海人民出版社1989年版，第9—10页。

③ （宋）李远撰，马忠辑注：《青唐录》（青海地方旧志五种），青海人民出版社1989年版，第10页。

④ （宋）李远撰，马忠辑注：《青唐录》（青海地方旧志五种），青海人民出版社1989年版，第10—11页。

这条道实际上就是隋炀帝西巡至张掖的丝路；从青唐城向南至青海黄河流域，从此处南下即至川西北茂汶地区，这里是杂色胡人[①]聚居区，也是南下蜀地的必经之地。唃厮啰以青唐城为首都，与南北东西各个政权、民族、区域之间积极往来，为这一时期青海道的进一步发展奠定了良好的政治基础。

元、明、清时期，随着青海道沿线民族贸易的兴盛，出现了一些民族贸易城镇。其中，最为有名的当属丹噶尔城。雍正五年（1727）筑丹噶尔城，乾隆九年（1744），“西宁道杨应琚以路通西藏，逼近青海，为汉、土、回、番暨蒙古准噶尔往来交易之所，因关要隘，设县佐一员。旋经甘肃巡抚黄廷桂转奏，以高台县主簿移驻之。道光九年，陕甘总督杨遇春题准改设同知”[②]。丹噶尔地处黄河上游农牧业两大区域的分界线上，人称“海藏咽喉”，雍正后又成为甘肃行省和青海办事大臣所辖蒙藏游牧区的行政分界点，即处在“边内”和“边外”的交界处。这样良好的地理和交通位置，正是丹噶尔地方民族贸易赖以兴盛的内在依托。[③]当时，“丹地惟东路系通省郡大道，余皆毗连青海，壤接蒙、番，山径峡路，四通八达。然湟流水浅多石，舟楫不通。陆地崎岖，车亦罕及。故运售货物，番人用牛与骆驼，汉人用骡、马与驴，亦有肩挑背负者，故货价每增于运脚焉。”[④]丹噶尔连通了青海道的三条干线，内地及西宁一带的商品经湟中道自东向西运至丹噶尔，西海蒙古所产青盐、硼砂、硫磺等经羌中道“自柴达木地方采取运来”[⑤]；从玉树土司地方经青藏大道“驮运牛皮、羔皮、野牲皮、毛褐、蕨麻、茜草等类，至丹境销

---

① 参见唐长孺：《魏晋南北朝史论丛》，河北教育出版社 2000 年版，第 390 页。

② （清）邓承伟修，张价卿、来维礼等纂，基生兰续纂：《西宁府续志》卷 1《地理志》，青海人民出版社 1985 年版，第 32—33 页。

③ 参见杜常顺：《清代丹噶尔民族贸易的兴起和发展》，《民族研究》1995 年第 1 期。

④ （清）杨治平编纂，何顺平等标注：《丹噶尔厅志》（青海地方旧志五种），青海人民出版社 1989 年版，第 284 页。

⑤ （清）杨治平编纂，何顺平等标注：《丹噶尔厅志》（青海地方旧志五种），青海人民出版社 1989 年版，第 276 页。

售。……仍由丹地采办绸缎、布匹、桃、枣、糖果、丝线、佛金、玩器、铜、铁各货，每年有二次来丹贸易者”。[①]此外，河湟地区还有银塔寺、镇海营、多巴等民族贸易城镇，或为“茶马互市之通衢”[②]，或“居然大市，土屋比连”[③]。白塔儿（今大通县老城关）、多巴、碾伯城等仅次于西宁的重要商业集散地，也以民族贸易兴盛闻名一时。[④]一些寺院的庙会、祀祝之日也成为附近农牧民的集市日。如全国藏传佛教格鲁派六大寺院之一的塔尔寺，每年正月十四、十五日，四月十日至十九日，六月三日至十日，九月二十日至二十四日，定为瞻庙会，以正月庙会规模为最大。届时，省内外信教群众和各族商人纷至沓来，香客、商人数以万计。结古寺、拉家寺、都兰寺、隆务寺等，都是该地区重要的贸易场所。[⑤]

值得一提的是，青藏大道必经之地玉树结古镇也是一个借助青海道兴起的民族贸易城镇，直到近代，这座草原古城是青、藏、川之间民族贸易的汇集之地。民国时期，结古镇的商贾“多川边番客”[⑥]，他们把来自西藏的氆氇、藏红花、靛、阿味、硼砂、鹿茸、麝香、茜草、野牲皮生、羊皮生、羔皮生、藏糖、硼砂、桦木碗、藏枣、乳香、雪莲、蜡珀、珊瑚、铜铁丝、铜铁板及条、铜锅、铜壶、颜料、药材、小刀、碱灰等运至结古销售。此地销售的桑皮纸、经典、洋瓷器、菜盒、锅碗、钟、杓之类，“皆自印度转来”，洋斜布、洋缎、洋线、鱼油、蜡、纸烟为“印度货”，帼子皮、呢绒皮、坎布三件则为“俄货”[⑦]。从四川打箭

① （清）杨治平编纂，何顺平等标注：《丹噶尔厅志》（青海地方旧志五种），青海人民出版社1989年版，第280页。

② （清）梁份著，赵盛世等校注：《秦边纪略·西宁卫》，青海人民出版社1987年版，第67页。

③ （清）梁份著，赵盛世等校注：《秦边纪略·西宁卫》，青海人民出版社1987年版，第68—69页。

④ 参见毕艳君，崔永红：《古道驿传》，青海人民出版社2007年版，第91页。

⑤ 参见毕艳君，崔永红：《古道驿传》，青海人民出版社2007年版，第92—93页。

⑥ 参见周希武编著，吴均校释：《玉树调查记》，青海人民出版社1986年版，第94—95页。

⑦ 周希武编著，吴均校释：《玉树调查记》，青海人民出版社1986年版，第95—96页。

炉运来的茶“岁至十余万驮，多数运销西藏”，此外，洋布、绸缎、纸类、生丝类、哈达、类白色粗绸、酱菜、海菜、糖、瓷器、白米、熟牛皮、纸烟、孔雀石等也从四川运来[①]，从西宁、洮州运至此的商品有铜铁锅、铜火盆、铁掌、白米、麦面、大布、挂面、葡萄、枣、柿饼、瓷碗等。[②]可见，直到近代青海道仍支撑着结古的民族贸易。

第五节 丝绸之路青海道的军事功能

在历史长河中，丝绸之路青海道有时沦为各种政治势力调兵遣将、攻城略地的通道，相关军事活动也是青海道曾发挥过的功能之一。了解青海道的军事功能，有助于了解青海道的走向、沿线所经区域等，进而能深化对这条丝路的认识。

一、汉唐时期青海道沿线的军事活动

两汉时期，青海道沿线的军事活动主要是汉政权对西羌的攻伐，匈奴、西羌对汉的反攻。汉武帝时期，霍去病北征匈奴的主战场在河西道一带，其军事活动曾涉及青海道附近，史称“去病至祁连山，捕首虏甚多”[③]，有学者据此认为霍去病大军曾经湟中道北上过扁都口攻击匈奴[④]，然而，《汉书》未有霍去病曾在青海攻击匈奴的记载[⑤]，因此，武帝初伐匈奴时期，青海道沿线并非战争热区。

---

① 参见周希武编著，吴均校释：《玉树调查记》，青海人民出版社 1986 年版，第 96 页。

② 参见周希武编著，吴均校释：《玉树调查记》，青海人民出版社 1986 年版，第 96 页。

③ 《汉书·卫青霍去病传》，中华书局 1962 年版，第 2480 页。

④ 参见吴礽骧：《两关以东的“丝绸之路”——兼与鲜肖威同志商榷》，《兰州大学学报》（社会科学版）1980 年第 4 期。

⑤ 参见初师宾：《丝路羌中道开辟小议》，《西北师大学报》（社会科学版）1982 年第 2 期。

汉武帝元鼎五年（前 112），将军李息、郎中令徐自为率兵攻击湟水流域的先零羌，迫使其退出“湟中”，远徙盐池、西海一带。此时，湟中道干线成为汉政权与西羌争战的主战场。赵充国西征先零时，在湟水下游一带与其子所率大军汇合，后沿湟中道干线至西平一带剿伐先零羌，最终在湟水上游击败这支羌人，“卤马牛羊十万余头，车四千余两”[①]。车是西羌重要的交通工具，诺木洪文化搭里他里哈遗址出土了两件残木车毂，毂的“中间呈圆形外鼓，复原后可以安装十六根辐条，毂上有一个穿轴的圆孔，从毂、轴的大小和辐条的粗细、数量估计车轮不会是很大的。既有残车毂就有车辆。车毂在圈栏的出入口处发现，反映了它与饲养的家畜有联系，可能是由饲养的马或牛来拉驶”[②]。西羌用车的历史较为悠久，说明当时的青海道沿线已有相对平坦的大道，否则满足不了车的通行。羌汉战争时，败退的西羌用大车拉着辎重、粮草，沿湟中道西撤，而利用大道紧追不舍的赵充国大军却可因利就便，最终击败了先零、俘获甚多，这种历史画面在之后的羌汉战争中时常重现。

东汉明帝建初二年（77）至汉献帝初平三年（192），西羌先后五次发起反抗暴政的大起义。[③]这些起义大多发生在青海河湟地区，湟中道及其与河南道东线的连接支线成为汉羌争夺的对象。东汉在镇压羌乱过程中，有意阻断乐都至武威的丝路，开辟出湟中道南下至今循化、化隆黄河岸边的通道，相关情况笔者已在第三节中述及。

汉末，宋建“因凉州乱，自号河首平汉王”，建安十九年（214），曹操派夏侯渊讨之，“围枹罕，月余拔之，斩建及所置丞相已下，渊别遣张郃等平河关，渡河入小湟中，河西诸羌尽降，陇右平”[④]。魏黄初元年（220），西平豪强麹演数次反叛，金城太守苏则斩杀之。黄初二年（221），麹光杀西平太守严苞反，羌人斩杀之。太和元年（227），麹英

① 《汉书·赵充国传》，中华书局 1962 年点校本，第 2983 页。

② 吴汝祚：《略论诺木洪文化》，《青海考古学会会刊》1981 年第 3 期。

③ 参见崔永红等：《青海通史》，青海人民出版社 1999 年版，第 61—70 页。

④ 《三国志·夏侯渊传》，中华书局 1959 年点校本，第 271 页。

又造反，“杀临羌令、西都长，遣将军郝昭、鹿磐讨斩之”①。期间，卢水胡人、西羌与曹魏政权之间也发生数次争战。这些战争主要发生在湟中道沿线，曹魏政权往往利用河西道与湟中道相连的丝路，迅速派军遣将平息反叛。

这一时期，河南道东线一带也有一些军事活动，主要是魏蜀两国间的争战。蜀汉建兴八年（230），蜀汉凉州刺史魏延“西入羌中”，与魏国后将军费瑶、雍州刺史郭淮战于阳溪一带，“延大破淮等，迁为前军师征西大将军，假节，进封南郑侯”②。自此两国在今甘肃甘南和青海黄南一带展开了长达二十多年的战争。魏正始八年（247），陇西、南安、金城、西平等地羌人反魏，“南招蜀兵，凉州名胡治无戴复叛应之”③，魏蜀两国大军在河南道东线一带又发生冲突。直到魏甘露元年（256），魏派邓艾为镇西将军，督陇右军事，而蜀汉内部矛盾加深，无力出兵陇右，两国在河南道东线一带的军事冲突才得以告终。

十六国时期，西凉、南凉、北凉、西秦及吐谷浑诸国间战事频仍。河西地区的地方政治势力南下河湟时往往借道河西道与湟中道的连接处，如东晋太元十五年（390），乌孤率部借乐都——武威道南下，进入湟水流域。次年，“乌孤讨乙弗、折掘二部，大破之，遣其将石亦干筑廉川堡以都之”④。东晋义熙元年（405），傉檀北上进攻沮渠蒙逊，并向后秦姚兴献“马三千匹，羊三万头”⑤，后秦封傉檀为凉州刺史，为防姚兴反悔，傉檀接任后立即率 3 万骑赴姑臧上任，他北上凉州的军事路线亦当为乐都——武威道。

东晋义熙三年（407），傉檀率 5 万余众伐沮渠蒙逊，双方战于均石（今甘肃张掖东）。傉檀为蒙逊所败，傉檀退据西郡（今甘肃山丹南）固守，又被蒙逊所败，西郡太守杨统降北凉。义熙六年（410），傉檀派太

① 《三国志·明帝纪》，中华书局 1959 年点校本，第 92 页。

② 《三国志·魏延传》，中华书局 1959 年点校本，第 1002 页。

③ 《三国志·郭淮传》，中华书局 1959 年点校本，第 735 页。

④ 《晋书·秃发乌孤载记》，中华书局 1974 年点校本，第 3142 页。

⑤ 《晋书·秃发乌孤载记》，中华书局 1974 年点校本，第 3149 页。

尉俱延击蒙逊，大败而归。三月，傉檀不听劝谏，率骑5万向北凉大举进攻，双方大战于穷泉（今甘肃武威西南），傉檀大败，他本人仅以单骑奔还。这次战败后，“蒙逊又来伐，傉檀以太尉俱延为质，蒙逊乃引还”[①]。东晋义熙年间，南凉攻打北凉时，应当借助当时西平至张掖的丝路，北凉大军南下时亦当借助此道。

南北朝时期，青海道沿线是战争热地，建政青海的吐谷浑与西秦、北魏等政权之间战事不断，河南道、羌中道也成为各国交战的军事路线。吐谷浑视罴执政时，西秦大将乞伏益州向吐谷浑发动进攻，在度周川大败视罴，后者逃奔白兰。据陈良伟先生研究，度周川当在隆务河流域一带[②]，西秦军队当是从秦陇南道西进，经河南道东线向今同仁一带行军，并在此地大败视罴，逼迫视罴西遁。视罴西撤借助的是河南道东线与中线之间的丝路，最终在今共和曲沟一带渡河北上，经切吉草原、茶卡一带至白兰故地。树洛干执政时，曾致书西秦表达自己问鼎中原之志，引起西秦忌讳，两国因此发生过三次大的战争。西秦攻打吐谷浑的路线大体是从河南道东线西进，占据中线一带吐谷浑的白石城、泣勤川、长柳川、浇河等地，树洛干只得西逃白兰。太平真君三年（442），北魏讨伐吐谷浑，北魏大军没有沿湟中道西进，而是“间道行”，即沿湟中道与河南道中线的连接丝路，偷袭吐谷浑。北魏大军“至大母桥，慕利延众惊奔白兰，慕利延兄子拾寅走河曲，斩首五千余级，降其一万余落”[③]。太平真君六年（445）八月，北魏又伐吐谷浑，“高凉王那军到曼头城，慕利延驱其部落西渡流沙，那急追。故西秦王慕璝世子被囊逆军拒战，那击破之，被囊轻骑遁走，中山公杜丰精骑追之，度三危，至雪山，生擒被囊、什归及炽磐子成龙，送于京师。慕利延遂西入于阗国。”[④]被囊当是从都兰经羌中道南线与河南道西线之间的丝路南逃的，

---

① 《晋书·秃发乌孤载记》，中华书局1974年点校本，第3155页。

② 参见陈良伟：《丝绸之路河南道》，中国社会科学出版社2002年版，第321页。

③ 《魏书·晋王伏罗传》，中华书局1974年点校本，第417—418页。

④ 《魏书·世祖太武帝纪》，中华书局1974年点校本，第99页。

而慕利延率军从羌中道南线越昆仑山至于阗国。从吐谷浑与西秦、北魏的军事较量看，当时的青海道各干线的承载能力是相当可观的，否则满足不了数万军队的行军和作战需要。

隋唐时期，中央王朝与吐谷浑间的战争也往往发生在青海道沿线地区。隋炀帝亲征吐谷浑时，青海湖西的"伊吾道"①一带是隋军征伐的主要区域，伏允南逃时也当借助过河南道西线。唐贞观年间，唐朝与吐谷浑"两军会于大非川"②。当时，西征吐谷浑的南路大军取道河州至河曲的丝路，即从秦陇南道西接河南道东线，再北上至湟中道，然后经青海湖南经今共和、兴海一带的丝路到达大非川，途经洮州、叠州，还经过赤岭、汉哭山、乌海、星宿川、柏海至河源，其间从大积石山南绕道至大积石山北，进而向北行至青海湖以南的大非川与李靖等率领的北路大军会师。③由此可见，青海道干线上的大道是唐军西进的主要路线。

唐贞观年间，国力强盛，曾利用唐蕃古道远征天竺，史载，贞观"二十二年，右卫率府长史王玄策使往西域，为中天竺所掠，吐蕃发精兵与玄策击天竺，大破之，遣使来献捷"④。吐蕃兴起后，与唐朝之间发生过数次大的战役，青海道的军事功能也因此得以强化。唐高宗咸亨元年（670），吐蕃攻占安西四镇，唐朝为之震动。为打击吐蕃北上势头，高宗"诏以右威卫大将军薛仁贵为逻娑道行军大总管，左卫员外大将军阿史那道真、右卫将军郭待封为副，率众十余万以讨之"。唐军西进的路线当与征吐谷浑行军路线是一致的，唐军到达大非川后，薛仁贵率主力前往乌海，耻居薛仁贵之下的郭待违令率辎重前行，为吐蕃大军围攻，薛仁贵被迫退至大非川，后又被吐蕃大将论钦陵40万大军围攻，唐军寡不敌众，加之不能适应高原气候⑤，最终全军覆灭。"自是吐蕃连

① 《隋书·刘权传》，中华书局1973年点校本，第1504页。

② 《新唐书·吐谷浑传》，中华书局1975年点校本，第6226页。

③ 参见李宗俊：《唐代石堡城、赤岭位置及唐蕃古道再考》，《民族研究》2011年第6期。

④ 《旧唐书·吐蕃传上》，中华书局1975年版，第5222页。

⑤ 参见于赓哲：《疾病与唐蕃战争》，《历史研究》2004年第5期。

岁寇边，当、悉等州诸羌尽降之”[①]。这次战役后，吐蕃沿河南道西线北上，向东拓边至赤岭一带，而唐军只能沿河南道与湟中道连接处的丝路后撤，无法遏止吐蕃扩张的势头。

唐仪凤三年（678），吐蕃联合西突厥向西域唐军发动攻势，为此，唐朝以中书令李敬玄兼鄯州都督，与工部尚书刘审礼统兵18万，由鄯州出击吐蕃。七月，双方初战于龙支（今青海民和），唐军获胜。刘审礼率兵攻至青海湖一带，被论钦陵和选赞婆兄弟所领吐蕃军队围攻，刘审礼“没于阵，敬玄按军不敢救。俄而收军却出，顿于承风岭，阻泥沟不能动，贼屯于高冈以压之”[②]，幸得副将黑齿常之夜袭吐蕃大营得胜，唐军才得以脱险退至鄯州。这次战役唐军当是从秦陇南道西进至枹罕，从此北上至龙支一带击败吐蕃，再沿湟中道干线至环湖一带，后撤时沿湖东至承风岭的丝路，最终在此与吐蕃军拼杀。这次战役虽击败了吐蕃，但未能伤其元气，“时吐蕃尽收羊同、党项及诸羌之地，东与凉、松、茂、嶲等州相接，南至婆罗门，西又攻陷龟兹、疏勒等四镇，北抵突厥，地方万余里，自汉、魏已来，西戎之盛，未之有也”[③]。

调露二年（680），吐蕃进犯唐之河源军，屯于良非川（今青海湟源西），与李敬玄所率唐军战于湟川，唐军败绩，“寻而黑齿常之破吐蕃大将赞婆及素和贵于良非川，杀获二千余级，吐蕃遂引退。诏以常之为河源军使以镇御之”[④]。这次战役发生在湟中道干线西端今日月山一带，说明唐蕃两国皆利用丝路从东、西两面分别派兵攻击对方。

唐与吐蕃第二次和亲后，“吐蕃遣使厚遗之，因请河西九曲之地以为金城公主汤沐之所，矩遂奏与之。吐蕃既得九曲，其地肥良，堪顿兵畜牧，又与唐境接近，自是复叛，始率兵入寇”[⑤]。自此，河南道的中线、西线、羌中道南线及青海湖周围的丝路沿线皆为吐蕃吞没，唐蕃两

① 《旧唐书·吐蕃传上》，中华书局1975年点校本，第5223页。

② 《旧唐书·吐蕃传上》，中华书局1975年点校本，第5223—5224页。

③ 《旧唐书·吐蕃传上》，中华书局1975年点校本，第5224页。

④ 《旧唐书·吐蕃传上》，中华书局1975年点校本，第5224页。

⑤ 《旧唐书·吐蕃传上》，中华书局1975年点校本，第5228页。

国以赤岭为界。[①]安史之乱前，唐、蕃两军动辄调动数十万大军在青海道沿线作战，说明当时青海道的军事承载力已十分强大了。

唐肃宗至德二年（757），吐蕃沿河南道东进，取廓、岷等州，唐代宗广德元年（763），吐蕃沿湟中道东进，取鄯州，同年，吐蕃还“寇陷泾州。十月，寇邠州，又陷奉天县。遣中书令郭子仪西御。吐蕃以吐谷浑、党项羌之众二十余万，自龙光度而东。郭子仪退军，车驾幸陕州，京师失守”[②]。吐蕃在长安立金城公主之弟广武王李承宏为帝，改元大赦，设置百官。至此，吐蕃的东向扩张达到了最高峰。[③]吐蕃东进过程中，湟中道东接秦陇南道的丝路当是其攻取长安的主要军事路线。

二、宋、元、明、清时期青海道的军事功能

五代十国及北宋前期，青海道成为吐蕃各部分据之地。北宋大中祥符九年（1016）在三都谷（今甘肃甘谷附近）击败河湟吐蕃大军，安定了秦州边防，保障了秦陇及关中的安全，也在很大程度上争取了唃厮啰向北宋靠拢，该战成为宋、蕃关系走向友好的开始。[④]之后，宋借唃厮啰牵制西夏，间接地影响着河湟一带的政局。

熙宁元年（1068），年仅20岁的宋神宗继位，任用王安石为相，实行各项政治、经济改革，并采取拓边政策，以抵御辽及西夏的内侵。江州德安人（今江西九江）人王韶向朝廷奏《平戎策》三篇，提出“欲取西夏，当先复河、湟，则夏人有腹背受敌之忧”。宋神宗“异其言，召问方略，以韶管干秦凤经略司机宜文字”[⑤]。后王韶又进言，“渭源至秦州，良田不耕者万顷，愿置市易司，颇笼商贾之利，取其赢以治田”，

① 参见李宗俊：《道格尔古碑即唐蕃赤岭划界碑考辨》，《民族研究》2013年第1期。

② 《旧唐书·吐蕃传上》，中华书局1975年点校本，第5237页。

③ 参见石硕：《西藏文明东向发展史》，四川人民出版社1994年版，第81页。

④ 参见汪天顺：《曹玮与北宋西北边防整饬》，《西北民族研究》2001年第4期。

⑤ 参见《宋史·王韶传》，中华书局1977年点校本，第10579页。

神宗“从其言，改著作佐郎，仍命韶提举”①。

王安石任用王韶发动熙河之役，以图收复洮岷河湟地区，“断西夏右臂”。熙宁五年（1072）五月，“以王韶兼知军……将恢复河陇，故命建军，为开拓之渐”②。同年八月，王韶大军收复洮州，十月“改镇洮军为熙州，以镇洮为节度军额，分熙河洮岷州、通远军为一路，置马步军都总管、经略安抚使，所应制置事，令经略安抚使司详具以闻”③。次年，王韶“领大兵收下河州前锋斩首千余级，木征遁去，生擒其妻瞎三牟并子续本洛，言尽得六州之地二千余里”④。至熙宁六年（1073），王韶收复“熙州、洮、岷、叠、宕等州，幅员二千余里”⑤。

王韶西进开边活动，引起青唐国主董毡的担忧，他遣大首领鬼章参与吐蕃部落抗宋的战争，“熙宁开边”活动也因各种原因宣告结束。王韶的开边活动收复熙州、河州，打通了秦陇南道，并将北宋西境推至河湟东缘，为之后的军事活动创造了条件。

宋哲宗元符二年（1099）七月，王赡统河州兵为先锋，王愍统岷州及熙州军马为策应，沿湟中道西进，“引兵度河取邈川”⑥。八月，宋军进据宗哥城。九月，宋廷以胡宗回代孙路为主帅，连连督促王赡西进，王赡下令部将攻取安儿城（今青海平安区平安镇），同时派人劝心牟钦毡出城降宋。心牟钦毡深知不能敌，便出城归降。随后，青唐主陇拶也与各首领及契丹、西夏及回鹘公主一起出降。王赡率部进入青唐城。宋哲宗“诏以青唐为鄯州，仍为陇右节度。邈川为湟州，宗哥城为龙支城，廓州为宁塞城。其鄯州、湟州并河南北新收复城寨，并隶陇右，仍

① 《宋史・王韶传》，中华书局1977年点校本，第10580页。

② 《续资治通鉴长编》卷233，熙宁五年五月辛巳记事，中华书局1985年版，第5645—5646页。

③ 《续资治通鉴长编》卷239，熙宁五年冬十月戊戌记事，中华书局1985年版，第5818页。

④ （清）徐松辑：《宋会要辑稿》兵一四之一八，中华书局1957年版，第7001页。

⑤ 《续资治通鉴长编》卷247，熙宁六年十月庚辰条记事，中华书局1986年版，第6022页。

⑥ （清）徐松辑：《宋会要辑稿》兵九之一，中华书局1957年版，第6906页。

属熙河兰会路”[①]。

收复鄯州后，当地吐蕃部落纷纷反抗，朝廷中有人对西征河湟的战略效果提出质疑，认为“青唐有不可守者四：自炳灵寺渡河至青唐，凡四百里，道险地远，缓急声援不相及，一也；羌若断炳灵之桥，塞省章之隘，我虽有百万之师，仓卒不能进，二也；提孤军以入，四向无援兵，羌人窥伺，必生他变，三也；设遣大军，而青唐、宗哥、邈川，食皆止可支一月，内地无粮可运，难以久处，四也”[②]。元符三年（1100），宋哲宗去世，徽宗继位，二月，“三省枢密院同呈知熙州胡宗回奏鄯州利害，诏令王赡以心白首领分治青唐，讫引兵归湟州相度，陇拶于熙州或岷州住坐，仍谕溪巴温或小陇拶令依旧主管青唐”[③]。不久，王赡等因侵盗青唐府库被治罪。次年，“湟州兵马由京玉关以归，以蕃兵总领刘玠为西路统制，将兵护湟州居民商旅由安乡关以归”。[④]宋朝军队、官员全部从湟州撤出。一两年内，王赡东进、西撤皆依循湟中道，这条道路在当时的军事功能似乎胜过其他功能了。

宋徽宗于崇宁元年（1102）七月，任用王韶之子王厚知河州兼洮西安抚使，“收复湟、鄯之谋自此始矣”[⑤]。次年，王厚“拔湟州”[⑥]。崇宁三年（1103），王厚沿王赡用兵路线西进，“大军次于湟……其母龟兹公主与诸酋开鄯州降”。王厚“大军趣廓州，酋落施军令结以众降，遂入廓州”[⑦]。北宋还趁势西进青海湖一带，沿羌中道向西开疆拓土，“开拓疆境，幅员三千余里。其四至：正北及东南至夏国界，西过青海至龟兹国界，西至卢甘国界，东南至熙、河、兰、岷州，连接阶、成州界，计招

① 《续资治通鉴长编》卷5016，元符二年闰九月癸酉条记事，中华书局1993年版，第12267页。

② 《续资治通鉴长编》卷5016，元符二年闰九月壬辰条记事，中华书局1993年版，第12286—12287页。

③ （清）徐松辑：《宋会要辑稿》蕃夷六之三七，中华书局1957年版，第7837页。

④ （清）徐松辑：《宋会要辑稿》兵九之四，中华书局1957年版，第6907页。

⑤ （清）徐松辑：《宋会要辑稿》兵九之四，中华书局1957年版，第6907页。

⑥ 《宋史·王厚传》，中华书局1977年版，第10583页。

⑦ 《宋史·王厚传》，中华书局1977年版，第10583—10584页。

降到首领二千七百余人，户口七十余万，前后六战，斩获一万余人”[①]。

金灭北宋后，金、西夏大体以黄河为界，肢解唃厮啰故地，分而治之。南宋嘉定十六年（1223），西夏攻破金军把守的积石州，最终将整个河湟地区纳入其统治范围。1227年，蒙古灭西夏，同年三月，“破洮、河、西宁二州。”[②]蒙古攻取洮岷河湟地区的行军路线，大致也是沿秦陇南道至河州，从此过黄河西北行至湟水流域，沿湟中道西进，攻占西宁州。蒙古大军人多势众，军事效率也极高，攻略洮、河、西宁诸州的速度极快，说明当时湟中道的军事承载力已达到顶峰。蒙古占有河湟后，当继续行军至羌中道沿线。1958年秋，都兰诺木洪农业第二耕作站开垦荒地时，发现了一具干尸，死者系元代蒙古族武将[③]，这说明羌中道也曾承载过蒙古大军的铁蹄。

蒙哥汗执政时，四川仍由南宋掌控，忽必烈率军从临洮一带南下，借道吐蕃东部地区攻灭了大理国。史载，元宪宗三年（1253），忽必烈“师次临洮。遣玉律术、王君侯、王鉴谕大理，不果行。九月壬寅，师次忒刺，分三道以进……帝由中道……过大渡河，又经行山谷二千余里，至金沙江，乘革囊及筏以渡……留大将兀良合带戍守，以刘时中为宣抚使，与段氏同安辑大理，遂班师”[④]。这次行军虽未假道青海境内的河南道，但蒙古大军能借西蜀分道南下，间接说明这一分道之北的河南道的军事承载力也十分可观，达到的军事及政治效果也相当突出。[⑤]

洪武三年（1370），明将徐达率部在甘肃定西大败元将扩廓贴木儿，并派副将邓愈分兵由临洮进克河州，经略洮岷河湟地区。洪武四年

---

① 《续资治通鉴长编拾补》卷23，崇宁三年三月庚午记事，中华书局2004年版，第805—806页。

② 《元史·太祖本纪》，中华书局1976年版，第24页。

③ 参见陈良伟：《丝绸之路河南道》，中国社会科学出版社2002年版，第203页。

④ 《元史·世祖本纪一》，中华书局1976年点校本，第59—60页。

⑤ 参见罗琨、张永山：《中国军事通史·元代军事史》，军事科学出版社1998年版，第63页。

（1371），原元甘肃行省右丞朵尔只失结、西宁州同知李南哥等在明将宁正招谕下相继降附，明朝势力由此进入河湟地区。明军的行军路线仍是从河州进入河南道东线，再北上至湟水流域。

永乐二十二年（1424），青海海西一带的蒙古安定卫指挥哈三孙散哥及曲先卫指挥散即思等率众在毕力术江黄羊川杀明使臣，“尽夺驼马币物而去”，明成祖派土族土司李英等人讨之。李英等“率西宁诸卫军及隆奔国师贾失儿监藏等十二番族之众，深入追贼，贼远遁。英等逾昆仑山西行数百里，抵雅令阔之地，遇安定贼，击败之，斩首四百八十余级，生擒七十余人，获驼马牛十四万有奇。曲先闻风远窜，追之不及而还”[①]。李英为西宁卫指挥，他的行军路线当是先沿湟中道西进，越过日月山沿青海湖南至茶卡一带，再沿羌中道南线西进，从都兰香日德一带西北行或西行，最终到达经昆仑山东麓的尕斯库勒湖一带。彼时，安定卫指挥哈三孙散哥率部远遁，李英等当从尕斯山口越昆仑山在雅令阔一地击溃之。[②]

明崇祯十六年（1643），李自成部将贺锦率部经陇东直趋兰州，并西渡黄河进入河西走廊。是年底，起义军防御使齐之宸和制将军鲁文彬部越祁连山南下攻打西宁，土族土官祁廷谏、祁兴周父子及李天俞等联兵抵抗。同时，庄浪土官鲁元昌、藏族申中部千户完中等与之歃血为盟，共同夹击起义军，使其蒙损失巨大。崇祯十七年（1644）初，起义军攻城受挫，制将军鲁文彬阵亡。得知消息后，贺锦亲率大军由甘州南下，在北大通（在今青海门源境）与鲁元昌交战，鲁元昌所率土兵纷纷阵前倒戈，鲁元昌退守连城。连城很快被贺锦义军攻破，鲁元昌被杀。贺锦率部攻击西宁卫城，祁氏父子及李天俞在当地生员胡琏器的策划下，联络周围藏族头人在西宁南川伏羌堡设下绊马索和陷阱，诱贺锦率

① 《明史·安定卫传》，中华书局 1974 年点校本，第 8551 页。

② 妥超群、刘铁程先生认为曲先卫治所在药王滩在青海湖西，李英所逾昆仑山乃湖西的岗格尔肖合力山，即祁连山脉西端山群。如此说可信，那么李英率军至湖西后，在布哈河流域一带与蒙古部落作战。参见妥超群、刘铁程：《毕力术江考——明代曲先卫地望及相关地名新证》，《民族研究》2011 年第 6 期。

轻骑深入，义军被击溃，阵亡者多达3000余人，贺锦兵败被杀。贺锦部南下所经之路是湟中道的重要支线西宁——张掖道，这条支线在当时的军事承载力也是相当可观的。

清初，青海道沿线因罗布藏丹津叛乱而战事再起。雍正元年（1723），和硕特蒙古首领罗卜藏丹津乘新帝继位伊始青藏地区清军大量内撤的时机，以“恢复先人霸业”为号召，纠集部分蒙古贵族发兵叛乱。雍正派年羹尧前往征剿，雍正元年（1723）十一月，年羹尧拟定由岳钟琪等分领清军近两万人从西宁、松潘、甘州及隆吉尔（今甘肃瓜州县境）“四路进剿”的方案，并迅速付诸实施，在清军强大攻势下，附叛的许多蒙古首领及喇嘛僧人纷纷降清，使罗卜藏丹津陷入孤立。是年底，岳钟琪平定了今青海贵德和共和一带郭密等各藏族部落，于第二年初抵今青海互助郭隆寺一带，与前锋统领苏丹、副都统觉罗伊礼布等会剿郭隆寺叛军。郭隆寺僧众和周边藏族、土族部落与清军展开激战，叛军死伤6000余人，郭隆寺被清军全部焚毁。此时，两军主要在湟中道西部及河南道西线一带作战。

雍正二年（1724）二月，清军分兵三路，至乌兰博尔克，叛军已经逃走，岳钟琪挥军追击，在伊克哈尔吉，将逃入山中的叛军头目阿尔布坦温布、巴尔珠尔阿喇布坦等擒获。罗卜藏丹津望风而逃，岳钟琪分兵1000前往北路柴达木截击，追至乌兰白克，俘获吹拉克诺木齐、札什敦多卜等，“罗卜藏丹津西窜，钟琪逐之，一昼夜驰三百里”[①]，穷追数日，至青、藏交界处的桑驼海，因罗卜藏丹津已逃往准噶尔投靠策妄阿拉布坦，遂班师西宁，平叛战争结束。[②]岳钟琪在羌中道沿线追击罗卜藏丹津，行军之快竟“一昼夜驰三百里”，可见羌中道在当时的军事承载力已达到新的高度。

综上，自两汉始，中原史籍对青海道的军事功能多有记载，但这并

① 《清史稿·岳钟琪传》，中华书局1977年点校本，第10369页。

② 参见罗琨、张永山：《中国军事通史》卷16《清代前期军事史》，军事科学出版社1998年版，第495—496页。

不意味着青海道沿线的战争始自两汉，在这之前，西羌内部、匈奴与西羌之间当在青海道沿线有过争战。青海道的军事功能主要体现在它的承载能力上，大致到隋唐时，青海道各干线及部分支线的军事功能已然被充分开发，至明清时，地理位置相对偏远的羌中道的军事承载力也已相当强大。

第六节　“岭南五郡”的建置沿革

“岭南五郡”一词最早见于《资治通鉴》。“岭南”，“谓洪池岭南也”，“五郡”，“谓广武、西平、乐都、浇河、湟河也”①，“洪池”，“岭名，在凉州姑臧之南。唐凉州有洪池府”②。《读史方舆纪要》引《唐志》云:“凉州有洪池府，又姑臧有二岭，南曰洪池岭，西曰删丹岭。”又云:“洪池岭，在卫东南，凉州之大山也。”③综合上述文献可知，“岭南五郡”是指东晋十六国时期分布于洪池岭以南的广武、西平、乐都、浇河、湟河五郡。洪池岭明时称分水岭，清代称乌稍岭、乌梢岭、乌鞘岭等，今称为乌鞘岭。

广武、西平、乐都、浇河、湟河五郡，其行政建置的主体在今河湟地区。河湟地区位于青海和甘肃两省的接界区域，是青藏高原和黄土高原的交接过渡带，其地东接关陇，西南达西藏，北通河西走廊，南至川西北高原，具有重要的交通和战略位置。远古时期，河湟地区为羌戎世居之地，及至汉武帝“北却匈奴，西逐诸羌，乃度河、湟，筑令居塞”④，河湟地区才开始逐渐纳入中原王朝版图。魏晋十六国时期，一些

① 《资治通鉴·晋纪》，中华书局 1956 年版，第 3480 页。

② 《资治通鉴·晋纪》，中华书局 1956 年版，第 3480 页。

③ 参见（清）顾祖禹辑著:《读史方舆纪要·陕西·甘肃行都司》，中华书局 1955 年版，第 2732 页。

④ 《后汉书·西羌传》，中华书局 1964 年版，第 2876 页。

少数民族地方政权在此地广设郡县，其行政建置因势而设、随势而变，使中原行政建置及其典章制度迁播于河湟，从而为以后中央王朝控制此地奠定了坚实的政治基础。

东晋隆安二年（398）羌人首领梁饥袭击后凉西平郡，秃发乌孤欲救西平，群臣畏惧梁饥兵强，多以为疑，左司马赵振曰：“杨轨新败，吕氏方强，洪池以北，未可冀也，岭南五郡，庶几可取……”[①] 此后“岭南五郡”一说不再见于史籍。五郡中除西平郡由汉代建置外，其余四郡都为前凉、后凉新置。学界对五郡的考证较为零散，而且往往是限定在一定时段内，尚未从整体上完整、系统地考证过“岭南五郡”的演变脉络。本节以此为出发点，系统考证岭南五郡，以期就教于方家。

一、西平郡建置沿革考

为隔绝匈奴与羌人的联系，汉武帝时期在河湟地区始设邮亭建置，以加强对该地区的控制，西平亭成为汉王朝设在河湟地区最早的建置之一。西平亭的设置时间史籍阙载，学界争议较大[②]，但不会早于汉武帝元狩二年（前121）。汉昭帝始元六年（前81）设金城郡，下辖允吾（今青海民和下川口）、浩门（地跨今青海乐都、民和东北部分地区）等县，河湟地区开始纳入郡县体系。至东汉后期，河湟地区得到进一步开发，具备了设郡的条件。同时，河湟地处东汉边境，复杂的民族成分和严峻的边防形势，促使东汉改亭设郡，提升河湟地区的建置级别，西平亭因此改为西平郡。

（一）西平郡的设置时间

西平郡的具体设置时间史籍说法不一，学界也争论不休，但主要为

① 《资治通鉴·晋纪》，中华书局1956年版，第3480页。

② 相关争议可参见王昱：《再谈西平亭与西平郡城》，《青海民族研究》2007年第2期；王昱：《青海东部地区早期郡县设立时间考辨》，《青海社会科学》1988年第5期；巢生祥：《西宁古城史研究中有关论点的再探讨》，《青海民族研究》2008年第2期；巢生祥：《西平亭考辨》，《青海民族学院学报》（社会科学版）2005年第4期等。

两说：一说为汉献帝建安中置，一说为曹魏黄初中立。

最早记载西平郡设置于曹魏黄初年间的是《水经注》："魏黄初中，立西平郡，冯倚故亭，增筑南西北三城，以为郡治。"[①] 此处"故亭"即指西平亭，年号"黄初"（220—226）是曹丕的年号，共计7年。《三国志·张既传》记载："武威颜俊、张掖和鸾、酒泉黄华、西平麹演等并举郡反，自号将军。俊遣使送母及子诣太祖为质，求助。"[②] 这说明东汉末年已有西平郡的建置，西平郡建置时间早于魏黄初元年，因此，《水经注》记载并不可靠。《张既传》亦载，曹丕于黄初元年（220）即位后，将汉献帝在建安十八年省并的凉州复置，以邹岐为凉州刺史，张掖张进举兵反抗邹岐，"黄华、麹演各逐故太守，举兵以应之"[③]。这也说明西平郡在黄初元年之前就已设立。

东汉建安中立西平郡的记载是否可信，需要史料佐证。《后汉书》注引《献帝起居注》曰："建安十八年三月庚寅，省州并郡……省凉州刺史，以并雍州部，郡得弘农、京兆……武威、金城、西平……凡二十二郡。"[④] 这是西平郡作为郡一级建置首次出现在史书中。汉末的"省州并郡"并没有指出于建安十八年（213）设置西平郡，只能说西平郡设立的下限在建安十八年，所以李智信先生认为"西平亭，东汉建安十八年（213）升为西平郡"[⑤] 的说法值得商榷。

《三国志》注引《魏略·王修传》中提到郭宪"西平人，为其郡右姓。建安中为郡功曹，州辟不就，以仁笃为一郡所归[⑥]。"功曹始设于西汉，为郡守和县令的佐吏，辅佐处理郡县事务，东汉各州亦有功曹，后代沿置，只是名称略有变更。郭宪在建安中担任西平郡郡守的

---

① （后魏）郦道元著，（清）杨守敬、熊会贞疏，段熙仲点校，陈桥驿复校：《水经注疏》卷2《河水二》，江苏古籍出版社1989年版，第169—170页。

② 《三国志·魏书·张既传》，中华书局1964年点校本，第474页。

③ 《三国志·魏书·张既传》，中华书局1964年点校本，第474页。

④ 《后汉书·百官五》，中华书局1965年点校本，第3618页。

⑤ 李智信：《青海古城考辨》，西北大学出版社1995年版，第82页。

⑥ 《三国志·魏书·王修传》，中华书局1964年点校本，第350页。

辅佐官说明当时已有西平郡。《三国志·杜畿传》记载建安中，荀彧向曹操引荐杜畿，曹操拜杜畿“为司空司直，迁护羌校尉，使持节，领西平太守”[①]。《晋书·地理志》记载西平郡“汉置。统县四，户四千[②]”。《通典》记载“后汉建安中置西平郡，晋因之”[③]。《元和郡县图志》记载“献帝建安中，分金城郡置西平郡”[④]。《太平寰宇记》记载“后汉建安中置西平郡，晋因之”[⑤]。《舆地广记》湟水县条记载“建安中改为西平郡。晋因之”[⑥]。《读史方舆纪要》记载金城郡在后汉“建安中，分置西平郡，晋因之”[⑦]。《补三国疆域志》记载“西平郡，汉末分金城置……建安中立西平郡魏晋因之”[⑧]。《西宁府新志》亦谓西平郡是“后汉建安中”[⑨]由金城郡分置而来。由于史料的缺乏，西平郡的具体建置时间无法考证，但可以确定西平郡“为建安中置无疑”[⑩]。

据《资治通鉴》卷64记载，建安十年（205）冬，曹操征询荀彧举荐能够镇守关东重地的贤才。荀彧曰：“西平太守京兆杜畿，勇足以当难，智足以应变。”[⑪]这与《三国志·杜畿传》的记载相互印证，只是时间上更为确切，由此可知西平郡建置的下限在建安十年，故可断定西平

① 《三国志·魏书·杜畿传》，中华书局1964年点校本，第494页。

② 《晋书·地理志上》，中华书局1974年版，第433页。

③ （唐）杜佑撰：《通典·州郡四》，中华书局1984年版，第922页。

④ （唐）李吉甫撰，贺次君点校：《元和郡县图志·陇右道上·鄯州》，中华书局1983年版，第993页。

⑤ （宋）乐史撰，王文楚等点校：《太平寰宇记·陇右道二·鄯州》，中华书局2007年版，第2923页。

⑥ （宋）欧阳忞撰，李勇先、王小红校注：《舆地广记·西宁州·湟水县》，四川大学出版社2003年版，第456页。

⑦ （清）顾祖禹辑著：《读史方舆纪要·陕西·甘肃行都司》，中华书局1955年版，第2741页。

⑧ （清）洪亮吉：《补三国疆域志·魏疆域·凉州》，中华书局1985年版，第30页。

⑨ （清）杨应琚纂修，李文实校注：《西宁府新志·地理·沿革》，青海人民出版社1988年版，第118页。

⑩ （清）吴增仅撰，（清）杨守敬补正：《三国郡县表附考证》，《二十五史补编》第3册，开明书店1936年版，第2903页。

⑪ （宋）司马光编著，（元）胡三省音注：《资治通鉴·汉纪》，中华书局1956年版，第2062页。

郡的设立时间不早于建安元年且不晚于建安十年，更不在曹魏黄初年间。曹永丰先生认为西平郡的设置时间是“建安十九年（214），分金城郡西部地，设置西平郡（治西都）”。[①]这一说法与《后汉书》《三国志》《资治通鉴》等史书的记载均有出入，而曹先生却没有任何史料佐证，所以“建安十九年”一说不足为信。

（二）东汉西平郡的郡治及辖县

东汉西平郡治所及辖县史书无明确记载。《读史方舆纪要》载，“后汉建安中，置西都县，为西平郡治，晋因之”[②]。可知西都县是东汉西平郡的辖县和郡治，但没交代西都县是新置还是从已有建置中分置。《嘉庆重修一统志》西宁县条云：“汉金城郡临羌县地，后汉建安中，分置西都县为西平郡治，晋因之，”[③]西平郡故城条云：“今西宁县治，本汉临羌县地，后汉末，析置西都县，兼置西平郡。”[④]《西宁府新志》亦载，“后汉建安中，分置西平郡，治西都县”[⑤]。上述史料说明东汉西平郡治所西都县是从临羌县分置而来的。

也有一些史料记载西都县是曹魏时期从破羌县析置，不是东汉分临羌县建置。《元和郡县图志》湟水县条记载，“本汉破羌县地，属金城郡。魏分置西都县，属西平郡。隋开皇三年罢郡，十八年改为湟水县”[⑥]。《补三国疆域志》记载，“西都，魏分破羌县，立侯国”[⑦]。明确说明西都县是曹魏时期从破羌县析置的。

尽管在西都县的析置时间上有分歧，但上述史料都说明西都县为西

① 曾永丰：《西平郡城考》，《青海社会科学》2006 年第 4 期。

② （清）顾祖禹辑著：《读史方舆纪要·陕西·甘肃行都司》，中华书局 1955 年版，第 2743 页。

③《嘉庆重修一统志·西宁府一》，中华书局 1986 年版，第 13267 页。

④《嘉庆重修一统志·西宁府二》，中华书局 1986 年版，第 13285 页。

⑤ （清）杨应琚纂修，李文实校注：《西宁府新志·地理·沿革》，青海人民出版社 1988 年版，第 118 页。

⑥ （唐）李吉甫撰，贺次君点校：《元和郡县图志·陇右道上·鄯州》，中华书局 1983 年版，第 992 页。

⑦ （清）洪亮吉：《补三国疆域志·魏疆域·凉州》，中华书局 1985 年版，第 30 页。

平郡郡治所在。

《二十五史补编》记载，“破羌，建安中分破羌置西都县属之；安夷，建安中分金城郡临羌、破羌、安夷置西平郡”[①]。可知东汉西平郡的辖县是西都、临羌、安夷、破羌四县，西都为郡治所在，当代学界也多认可此说。也有一些学者持不同观点，巢生祥、李智信二位先生认为西平郡辖四县，分别为西都、临羌、长宁、安夷[②]，李文实先生则主张辖县有四，分别为“西都、临羌、安夷、白土”[③]。

《补三国疆域志补注》云：“晋于长宁亭置长宁县。”[④]这说明晋以前长宁的建置为亭而非县。《读史方舆纪要》长宁城条记载，“晋析置长宁县，后魏废”[⑤]，《嘉庆重修一统志》长宁旧县条也记载，“本汉临羌县地，晋置，属西平郡”[⑥]，可知长宁县是西晋时才设立的。主张长宁为东汉西平郡辖县的学者是将晋以前的长宁亭误认为长宁县。据《晋书·地理志》，西晋时期金城郡下辖“榆中、允街、金城、白土、浩门”[⑦]五县，《读史方舆纪要》“晋置白土县，属金城郡，或曰，县本曹魏所置”[⑧]，《嘉庆重修一统志》“后汉置，属金城郡……晋仍属金城郡……后魏县废”[⑨]。从以上史料看，不管白土县是在“后汉置”“晋置”，还是“曹魏所置”，都记载其为金城郡辖县而非西平郡辖县，所以李文实先生的看法有误。

---

① 周明泰：《后汉县邑省并表》，《二十五史补编》第2册，开明书店民国二十五年版，第2065页。

② 参见李智信：《青海古城考辨》，西北大学出版社1995年版，第82页。

③ 李文实：《西平郡与鄯州》，《青海民族学院学报》（社会科学版）1982年第1期。

④ （清）洪亮吉撰，（清）谢钟英补注：《补三国疆域志补注》，《二十五史补编》第3册，开明书店民国二十五年版，第3078页。

⑤ （清）顾祖禹辑著：《读史方舆纪要·陕西·甘肃行都司》，中华书局1955年版，第2746页。

⑥ 《嘉庆重修一统志·西宁府二》，中华书局1986年版，第13293页。

⑦ 《晋书·地理志上》，中华书局1974年版，第433页。

⑧ （清）顾祖禹辑著：《读史方舆纪要·陕西·甘肃行都司》，中华书局1955年版，第2745页。

⑨ 《嘉庆重修一统志·西宁府二》，中华书局1986年版，第13287页。

（三）曹魏以来西平郡辖县及其演变

曹魏代汉后，沿袭旧制，仍设西平郡。曹丕拜硕儒严苞“为西平太守”[①]，直到曹魏末期。曹魏西平郡的辖县，史料考证也有分歧，辖县有四县、三县、五县说。

清人洪亮吉认为曹魏西平郡辖县为“西都、临羌、长宁、安夷”[②]四县。《三国郡县表附考证》认为洪亮吉“据晋志录入，未详何时始置，诸书无考，今故阙疑”[③]。因此，长宁县当是西平郡辖县。《三国郡县表附考证》还认为曹魏沿袭东汉旧制，西平郡所辖县与前朝一致，皆为“西都、破羌、临羌、安夷”[④]四县，郡治仍为西都县。由此可见，四县说也有两种说法。清人谢钟英认为“洪氏领县从晋志，今据《方舆纪要》删长宁，为三县”[⑤]，即曹魏西平郡辖县为西都、临羌、安夷三县。《三国郡县表附考证》云：“今案沈志云：‘西都，魏分破羌立’，云分立，明魏有破羌县，又《舆地广记》‘破羌属金城，建安中改为郡，亦未言省’。”[⑥]如前文所述，《三国志》《元和郡县图志》相关史料皆能证明曹魏时期仍设破羌县，为西平郡辖县之一，故曹魏西平郡辖三县说是不能成立的。

李文实先生主张曹魏西平郡辖县有五，“汉建安中西平郡领县为西都、临羌、安夷、白土，原均属金城郡，三国时始分置长宁，与前西都等四县俱属西平郡”[⑦]。参照前文有关白土县、长宁县的史料可知，李文

① 《三国志·魏书·王朗传》，中华书局 1964 年版，第 421 页。

② （清）洪亮吉：《补三国疆域志·魏疆域·凉州》，中华书局 1985 年版，第 30 页。

③ （清）吴增仅撰，（清）杨守敬补正：《三国郡县表附考证》，《二十五史补编》第 3 册，开明书店民国二十五年版，第 2903 页。

④ （清）吴增仅撰，（清）杨守敬补正：《三国郡县表附考证》，《二十五史补编》第 3 册，开明书店民国二十五年版，第 2902 页。

⑤ （清）洪亮吉撰，（清）谢钟英补注：《补三国疆域志补注》，《二十五史补编》第 3 册，开明书店民国二十五年版，第 3077 页。

⑥ （清）吴增仅撰，（清）杨守敬补正：《三国郡县表附考证》，《二十五史补编》第 3 册，开明书店民国二十五年版，第 2903 页。

⑦ 李文实：《西平郡与鄯州》，《青海民族学院学报》（社会科学版）1982 年第 1 期。

实先生的五县说是不能成立的。

曹魏的行政制度特别是地方行政制度基本沿袭了前朝，加之曹魏统治时期较短，有关西平郡辖县的变化，史书往往因“晋志录入”，这也从一个侧面说明东汉至曹魏时期，西平郡的辖县并没有发生大的变化。因此，笔者认为曹魏时期西平郡的辖县当是西都、破羌、临羌、安夷四县。

据《晋书·地理志》，西晋西平郡辖有“西都、临羌、长宁、安夷”[①]四县，郡治西都县。区划有较大变化，“其中临羌县治由今湟源旧城东移至今湟中县多巴镇的新城；长宁县属西晋新置，县治在今西宁北川后子河以北长宁堡一带，辖今大通、互助部分地区”[②]。晋室南渡以后，原西平郡辖区先后处于前凉、前秦、后凉、南凉、北凉、西秦等政权的掌控之下，这些政权仍沿有旧制，但所辖县区及行政区划有大的变化。前凉西平郡沿晋置，辖有“西都、临羌、长宁、安夷”[③]四县，治西都。西平郡在前凉的隶属关系变动较大，张轨、张寔时期西平郡沿袭晋制隶属凉州不变，张茂即位后，“分武兴、金城、西平、安故为定州”[④]，西平郡改隶定州。张茂之侄张骏又“分武威、武兴、西平、张掖、酒泉……合十一郡为凉州”[⑤]。故前凉时，西平郡曾隶属于凉州、定州，后又属凉州。

东晋太元元年（376），前秦灭前凉，张天锡降于苻氏，苻氏政权尽有前凉故地，梁熙为凉州刺史，镇姑臧，领西平等八郡。[⑥]西平郡领县四“西都、临羌、长宁、安夷”[⑦]。淝水之战后，苻氏政权崩溃，从西域班师东归的前秦大将吕光杀梁熙自领凉州刺史、护羌校尉，割据姑臧为

---

① 《晋书·地理志上》，中华书局 1974 年版，第 433 页。

② 崔永红等主编：《青海通史》，青海人民出版社 1999 年版，第 76—77 页。

③ （清）洪亮吉：《十六国疆域志·前凉》，中华书局 1985 年版，第 304—305 页。

④ 《晋书·地理志上》，中华书局 1974 年版，第 434 页。

⑤ 《晋书·地理志上》，中华书局 1974 年版，第 434 页。

⑥ 参见（清）洪亮吉：《十六国疆域志·前秦》，中华书局 1985 年版，第 217 页。

⑦ （清）洪亮吉：《十六国疆域志·前秦》，中华书局 1985 年版，第 218 页。

王，建立后凉。“所统郡县，大略兼张氏所析之五州。而凉州外，不闻别建州号”[①]，西平郡建置始因袭前秦，后“凉吕光改西平为西河郡”[②]，隶属于凉州，领“西都、临羌、长宁、安夷”[③]四县。后凉政权走向衰落时，鲜卑秃发氏在东晋隆安元年（397）建立南凉。南凉统治中心在湟水流域，因此，西平郡的政治地位颇高，南凉国主利鹿孤、傉檀等都镇守过西平郡，南凉还曾建国都于西平郡，辖县依旧为“西都、临羌、长宁、安夷”[④]四县，治西都，隶属凉州。义熙十年（414），秃发傉檀西袭乙弗，西秦乘南凉后防空虚之机攻陷南凉国都，迫使南凉投降。西秦占据西平郡，其辖县仍为西都、临羌、长宁、安夷四县，隶属关系由凉州变为了沙州。[⑤]麹景任西秦沙州刺史时，移镇西平，辖西平郡、河湟郡、三河郡。东晋义熙九年（413）南凉的湟河太守秃发文支率众投降北凉，北凉势力进入河湟地区，但不久被西秦驱逐出来，北凉与西秦形成对峙。此后蒙逊南征，在与西秦的争夺中攻占了西平、乐都等郡，蒙逊把西平郡划归秦州[⑥]，直至北魏灭北凉统一北方。

十六国时期，河湟地区行政建置比较复杂、混乱，郡县因势而设、随势而变，这与当时纷乱的时局不无关系。[⑦]西平郡的建置沿革脉络主要在上述前凉、前秦、后凉、南凉、北凉、西秦等割据政权中演变。除此之外，统治势力延及河湟西平郡的政权还有后秦、西凉等，但未实际控制西平郡，或是遥领，或是虚封，或是侨置。如南凉秃发傉檀称臣后秦时，后秦虽建置有西平郡，但仍是秃发鲜卑实际控制。西凉则有大量的遥领、侨置郡县，只是名义上大量的虚封臣僚，令其遥领。如封令狐

---

① （清）洪亮吉：《十六国疆域志 · 后凉》，中华书局 1985 年版，第 341 页。

② （唐）李吉甫撰，贺次君点校：《元和郡县图志 · 陇右道上 · 鄯州》，中华书局 1983 年版，第 991 页。

③ （清）洪亮吉：《十六国疆域志 · 后凉》，中华书局 1985 年版，第 341 页。

④ （清）洪亮吉：《十六国疆域志 · 南凉》，中华书局 1985 年版，第 357 页。

⑤ 参见（清）洪亮吉：《十六国疆域志 · 西秦》，中华书局 1985 年版，第 430—431 页。

⑥ 参见（清）洪亮吉：《十六国疆域志 · 北凉》，中华书局 1985 年版，第 337 页。

⑦ 参见崔永红等主编：《青海通史》，青海人民出版社 1999 年版，第 88 页。

迁为晋兴太守、氾德瑜为西郡太守、张靖为河湟太守、索训为西平太守、索慈为广武太守等，以图来日招怀东复、入主河湟。[①]

太延五年（439），北魏灭北凉统一北方。太平真君五年（444），北魏晋王伏罗率兵进抵西宁，改西平郡为鄯善镇，孝昌二年（526），北魏又改镇立鄯州[②]，并将州治东迁至今乐都。当时，河湟地区是北魏与吐谷浑交锋的前沿，严峻的战争形势促使北魏政权重新布局河湟地区的行政建置。北魏置鄯州以后，其下是否还有所辖郡县，史料记载不一。《魏书地形志校录》记载北魏"鄯州郡县缺"[③]。《太平寰宇记》引《周地图记》记载"后魏太平真君十六年置洮河郡，属鄯州"[④]。北魏太平真君为公元440—451年年号，共12年，"太平真君十六年"的记载是错误的。清人杨守敬也记载北魏鄯州领有洮河郡并且"当为郡治"[⑤]，虽没有记载洮河郡建置时间，但鄯州建置于孝昌二年（526），所以孝昌二年之前洮河郡当属鄯善镇，改镇置州以后才又隶属鄯州。《二十五史补编》载，"魏晋之西平郡在西宁，魏废"[⑥]，亦无交代辖县情况。

公元534年北魏分裂，西魏、北周继北魏在西北地区的行政建制，西魏是否建置有西平郡，史书也未记载。公元557年，北周取代西魏，

① 参见《晋书·李玄盛传》，中华书局1974年版，第2259页。

② 参见（唐）李吉甫撰，贺次君点校：《元和郡县图志·陇右道上·鄯州》，中华书局1983年版，第991页。

③（清）温曰鉴撰：《魏书地形志校录》，《二十五史补编》第4册，开明书店民国二十五年版，第4636页。

④（宋）乐史撰，王文楚等点校：《太平寰宇记·陇右道六·廓州》，中华书局2007年版，第2983页。

⑤（清）杨守敬撰：《隋书地理志考证附补遗》，《二十五史补编》第4册，开明书店民国二十五年版，第4728页。

⑥（清）杨守敬撰：《隋书地理志考证附补遗》，《二十五史补编》第4册，开明书店民国二十五年版，第4728页。

废西魏鄯州“为乐都郡”[①]。隋开皇三年（583），“罢郡”[②]重“置鄯州”[③]。大业三年（607），隋炀帝又罢鄯州，改为西平郡[④]，统领“湟水、化隆”[⑤]二县。唐朝西境形势多变，行政建置更易频繁。武德二年（619），唐讨平薛举，关、陇地区平定，改西平郡为鄯州，治乐都，贞观中改为都督府，天宝元年（742），又改为西平郡，乾元元年（758）复置鄯州[⑥]，至此西平郡不再复设。隋、唐二代，西平郡和鄯州两种建置交替设置，但辖县基本未变，“领县三，湟水、龙支、鄯城”[⑦]。

二、广武郡建置沿革考

西晋永宁元年（301），张轨任凉州刺史、护羌校尉。及至晋室南迁，前凉建国，并在原西晋凉州政区基础上新增郡县，岭南五郡之一的广武郡就属前凉新置。

广武郡建置时间史书记载不一。《晋书·地理志》云“及张寔，分金城之令居、枝阳二县，又立永登县，合三县立广武郡”[⑧]。《通典》亦云“前凉张寔置广武郡”[⑨]。《太平寰宇记》“兰州条”云“前凉张寔置为

---

① （宋）乐史撰，王文楚等点校：《太平寰宇记·陇右道二·鄯州》，中华书局2007年版，第2923页。

② （唐）李吉甫撰，贺次君点校：《元和郡县图志·陇右道上·鄯州》，中华书局1983年版，第992页。

③ （宋）乐史撰，王文楚等点校：《太平寰宇记·陇右道二·鄯州》，中华书局2007年版，第2923页。

④ 参见（唐）李吉甫撰，贺次君点校：《元和郡县图志·陇右道上·鄯州》，中华书局1983年版，第991页。

⑤ 《隋书》卷29《地理志·西平郡》，中华书局1973年版，第814—815页。

⑥ 参见（宋）乐史撰，王文楚等点校：《太平寰宇记·陇右道二·鄯州》，中华书局2007年版，第2923页。

⑦ （唐）杜佑撰：《通典·州郡四》，中华书局1984年版，第922页。

⑧ 《晋书·地理志上》，中华书局1974年版，第434页。

⑨ （唐）杜佑撰：《通典·州郡四》，中华书局1984年版，第921页。

广武郡”[①]，但同书“广武县条”又云“前凉张骏三年分晋兴于此置广武郡”[②]。洪亮吉认为“《晋志》、《通典》并言张寔置，此独云张骏置，疑亦误也”[③]。《元和郡县图志》记载：“前凉张骏三年分晋兴置广武郡，隋开皇三年罢郡置广武县，属兰州。大业二年改为允吾县，取汉旧名也，六年改为会宁县。武德三年，重置广武县，属兰州。”[④]《旧唐书》云：“张骏置广武郡。”[⑤]综合上述文献可知，广武郡为前凉张寔置，至张骏时广武等合十一郡为凉州。据《晋书·地理志》，前凉广武郡的辖县应当是令居、枝阳、永登三县，但《十六国疆域志》记载为广武、令居、枝阳、永登、振武五县[⑥]，说明从张寔到张骏，广武郡辖县曾新增。

广武郡建置来源也有分歧。前述《晋书·地理志》云张寔“分金城之令居、枝阳二县，又立永登县，合三县立广武郡”。《元和郡县图志》记载，“前凉张骏三年分晋兴置广武郡”[⑦]。《十六国疆域志·前秦》认为广武郡是前凉分陇西郡置。[⑧]《太平寰宇记》亦如前文所记，既有张寔置广武郡的记载，又有张骏分晋兴置广武郡的记载。综合来看，广武郡的建置来源有以下三种分歧：“合三县立”，“分陇西郡置”及“分晋兴郡置”。“分陇西郡置”一说当有误，因为陇西郡在西晋时辖有“襄武、首阳、临洮、狄道”[⑨]四县，晋惠帝时又“分陇西之狄道、临洮、河关……合九县置狄道郡，属秦州”[⑩]。至此则陇西郡只剩襄武、首阳二县，是否有新增，史书并无记载。至前凉张骏时尽有陇西之地，陇西郡

① （宋）乐史撰，王文楚等点校：《太平寰宇记·陇右道二·兰州》，中华书局2007年版，第2926页。

② （宋）乐史撰，王文楚等点校：《太平寰宇记·陇右道二·兰州》，中华书局2007年版，第2928页。

③ （清）洪亮吉：《十六国疆域志·前凉》，中华书局1985年版，第317页。

④ （唐）李吉甫撰：《元和郡县图志·陇右道上·兰州》，中华书局1983年版，第988页。

⑤ 《旧唐书·地理志·陇右道八》，中华书局1975年版，第1634页。

⑥ 参见（清）洪亮吉：《十六国疆域志·前凉》，中华书局1985年版，第317—318页。

⑦ （唐）李吉甫撰：《元和郡县图志·陇右道上·兰州》，中华书局1983年版，第988页。

⑧ 参见（清）洪亮吉：《十六国疆域志·前秦》，中华书局1985年版，第224—225页。

⑨ 《晋书·地理志上》，中华书局1974年版，第435页。

⑩ 《晋书·地理志上》，中华书局1974年版，第436页。

辖有襄武、首阳、临洮三县[①]，又将临洮县重新划归陇西郡，与广武郡的辖县毫无关系。此外，从地域区划来看，陇西郡地处金城郡所在的黄河以东即河东地区，而广武郡地处河西，地域区划上也无交叉，“分陇西郡置”自然不可信。“分晋兴郡置”一说亦有误，前文已论述广武郡为张寔置非张骏置，同时依据《十六国疆域志》“张骏三年，分晋兴于枝阳，置广武县”[②]的记载可知张骏“分晋兴郡置”的并不是广武郡，而是广武县。由此可知，“合三县立”一说当是可信的。

前秦占领广武郡后，从前凉旧制，史称“广武一郡，前凉、后秦并属秦州”[③]，前秦广武郡辖县亦为广武、令居、枝阳、永登、振武五县。[④]《太平寰宇记》《十六国疆域志》等记载，“吕方镇广武，纂篡后，吕超、吕弘并出奔广武，咸宁三年，方率广武民三千余户奔利鹿孤。领县五，广武、令居、枝阳、永登、振武”[⑤]。“十六国南凉秃发乌孤都广武”[⑥]，“领县五，广武、令居、枝阳、永登、振武”[⑦]。广武郡“至秃发傉檀，为乞伏炽磐所灭”[⑧]。可知广武郡在前秦、后凉、后秦、南凉和西秦等政权中依然存续，且辖县也没变化，直到北凉攻西秦占领广武郡后“领县四”[⑨]，即广武、令居、支阳和鹯武。

北魏统一北方以后，是否仍建有广武郡史书无载，《魏书·地形志》所载广武郡是东魏天平初隶属北豫州分荥阳置的广武郡[⑩]，非十六国时期河湟地区的广武郡。《通典》云“前凉置广武郡，隋罢之为县”[⑪]，《元

---

① 参见（清）洪亮吉：《十六国疆域志·前凉》，中华书局 1985 年版，第 317 页。

② （清）洪亮吉：《十六国疆域志·前凉》，中华书局 1985 年版，第 318 页。

③ （清）洪亮吉：《十六国疆域志·西秦》，中华书局 1985 年版，第 422 页。

④ （清）洪亮吉：《十六国疆域志·前秦》，中华书局 1985 年版，第 224—225 页。

⑤ （清）洪亮吉：《十六国疆域志·后凉》，中华书局 1985 年版，第 353 页。

⑥ （宋）乐史撰，王文楚等点校：《太平寰宇记·陇右道二·兰州》，中华书局 2007 年版，第 2926 页。

⑦ （清）洪亮吉：《十六国疆域志·南凉》，中华书局 1985 年版，第 363 页。

⑧ （唐）李吉甫撰：《元和郡县图志·陇右道上·兰州》，中华书局 1983 年版，第 987 页。

⑨ （清）洪亮吉：《十六国疆域志·西秦》，中华书局 1985 年版，第 425 页。

⑩ 《魏书·地形志》，中华书局 1974 年版，第 2536 页。

⑪ （唐）杜佑撰：《通典·州郡四》，中华书局 1984 年版，第 921 页。

和郡县图志》亦云："前凉张骏三年分晋兴置广武郡，隋开皇三年罢郡置广武县，属兰州。大业二年改为允吾县，取汉旧名也，六年改为会宁县。武德三年，重置广武县，属兰州。"[①] 似乎都说明隋朝之前广武郡一直是存在的，直到隋时才罢郡为县。隋唐时广武县的名称几经变化，开皇三年（583）为广武县，大业二年（605）为允吾县，大业六年（609）为会宁县，至唐武德三年（620）又改为广武县，隶属金城郡。[②]

三、湟河郡建置沿革考

湟河郡为前凉所置，但辖县不可考。《晋书·地理志》记载"张骏分武威、武兴……湟河、晋兴、广武合十一郡为凉州"[③]。《十六国疆域志》引《前凉录》："咸康元年，张骏分湟河郡，属凉州，案郡盖张氏所置，县无考。"[④]

前秦灭前凉后只是短暂控制了前凉辖地，河湟地区的郡县旋即转归吕光建立的后凉政权。《十六国疆域志》引《后凉录》记载吕光时西平太守康宁叛乱，"自称匈奴王，杀湟河太守强禧以叛"[⑤]。《晋书·载记》载，宗燮曾在"吕光时自湟河太守入为尚书郎"[⑥]。后凉湟河郡隶属凉州，辖县亦无考。南凉太初二年（398）后凉湟河太守张稠以郡降秃发乌孤，太初三年（399），乌孤以叔父素渥镇湟河，隶属凉州，辖县无考。[⑦]

玄始二年（413），傉檀之弟湟河太守秃发文支据湟川来降蒙逊，蒙逊以王建为湟河太守，湟河郡又归北凉辖治。随后沮渠蒙逊遣将向湟河

① （唐）李吉甫撰：《元和郡县图志·陇右道上·兰州》，中华书局 1983 年版，第 988 页。
② 参见（唐）杜佑撰：《通典·州郡四》，中华书局 1984 年版，第 921 页。
③ 《晋书·地理志上》，中华书局 1974 年版，第 434 页。
④ （清）洪亮吉：《十六国疆域志·前凉》，中华书局 1985 年版，第 309 页。
⑤ （清）洪亮吉：《十六国疆域志·后凉》，中华书局 1985 年版，第 354 页。
⑥ 《晋书·秃发傉檀载记》，中华书局 1974 年版，第 3148 页。
⑦ （清）洪亮吉：《十六国疆域志·南凉》，中华书局 1985 年版，第 362 页。

运粮，率众攻克乞伏炽磐镇守的广武郡，沮渠蒙逊又以其弟沮渠汉平为折冲将军、湟河太守。西秦攻灭南凉后，北凉和西秦展开了对河湟地区的争夺，炽磐率众三万袭湟河，沮渠汉平力战固守，但因部将叛变败退，西秦控制湟河郡。西秦投靠北魏后，北凉又重新占据湟河郡。史书有“炽磐攻克沮渠蒙逊河湟太守”[①]的记载，清人洪亮吉认为“河湟”是一郡双名，河湟郡即指湟河郡，故西秦乞伏氏政权记载有河湟郡，实则是湟河郡。[②]北凉湟河郡仍隶属凉州，辖县无考，但《十六国疆域志》引《通鉴》，西秦河湟郡隶属于沙州，辖县无考。[③]

北魏统一北方后，“亦为湟河郡，属鄯州，寻没于吐谷浑”[④]。据《周书·柳桧传》，大统八年（542），柳桧“拜湟河郡守，仍典军事”[⑤]，可知西魏曾置湟河郡。西魏“湟河郡的治所和辖地虽无详载，但按照前代之惯例，其治所似仍在黄河城即石城（今青海化隆群科下城）”[⑥]。西魏后，湟河郡不再复置。总之，湟河郡建置始于前凉讫于西魏，存续时间达二百多年。

四、乐都郡建置沿革考

《读史方舆纪要》记载“后凉吕光因置乐都郡”[⑦]，治地在今青海省海东市乐都区。《十六国疆域志》引《元一统志》云，乐都郡是后凉吕光以山谷为名建置，辖县可考者仅苕藋一县。[⑧]南凉攻克后凉“乐都、

---

① 《晋书·乞伏炽磐载纪》，中华书局 1974 年版，第 3124 页。
② 参见（清）洪亮吉：《十六国疆域志·北凉》，中华书局 1985 年版，第 331 页。
③ 参见（清）洪亮吉：《十六国疆域志·西秦》，中华书局 1985 年版，第 430—431 页。
④ （清）顾祖禹辑著：《读史方舆纪要·陕西·甘肃行都司》，中华书局 1955 年版，第 2747 页。
⑤ 《周书·柳桧传》，中华书局 1971 年版，第 827 页。
⑥ 崔永红等主编：《青海通史》，青海人民出版社 1999 年版，第 145 页。
⑦ （清）顾祖禹辑著：《读史方舆纪要·陕西·甘肃行都司》，中华书局 1955 年版，第 2744 页。
⑧ （清）洪亮吉：《十六国疆域志·后凉》，中华书局 1985 年版，第 346—347 页。

湟河、浇河三郡，岭南羌胡数万落皆附之”[①]。“后凉乐都太守田瑶以郡降”[②]，秃发乌孤建立南凉“建号于乐都”[③]，乐都郡隶属凉州，领县一，苕藋。南凉国都虽曾徙置于西平、姑臧，秃发傉檀时又定都于此。

南凉嘉平七年（414），傉檀西袭乙弗，使太子武台守乐都，西秦乘虚攻克乐都，南凉降，乐都郡被西秦占领，仍隶属凉州，辖苕藋。至西秦永康七年（418），“炽磐以乞伏木奕干为沙州刺史，镇乐都”[④]，乐都郡改隶沙洲且为其治所。乐都为何会置沙州，聪喆先生推测“也许是出于争霸整个河西的目的，预住任其官‘寄’治乐都以便相机攻夺沙州（治今敦煌）之故”[⑤]。至南朝宋元嘉四年（427），“炽磐以凉州刺史镇乐都，而沙州移镇西平郡”[⑥]，乐都郡又重新隶属凉州。北凉时，乐都郡由沮渠蒙逊弟沮渠安周控扼，隶属凉州，领县苕藋。时逢北魏统一北方，安周不敌魏军，南奔吐谷浑。后凉置乐都郡经由南凉、西秦、北凉，大致存续了约五十年，此为乐都设郡之第一阶段。[⑦]前述乐都郡可考辖县仅为苕藋，当代学者对此存疑，因苕藋在今甘肃永昌以西，不可能在青海境内，认为乐都郡应属今海东市乐都区。

史书中没有北魏乐都郡的记载，可能是北魏废止了乐都郡。《隋书·地理志》西平郡湟水县条云，“后周置乐都郡。开皇初郡废，十八年改县曰湟水”[⑧]。这是乐都建郡的第二个阶段，一直存续到隋朝开皇初，此后乐都郡不再复置。

---

① 《晋书·秃发乌孤载记》，中华书局 1974 年版，第 3142 页。
② （清）洪亮吉：《十六国疆域志·南凉》，中华书局 1985 年版，第 357 页。
③ 《晋书·地理志上》，中华书局 1974 年版，第 435 页。
④ （清）洪亮吉：《十六国疆域志·西秦》，中华书局 1985 年版，第 430、432 页。
⑤ 聪喆：《乐都郡与苕藋县》，《青海师范大学学报》（社会科学版）1988 年第 4 期。
⑥ （清）洪亮吉：《十六国疆域志·西秦》，中华书局 1985 年版，第 431 页。
⑦ 参见聪喆：《乐都郡与苕藋县》，《青海师范大学学报》（社会科学版）1988 年第 4 期。
⑧ 《隋书·地理志·浇河郡》，中华书局 1973 年版，第 815 页。

五、浇河郡建置沿革考

浇河郡最早由后凉建置，《十六国疆域志》引《图经》"吕光置浇河郡"①，《隋书地理志考证附补遗》亦载，浇河郡为"后凉置"②，辖县"无考"③，辖区在今青海贵德等地。

隆安二年（398），秃发乌孤"拔龙支堡，梁饥单骑奔浇河，既而浇河太守王稚以郡降于乌孤。明年，乌孤使其叔若留镇浇河"④。秃发乌孤以河南地为浇河郡，沿袭后凉建置，辖县亦"无考"⑤。西秦灭南凉后，延续浇河郡建置，曾"徙其境内老弱畜产于浇河"⑥。西秦浇河郡辖县史书也无记载，洪亮吉根据《隋书·地理志》后周置浇河郡领浇河等三县的记载，反推西秦浇河郡至少辖有浇河县，并隶属于商州。⑦

北魏亦设浇河郡，延兴三年（473），"吐谷浑王拾寅寇魏浇河，魏遣长孙观击降之，寻废"⑧。北魏分裂以后，"西魏置浇河郡"⑨。北周建德五年（576），周武帝逐吐谷浑，并废浇河郡置廓州，但据《隋书·地理志》，"后周武帝逐吐谷浑，以置廓州总管府。开皇初府废"⑩。可知周武帝逐吐谷浑后改浇河郡为"廓州总管府"。隋炀帝大业初，复"置浇河郡"，辖"河津、达化"⑪二县。据《元和郡县图志》，隋置浇河郡的

① （清）洪亮吉：《十六国疆域志·后凉》，中华书局1985年版，第352页。

② （清）杨守敬撰：《隋书地理志考证附补遗》，《二十五史补编》第4册，开明书店民国二十五年版，第4727页。

③ （清）洪亮吉：《十六国疆域志·后凉》，中华书局1985年版，第352页。

④ （清）顾祖禹辑著：《读史方舆纪要·陕西·甘肃行都司》，中华书局1955年版，第2747页。

⑤ （清）洪亮吉：《十六国疆域志·南凉》，中华书局1985年版，第362页。

⑥ （清）顾祖禹辑著：《读史方舆纪要·陕西·甘肃行都司》，中华书局1955年版，第2747页。

⑦ 参见（清）洪亮吉：《十六国疆域志·西秦》，中华书局1985年版，第434—435页。

⑧ （清）顾祖禹辑著：《读史方舆纪要·陕西·甘肃行都司》，中华书局1955年版，第2747页。

⑨ 《隋书·地理志·浇河郡》，中华书局1973年版，第815页。

⑩ 《隋书·地理志·浇河郡》，中华书局1973年版，第814页。

⑪ 《隋书·地理志·浇河郡》，中华书局1973年版，第814页。

具体时间为“隋大业三年”[①]。唐“武德二年置廓州，天宝元年改为宁塞郡”[②]，浇河郡不再复置。

① （唐）李吉甫撰，贺次君点校：《元和郡县图志·陇右道上·廓州》，中华书局1983年版，第993页。

② （宋）乐史撰，王文楚等点校：《太平寰宇记·陇右道六·廓州》，中华书局2007年版，第2983页。

第四章　西宁城市文化与社会生活的近代化

西宁是河湟地区最大的城市，早在新石器时代，就有人类在此繁衍生息。距今5500年左右，生活在西宁地区的主要居民是马家窑文化人群，本巴口、朱家寨、孙家寨、古城台等地先后出土过马家窑文化遗存。[①]1973年，青海省文物管理处考古队在大通县上孙家寨清理马家窑文化墓葬M384时，出土了一件内壁绘有舞蹈图案的彩陶盆。这件彩陶盆为泥质红陶，器高14厘米，口径29厘米，最大腹径28厘米，底径10厘米，内壁以剪影式平涂手法绘有三组五人手拉手的舞蹈图案[②]，体现了西宁地区原始农业民族用载歌载舞的巫术活动，来祈求“丰产丰育”的生动场景。[③]距今4500年左右，马家窑文化马厂类型主宰河湟地区的原始文化，西宁地区也出土有马厂类型文化遗存。距今4000年左右，西宁地区进入齐家文化阶段，西宁北川小桥沈那遗址就是典型的齐家文化遗存。齐家文化阶段，生活在西宁地区的先民们在从事农业生产的同时，开始逐步倚重畜牧业。[④]辛店、卡约文化时期，受青藏高原整体气候降温变干的影响[⑤]，加之早期羌人生产方式在河湟地区主导地位的确立[⑥]，西宁地区的农业生产逐步边缘化，畜牧业得以迅速发展，这

---

① 参见魏明章：《西宁历史略述》，《西宁文史资料》第2辑，内部资料1985年，第2页。

② 参见青海省文物管理处考古队：《青海大通县上孙家寨出土的舞蹈纹彩陶盆》，《文物》1978年第3期。

③ 参见邵明杰：《上孙家寨彩陶盆舞蹈图案新论》，《四川文物》2010年第2期。

④ 参见尚民杰：《青海原始农业考古概述》，《农业考古》1987年第1期。

⑤ 参见安成邦、冯兆东、陈发虎：《甘青地区全新世中期的环境变化与文化演进》，《西北大学学报》（自然科学版）2003年第6期。

⑥ 参见崔永红：《简论史前青海先民的经济活动及其与生态环境之关系》，《青海社会科学》2010年第1期。

一时期，生活在西宁地区的早期居民也更加倚重游牧业。[①]

秦汉时期，包括西宁在内的青海东部地区为“古西羌所居，谓之湟中”[②]。西汉时，中央王朝曾在河湟置破羌县，归金城郡管辖，西宁系羁縻州县属地。“后汉建安中，分置西平郡，治西都县。晋初因之。东晋末，西（南）凉秃发乌孤据为国都。后魏孝昌二年，置鄯州，改破羌县为西都。后周置乐都郡。隋开皇初郡废。十八年，改县曰湟水。大业初复为西平郡。唐武德二年，复曰鄯州。仪凤二年，置都督府。开元二十一年，置陇右节度使。天宝初曰西平郡，乾元初复曰鄯州，属陇右道。宝应元年没入吐蕃。宋初属西夏，后为吐蕃所据，号青唐城。元符二年收复，复置鄯州陇右节度，三年弃之。崇宁三年收复，建陇右都护府，改鄯州为西宁州，后复属西夏。元至元中，仍曰西宁州，属甘肃行省。明洪武十九年，改为西宁卫，隶陕西行都司。皇清初因之。雍正三年，改卫为府，领县二、卫一。乾隆三年，增领所一”。[③]

两汉以来，历代中央王朝在西宁的行政建制可谓兴废不已，直到明代，西宁仍为王朝边地。明政权通过筑城置堡、移民屯垦、茶马互市和封建土司，推行“因俗而治”的拓边方略，而在都司卫所体制下，西宁实为“军管型政区”[④]。清朝康熙、雍正年间，中央王朝通过改革行政建置，以强化对西部边区的控制和管理。[⑤]雍正三年（1725），西宁府所辖二县一卫一所分别为西宁县、碾伯县、大通卫和贵德所，后又设巴燕戎厅和丹噶尔厅，道光三年（1823），原属兰州府的循化厅改隶西宁府，

---

① 参见高东陆、许淑珍：《青海湟源莫布拉卡约文化遗址发掘报告》，《考古》1990年第11期。

② （清）杨应琚纂修，李文实校注：《西宁府新志·地理·沿革》，青海人民出版社1988年版，第118页。

③ （清）杨应琚纂修，李文实校注：《西宁府新志·地理·沿革》，青海人民出版社1988年版，第118—119页。

④ 参见郭红、于翠艳：《明代都司卫所制度与军管型政区》，《军事历史研究》2004年第4期。

⑤ 参见杜常顺：《论清代青海东部地区的行政变革与地方民族社会》，《民族研究》2011年第2期。

至道光九年（1829），西宁府下辖三县四厅，分别为西宁县、碾伯县、大通县、巴燕戎厅、循化厅、贵德厅和丹噶尔厅。民国二年（1913），上述四厅均改为县，民国三年（1914），西宁府改为西宁道，下辖七县，隶属甘肃省。民国十八年（1929），青海建省，西宁县治为省政府驻地，同年，原属西宁县的北山后仙米、温朱古二寺归新设门源县管辖，民国十九年（1930），原属西宁县威远镇及东川张其寨至临城上下朝阳以北，迄北川长宁堡、景阳川、沙塘川、沙脑各处划归新设互助县，原属西宁县南山后郭密及小陵西江拉划归新设共和县，西宁县境面积因之缩小约三分之一。①此时，西宁县所辖大致包括今西宁市四区、湟中县全境、平安县大部分地区和大通县的一部分。民国三十二年（1943），西宁县政府移驻文华镇（今湟中鲁沙尔），民国三十四年（1945），西宁县更名为湟中县。民国三十五年（1946）6月11日，国民政府设立西宁市，为青海省首府，西宁的行政建置与政治地位因此得以提升，并一直延续至今。

先秦时期，湟源为羌戎之地，西汉以来，中原政权统治逐步延及河湟，湟源为西汉临羌县西塞。新莽时期，中央王朝曾在湟源筑有城堡。东汉时期，筑护羌城，其城址一说在今湟源茶汉素附近。曹魏及西晋时期，湟源为西平郡临羌县西塞。东晋十六国时期，湟源分别为前凉、后凉、南凉所辖。隋时，曾在今湟源日月山乡筑石堡城。唐前中期，湟源为陇右道鄯州府鄯城县辖地，安史之乱后，为吐蕃所据。北宋时期，湟源为吐蕃族唃厮啰政权辖地。南宋时期，湟源为金和西夏政权交替控制。元时，湟源为西宁州辖地。明时，湟源为西宁卫辖地。清雍正二年（1724），丹噶尔为西宁县辖地。“乾隆九年，西宁道杨应琚以路通西藏，逼近青海，为汉、土、回、番暨蒙古准噶尔往来交易之所，因关要隘，设县佐一员。旋经甘肃巡抚黄廷桂转奏，以高台县主簿移驻之。道光九

① 参见王昱、李庆涛编：《青海风土概况调查集》，青海人民出版社1985年版，第40页。

年，陕甘总督杨遇春题准改设同知。”[①] 民国二年（1913），“奉文改县，名曰‘湟源县’，列为三等缺”[②]。民国十八年（1929），从湟源县析置共和县，民国三十二年（1943），分湟源以西三角城等地设海晏县。[③]

先秦时期，大通亦为羌戎故地。西汉元鼎六年（前111），在湟水中游置临羌县，大通为临羌北塞。东汉建安十年（205），分临羌县地析置西都县，大通为西都县地。曹魏时，置长宁县，辖今大通县地，东晋及南北朝初期（317—439）120余年间，大通先后为前凉、前秦、后凉、南凉、西秦、北凉六个地方政权迭据，直到北魏孝昌三年（527）废长宁县，大通隶于鄯州西都县。隋时，大通为鄯州湟水县地。唐仪凤三年（678），置鄯城县，辖今大通县地。安史之乱期间，唐军东撤，吐蕃北上，于至德二年（757）陷西平郡，大通为吐蕃统治。北宋时期，大通为吐蕃族唃厮啰政权辖地，北宋曾短暂收复河湟，大通南部属西宁州辖地。南宋时期，大通为金和西夏政权交替控制。元时，置甘肃行省，辖西宁州，大通为西宁州辖地。明洪武五年（1372），改西宁州为西宁卫，大通全境归西宁卫管辖。清初，大通为厄鲁特蒙古牧地。雍正三年（1725），筑大通（今门源县城）、白塔（今大通城关）、永安三城，创设大通卫，治大通城。乾隆九年（1744），大通卫署迁至白塔城。乾隆二十六年（1761），大通“裁卫改县”[④]。民国二年（1913），大通县归西宁道管辖。民国十八年（1929），“将北大通一带划归门源，南北约百二十里，东西九十里”[⑤]。

秦汉至晚清，西宁地区行政建制及其历史沿革逐步呈“内地化”趋

① （清）邓承伟修，张价卿、来维礼等纂，基生兰续纂：《西宁府续志·地理志》，青海人民出版社1985年版，第32—33页。

② 王昱、李庆涛编：《青海风土概况调查记》，青海人民出版社1985年版，第118页。

③ 参见湟源县志办：《湟源县历史沿革》，《湟源文史资料》第1辑，内部资料1987年，第1—6页。

④ （清）杨应琚纂修，李文实校注：《西宁府新志·地理·沿革表》，青海人民出版社1988年版，第116页。

⑤ 王昱、李庆涛编：《青海风土概况调查集》，青海人民出版社1985年版，第10页。

势，至清代前中期，西宁的“内地化”已颇具规模，已“由边卫而郡县，自畜牧而农田，势相因也”[①]。民国初年，在“内地化”的基础上，西宁地区的行政建制向近现代化转型，青海建省后，西宁的政治、经济与文化地位得以迅速提升。正如张科先生所言，“观西宁行政建制史，西宁起初为小区域（湟水流域）的行政中心，但随着经济、政治、军事和文化地位的不断提升，而升为大区域（青海地区）的首府，完成这一历史性转变用去近 1800 年的时间”。

本章从西宁城市文化的近代化进程和城市社会生活两方面着手，分析西宁城市近代化的具体过程。

第一节　西宁城市文化的近代化进程

城市的近代化进程包括城市思想文化、市民价值理念及心理态度的变迁，城市的发展与进步也体现于市民观念的进步上。换言之，城市文化的近代化程度是以市民在多大程度、多大范围内冲破传统观念束缚为衡量标准的。

一、西宁城市文化近代变迁概况

西宁地处西部边陲，明以前被视为华夏边缘，清代以来，随着中央王朝对西宁及周边地区控制与管理的加强与深化，逐步成为祖国的民族边疆地区。在内生的地方秩序的长期影响之下，西宁具有浓郁的地方文

① （清）杨应琚纂修，李文实校注：《西宁府新志·地理·沿革表》，青海人民出版社 1988 年版，第 111 页。

化特色。清初，中央王朝通过改革行政建置[①]，使西宁内地化进程逐步加深，加之儒学教育的推行，儒家化的思想观念也逐步传播开来。近代以来，西宁地区的内地化进程与近代化转型交替并行，保守落后的思想观念、逐新慕异的时代追求与科学化、理性化的近代观念交织在一起，形成一幅别样的城市文化近代化的历史画卷。

（一）保守落后的传统观念

西宁地处青藏高原东北边缘，海拔较高，物产不甚丰富，曾被视为寒苦之地，西宁又为多民族杂居之地，内生的地方秩序对人们的思想观念往往起着支配作用。这种经济条件和人文地理格局下，一方面孕育了丰富多彩的民族文化，另一方面也使地方秩序长期成为保守落后观念的保护伞。

首先，前现代社会中，巫术、迷信等非理性思想控制着人们的思想观念。

清代民国时期，西宁地区为汉、回、土、藏、蒙古等多民族杂居之地。多民族杂居的人文地理格局中，不同民族的传统文化、宗教信仰及生活习俗往往具有浓厚的内生性质，而在以西宁为中心的河湟民族大走廊上演的民族之间的竞争融合、此消彼长的历史进程中，游牧民族的一些独特文化因素得以延续下来，其中最具代表性的传统观念即巫术信仰。古代羌人文化的巫术色彩十分浓重，历代进入河湟地区的少数民族大多也具有巫术信仰传统，如藏族原始宗教苯教中的一些巫术、迷信思想为藏传佛教宁玛派，即红教所传承，信仰红教的藏族群众普遍具有一些迷信思想。直到晚清时期，大通藏族中专门从事巫术、祭祀活动的人，称为“本卜”和“端工”，他们“辫发杂以黑索，缠头如斗大，上以绛色绸布裹之。娶妻生子，专习咀咒”[②]。“端工，男曰‘巫’，女曰‘觋’。身着青衣，手执羊皮单鼓，击跳旋风，谓之‘跳神’，又曰‘喜

① 参见杜常顺：《论清代青海东部地区的行政变革与地方民族社会》，《民族研究》2011 年第 2 期。

② “咀咒”当为“诅咒”。——笔者按

乐'，亦兼驱邪疗病。"[①] 丹噶尔也有"本卜子"，"土人笃信之焉。类多神奇狂诞之说，如问卜、医病、祷雨、回风等事，率称奇验，然试之殊无甚效，而愚信者流，方且讳其短而炫其长，俗使然也"[②]。

直到民国时期，西宁因"地处边陲，交通不便，文化教育落后，文盲较为普遍，迷信思想，宿命观点差不多禁锢着人们的一切"[③]。有些人群迷信思想严重，"至如迷信佛教、神话，以修庙塑像为功德，而倾家荡产，趋之不吝者。除回人为教规所拘束，不肯随俗迷信外，汉民、土人、番民、蒙人均有特殊之迷信，牢不可破"[④]。很多市民认为，"人的一生，如不乐善好施，甚至损人利己，则死后必然要入地狱、上刀山、下火海，不得转世"，"种种迷信观念，深深地束缚着人们的思想和行动"[⑤]。湟源县百姓的迷信思想也颇为浓重，"湟邑地处边陲，风气晚开，往时迷信特盛，遇有建庙、立祠之举，无不踊跃输将"[⑥]。此外，百姓日用而不知的生活习惯中也有一些迷信色彩颇浓的风俗。清代至民国时期，西宁汉族每遇严重疾病、婚姻大事、官司词讼之时，往往会到寺庙道观中"许愿"，以求诸神保佑。"许愿"后如事情顺利，则持献祭之物到"许愿"之处"还愿"。[⑦] 这种习俗隐含着汉民族的迷信思想。1940年9月21日，西宁出现一次日全食，"是日正午十二时许，原来晴朗的天空，忽然逐渐昏暗……家养禽畜、鸡鸣狗叫，年老体弱者头晕恶心浑身发冷，多数居民迷惑不解，有如大难临头。老者说是天狗吃了日头，

① 刘运新等编纂，大通县民族古籍办公室标注：《大通县志·种族志》（青海地方旧志五种），青海人民出版社1989年版，第515页。

② （清）杨志平编纂，何平顺等标注：《丹噶尔厅志·宗教》（青海地方旧志五种），青海人民出版社1989年版，第295页。

③ 刘秉德：《青海建省前后西宁城乡生活风貌杂记》，《西宁文史资料》第5辑，内部资料1988年，第76—77页。

④ 王昱、李庆涛编：《青海风土概况调查记》，青海人民出版社1985年版，第63页。

⑤ 刘秉德：《青海建省前后西宁城乡生活风貌杂记》，《西宁文史资料》第5辑，内部资料1988年，第79页。

⑥ 王昱、李庆涛编：《青海风土概况调查记》，青海人民出版社1985年版，第128页。

⑦ 参见朱世奎主编：《青海风俗简志》，青海人民出版社1994年版，第121页。

于是家家户户敲铜盆的，击铁锅的，同时，各寺院钟声齐响。黑暗中一声声沉重的钟声使人们更觉得神秘而且恐惧”[①]。这说明古代灵异思想仍然对当时的人们产生着很大影响。

直到抗战时期，一些西宁百姓的愚昧盲信仍令中原人士诧异。1937年，马鹤天先生来到西宁，并在其著中记有“北禅寺多土楼吕洞宾疗百病”一节，说的是马氏在西宁土楼观的见闻，其文云：“洞宾神前有签筒，系备病人求药问方者。签词内分内科外科，男科妇科等。吕洞宾能治病，且能治各种病，异矣。”[②]近代医学知识广为传播的时代，西宁地区百姓仍在求神问药，其观念之落后可见一斑。

其次，落后的文化教育导致西宁百姓观念滞后。

文化教育的落后往往会导致百姓观念的滞后，这一点在民族边疆地区表现得尤其突出。在前现代社会，少数民族文化教育事业普遍较为落后，教育往往是贵族及上层人物的特权，普通百姓基本没有受教育的权利。一些民族，如藏族、回族、土族等，其教育资源往往由寺院垄断，只有喇嘛、阿訇等少数宗教人士才有识字读文的能力，一般百姓皆为文盲。

明清时期，西宁地区的汉族人口逐步增加，行政建制也逐步内地化，加之农业生产方式的推行，至清代前期，西宁已“由边卫而郡县，自畜牧而农田”[③]，这都为儒学在此地的传播奠定了一定基础。为了强化对这一地区的统治，明清政府在西宁地区推行儒学教育，试图以此来“移风化俗”，借用儒学思想影响当地百姓，传播忠君理念。儒学在西宁地区的推行，客观上满足了当地汉族的文化教育需求，也为当地少数民

---

① 赵德琰：《西宁日全食记事》，《西宁城中文史资料》第3辑，内部资料1990年，第191页。

② 马鹤天著，胡大浚、张科点校：《甘青藏边区考察记》，甘肃人民出版社2003年版，第175页。

③（清）杨应琚纂修，李文实校注：《西宁府新志·地理·沿革表》，青海人民出版社1988年版，第111页。

族文化教育事业的进步作出了一定贡献。[①]然而，中央王朝在西宁地区推行儒学的事功色彩十分浓重，有时通过强制手段在少数民族群体间推行儒学教育，从而受到一些少数民族的抵制[②]，加之府县儒学的推行往往取决于当地行政建制完善与否，故而西宁地区的儒学教育在改变原有文化教育的落后面貌方面，作用有限。直到清末，西宁一些地区"入学读书者颇多，明通礼义者甚少，至识孔教而信奉惟谨者，则绝无其人也。若释、道二教，精理奥旨知者固鲜，而坚信者亦不乏。如参元、清茶各会，止念炼气者，谓之参元会。禁酒肉荤菜者，谓之清茶会。妄冀长生，或死后升天，及灵魂不昧之说。至若人死，则延僧、道讽经以解罪阨；疾病则问卜制祟驱魔。甚则巫觋师祝之辈，或妄传神言以示祸福，或传方示药以疗病灾。更有自谓神附其身，因治病而以火枪毙人，以刀刺致命者，人皆自怨其命，而不敢怼于神……"[③]

自古以来，西宁地区尚武风气甚浓，史称西宁"迫近西戎，修习战备，高上气力，以射猎为先，以兵马为务"[④]。当地"士风壮猛，便习兵事"[⑤]，直到清代，当地百姓仍然"崇释尚武，犹有余习"[⑥]。在尚武风习的影响下，当地百姓及部分社会精英往往视健身习武为要事而读书识字为末流，这也在一定程度上导致了教育的滞后和观念的落后。

最后，地方秩序与忠君思想的双重作用下，近代文化传播步履艰难。

整体上看，中国的近代化具有外源特质，中国是在西方列强的入侵

---

① 参见陈新海：《论儒学在河湟地区的发展》，《青海民族研究》1992 年第 2 期。

② 参见赵春娥：《清朝时期儒学在青海循化地区的传播及难以展开的原因分析》，《青海民族研究》2011 年第 2 期。

③（清）杨志平编纂，何平顺等标注：《丹噶尔厅志・风俗》（青海地方旧志五种），青海人民出版社 1989 年版，第 290 页。

④（清）杨应琚纂修，李文实校注：《西宁府新志・地理・风俗》，青海人民出版社 1988 年版，第 249 页。

⑤《资治通鉴》卷 49，汉安帝永初四年，中华书局 1956 年版，第 1582 页。

⑥（清）杨应琚纂修，李文实校注：《西宁府新志・地理・风俗》，青海人民出版社 1988 年版，第 252 页。

与西方文化传播与刺激下走向近代化之路的，近代文化因素在中国的孕育、传播与发展过程伴随着与旧有文化体系的冲突、竞争与融合。在这一过程中，近代文化发展的地方形态，既具有总体特征，同时也有自身的独特性，而在民族边疆地区的近代化过程中，近代文化传播之所以步履艰难，很大程度上是受地方秩序的钳制与阻碍。

地方秩序是在特定地区形成的在政治、经济、文化方面具有相对独立的秩序与规则的地方统治形态。历史上，随着中央王朝在西宁地区统治的深化，地方秩序的具体形态早已瓦解，然而，其中的一些文化因素仍然深刻地影响着一些民族大众的文化心理，并以宗教信仰、思维习惯等的形式一直存留下来。比如，清代及民国时期的藏传佛教寺院僧团是当地原有地方秩序的文化遗留，西宁周边地区的一些藏族、蒙古族、土族群众笃信喇嘛教，不仅崇奉信仰有加，还将信教皈依视为人生头等大事，史称“边人见其车服赫奕，殊以为荣。故番人、土人有二子，必命一子为僧。且有宁绝嗣而愿令出家者。汉人亦有为番僧者。番、土人死，则以产业布施于寺，求其诵经，子孙不能有。故番、土益穷，而僧寺益富”①。1937 年，史学大师顾颉刚先生曾参观塔尔寺，他在日记中写道：“本寺辖境广二百馀里，大于西宁一县，所收农产极多。僧人凡三千馀，长廊列院，仿佛一大学也。”② 可见，藏传佛教寺院不仅是供人瞻仰的宗教场所，同时也是一个政治、经济实体。清朝末年，马安良及其部下马海晏因镇压撒拉、回族叛乱获清廷宠信，自此马氏军阀开始称霸西北，而西宁则是其地方势力的大本营。民国时期，马氏军阀一方面效忠民国政府，成为国家权力在青海地区的代言人，另一方面通过培植地方秩序，加强其军阀统治。为达到“以政行教”的目的，马氏军阀支持创传伊合瓦尼派的马果园坐镇西宁东关清真大寺，大力推行伊合瓦尼

① （清）杨应琚纂修，李文实校注：《西宁府新志·祠祀·番寺》，青海人民出版社 1988 年版，第 385—386 页。

② 顾颉刚著，胡达浚、张科点校：《西北考察日记》，甘肃人民出版社 2002 年版，第 189 页。

教派，马步芳继任青海省主席后，步其父之后尘，亲自兼任西宁东关清真大寺董事长。[①] 由于这些当地民众都有自身特有的文化认同和价值观，不仅彼此之间会因信仰不同而存在着矛盾和隔阂[②]，对本民族文化以外的新鲜事物也存在一定的拒斥心态，近代思想文化在这些民族中进行传播与影响的难度较大。

忠君思想是儒学的基本价值理念，秦汉以来，历代中央政府推行儒学教育的主要目的就在于借此培育百姓的忠君思想。明清以来，随着西宁地区儒学教育的推行和忠君理念的深化，西宁地区形成了“读书为仕途”的社会风尚[③]，这种“官本位”意识实际上是忠君思想的具体化，西宁百姓不仅普遍视当官为好为荣，并在心理意识上形成怕官畏官的奴性思维，这与近代文化提倡的民主、平等意识相去甚远。此外，西宁百姓的忠君意识还反映在晚清时期的地方政治上，清廷垮台后，清宗室曾想借助青海等地的势力妄图复辟[④]，虽最终一败涂地，但也从一个侧面说明西宁及周边地区的地方文化中，忠君意识甚为牢固。综观中国近代化千回百折的艰难发展历程及其原因，主要是因为两千多年来中国普通百姓习以为常的忠君理念顽固地拒斥崇尚追求民主精神和理性意识的近代文化，西宁城市思想文化的儒学化程度虽然不能与中原地区相提并论，但也在很大程度上曾受制于儒家化的价值理念。

（二）逐新慕异的时代追求

尽管一些落后的文化因素导致西宁城市文化近代化进程较内地城市发展缓慢，但这并不意味着西宁城市文化发展与近代化进程完全绝缘，实际上，作为我国城市近代化历程的一个组成部分，西宁城市文化的近代化既具有精英群体、民族国家自上而下进行引导、助推的总体特点，

① 参见马毓：《青海伊斯兰教概况》,《青海文史资料集粹·民族宗教卷》，内部资料 2001 年，第 338 页。

② 参见崔永红、张得祖、杜常顺：《青海通史》，青海人民出版社 1999 年版，第 422 页。

③ 参见荣宁：《浅谈儒学对河湟地区人们求知观念的影响》,《青海民族研究》(社会科学版) 1993 年第 4 期。

④ 参见崔永红等：《青海通史》，青海人民出版社 1999 年版，第 472 页。

也具有一些本土特质，特别引人关注的是外来宗教势力对城市文化近代化的助推作用。清末新政，西宁士绅应势而变，大力兴办新式学堂，首开当地近代化之先风。民国时期，一些有识之士感到西宁地处偏远、文化落后，他们或撰文宣传，或身体力行，为西宁能够赶上中原地区近代化的步伐而殚精竭虑；民族国家的力量在西宁城市文化近代化过程中也发挥着主导作用；基督教新教、天主教在西宁一带传播过程中，创办了一些小学堂、西式医院等具有近代特色的教育、卫生事业，这在客观上也对当地近代文化发展及民众观念的革新起到积极作用。

鸦片战争以来，清政府以开放口岸、割地赔款等丧权辱国的不平等条约，试图在列强殖民入侵过程中求得苟安。然而，面对列强的步步紧逼和半殖民地化程度的加深，清统治者也意识到保大清不保中国的策略最终会使大清不保，他们不得不实施新政，以挽救风雨飘摇中的皇权政体。光绪年间，清政府通令全国实施新政，通过举办新式教育、改革司法、发展近代工业等一系列措施，试图自上而下走上近代化之路。

1905 年，清廷下诏废除科举制，要求地方举办新式教育。西宁府县士绅积极响应清政府通令，利用旧有府县学、书院及庙产兴办新式学校，首开西宁城市教育文化近代化的先河。一些士绅意识到，“学堂书院，名殊而事一。惟学堂课程，中西参半，加入科学数门。其故原因前代以八股文取士，以致我国文人半生精力皆消磨于沉吟披诵之间，及一旦入官，而前之所为，悉归无用。况时至近今，内政外交，实形浩繁。凡我国人，幼之所学，必欲壮而能行，自不能不务去浮文，力求实事。……变书院而造学堂，凡以为强国计也”[①]。在他们看来，新式教育既可避免八股取士的诸多缺陷，又可体现致用精神，且可“为强国计”。从中可以看出，西宁传统儒学教育向新式教育转型过程中，地方士绅的观念并非全都是保守、固执的，相反，他们中的一些逐新慕异之士，是西宁城市文化近代化进程的引领者。

① 刘运新等编纂，大通县民族古籍办公室标注：《大通县志·建置志》（青海地方旧志五种），青海人民出版社 1989 年版，第 483 页。

值得一提的是，清末中国掀起一场庙产兴学运动，大量官属庙产转换用途，作为推行新式教育的场所。[①] 据史料记载，“西宁县典史署，旧在卫门口。乙未兵燹后，移在县门内街地点，与守备署兑换后，均列为官产，卖与人民。中、左、右、前、后守备署，均列为官产，卖与人民。中营三圣庙，为人民所买。左营三圣庙，后拨归蒙番学校。右营三圣庙，卖与同善社，后改为高等法院。前营三圣庙，拨归蒙番学校。后营三圣庙，卖与民人，城守营三圣庙，卖于民人。五年，旧道署列为官产，经绅耆蔡占廷等照定价买定后，由十家将地址平均划分，各自动工，东西修成店房、铺面，中间开一大街，通到前统领街，名之曰新街”[②]。光绪三十一年（1905），在报恩生祠“附设兴文社两等小学校，后兴文学校移在县儒学内，附设黎雨民观察所办无我学校”[③]。旧有神道设教场所转而成为新式教育实施场地，建筑功用的变化不仅折射出社会变迁中的新气息、新现象，也反映了当时士绅阶层试图利用旧有基础变革社会文化的意图与愿景。[④]

晚清士绅引领的近代化变革，主观上是为清政府专制政权的延续做最后的挣扎，所举办的新式学校、近代工业等新政运动，并未能触及原有国家基本制度的核心，最终以失败告终。[⑤] 然而，晚清士绅在国家危亡时期被动回应世界近代化潮流的行动，在民族边疆地区往往具有特殊意义，他们举办的新式教育也是当地百姓接触近代文化的重要窗口，故而在西宁城市文化近代化过程中仍有开风气之先的贡献，是值得肯定的。

民国时期，西宁与内地的联系日趋紧密，特别是青海建省以后，省

---

① 参见徐跃：《清末庙产兴学政策的缘起和演变》，《社会科学研究》2007 年第 4 期。

② （清）邓承伟修，张价卿、来维礼等纂，基生兰续纂：《西宁府续志 · 志余》，青海人民出版社 1985 年版，第 501—502 页。

③ （清）邓承伟修，张价卿、来维礼等纂，基生兰续纂：《西宁府续志 · 志余》，青海人民出版社 1985 年版，第 500 页。

④ 参见李健胜：《清代—民国西宁社会生活史》，人民出版社 2012 年版，第 52—53 页。

⑤ 参见林岗：《超大规模国家的近代化》，《读书》2000 年第 6 期。

垣西宁的政治地位得以提升，一些政府官员、出省求学的有识之士，或想要在西宁城市文化中体现近代民族国家的意志与追求，或因目睹西宁与外地的差距而号召市民奋发向上追赶近代潮流，或因国难当头要求青年认清时代责任，种种出于不同目的的近代化诉求，极大地促进了西宁城市文化的近代转型。

民国时期，困扰西宁乃至青海全省的重要问题就是教育的落后，当地政府官员意识到教育的落后不仅妨碍了西宁近代化的进程，也在很大程度上限制了近代民族国家理念的传播。1931 年，《蒙藏周报・南京卷》第 64 期《蒙藏要闻》刊载一报告“青海代表到京报告该省情况——王马两代表之谈话”，指出“青海虽因历年未受战事波及，生活比较安定，然始终因交通不便，及地处辽远之故，对于教育之推进，实觉极度困难，而青省计有汉、蒙、回及土番等族，除番族外，在青省人民，当推回族人民教育程度最属幼稚”①。报道称，青海地处偏远，甚难大规模推行近代教育，回族、藏族等民族教育程度颇为“幼稚”。这种由官方表达的共识，不仅是对当时西宁及青海教育状况的描述，同时也是制定应对之策的重要依据。

青海建省后，西宁本地的学生由社会团体、教育行政部门定期保送到外地求学，至 1949 年前夕，这类学生总数已达 300 多人②，这些学生赴内地求学后，真切地感受到家乡与外地的差距，“我们每每走到上海天津的十字街头时，看见一切近代化的生活表现，立刻使我们回想到穷苦可怜的西北，荒野闭塞的边地。同是中华民国的土地，同是中华民国

① 本刊记者：《青海代表到京报告该省情况——王马两代表之谈话》，《蒙藏周报・南京卷》第 64 期，1931 年，引自徐丽华、李德龙主编：《中国少数民族旧期刊集成》第 26 册，中华书局 2006 年版，第 782 页。

② 参见罗麟：《青海学生赴外省高校就读简况》，《青海文史资料集粹・教育文化卷》，内部资料 2001 年，第 38 页。

的人民，其社会建设，生活享受，竟有如此悬殊者！”[①] 正是在这种现实的刺激下，他们中的一些人学成归来后，投身西宁教育文化事业，成为践行近代文化的弄潮儿，为西宁城市文化的近代化作出过卓越贡献。当时，社会各界也对旅外求学的青海籍学生充满期待寄予厚望，把他们视为开发边疆，振兴青海的重要力量。[②] 随着西宁及青海内地化进程加深，西宁市民开始追求话语权，1935 年，当时的国民党中央委员会没有青海代表，有人产生“青海无人”之感叹[③]，这种身份意识和危机感，也从一个侧面反映了西宁社会精英企求近代化的渴念与热望。

民国时期，政府自上而下推行的近代文化建设是中国近代化的重要内容，1935 年左右，西宁地区青年受到国民政府“新生活运动”影响，《新青海》刊发《青海青年今后努力的动向》一文，号召青年以“礼义廉耻”为中心，厉行新生活运动，从观念上革除颓废、消极的思想，树立复兴民族、振救国家的精神。[④]“新生活运动”一词最早见于 1934 年 2 月 17 日蒋介石在南昌于调查设计会所作的演说《新生活运动发凡》，国民政府试图通过变革国民陋习，提升“国民道德”和“国民知识”，使国民具备近代国家公民基本素养。“新生活运动”虽然标榜“新”，其内容却是“旧”的儒家伦理体系，最终也因国民党在内战中败北而不了了之。然而，这个始自 1931 年，终于 1949 年横跨十四年抗战的国民教育运动，实际上是国家力量干预下的近代文化建设运动，从上揭《新青

---

① 李世军：《我们怎样走到新西北的路上？》，《新青海》第 1 卷第 1 期，1932 年，引自徐丽华、李德龙主编：《中国少数民族旧期刊集成》第 35 册，中华书局 2006 年版，第 769 页。

② 参见杨文炯：《开发边疆声中旅外求学青年应有之努力》，《新青海》第 4 卷第 10、11、12 期合刊，1936 年，引自徐丽华、李德龙主编：《中国少数民族旧期刊集成》第 39 册，中华书局 2006 年版，第 408—411 页。

③ 参见《新青海》杂志社：《新青论坛》，《新青海》第 3 卷第 11 期，1935 年，引自徐丽华、李德龙主编：《中国少数民族旧期刊集成》第 38 册，中华书局 2006 年版，第 367 页。

④ 参见志育：《青海青年今后努力的动向》，《新青海》第 3 卷第 7 期，1935 年，引自徐丽华、李德龙主编：《中国少数民族旧期刊集成》第 38 册，中华书局 2006 年版，第 186—187 页。

海》杂志的相关文章来看，它在西宁城市文化近代化过程中也是发挥了一定作用的。

日本全面侵华前夕，国民政府加紧推行“新生活运动”，通过举办识字班、公民班等向民众灌输民族国家理念，并视此为国民政府“训政”的重要内容。时人认为，“青海公民，对于政治智识和认识，薄弱的非常可怜，所以平日只注意到政府不要摊派为最大的希望，然究竟对于政府之设施，何者合理，何者有益，何者违法，何都有害，均不暇顾及，所以现出政治与人民不发生关系之现象”，因此之故，进行公民训练时，“宜特别注重灌输公民以政治思想，而于管理政治意识之提高，管理政治能力之养成，使全省人民，都能参加政治管理政治，这是最重不过之事”①。随着日本侵华形势的日趋严峻，精英知识群体对市民参政议政意识的呼吁更为迫切，他们认为，国难当头，“吾边省青年，责任异常重大，使命非常艰难，若非自己明了此非常时期之责任，不足以应付此非常时期之严重问题”②。

1937 年，西宁作为抗战的大后方，迎来了很多避难同胞，国民政府为抗日计，大力开发西北，一时间，原属边鄙之地的西宁变得热闹起来。当地的文化教育、工商业等进入前所未有的大发展时期，来自中原的有识之士及学成归省的青年才俊号召人们革新观念，从大局出发，为民族国家利益奋发图强，人们普遍意识到不改变帝国主义国家对中国的压迫与统治的现实，要实现近代化是不可能的③，而在民族危亡意识的刺激下，西宁市民革除时弊，学习先进文化的劲头很足，逐新慕异的时

---

① 张得善：《公民训练之重要与青海训练公民应注意之点》，《新青海》第 3 卷第 8 期，1935 年，引自徐丽华、李德龙主编：《中国少数民族旧期刊集成》第 38 册，中华书局 2006 年版，第 250 页。

② 岳永泰：《非常时期中边疆青年之修养与责任》，《新青海》第 4 卷第 3 期，1936 年，引自徐丽华、李德龙主编：《中国少数民族旧期刊集成》第 38 册，中华书局 2006 年版，第 675—676 页。

③ 参见龚书铎：《近代中国社会变革的思考》，《历史教学》1997 年第 11 期。

代追求在抗战时期表现得十分突出。[①]

近代以来，基督教在西宁的传播也是西宁城市文化近代化的重要方面。天主教和基督教新教的传教士通过在西宁及周边地区建立教堂，举办学校、医院的形式，将一些西方近代文化理念和科技产品输入西宁，并形成了“城市—县城—乡村”的传教网络。[②]传教士在西宁举办的教会学校中，光华小学和培英小学规模较大，学生也较多。这些学校的经费，完全由教会开支，教职员也都是教徒，学校行政领导权也归各教堂主持，地方教育行政机关很少过问。[③]培英小学“于一九二四年（民国十三年）附设于南大街天主堂内，招收学生多为信徒的儿女，以物质作诱饵，历年陆续增加到二百多人”[④]。在培英小学学习的学生，每年交四斗麦子的伙食费，不足部分学校补贴；贫困、无力交伙食费的，也可以免交。天主教开办小学，其目的是为了扩大天主教的影响，培养天主教传教人员，并通过联系和利用学生家长的社会关系，扩大影响，在各阶层群众中发展教徒。1941 年，国民党政府收回全国教育主权，培英小学改为经学院。此外，天主教、基督教新教还在湟源、大通等西宁周边地区设立过一些小学校。

清末民初，基督教会为接近西宁市民并博得百姓好感，陆续设立了一些卫生机构，为当地百姓提供医疗服务，西宁地区医疗事业的近代化也与基督教的传播关系密切。据星天光先生回忆，“西宁基督教创建人戴德生夫妇（英人），在同治年间（即 1862 年），先在兰州行医、传教并组建成河北医院（今甘肃兰州第一人民医院）。后来在西宁行医、传

---

① 当时，西宁市民不仅深受爱国抗日宣传影响，还身体力行，爱国热情高涨，近代民族国家意识浓郁。参见周宜逵：《抗战时期文艺界名人来青活动片断》，《青海文史资料集粹·教育文化卷》，内部资料 2001 年，第 144—153 页。

② 参见马明忠：《近代青海地区基督教传播的特点及社会影响》，《青海民族研究》2010 年第 2 期。

③ 参见刘呈德：《解放前青海学校教育一瞥》，《青海文史资料选辑》第 1 辑，内部资料 1963 年，第 128 页。

④ 田生兰遗稿：《解放前帝国主义通过宗教、间谍在青海的活动》，《青海文史资料选辑》第 9 辑，内部资料 1982 年，第 143 页。

教。是在西宁创建西医最早的人。其后由胡立礼夫妇接替医生工作，当时设有药房，对群众就诊不收药费，得到广大群众的信任和赞尝[①]”[②]。胡立礼之妻因给东关一位回族妇女接生后回家时城门关闭，受冻后得重感冒而死。“到1925年，外国人回国，药房及设备移交给裴伎、星天光、孙运清等人，组建成福音诊所。”[③]1931年，西宁天主教堂在县门街（今人民街）主办公教医院，“有四十余张病床，有内科和外科，也可开刀做手术。规模虽不大，但设备尚好。一般疾病，可在门诊就医，重病可以住院治疗。每天门诊病人约有四十至五十人左右。收费较低，无力治病的亦可免费治疗”[④]。基督教会在西宁福音堂内设有医疗所一处，“由传教士及教徒任医师及药剂生，一面传教，一面行医。湟源福音堂也附设医疗所”[⑤]。

基督教在西宁设立学校、医院进行传教的活动，其实质为帝国主义国家的文化殖民，是西方列强利用宗教势力进行的文化侵略。不过，基督教会为了吸引信众、传播宗教理念而举办的教会学校和医院，客观上成为传播西方近代文化知识和科学理念的重要窗口，西宁的一些市民在教会举办的学校中学会了识文读字，一些人在教会医院里得到过免费的医疗服务，这不仅增长了他们的文化知识，减轻了他们的病痛，同时也让他们接触到了新知识、新文化。因此，我们认为基督教在西宁的传播客观上促进了西宁城市文化的近代化进程，它的历史作用也不能随意贬低或抹杀。

总之，西宁地处偏僻，经济落后，在旧有传统文化和地方秩序的阻

---

① “尝”字当为“赏”字。——笔者按

② 星天光：《回忆西宁西医的创始及发展》，《西宁城中文史资料》第2辑，内部资料1985年，第101页。

③ 星天光：《回忆西宁西医的创始及发展》，《西宁城中文史资料》第2辑，内部资料1985年，第101页。

④ 王册：《天主教在青海的传播与发展》，《青海文史资料选辑》第10辑，内部资料1982年，第181页。

⑤ 田生兰遗稿：《解放前帝国主义通过宗教、间谍在青海的活动》，《青海文史资料选辑》第9辑，内部资料1982年，第145页。

碍下，近代化的积累远逊于中原地区，特别是城市文化的理性化、科学化程度甚微，西宁城市文化近代化发展滞后的状况是我国西部民族边疆地区近代化进程整体不甚乐观的一个历史缩影。然而，在晚清士绅、民国时期的地方精英、民族国家力量及外来宗教势力的影响下，已于清末民初走上近代化的轨道，在文化教育、城市传媒、近代医疗卫生等领域取得了一些进步，西宁市民的观念也逐步向近代化迈进。

二、西宁教育的近代化发展

近代西宁文化教育事业是在突破原有儒学教育及少数民族传统教育，利用旧有教育资源举办新式教育的过程中逐步发展起来的。除由国民党中央政府、青海省教育行政部门兴办的中小学、师范学校、职业学校承载并体现着西宁近代化教育的总体面貌外，由青海蒙藏文化促进会、青海回教教育促进会、管理中英庚款董事会及一些有识之士兴办、赞助的教育机构，对西宁近代教育的发展作出过卓越贡献。西宁教育事业的近代化发展既是城市文化近代化的组成部分，在当时还扮演着引领时代潮流的作用，对近代乃至现当代西宁城市文化的发展起到了不可替代的重要作用。

（一）晚清儒学教育的近代转型

明清时期，西宁及周边地区百姓主要接受儒学教育，学习内容是儒家经典，教育的目的也主要是为科举考试服务。当时的儒学教育机构从低到高依次包括私塾、社学、义学、县学、府学、书院及庙学。除此而外，一些少数民族接受寺院教育或经堂教育，受教内容主要是佛教典籍、伊斯兰教经典及民族医学、艺术等。[①] 前现代社会的教育事业因其受众面过窄，教育内容落后僵化，教育目的保守狭隘，无法与近代社会文化正常接轨。因此，在走向近代化过程中，传统教育往往成为批判

① 参见李健胜：《清代—民国西宁社会生活史》，人民出版社 2012 年版，第 95—116 页。

和改革的对象，西宁地区的儒学教育及少数民族教育旧有形式也概莫能外。

光绪新政时期，清政府诏令全国各地兴办新学，西宁及周边地区士绅积极响应，利用旧有的书院、府县学机构兴办了一些新式学堂。光绪三十一年（1905），西宁府“改五峰书院为西宁府中学堂……是年，湟中书院改为高等小学校”[①]。光绪三十二年（1906），“丹噶尔同知邓尔康改书院为小学堂”[②]。大通县于光绪三十一年（1905），设高等学校一处，另改泰兴书院为高等小学校，还在城乡各处设初等小学校四处。[③]丹噶尔北义学曾一度废置，光绪三十年（1904）又复立，后改为官立蒙养学堂。如前所述，西宁府县政府及当地士绅还利用庙产举办新学，推行新学之势在西宁蔚然成风。[④]

受晚清政府举办新式教育挽救国家颓势的政策鼓舞，西宁周边地区的一些少数民族子弟也开始接受新式教育。光绪年间，大通县知事黄仁治等人曾在大通城乡建立13所义学，用以推行新学，“设在回、土、藏、蒙古少数民族地区的，就有三分之一左右，其余则为或回、汉；或土、汉；或回、土、汉；或回、藏、汉等混合学校”[⑤]。光绪二十一年（1895），在回族人士马永昌、马文炳等的倡议下，大通县良教乡上治泉村成立了一所回族小学，这是大通县首所回族小学。民国二十年（1931），该校归属大通回教教育促进会管理，改名为上治泉中心

① （清）邓承伟修，张价卿、来维礼等纂，基生兰续纂：《西宁府续志·志余》，青海人民出版社1985年版，第504页。

② （清）邓承伟修，张价卿、来维礼等纂，基生兰续纂：《西宁府续志·志余》，青海人民出版社1985年版，第504页。

③ 参见刘运新等编纂，大通县民族古籍办公室标注：《大通县志·建置志》（青海地方旧志五种），青海人民出版社1989年版，第482页。

④ 参见李健胜：《清代—民国西宁社会生活史》，人民出版社2012年版，第102—103页。

⑤ 任国安：《清末及民国时期大通少数民族教育梗概》，《大通文史资料》第2辑，内部资料1987年，第47页。

小学。[①]

晚清时期，新式教育往往依托于原有儒学机构加以发展壮大，除利用旧有府县学、书院及当地庙产兴办学校外，教育经费也仰赖原有发商生息之款。值得一提的是，晚清新学增设了《地球韵言》《生理教科》《工学教科》《外国历史歌》等传授近代知识文化的课程，这都为我国教育事业的近代化奠定了一定基础。在西宁城市文化近代化过程中，晚清士绅发起的新学运动也对当地文化教育的近代化作出过一定贡献。

（二）西宁近代教育的发展

民国时期，西宁近代教育事业有了长足发展，西宁教育的近代化进程也在青海建省、国民政府开发西北政策的落实等政治因素的影响下，呈现纵深发展的趋势。当时，西宁文化教育的主要载体即为学校教育，其发展历程可大致分为以下三个时期。

1. 民国初年至青海建省时的西宁学校教育

民国初年，西宁的学校教育是在晚清新式学堂教育的基础上得以进一步发展的，民国临时政府颁布的教育章程也大多依赖原有学堂得以实施。此外，西宁地方政府还利用晚清政府遗留的房产、发商生息之款创办了一些小学校。民国三年（1914），西宁县“在下东关新昭忠祠，以旧义学款项，设立高小学校……四年，西川新增堡学董张玮等募款创建高小学校。是年，各处旧义学生息，并为九处初等小学校经费。五年，在府经历废署建设女子两级学校，聘湖北女中校毕业生黄淑兰为校长，并筹款添设中学班。六年，西川镇海堡学董王佐邦等募款购千总废署，创办两级小学校”[②]。民国七年（1918），“贡院拨归师范学校后，因日形坍塌，遂由该校拆毁开成小新街。东西并修楼房、铺面，招商居住以为

① 参见马仙麟、伊正气：《大通回族村庄首创的一所小学堂》，《大通文史资料》第 4 辑，内部资料 1993 年，第 106—110 页。

② （清）邓承伟修，张价卿、来维礼等纂，基生兰续纂：《西宁府续志 · 志余》，青海人民出版社 1985 年版，第 504—505 页。

学产”[①]。成立于民国十五年（1926）的西宁县教育局，也由原劝学所改组而成，“全县教育经费系原有书院及文社、义学各款基金发商生息，每年共收入银洋四千二百一十元有奇，用途系分配各校经费，每年共支出大洋四千二百一十元有奇，管理人系教育局”[②]。民国七年（1918），大通县拔贡刘秉文“募款创建新城第二高小学校。八年，甘边宁海镇守使马麟，在前营三圣庙创建蒙番学校，后改为青海筹边学校。是年，鲁沙尔学董咸复新等创设两级小学校。九年，镇守使马麟、道尹黎丹，捐廉在昭忠祠设立职业学校，委上海工艺学校毕业生李成蔚、吕兆麟办理。旋因毛铁两工经费不敷，呈请停办。十四年，筹边学校校长朱绣呈准甘肃教育厅附设职业科，专办毛编物。十三年，在后统领街旧义学地点，创设威锐学校。十四年，西宁道尹黎丹捐廉，在报恩生祠内设立无我学校”[③]。

1921年，马麒采纳教育界人士的建议设立宁海回教促进会，在西宁东关、湟源等地开办小学，并通令回族子弟入学。1911年，西宁办事大臣庆恕在西宁创办蒙古半日学堂，利用丹噶尔厅盐税为蒙古贵族子弟提供近代教育。当时一些蒙古王公深恐子弟入学后会被“洋化”，便雇人顶替或请求免予入学。民国元年（1912），蒙古半日学堂改称为宁海蒙番学校，扩大了招生范围。[④]

民国初年至青海建省前，西宁地方政府利用晚清遗留经费、房产，时任官员、地方士绅的捐俸来兴办教育。“据方志资料的不完全统计，1928年，西宁行政区所属七县共有初、高级小学校278所，比18年前设在这一地区的28所（此数可能有遗漏）初、高等小学堂增长了约9

① （清）邓承伟修，张价卿、来维礼等纂，基生兰续纂：《西宁府续志·志余》，青海人民出版社1985年版，第502页。

② 王昱、李庆涛编：《青海风土概况调查记》，青海人民出版社1985年版，第55页。

③ （清）邓承伟修，张价卿、来维礼等纂，基生兰续纂：《西宁府续志·志余》，青海人民出版社1985年版，第505—506页。

④ 参见崔永红等主编：《青海通史》，青海人民出版社1999年版，第800—804页。

倍。”[①] 当时，兴办学的学校大多为初、高级小学校，基础教育较之前已有明显进步。由于当时青海还未建省，西宁及周边地区属于甘肃省管辖。行政地位的低下，使得西宁城市教育经费投入严重不足，加之原有教育基础甚为薄弱，当地政府也只能从小学教育抓起，尽力夯实教育基础，故而当时西宁的中学教育、师范教育等基本为空白。

2. 青海建省至抗战前夕西宁学校教育的发展

1929 年，青海建省，西宁成为省府所在地，这为西宁城市各项事业的进步奠定了重要的政治基础。在文化教育方面，青海建省后，青海省政府、回教教育促进会等机构除继续兴办小学教育外，还大力发展中等教育、职业教师和师范教育。

在中等教育方面，西宁第一中学是当时青海省教育厅所属唯一完全中学，其前身为 1911 年设在西宁的蒙古半日学堂，1912 年改为宁海蒙番学校，1920 年增设师范甲种讲习科，“始具有中等教育性质”[②]，后又升格为宁海蒙番师范学校，1927 年改为宁海筹边学校，青海建省后分设为省立第一中学，省立第一职业学校和蒙番班。省立第一中学起初只有初中部，后发展为完全中学，校址为今宏觉寺街西宁市第五中学所在地。西宁一中在政治上与国民政府中央与地方势力关系皆较淡薄，办校一直较为平稳，“该校朱绣、祁中道等传播了五四时期的新思潮，这对启发学生思想起了很大作用。当年北大校长蔡元培的教育思想和主张，在这里留下了一些烙印”[③]。1936 年，省立西宁第一中学高中部、简师部共聘教师 40 余人，大多为“各方饱学之士”，这为该校今后的发展奠定

① 崔永红等主编：《青海通史》，青海人民出版社 1999 年版，第 786 页。

② 李得贤：《解放前青海中等学校教育的概况》，《青海文史资料选辑》第 8 辑，内部资料 1981 年，第 71 页。

③ 李得贤：《解放前青海中等学校教育的概况》，《青海文史资料选辑》第 8 辑，内部资料 1981 年，第 72 页。

了良好的师资基础。[①]

国民党中央政府创办的中央政治学校西宁分校是国民党党校的组成部分，同时具有中学教育的特点与功能。该校于1934年10月15日正式成立，并于次年开始招生，校址设在西宁小桥大营盘。1935—1939年，“每年招收简师一班，初中一班，每班学生都在五十人左右。所招的学生有蒙、藏、回、土、汉等族，其中以汉族居多，并且男女兼收，开创了青海男女同校的先例”[②]。该校教员水平较高，学生毕业后能考入内地高中或中等专业学校，西宁市民大多愿意送子女到这所学校学习。这所学校政治气氛颇为浓厚，“新生入校后，要受一个月的军事训练，还有学习三民主义、建国大纲、孙文学说等”[③]。该校办学较为正规，学生入校后，都发给一枚证章，“这个学校里备有校服，每到城里参加集会，或逢校庆，或有官员来校视察时，总务处就拿出校服，让学生穿着起来”[④]。

为了培养直属小学师资，成于立1921年的回教教育促进会在西宁东关设立师资讲习所，1933年，在讲习所基础上成立初级中学，这便是昆仑中学的前身。1936年，为解决当时初中毕业的马步芳之子马继援上学问题，设立高中，使该校发展成为完全中学。

这一时期，西宁地区的职业教育也有一定发展。省立西宁职业学校“起源于一九二〇年（民国九年），原昭忠祠后面小巷中蒙藏学校分设的职业科，一九二八年（民国十七年）成立西宁职业学校，除学一般文化课外，主要设有毛纺织等专业。一九二九年（民国十八年）在原小教场

① 参见编者辑：《最近之青海·高中聘定大批教员》，《新青海》第4卷第3期，1936年，引自徐丽华、李德龙主编：《中国少数民族旧期刊集成》第38册，中华书局2006年版，第718页。

② 陈希夷：《国立西宁师范的前前后后》，《西宁文史资料》第1辑，内部资料1984年，第27页。

③ 陈希夷：《国立西宁师范的前前后后》，《西宁文史资料》第1辑，内部资料1984年，第27页。

④ 严永章：《国师学校见闻锁记》，《西宁城中文史资料》第1辑，内部资料1988年，第39页。

街药王庙设立省立西宁初级工科职业学校，后以增设农科，改称省立农业学校。一九三二年（民国二十一年）改为第一职业学校，并在其中附设兽医班。后来又把这两个职校合并，改称青海省立西宁职业学校，原兽医班成立为省立畜牧兽医学校”[①]。

这一时期，省垣西宁设立的中等师范学校有省立蒙藏简易师范学校和省立女子师范学校。省立蒙藏简易师范学校是一所带有民族教育性质的师范学校，其前身为西宁第一中学附设的蒙藏班，1933年，在西门外成立，任命吴世珍为校长，并附设小学1所。[②]省立第一女子师范学校是当时“青海全省仅有一所中等女子学校……起源于一九一三年（民国二年），是西宁县警佐明璋和他的妻子黄淑兰所倡办的西宁县立女子初等小学堂。这个小学后来改为西宁县立女子两级学校，至一九一八年（民国七年）增设师范讲习科，旋为西宁县立女子师范学校，青海建省后改称省立女子简易师范学校，后又改为省立第一女子师范学校”[③]。这所学校虽为青海女子教育开了先河，但在旧有贤妻良母思想等的影响下，该校除了为本地小学培养了一批师资外，大多数毕业生嫁为官宦之妇，并未从事文化教育工作。另据毕业于该校的韩华女士回忆，西宁女子师范学校的“课程有：代数、物理、化学、国文、外国史地，另外还加授师范专业课，教育概论、教学法和教材、乐理、心理学等”[④]。

1935年，《新青海》杂志社刊登了当时对西宁中等学校调查表[⑤]，从中可以看出，西宁中等教育已从无到有，有了初步发展。

---

① 李得贤：《解放前青海中等学校教育的概况》，《青海文史资料选辑》第8辑，内部资料1981年，第83页。

② 参见李得贤：《解放前青海中等学校教育的概况》，《青海文史资料选辑》第8辑，内部资料1981年，第79页。

③ 李得贤：《解放前青海中等学校教育的概况》，《青海文史资料选辑》第8辑，内部资料1981年，第81—82页。

④ 韩华：《忆母校——西宁女师》，《西宁文史资料》第2辑，内部资料1985年，第67页。

⑤ 参见《新青海》杂志社：《青海中等学校调查》（西宁通讯），《新青海》第3卷第11期，1935年，引自徐丽华、李德龙主编：《中国少数民族旧期刊集成》第38册，中华书局2006年版，第425页。

校名	校址	学级数	学生数	教职员数
省立西宁高级中学	城内西街	高中一级　简师四级	211	38
省立西宁初级中学	城内先觉街	共三级	182	37
省立回教促进会附设西宁初级中学	城南关外	共三级	182	20
省立西宁工业学校	城内职业街	工科三级　农科二级	183	56
省立蒙藏师范学校	城西门外	二级	60	18
省立西宁女子简易师范学校	城内公安街	四级	64	22

青海建省后，西宁及周边地区少数民族教育日益引起当政者及有识之士的关注。1932 年 7 月 1 日出版的《边事月刊·青海卷》发布著名翻译家杨质夫先生起草的《青海省蒙藏教育计划大纲》，《大纲》指出，青海有蒙藏人口二百余万，创办蒙番学校十分有必要，大纲第一期计划未来四年在西宁附近或塔尔寺择一地，“筹设蒙藏师范学校及附属小学”①。《大纲》共分三期，系统预设了蒙藏基础及师范教师的未来规划。1933 年 7 月 5 日青海省政府在西宁组成“青海蒙藏文化促进会筹备委员会”，并呈请国民党政府蒙藏委员会批准，正式成立“青海蒙藏文化促进会”②。同年，马步芳仍担任原军职外，又兼任青海南部边区警备司令和青海省政府委员职务，并在西宁新九师师部所在地西宁大南门火神庙旧址，成立“青海南部边区警备司令部附设蒙藏小学”一所。③ 这所学校采用新学制课本，课程包括国语、算术、党义、自然、常识、卫生等外，还加授带有军事性质的体育训练，每天授课时间定为 6 小时。该

① 杨质夫：《青海省蒙藏教育计划大纲》，《边事月刊》第 2 期，徐丽华、李德龙主编：《中国少数民族旧期刊集成》第 85 册，中华书局 2006 年版，第 769—771 页。

② 才仁加：《解放前的蒙藏文化教育》，《青海文史资料集粹·教育文化卷》，内部资料 2001 年，第 16 页。

③ 才仁加：《解放前的蒙藏文化教育》，《青海文史资料集粹·教育文化卷》，内部资料 2001 年，第 17 页。

校校规甚严，按时作息，每日吃饭前后均有自习时间。每逢星期日，许可请假分批出外。在正常上课时间内，一律不准出校门。在生活待遇方面规定:（1）每人每月 45 斤粮食;（2）每人每月发两元的蔬菜费;（3）冬夏两季，按学生人数发给棉被单衣各 1 套，棉单鞋各 1 双;（4）还发有衬衣、袜子、皮带、缠子（绑腿）、茶缸、毛巾;（5）宿舍一律铺床单、被单、讲究整齐清洁。[①]

在西宁周边，一些藏传佛教界有识之士也通过举办新式学校，主动承纳近代文化。1932 年，大通广惠寺七世敏珠尔活佛呼图克图（蒙古族），筹资修建礼堂 5 间，校舍 40 余间，在省教育厅的允诺下成立了广惠寺蒙藏小学。这所“学校开设了国语、藏文、算术、常识、习字、唱歌、体操等课程，但大部分课程没有课本，只好由老师口授。由于课程设置合理、实用，学生在学校不仅能够学习藏文，而且还能够学习汉文以及其他文化知识，故当地各族人民都乐意送子弟入学，后期学生达到 137 人之多”[②]。1937 年，蒙藏教育促进会还在湟源东科寺设立一所小学[③]，东科寺也成为传播近代知识的一个场所。

3. 抗战至 1949 年前夕的西宁学校教育

抗战时期，西宁作为西北大后方，承纳了来自祖国内地的一些避难同胞，国民政府为了实施持久抗日的军事战略，加大了对西北边疆的开发力度。这一时期，西宁的总人口较之前有所增加[④]，社会经济事业也有所发展，这都为西宁学校教育的发展提供了有利条件。

这一时期，西宁中学教育发展势头颇为良好，为西宁及青海乃至全国培养了不少人才。马步芳执政时期，西宁第一中学因财力有限，设备

① 参见才仁加:《解放前的蒙藏文化教育》,《青海文史资料集粹·教育文化卷》，内部资料 2001 年，第 18—19 页。

② 白文固、杜常顺等:《明清民国时期甘青藏传佛教寺院与地方社会》，青海人民出版社 2009 年版，第 255 页。

③ 参见贺勋:《湟源东科寺今昔》,《湟源文史资料》第 2 辑，内部资料 1987 年，第 40 页。

④ 参见黄云生:《近代西宁人口变迁初论》,《青海师范大学民族师范学院学报》2008 年第 2 期。

不足，学校发展受到限制。马步芳还对西宁一中采取压制措施，甚至挪用教育部拨给西宁一中的专款，使之不能有良好发展。[①]然而，该校学风朴实，与中央和地方政治势力的关系较为淡薄，办学效果和社会口碑皆佳。抗战爆发后，受抗日宣传影响，学生们的爱国热情高涨，其中，沈克敬、孙昌龄、范世良三位学生因订阅进步报刊或在日记中表达了对马氏军阀不满而遭到迫害。[②]1949 年，该校高中部共计 3 个班，初中 6 个班，学生共计 300 人，较抗战前增加了 100 多人。

西宁湟川中学是用英国退还庚款所建的学校，全称为“管理中英庚款董事会湟川中学”，于 1938 年开始筹备，始建时受马步芳的阻碍，西北教育设计委员会委员著名史学家顾颉刚等人冲破阻力，才得以创办成功。建校之初，由首任校长王文俊等人购买民地，招工修建校舍。该校初步建成后，在兰州选聘教师，“当时抗战军兴，由华北、北平一带撤退到西北者，颇不乏其人，但亦皆限于西安和兰州，更往西去，则为数更少。作者在兰州极力罗致，因本人在国内系北大毕业，故聘有北大毕业者四五人，北师大毕业者三四人，清华毕业者二三人，均可称一时之选，教师阵容极为坚强。截至民国三十四年（一九四五年）春我离开该校时，教师的坚强阵容，始终未衰。……我们所聘请的教师，多半为青年才俊，已婚者不多，故大部分居住校内，而且多数好学，也爱好运动，这对学生的影响是很大的，由于师生之间接触频繁，形成了水乳交融的状态，身教言传，感情并重，爱的教育，可于该校见之”。[③]

湟川中学校风良好，学生读书风气浓厚，晨读时，“学生人手一册，多数为英文，其次为国文……教师们也人手一册，加入朝读行列，这

---

① 参见李海观：《原西宁中学概述》，《西宁文史资料》第 4 辑，内部资料 1986 年，第 20—23 页。

② 参见李得贤：《解放前青海中等学校教育的概况》，《青海文史资料选辑》第 8 辑，内部资料 1981 年，第 72 页。

③ 王文俊：《创办西宁湟川中学的经过和经验》，《青海文史资料选辑》第 14 辑，内部资料 1985 年，第 56 页。

就起到了‘染于苍则苍，染于黄则黄’的染缸作用”[①]。王文俊曾留学德国，深谙西方教育理念的利弊，他试图将自己的教育理想与社会现实结合起来，倡导和推行“整体教育”[②]。正唯如此，该校十分重视学生德育、体育、群育[③]，还十分重视美感教育，“例如话剧与歌舞表演，杂技与趣味活动，学艺活动与体育表演等经常举行，一方面调剂学生的情趣，另一方面增进其审美能力”[④]。该校对学生的课业要求很高，升留级制度也甚为严格，“主课一门不及格，就不能升级”[⑤]。同时，学生的课外活动也十分丰富，通晓琴棋书画者也为之不少，堪称“人文蔚起”[⑥]。总体而言，该校育人策略整体上较为得当，师资力量也甚是雄厚，在当时中英庚款董事会所办四所中学中独树一帜[⑦]，在当时西北地区乃至全国颇有声誉。[⑧]

湟川中学学生成绩十分优异，“一九四一年年底至一九四二年年初，青海全省高初中学生参加会考，湟川中学成绩优异，震动了教育界。此后西宁的士绅和官僚阶层竞相送子女入湟川中学学习，湟川中学的声誉遂即传播开来。第一届（1941）十名高中毕业生，除一人因家庭条件所限，自谋就业外，其余九人都考取了大专院校。第二届二十四名高中毕

① 王文俊：《创办西宁湟川中学的经过和经验》，《青海文史资料选辑》第14辑，内部资料1985年，第58页。

② 罗麟：《湟川中学的创建人——王文俊先生》，《青海文史资料选辑》第15辑，内部资料1987年，第135—141页。

③ 即今之所谓集体主义、民族意识及爱国思想教育。——笔者按

④ 王文俊：《创办西宁湟川中学的经过和经验》，《青海文史资料选辑》第14辑，内部资料1985年，第65页。

⑤ 罗麟：《早年的湟川中学》，《西宁文史资料》第4辑，内部资料1986年，第3页。

⑥ 罗麟：《早年的湟川中学》，《西宁文史资料》第4辑，内部资料1986年，第7页。

⑦ 其他三所为甘肃河西中学、宁夏银川中学和贵州黔江中学。——笔者按

⑧ 参见罗麟：《早年的湟川中学》，《西宁文史资料》第4辑，内部资料1986年，第2页；王亚森、罗麟：《湟川中学创建简史》，《西宁文史资料》第5辑，内部资料1988年，第63—66页。

业生，大都以考取全国名牌大学为光荣，不愿屈从学校的保送升学”[①]。湟川中学从创办至1949年前夕，历时仅十年，“由于学校比较严格地执行教育方针，一切均较正规，这在当时是起了一定的规范作用。因此，所培养出来的学生，基础都比较扎实，毕业后有很多人投考入国内中央、重庆、四川、同济、北京及齐鲁公立和私立大学”[②]。湟川中学堪称近代青海教育史上的一朵“奇葩”，它的成功办学经验值得后世从事教育者学习和借鉴。[③]

湟川中学从创办到1949年，历时仅10年，由于学校办学方针得当，经费充足，教风学风优异，故在较短时间取了很好的办学效果，“湟川中学不仅设有完备的初高中，而且还先后增设了德语、藏语班及高一级的其他专业班，办学制度日趋完善。据1948年10月份学生名册统计，全校高中五个班，初中八个班，共有中学生456人。此后，由于学校将学生的公费待遇一律改为私费，部分学生因抗战胜利返回内地老家，人数略有减少。到西宁市解放前夕，全校有高中五个班，初中六个班，学生390余人，教职员56人”[④]。

1942年，马步芳接受白崇禧建议把青海省回教教育促进会立高级中学（简称回中）改名为昆仑中学。该校校址最初设在西宁东关清真大寺隔壁的青海省回教教育促进会内，后又在小北门外北郊新建校舍，湟中公园也被并入昆中，辟为校园，原设于西宁大什字路西南的芸香图书馆移至昆中，专为昆中师生服务。1937年，马步芳开始兼任该校校长，“将原省干部训练团纳入该校，设多种职业班，为全省行政和军队培养

① 罗麟：《湟川中学的创建人——王文俊先生》，《青海文史资料选辑》第15辑，内部资料1987年，第139—140页。就湟川中学学生不愿屈从保送的情况，罗麟先生在其他追忆文章中亦有述及，罗麟：《早年的湟川中学》，《西宁文史资料》第4辑，内部资料1986年，第4页。

② 李得贤：《解放前青海中等学校教育的概况》，《青海文史资料选辑》第8辑，内部资料1981年，第73页。

③ 参见崔永红等主编：《青海通史》，青海人民出版社1999年版，第791—792页。

④ 王亚森、罗麟：《湟川中学创建简史》，《西宁文史资料》第5辑，内部资料1988年，第56页。

中下骨干”[①]。马继援在马步芳授意下成立昆仑中学校友会，马继援自任理事长，校友会设立“子香”奖学金委员会，还负责保送校友赴外省深造，由校友会聚拢而成的“昆中系”也成为马步芳家族统治势力的人才基础。[②]昆仑中学成立之初由回族上层募捐维持，马步芳执政后由其官办企业供给经费，教师待遇颇为优厚，学生的待遇也基本为公费。该校毕业的学生经推荐后到全国各大学就读，学成归省后成为马步芳政府各机关骨干，一部分成为回族小学师资，对促进回族的文化教育作出过贡献，军事化的管理也培养了一批军事骨干。[③]

昆仑中学下设有中学部、师范部、训练部、小学部及幼稚园，昆中兼收各族学生，起初回族学生较少，1935 年以来，回族学生逐渐增多，学生在校期间不服兵役，毕业后统一分配工作或报送至外省各大学就读。昆仑中学所属中学、师范及小学都增设阿文课，每周授课 1—2 小时，内容主要是伊斯兰教义的基本知识，信仰伊斯兰教的中小学生还要参加宗教礼拜活动，校内还建有礼拜堂，供师生使用。[④]昆仑中学附设第一至三女子小学，招收回族女童，除上一般文化课外，还要学习阿文、缝纫、纺织等课程，这对促进回族女子教育具有划时代的意义。[⑤]昆中办有《星月》半月刊，研究和宣传伊斯兰教教义，还创办有《昆仑中学校刊》月刊，宣传和介绍昆中各项事业，后为《昆仑报》所代替。1949 年前，昆仑中学是省垣西宁规模最大的一所学校，“全校教职员约有一千余人，中小学生约有七千名之多……昆仑中学还设有师范班，专

---

① 李得贤：《解放前青海中等学校教育的概况》，《青海文史资料选辑》第 8 辑，内部资料 1981 年，第 75 页。

② 参见沈鸿仪：《我所知道的“昆仑中学”校友会》，《青海文史资料选辑》第 14 辑，内部资料 1985 年，第 82—85 页。

③ 参见马鸣狮、马成发、定耀仁：《解放前的昆仑中学》，《青海文史资料选辑》第 13 辑，内部资料 1985 年，第 115—116 页。

④ 参见李文实：《昆仑中学抚今追昔》，《西宁文史资料》第 6 辑，内部资料 1989 年，第 44 页。

⑤ 参见马迪甫：《青海回族女子教育的兴办与发展》，《青海文史资料选辑》第 17 辑，内部资料 1987 年，第 135—138 页。

为回族小学培养师资”[①]。

1936年6月，蒙藏小学校学生毕业后面临继续就读的问题，时任代理青海省政府主席的马步芳决定成立蒙藏中学，委派洛桑香趣为校长，并使该校改属于蒙藏文化促进会管理。1937年，该校校址由原隍庙街迁至小教场“动物园”附近，学生规模达一百六七十多名，分为7个班授课。[②]1940年，蒙藏中学与昆仑中学第三分校合并，原有学校建制撤销。

这一时期，西宁的中等师范教育也有所发展。1940年，国民党中央政治学校西宁分校改为国立西宁师范学校，直属教育部。该校从“内地聘请了很多专任教师，其中大部分人都是北京大学、西北大学、浙江大学、西北工学院、西北师院等院校的毕业生，另外还在内地聘请了一些任教多年的老教师，因而教师的文化水平较高，教学质量也随之提高了，培养出来的学生既能胜任小学教师，又能考入内地各大学继续深造”[③]。该校办学宗旨是为边疆教育事业培养人才，招收汉、藏、蒙、回、土等各民族学生，男女兼收。国立西宁师范学校经费充足，图书资料配备齐全，师资较强，经常组织学生举行演讲、辩论、作文等比赛，文艺活动也开展得有声有色，有时还延请知名人士来校作学术报告。[④]青海建省后曾将由清末西宁府中等学堂改设的甘肃省立第四师范学校，设立为西宁简易师范学校。1938年，马绍武任教育厅长后，竟将这所学校一分为二，分迁至化隆与民和两县，使原有办学成果基本废弃。1940年，为了便于向教育部领取经费，又把西宁西大街中心小学升格为西宁简易师范学校。1944年，青海省立蒙藏师范学校迁往大通，

① 刘呈德：《解放前青海学校教育一瞥》，《青海文史资料选辑》第1辑，内部资料1963年，第126页。

② 参见才仁加：《解放前的蒙藏文化教育》，《青海文史资料集粹·教育文化卷》，内部资料2001年，第20—21页。

③ 陈希夷：《国立西宁师范的前前后后》，《西宁文史资料》第1辑，内部资料1984年，第29页。

④ 参见崔永红等主编：《青海通史》，青海人民出版社1999年版，第795—796页。

改称大通师范学校，1946 年，又并入省立西宁师范学校，主要招收汉族学生，只以蒙藏教育名目向教育部领取办学经费。抗战期间，省立西宁女子师范学校的办学规模有所扩大，办学条件也有所改善。1949 年前后，上述几所师范学校学生共有 400 余人①，办学规模较抗战前有所扩大。

这一时期，西宁职业教育也有所发展。除省立西宁职业学校外，1948 年，在原设于西宁隍庙街省立护士职业训练班的基础上，设立了省立高级护士学校，生源大多来自西宁第一女子师范学校。"当时负责教学和管理的是一位态度严肃、工作认真的外国籍女专家，对学生要求严格，一丝不苟。……当时省立中山医院的护士，完全是从这个学校过去的护士训练班毕业的。"②这所学校为西宁近代医护事业作出过突出贡献。抗战爆发后，国民党中央政府军在今青海省贵南县设立军马场，并在当时的耶日瓦地方成立一所职业学校。抗战胜利后，该校迁至湟源，更名为国立青海实用职业学校，设农垦、畜牧两个专业，"这所学校，在解放后继续得到充实和发展，为牧业区培养了大批农牧技术骨干"③。

除上述中学、师范及职业学校外，抗战至 1949 年左右，西宁的幼儿教育也有所发展。西宁幼儿教育起步较晚，1938 年，中英庚款董事会在西宁筹建湟川中学的同时，还附设了小学部及幼稚园。幼稚园"招取中、大班幼儿各一班，在西宁市宏觉寺街租用民房为园址，开始培育幼童。招生对象，大部系湟川中学教职员工的幼童，也收一些居民的幼童，但为数不多，由文山夫妇任教。一九四一年由于湟川中学迁到西门外贾小庄新校址后，该园遂告停办。此所幼稚园虽开办时间不长，班级不多，但它是西宁市幼儿教育事业的开端，对以后兴办幼儿教育影响较

① 参见李得贤：《解放前青海中等学校之见闻》，《青海文史资料集粹·教育文化卷》，内部资料 2001 年，第 11 页。

② 李得贤：《解放前青海中等学校教育的概况》，《青海文史资料选辑》第 8 辑，内部资料 1981 年，第 84 页。

③ 李得贤：《解放前青海中等学校教育的概况》，《青海文史资料选辑》第 8 辑，内部资料 1981 年，第 83 页。

大”[①]。这所幼儿园首届招生65名，“园内有电动小火车、自动小汽车、各种洋娃娃、脚蹬独轮车、小三轮自行车、大的小的彩色积木、各种大小皮球等玩具。也有各种图书、连环画、故事书、看图识字等等，有一些教学器具，如脚踏风琴、地球仪、大算盘等等”[②]。此后，西宁先后创办过青青幼稚园、芳惠幼稚园，前者规模曾增至招收300名幼童，后者系昆仑中学附设，是回族幼稚园。[③]

（三）西宁教育文化的近代特征

从上述介绍来看，晚清及民国时期，西宁地区的学校教育有了较快发展，这些学校是传播知识、培养人才重要阵地，也是西宁城市文化近代化的重要窗口。受办学规模、效果的限制，以及国家权力、地方政治、宗教势力的干预与影响，西宁地区学校教育在近代文化理念的实践方面，又存在诸多不足。具体而言，晚清及民国时期，西宁教育文化的近代特征可总结为如下几个方面。

1. 教育在西宁城市文化近代化过程中的引领作用十分突出

教育为百年大计、立国之本。对于一座城市而言，教育是城市文化发展状况的重要衡量指标，也是城市发展的“助推器”和“发动机”。晚清及民国时期，西宁地区的学校教育受到了社会各界的普遍重视，除政府利用其行政管理职能创办各式学校外，当地的社会、文化及宗教团体也积极参与学校建设，如蒙藏文化促进会、回教教育促进会等组织，在发展藏族、蒙古族、回族等少数民族教育事业方面起到过重要作用。此外，中英庚款管理董事会、基督教会等组织也在客观上为西宁地区教育事业的发展发挥过积极作用。一般而言，近代化的核心内容是工业化，但在落后的西北地区，因缺乏工业化的人才、知识及观念积累，

① 李育芬：《原西宁市幼儿教育概况》，《西宁文史资料》第4辑，内部资料1986年，第36页。

② 杨恺：《西宁第一所幼稚园漫忆》，《西宁文史资料》第6辑，内部资料1989年，第139页。

③ 参见李育芬：《原西宁市幼儿教育概况》，《西宁文史资料》第4辑，内部资料1986年，第37—42页。

发展工业的难度十分巨大，当时政府及关心教育事业的社会各界都意识到，只有发展好西宁的教育事业，才有可能奠定好工业化的社会基础，故而，与我国沿海地区主要通过兴办工业走向近代化的模式不同，西宁地区的近代化是以发展教育事业为先导的。

晚清及民国时期，社会各界为西宁地区的教育事业投入了大量的人力、物力和财力，晚清士绅和民国时期的地方军阀或为挽救清帝国颓势，或为巩固自身统治，都较为重视学校教育。国民政府通过在西宁举办各式学校，试图利用教育功能促进西宁的内地化进程，同时也想借此加强对边疆地区的控制；一些热心教育的社会团体及有识之士，把促进西宁教育事业看作是加速西宁内地化进程，改变贫穷落后面貌的必由之路。正是因为被赋予了诸多社会期望，也投入大量的社会资源，故而西宁地区的教育事业在很大程度上具有引领时代潮流的历史意义。

具体而言，随着学校教育在西宁及周边地区的普及，西宁市民及周边农牧民子弟受教育的机会大大增加，原来两眼一抹黑的群氓百姓具备了读书识字的能力，而当时学校教育的课业内容和教学理念基本具有近代教育的特质，受教者浸染其中，自然会深受影响，进而由此改变了原来落后愚昧的诸多观念，逐步形成了具有近代性质的市民观念和群众思维，而观念的革新又为他们变革生活习惯，适应近代社会生活提供了先决条件。

教育的引领作用还体现在当时的政府官员、有识之士及新闻媒体对西宁教育的重视程度上。民国时期，西宁当地政府官员整体上是重视教育的，特别是曾任青海省教育厅厅长的杨希尧等人既是学界著名人物，又身任要职，对当时西宁的教育作出过重要贡献；著名翻译家、学者杨质夫先生早年从事藏文教育工作，后任青海国立西宁师范学校校长，还创办过玉树简易师范学校；翻看当时出版的《新青海》《青海民国日报》副刊等新闻媒介，读者会发现，这些媒体用大量版面讨论、介绍西宁及青海教育的现状、发展方向及未来规划等。正是有了如此多的关注，民国时期，西宁城市文化教育事业一直是人们关注的重心，教育界的一举动、学校教育的特色与长处、在校学生的社会活动、毕业学生的职业发展等都成为市民关注的对象，上述教育活动对市民观念的革新也起到过表率作用。

教育的引领作用还体现在西宁市民尊师重教的社会风气方面。晚清民国时期，教师是西宁地区最受尊敬的职业之一，百姓堂屋供桌上一般都竖有“天地君亲师”之位，“虽然人民心目中的师是指先师孔子，但在实际生活中，学生在老师面前，则是毕恭毕敬，绝不敢横行妄为。……不仅在学校，就是在街边、路上遇见老师，也得站在一旁，行注目礼候老师走过，方能自己走开。每逢过年过节，学生一般要请老师吃饭或送馒头、点心之类，表示敬意。……有关口角难解之事，也多请老师评理，无形之中老师也具有特优地位”①。这种尊师重教的社会风气，一方面说明西宁地区的尚文风气不仅已形成，且对当时的人们产生过一定影响，同时也说明教育的引领作用在西宁城市近代文化的培育与发展过程中起到了积极作用。

教育的引领作用也体现于对青海省教育事业及全省近代化进程的重要影响。如前所述，西宁举办的大部分教育机构承纳了来自全省的求学者，特别是蒙藏学校、师范学校及职业学校，其学生一部分或大部分来自青海农牧区。这些学生在上述学校接受近代文化教育，学成后回到各自家乡，成为在当地传播近代文化的主力军。他们中的一部分人后来在地方上长期从事教育工作，对青海省教育事业的近代化作出过突出贡献。

2. 集中体现了教育逐步国家化的趋势

有学者指出，近代化实质是国家化，是国家权力将国民思想、身体国家化的一个过程。② 如若抛开身体史研究中的理论预设，仅从历史的

---

① 刘秉德：《青海建省前后西宁城乡生活风貌杂记》，《西宁文史资料》第5辑，内部资料1988年，第77页。

② 台湾学者王金麟认为，在中国的近现代化过程中，身体的国家化是中国人身体形成的一个基本历史趋势，这一点在儿童身上表现得尤其突出。参见王金麟：《历史、身体、国家：近代中国的身体形成（1895—1937）》，新星出版社2006年版。

角度反思我国的近代化过程，我们也会发现，近代以来民族、国家意识的凝聚与强化，以及社会各项事业逐步由国家权力进行规范与控制，的确是中国近代化的一个重要方面。在教育领域，包括西宁城市教育在内的我国近代教育事业的国家化色彩浓重，在一定程度上教育的国家化等同于教育的近代化。

西宁文化教育的国家化首先体现在教育的举办主体逐步国家化，国家逐步垄断了教育规划权和举办权。前现代中国，儒学教育的举办主体虽然是历代皇权政体，但在儒学教育的实施过程中，真正能够体现教育规划与创办主体的往往是民间力量创办的社学、义学、私塾，即使是逐步国家化的书院教育，其运行模式一般都是民办官督。总之，民间力量在前现代社会教育事业中占有举足轻重的地位。民国初年至 1941 年左右，由于历史的惯性、民国历届政府施政能力的局限等因素制约，近代教育的举办主体较为多元，民间力量在其中仍发挥着作用。在西宁地区，乡村小学教育的主体形式仍是私塾，基督教会拥有创办学校的自主权，一些重要的教育机构也往往依赖捐银生息。1941 年，民国政府收回教育自主权，并开始投入大量财力推行国民教育，原本由中英庚款董事会管理的湟川中学改设为国立湟川中学，光华小学、培英小学等基督教会举办的学校也被收回，教育经费的拨付也逐步常态化、正规化，民间力量办学的积极性由此减弱。

教育国家化一方面体现了主权独立的国家意识，另一方面也让教育机构成为国家意志的训练场和传播所。抗战前夕，青海省新生活运动会于 1935 年 6 月 16 日通告省会各中等学校青年假期服务团依照组织大纲进行改组，推行生活革命化、生产化、艺术化。① 西宁各类学校成为国民党中央推行新生活运动的重要场所，而代表国家意志的新生活运动则又体现了国家权力对近代化过程的控制和对近代化内容的规范。1935

① 编者辑：《一月来之青海 · 省垣机关学校组织劳动服务团新运会分别函告》，《新青海》第 3 卷第 7 期，1935 年，引自徐丽华、李德龙主编：《中国少数民族旧期刊集成》第 38 册，中华书局 2006 年版，第 223 页。

年左右，青海省教育厅为改革中等教育、推行师范教育，制定了相应的教育规划，时人认为师范教育是实现教育宗旨、培养立国精神、落实国家教育目的的重要工具。① 这说明，国家权力不仅控制了当时的教育规划，还赋予教育振兴国家、复兴民族等近代“国家认同”“国家意识”的意义②，这集中体现了西宁教育近代化过程中的教育承载民族、国家意志的近代化特质。

西宁近代文化教育事业的国家化还体现在国家权力与地方势力在教育领域内的博弈。如前所述，国民党中央在西宁地区举办教育的目的之一就是要扩大国家权力在西宁地区的影响，而马氏军阀政权为维护地方军阀统治，也往往利用教育资源扩充其统治基础。正唯如此，国家权力与地方势力之间为了争夺教育资源，利用教育机构培植各自势力而产生了矛盾。当时，青海地方军阀势力十分害怕国民党中央势力在西宁地区的扩张，中英管理庚款董事会成员在西宁考察教育时，马步芳就对创办湟川中学心怀疑虑，他生怕国民党中央势力借此校广泛渗入到西宁教育界，会对其统治产生威胁；为给自己及其家族培植亲信、扩充统治基础，他又极力扩张昆仑中学，却对一些因经费困难、难以维持的学校漠不关心。顾颉刚先生曾在其 1938 年 8 月 20 日日记中说：“青海全省教育经费，每年原定十八万，打双七折，仅八万八千二百元，独回教中学经费每年九万，闻有增至卅万之可能，觉得太不平均了。”③ 当时的昆仑中学政治气氛十分浓重，该校还设教堂，做礼拜，办学思想与传播理性化、科学化价值观的近代教育理念格格不入。此外，马步芳政权还对当时宣传进步思想或对马氏政权心怀不满的学生进行镇压。正是因为地方军阀的保守、狭隘乃至反动的统治，很大程度上妨碍了西宁教育的正常发展。

① 志青：《从民族复兴的观点再论青海师范教育改革问题》，《新青海》第 3 卷第 5 期，1935 年，引自徐丽华、李德龙主编：《中国少数民族旧期刊集成》第 38 册，中华书局 2006 年版，第 25—28 页。

② 参见毕苑：《“国家”的诞生：教科书中的中华民国》，《读书》2012 年第 11 期。

③ 顾颉刚：《顾颉刚全集》第 47 册《日记》卷 4，中华书局 2010 年版，第 120—121 页。

3. 发展整体滞后

近代以来，西宁城市教育事业虽然有所进步，但总体发展状况滞后，其发展规模与发展水平无法与中原地区同日而语。

民国时期，西宁学校教育面临的最大困难就是师资短缺，除个别学校外，西宁大多数学校师资严重不足，“能教数学的教师，往往在各中学兼职，轮流授课。以致每星期忙忙碌碌，疲于奔命。……这种教师奇缺的局面从未改变，使青年学生受不到应有的熏陶，整个教育事业，长期处于落后状态”①。因贫失学的现象也较为突出。1932 年，西宁县“就学儿童数目约十分之八，失学儿童约十分之二。其救济办法，由县府及警察所、教育各机关创设平民学校，庶为收容”②。当时，地方政府不重视教育或区别对待的态度也制约着学校教育的发展。马麟执政时期，西宁发生过教师索薪事件。由于停发工资达二十一个月之久，教职员工生活无法维持，1933 年，西宁地区的男女教师五十多人前往省政府要求兑现工资，省政府推诿责任，索薪事件不断升级，是年冬天，三百多名教员组成“索薪团”，上街请愿，政府出兵武力镇压，教工薪资问题也基本没能兑现。③

这一时期，西宁与外地教育的接轨不畅，中学毕业学生升学再造问题一直困扰着市民。当时的人们觉得，青海徒有省名，而与省的实际相差甚远，青年弟子升学困难，外出升学的难度更大，仅靠保送等，根本满足不了需要，教育与内地的接轨在抗战前显得十分艰难。④

此外，西宁城市教育事业整体滞后的现象突出体现在女子教育方面。1936 年左右，青海女子简易师范学校，住校生仅有十几人，住两

① 钟锡九：《解放前青海学校教育二三事》，《青海文史资料选辑》第 8 辑，内部资料 1981 年，第 91 页。

② 王昱、李庆涛编：《青海风土概况调查记》，青海人民出版社 1985 年版，第 55 页。

③ 参见赵爱德、李华亭：《马麟时期西宁教职员工的一次索薪事件》，《青海文史资料选辑》第 14 辑，内部资料 1985 年，第 172—173 页。

④ 参见懋之：《青海青年升学问题》，《新青海》第 4 卷第 6 期，1936 年，引自徐丽华、李德龙主编：《中国少数民族旧期刊集成》第 39 册，中华书局 2006 年版，第 28—30 页。

间寝室，多为外县来求学者，学校设两个厨房，一个仅烧开水，一个由一位女校役帮助学生做饭，早晨和中午一般都是开水和馍馍，晚饭一般是面食。女师学生一般身着蓝色衣服。学校仅有寝室和教室，没有图书馆和阅览室，运动场地只有一个篮球场。[①] 青海女子简易师范学校的办学规模、条件及学生生活状况如此简陋，由此可以想见其他形式的女子基础教育更为落后。时人认为，“青海为半开化而未进展于文明境域之社会，一切封建传统思想尚盛，故重男轻女之风，更存金钱之势。‘三从四德’‘女子无才便是德’乃为青海女界之标识，而女子本身亦自以为是，因循不前，因而社会对女子之心理，更认为如是也”[②]。虽然西宁、湟源等地虽举办了一些女子小学校、女子师范学校，但“青海女子教育在量的方面，实觉微少，而质之方面，更不足称道也。且省立第一女子师范学校，年来因校长未得贤良，不堪胜任，以致学校无特殊成绩以贡献，而历年所毕业学生，平均每次不过十人，且此十人，仅于西宁城市一域，而其他各县女生，尚属凤毛麟角”[③]。

总之，限于我国特殊的国情，近代化因素的积累严重不足[④]，因而延迟了我国近代化的总体进程。具体到西宁地区，限于青海省情及西宁城市的发展水平，西宁城市教育事业因缺乏相应的近代化因素积累，同时又受到地方军阀势力的阻碍，整体发展状况不甚理想，而教育的落后反过来又制约了整个城市近代文化的发展进程。不过，我们也得看到，经过几十年的努力，西宁教育事业艰难地迈向了近代化的历史进程，在基础教育领域取得了较为显著的进步，这都为当时西宁的近代化进程及现当代西宁教育事业都作出过一定贡献。

---

① 参见浮萍：《青海女师学生的生活》，《新青海》第 4 卷第 3 期，1936 年，引自徐丽华、李德龙主编：《中国少数民族旧期刊集成》第 38 册，中华书局 2006 年版，第 694—696 页。

② 宋积琏：《青海女子教育之回顾与前瞻》，《新青海》第 3 卷第 5 期，1935 年，引自徐丽华、李德龙主编：《中国少数民族旧期刊集成》第 38 册，中华书局 2006 年版，第 11 页。

③ 宋积琏：《青海女子教育之回顾与前瞻》，《新青海》第 3 卷第 5 期，1935 年，引自徐丽华、李德龙主编：《中国少数民族旧期刊集成》第 38 册，中华书局 2006 年版，第 11 页。

④ 参见刘云波：《中国的近代化与国情》，《史学月刊》2003 年第 5 期。

三、西宁城市传媒、文艺的近代化

近代以来，我国城市举办的报纸、杂志、电台等近代传媒，大大地促进了城市的近代化发展。戊戌变法时期，我国沿海城市已兴办了多家宣传近代思想的报纸杂志，其中的一些著名刊物还对晚清政治近代化产生过重要影响。内地城市创办近代报纸、杂志，并对城市文化产生影响的时代大致是在晚清新政时期。[①] 西宁城市传媒业的发展较内地滞后，它起步于民国初期，青海建省后才有较大规模发展，并对西宁城市文化进程产生影响。文学、艺术是人类智慧与情感的结晶。自古以来，文人墨客往往把对人生的感悟、对生命的热爱和对美好生活的向往寄托于文字、移情于曲艺，以此来抒发情怀、表达心志。近代以来，文学艺术也承载了人类的近代化理想，成为传播近代文明的重要载体。西宁城市文艺的发展既具有近代文艺发展的总体特征，也有一些地方性特色。

（一）西宁城市传媒的近代发展

青海未建省前，国民党西宁县党部创办过《中山周报》《妇女月刊》，“两种报纸规模都很小，由于经费困难等原因，均维持了不足一年便先后停刊”[②]。1929 年，青海建省，冯玉祥部将孙连仲任青海省政府第一任主席，省政府设公报局，编印《青海省政府公报》月刊和《新青海》日报，这两种报刊都创刊于 1929 年 2 月 10 日。[③] 孙连仲部东去后，省政府民众联合处处长马永安曾创办《大众周报》。马麒执政青海后，把公报局并入秘书处第三科，并于 1932 年 5 月将《新青海》改名为《青海日报》。《青海日报》除为马麒在青海的施政提供舆论服务外，有时还批评一些社会风气，由此引起过一些争议。1933 年 8 月 7 日，该报刊载文章批评西宁女子师范学校学风，引起时任教育厅厅长杨希尧的

① 参见周忍伟：《内地城市近代报刊兴起与大众传媒发展特征——以皖江城市为例》，《华东理工大学学报》（社会科学版）2004 年第 3 期。

② 崔永红等主编：《青海通史》，青海人民出版社 1999 年版，第 829 页。

③ 参见马遇良：《解放前青海报刊的一些情况》，《青海文史资料选辑》第 7 辑，内部资料 1980 年，第 109 页。

不满。他提请省务会决议停办了该报。1936 年 4 月，马步芳代理青海省政府主席，由省务会议决议，恢复了省政府机关报《青海日报》，任命陈秉渊为社长兼总编，所有人员由省政府调配，直至 1938 年，该报又停办。①

国民党在青海设立党务特派员办事处后，创办了机关报《青海民国日报》，由苗应伟任主编，副刊有《文史》《法声》《新青年》《儿童世界》等。其中，《文史》“实际上是‘文史哲’的省称。她成为当时喜欢文史哲知识的读者和作者共同的学习、探索和欣赏园地，所以，来稿较多，能够一直坚持办了下去”②。《法声》有法律启蒙之意，大多数稿件来自省高等法院和西宁地方法院专业人员之手，还设有“法律问答”栏目，“凡在《法声》上刊登过的问题，在法院审理判决时，原告多能胜诉，因此到报社接待室来访者颇多”③。《儿童世界》“主要选登在校中小学生的优秀作文和有关儿童教育的一些佳作”④。由于经费紧张，该报时断时续，直至 1947 年停办。⑤

马步芳兼任青海回教教育促进会会长时，创办过《昆仑报》周刊一种，该报主要报道回教教育活动，1948 年迁往兰州继续出版，直到 1949 年停刊。⑥ 此外，还有专事于吹捧马氏军阀的《突崛》和天主教会专刊《青海公教》。《突崛》“是在南京国民党中央政治学校附设蒙藏班学习的回族青年创办的一个刊物。创刊于一九三三年，结束于一九四四

① 参见马遇良：《解放前青海报刊的一些情况》，《青海文史资料选辑》第 7 辑，内部资料 1980 年，第 110 页。

② 罗麟：《〈青海民国日报〉副刊举要》，《青海文史资料选辑》第 12 辑，内部资料 1984 年，第 146 页。

③ 罗麟：《〈青海民国日报〉副刊举要》，《青海文史资料选辑》第 12 辑，内部资料 1984 年，第 147 页。

④ 罗麟：《〈青海民国日报〉副刊举要》，《青海文史资料选辑》第 12 辑，内部资料 1984 年，第 147 页。

⑤ 参见马遇良：《解放前青海报刊的一些情况》，《青海文史资料选辑》第 7 辑，内部资料 1980 年，第 110 页。

⑥ 参见马遇良：《解放前青海报刊的一些情况》，《青海文史资料选辑》第 7 辑，内部资料 1980 年，第 110 页。

年，整整经过了十年的历程”[①]。这是一个以发表回族言论为中心的月刊，与《新青海》月刊侧重于反对当时青海的回族统治不同，穆建业、穆成功等回族学生以“唤醒中国回民，阐扬回教教义，倡导回民教育，联络回教民族”为办刊宗旨，办刊出发点多源于狭隘的民族情绪，对青宁回族军阀多有吹捧，但在抗日战争时期积极宣传抗日救国，反对民族分裂势力，在当时也有一定的积极意义。天主教会在西宁创办《青海公教》，用于宣传天主教，在当时教民当中也有一定影响。[②]

抗日战争爆发后，西宁回中的部分学生为了向回族群众宣传抗日思想，救亡图存，在校方支持下创办了《星月》，于1937年10月试刊出版。该杂志起初为半月刊，1938年改出月刊。1938年出版第一卷，共12期，1939年出版第二卷，共12期，1940年出版第三卷，共6期。此后由于编辑人员及大部分撰稿人员因升学离开西宁，《星月》月刊也随之停刊。《星月》刊物以回族群众为主要读者对象，它的宗旨是爱国爱教，除阐扬回教教义外，重点宣传抗日救国。《星月》也是当时西宁唯一的回教刊物，出版后颇受读者的欢迎，得到社会上的好评。[③]

值得一提的是，抗战前，在当时的首都南京求学的青海籍学生创办的《新青海》月刊，虽不是在西宁举办的近代传媒，但它犹如一颗在体外跳动的心脏，对宣传西宁、促进西宁城市文化的近代化发展作出过突出贡献。《新青海》月刊是在张得善的倡议和组织下，于1932年在南京成立新青海社的基础上，创办的一家月刊，办刊之初得到过国民党元老于右任、考试院院长戴传贤的资助，并于10月15日出版创刊号。《新青海》的办刊宗旨一是探讨青海实况，介绍青海政治、经济、文化及民族状况；二是介绍内地学术文化，呼唤青海青年追赶时代潮流；三是调

① 穆建业：《回忆〈突崛〉》，《青海文史资料选辑》第8辑，内部资料1981年，第53页。

② 参见田生兰遗稿：《解放前帝国主义通过宗教、间谍在青海的活动》，《青海文史资料选辑》第9辑，内部资料1982年，第143页。

③ 参见马鸣狮：《追忆抗战时期的〈星月〉》，《青海文史资料集粹·教育文化卷》，内部资料2001年，第272页。

和民族关系。[1]《新青海》月刊经常刊登一些揭露青海马氏军阀暴政的文章，对西宁及周边地区文化教育的落后及政府的不作为也公开提出批评，显示出“拥蒋反马”的政治色彩，因其有一定影响，国民党各个派系都试图通过赞助、题词等形式影响月刊成员的政治倾向，马步芳也曾于1933年以捐助印刷费及成员学费的形式拉拢《新青海》月刊，之后，月刊反马立场大为减色。[2]抗战开始后，《新青海》月刊迁往重庆，因经费缺乏，编印到第4卷第6期后停刊。之后新青海社还在兰州、西安设立分社，用于联络青海籍在外求学学生。

民国时期，西宁举办的报刊多为党政类刊物，所刊载文章也多以介绍时务、宣传政策为主。其办刊宗旨、规模及影响一方面深受时局影响，又屡遭地方政府干涉，加之经费不足，停刊现象频发，这在一定程度上限制了传媒功能的正常发挥。国民党训政以来，西宁传媒影响政治决策的功能基本丧失，即便是《新青海》月刊这样有影响力的刊物也在地方军阀势力的影响下，被确定并发挥着自上而下单向传递消息的作用。同时，一些报刊的副刊中也有一些文艺类刊物，成为人们发表作品、鉴赏文艺的主要阵地，这既丰富了人们的文艺生活，也促进了新文艺的发展。

民国时期，青海的电讯事业一直处于落后状态。国民党交通部办的民用电信只有西宁电信局一处，其通信设备简陋，操作技术落后，分布网点单一，不能满足群众需要。当时的交通部也想方设法，向西宁运送电讯设备，为民众提供基本电讯服务，据《新青海》杂志第3卷第10期《最近之青海》记载，1935年9月12日，“交通部在青架设之无线电机，已于十二日午后四时由兰青公路车转运抵省……日内在本省电报

① 参见王发科：《〈新青海〉创办始末》，《青海文史资料集粹·教育文化卷》，内部资料2001年，第273—275页。

② 参见王发科：《〈新青海〉创办始末》，《青海文史资料集粹·教育文化卷》，内部资料2001年，第275—276页。

局架设，开始通话云”[①]。

因公共通信不能满足需要，国民党中央机关在西宁设立的单位，相继设立了财政部电台、交通部公路局电台、汽车站电台、中央银行电台、中国银行电台、农民银行电台及三民主义青年团电台，形成了一个多系统的分散的电信通信网络。此外，还有青海地方官办的专供军队及政府机关使用的无线电台及电话局为地方通信业务服务。[②]

西宁广播事业起步甚晚。直到 1948 年 4 月，才成立青海广播电台，马步芳指派省政府无线电台总台长张之俊、工程师刘景炎负责筹建，在西宁市小教场选定台址。1948 年 5 月 8 日，张之俊作为青海省政府代表在沪与上海联合电机厂经理陈志钧签订了订购广播发射机的合约。青海广播电台建成后，共有专职和兼职工作人员 33 名，台长由张之俊兼任，工程师由刘景炎兼任，下设传音、工务、总务三个科。青海广播电台从 1949 年 8 月 7 日正式播音至当年的 8 月 27 日停止播音，总共只播了 20 天时间[③]，故而对当时西宁城市近代文化的发展没能发挥多大作用。

（二）近代文艺的传播

古代中国，士人文艺往往具有浓郁的儒学化色彩，以诗言志是历代士人文艺的基本主题，大一统思想与忠君报国理念则是文学作品的基本主旨，受儒学化风气影响，西宁的士人文艺也具有上述特征。[④]清末民初，西宁人文文艺仍以竹枝词见长，西宁县人李焕章在他的《河阴竹枝词》（五首）第一首中云：“遗风浑朴女当差，粉黛千秋被没埋。边地无

① 编者辑：《最近之青海·交通部设青之无线电机到省》，《新青海》第 3 卷第 10 期，1935 年，引自徐丽华、李德龙主编：《中国少数民族旧期刊集成》第 38 册，中华书局 2006 年版，第 361 页。

② 参见顾乃斌：《青海电讯业述往》，《青海文史资料集粹·教育文化卷》，内部资料 2001 年，第 247 页。

③ 参见胡敬一：《青海广播电台创办始末》，《青海文史资料集粹·教育文化卷》，内部资料 2001 年，第 246 页。

④ 参见李健胜：《历代咏湟诗文的儒学化倾向》，《青海师范大学学报》（哲学社会科学版）2012 年第 2 期。

须天足令，红颜队里少弓鞋。”这首诗反映了藏族妇女身强力壮，不缠足的情形。[①] 李焕章系清末民初人士，虽仍填词作赋以诗明志，但思想观念颇具近代意识。在民间社会，百姓喜闻乐见的传统曲艺、地方民歌等文艺形式是构成民间文艺生活的主要内容。近代以来，一些旧的文艺形式仍在西宁市民生活中扮演着重要角色，新的文艺形式也传入西宁，成为传播新思想或体现国家意志的重要艺术形式，并对当时人们的生活产生影响。

民国时期，传统曲艺如平弦、越弦、贤孝、倒浆水等仍为西宁百姓所喜爱，“人民嗜好音乐，多有能弹三弦、拉胡琴者。每当风和日暖，工作有暇，朋辈相约，于山巅水涯之间，清歌一曲，浅酌微饮，其喜洋洋之者矣”[②]。当时，西宁地区说唱、杂耍的形式还有八角鼓、说书、耍把戏、拉洋片等。[③] 西宁百姓还以“倒浆水”讽政。民国三十二年（1943），赵永鉴任西宁县县长，“人民不堪压榨，曾在各街巷贴出揭帖：‘民国年成颠倒颠，铁匠娃娃坐县官；赵养天，干毬蛋，县长拿的沟蛋换（指其常在马步芳面前，跳一种扭动臀部的舞而得赏识）；赵养天，没出息，当官全凭绺沟子（意谓拍马屁）。’全用的是民间‘倒浆水’。不久，统治者鉴于民心不顺，撤换了他”[④]。民间小调往往有劝谕之功效，如用“倒浆水”讽谕吸毒危害，唱词中有“九停吃成十停了，脖子成了皮绳了。可看起，死着哩，两个眼睛挤着哩，可看起，活着哩，鬼灯在眼前灼着哩。十停吃成十一停，南门外边挖坑坑，挖不深，埋的浅，鹰雀老鸹好发现；猫老鹰，满天旋，拔出肠子扯长线；狼老

① 参见赵宗福选注：《历代咏青诗选》，青海人民出版社 1986 年版，第 287 页。

② 王昱、李庆涛编：《青海风土概况调查记》，青海人民出版社 1985 年版，第 129 页。

③ 参见何鸿仪：《解放前西宁市民间文化市场一角》，《西宁城中文史资料》第 1 辑，内部资料 1988 年，第 93—96 页。

④ 霞千：《青海各民族民间文学简介》，《青海文史资料选辑》第 12 辑，内部资料 1984 年，第 121 页。

鸹，好行善，挖出眼睛打毛蛋”[①]，十分生动、形象地展现了吸食毒品的危害。此外，深受西宁当地百姓喜爱的地方民歌“花儿”，是人们追求爱情、抒发情感的重要艺术形式，也有人用它来表达民情风尚和现实关怀。近代以来，河湟花儿中还“曾出现过大量的‘抗日花儿’，这些都具有强烈的爱国英雄主义精神”[②]。

民国时期，一些外地秦剧、京剧、眉户等戏班，如陕西“三胜班”“易俗社”“新兴社”等先后来西宁演出，这在很大程度上丰富了当时人们的文艺娱乐生活。当时的戏剧演出方式主要有堂戏、庙会戏、神戏、义务戏等。所谓“义务戏”是指“当时的政府机关开会或有宣传活动时，勒令戏班子无代价演出，以配合其宣传活动”[③]。有些演出还出现过颇具戏剧性的场面，如 1933 年，“有一次在小教场‘鼎新社’演京剧‘出五关’时，当名演员魏胜奎扮关公刚出场，不知何故，很多群众一刹时惊慌奔跑，由于人多街狭，踏伤者数人，踏死者一人。事后传说魏胜奎演关公显了神，传为趣闻”[④]。

受制于各种社会因素，西宁无法形成如北京新月派诗人团体、上海鸳鸯蝴蝶作家团体那样具有鲜明特色的城市文艺及其流派，当地一些人虽然在报刊上发表具有近代文艺特质的作品，但对城市市民群体文艺生活的影响不大。总体上看，西宁城市文艺近代化具有外源性质，大批来自中原的文艺工作者及文艺团体在西宁的活动、宣传，成为这座城市浸润于新文艺的主要形式。特别是抗战爆发后，为宣传抗日，国内著名文艺工作者纷纷来到西宁，他们或传播新文学，或宣传抗日，西宁各界群

---

① 霞千：《青海各民族民间文学简介》，《青海文史资料选辑》第 12 辑，内部资料 1984 年，第 123 页。`

② 霞千：《青海各民族民间文学简介》，《青海文史资料选辑》第 12 辑，内部资料 1984 年，第 122 页。

③ 陈邦彦：《解放前西宁戏剧活动概况》，《青海文史资料选辑》第 12 辑，内部资料 1984 年，第 134 页。

④ 陈邦彦：《解放前西宁戏剧活动概况》，《青海文史资料选辑》第 12 辑，内部资料 1984 年，第 134 页。

众深受感染，文艺气氛日渐浓厚，保家卫国的热情也空前高涨。著名文学家老舍先生曾在西宁第一中学南楼楼下礼堂，“为教师和学生作了一次学术报告，题为《什么叫新文学?》，他知识渊博，讲话通俗易懂，幽默风趣，运用诙谐的语言，使听众的情绪始终活跃热烈”①。老舍还给文学青年举办了“怎样写作?”的小型座谈会，受他的影响，“学校里学生自办的文艺小报，接踵而出。唯一的地方报纸也开辟了文艺副刊，一时文艺写作蔚然成风”②。

1938 年 9 月，作曲家王洛宾来西宁，搜集民歌，创作了《在那遥远的地方》《阿拉木汗》《半个月亮爬上来》等著名歌曲。③ 著名导演、演员郑君里先生也于 1940 年冬季率领电影摄影队来到西宁，住在西宁昆仑旅社，为电影《塞上风光》到塔尔寺取景做准备。其时，恰逢西宁成立一个“儿童抗战剧团”，郑群里便邀请剧团成员随电影摄影队到塔尔寺拍戏，并建议剧团管理人员为团员儿童增加表演和音乐基础课程，郑君里对艺术事业的执着给当时西宁文艺界人士留下了深刻印象。④

著名画家、戏剧艺术家李朴园先生也于 1941 年率抗日宣传队来到西宁，为西宁群众带来大型话剧《雷雨》《日出》《雾重庆》等；小戏《三江好》《放下你的鞭子》《打回老家去》等；抗日歌曲《保家乡》《大刀进行曲》《抗日游击队歌》等；还有宣传抗日的相声、快板。此外，他还在西宁举办了“抗日漫画展览”。其中，“相声是西宁观众第一次见面，形式内容很新鲜，很受群众欢迎”⑤。经李朴园先生所率剧团的推广，《保家乡》《流亡三部曲》等抗日歌曲在西宁传唱开来，人们的抗日

---

① 周宜逵:《抗战时期文艺界著名人士来青活动的片断》,《青海文史资料选辑》第 7 辑，内部资料 1980 年，第 94 页。

② 周宜逵:《抗战时期文艺界著名人士来青活动的片断》,《青海文史资料选辑》第 7 辑，内部资料 1980 年，第 94 页。

③ 参见西宁市志编纂委员会:《西宁市志 · 大事记》，陕西人民出版社 1998 年版，第 74 页。

④ 参见周宜逵:《抗战时期文艺界著名人士来青活动的片断》,《青海文史资料选辑》第 7 辑，内部资料 1980 年，第 95—97 页。

⑤ 周宜逵:《抗战时期文艺界著名人士来青活动的片断》,《青海文史资料选辑》第 7 辑，内部资料 1980 年，第 97 页。

爱国热情也空前高涨。“值得提出的是，他们在鲁沙尔镇街头演出广场剧《放下你的鞭子》时，演员事先化妆好，混杂在四周观众当中，当戏演到卖唱小姑娘遭到老头毒打时，观众中的演员一哄跳进场子，围打老头，观众也蜂拥挥拳入场。此时群情激愤，全场振臂高呼：‘打倒日本帝国主义！’‘打倒汉奸卖国贼！’‘团结起来抗战到底！’演员和群众融为一体，这种形式的广场剧，教育人民群众收效最大，感人最深。”[①] 此外，沈逸千、韩尚义、张大千等文艺工作者也来过西宁。上述文艺工作者来西宁演出一方面丰富了当地群众的文艺生活，也在一定程度上开阔了人们的见识[②]，促进了西宁地区的近代化进程。此外，著名画家沈逸千于1942年夏来西宁塔尔寺作画，并在西宁举办画展。[③]1943年7月，著名国画家张大千也来西宁，展出敦煌临摹壁画。[④]

当时，西宁县教育局还组织教员学生成立“平民新剧社”，出演文明戏，国立西宁师范学校和湟川中学也曾组织学生在建校纪念日或欢送毕业生时演出话剧，抗战时期，两校组织的一些抗战剧目如《台儿庄大捷》《东北一角》《民族救亡曲》等，“还走向街头，在山陕会馆（西宁一中西侧）公开售票作抗日募捐，连续多日，对社会影响颇大”[⑤]。两校还曾成立学生业余话剧团，专门组织话剧演出，“当时西宁文化生活贫乏，两校偶有演出，人们奔走相告，争着来看，在古城中还是享有声誉的”[⑥]。在政府组织下，由当地学生出演的文明戏和宣传抗日的剧目，是国家权力借助文艺传递近代理念的重要形式，对西宁城市近代化进程产

---

① 周宜逵：《抗战时期文艺界著名人士来青活动的片断》，《青海文史资料选辑》第7辑，内部资料1980年，第97页。

② 参见陈邦彦：《抗日期间西宁的话剧》，《西宁文史资料》第3辑，内部资料1985年，第142—144页。

③ 参见西宁市志编纂委员会：《西宁市志·大事记》，陕西人民出版社1998年版，第76页。

④ 参见西宁市志编纂委员会：《西宁市志·大事记》，陕西人民出版社1998年版，第77页。

⑤ 孙家骥：《解放前湟川、国师两校的话剧演出活动》，《青海文史资料选辑》第12辑，内部资料1984年，第140页。

⑥ 孙家骥：《解放前湟川、国师两校的话剧演出活动》，《青海文史资料选辑》第12辑，内部资料1984年，第141页。

生过一定影响。

第二节　西宁城市生活的近代变迁

城市的近代化很大程度上体现于市民社会生活的近代化。衣食住行是市民社会生活的主体内容，故而衣食住行的近代变迁也是城市近代化进程的重要方面。此外，市民的体育、娱乐生活也能反映城市生活近代化的基本特点。

一、市民生活方式的近代变迁

城市是人类进入文明阶段的重要物化标志，居住其中的市民是城市文明的主要缔造者，而市民的生活方式则往往体现着城市的发展水平及文化氛围。古代中国，农业立国的经济基础与重农抑商的基本国策，决定了古代城市的基本发展水平和市民生活方式的价值取向。在有别于乡村的独特的生活环境中，城市市民更注重生活质量，也热衷于市场消费，故而其生活方式也有自身特点。

明清以来，随着西宁内地化进程的加速，市民生活方式与内地城市逐步趋同。与此同时，受制于高寒的气候与落后的经济状况，西宁市民的消费水平和生活质量远逊于内地。近代以来，西宁市民生活方式的近代转型深受国家权力的规约与引导，体现了民族边疆地区近代化进程的区域特征，在工业化程度十分滞后的社会基础上，艰难地迈入近代化的进程。

（一）基本概况

明清时期，西宁的城市发展进程十分缓慢，这与河湟地区社会发展水平整体滞后不无关系。史称“兹郡近接青海，外达西域，遐荒诸国，靡不可通。有事则军马云屯，小民供亿维艰；承平亦因远处羌夷，诸货毕至，虽大利咸归他省之人，而宁民亦获房租代鬻之息。然经营手艺，多出回民，而汉民养生送死，惟赖于农。兼农事不勤，常苦于贫”[①]。正是在这种地理条件、经济基础及文化氛围的限制下，西宁的城市规模难以扩大。

前现代社会，内陆城市的发展水平往往取决于周边地区的农业经济发展状况。河湟地区地处内陆高寒气候带，无霜期较短，一年只有一季收成，作物产量相对较低。[②]直到清末，西宁周边农村农民使用的主要农业生产工具“曰耜。冶生铁铸成，即安于耒头，以启土者，俗呼谓铧。曰镰刀，入山樵刍曰柴镰，收刈秋稼者曰田镰。均作半月形，以木为柄。曰锨，作四方形，长木为柄，为搬运粪土所必需，日用不释之器也。曰镢头，开掘坚硬冰冻之土则用之。余如锹、锄、铲、耙之类，所制尚多”[③]。当时，湟源县农业“因地高气寒，年收一季，不甚发达，一遇风、雹、旱、涝等灾，即成荒年”[④]。青海建省前后，“西宁的乡村，则完全是自然经济。农民辛苦一年，收获粮食除完公粮、留口粮、籽种、饲料和抵债外，剩余部分用牲口驮来经‘斗行’在西宁粜出后，采购一些急需生活用品。农业所用的一般生产工具，多是修修补补长期使用，万不得已才会添置新的”[⑤]。人们“习惯于早作早息。‘日不出即作，日不入即息。’农村春播、夏耘、秋收、冬藏，一切都是天未亮，约

① （清）杨应琚纂修，李文实校注：《西宁府新志》，青海人民出版社1988年版，第256—257页。

② 有清一代，中原地区小麦粮食亩产量一般为200—240斤左右，西宁周边地区可能还低于这个平均值。参见石涛、马国英：《清朝前中期粮食亩产研究述评》，《历史研究》2010年第2期。

③ （清）杨志平编纂，何平顺等标注：《丹噶尔厅志》（青海地方旧志五种），青海人民出版社1989年版，第273页。

④ 王昱、李庆涛编：《青海风土概况调查记》，青海人民出版社1985年版，第165页。

⑤ 刘秉德：《青海建省前后西宁城乡生活风貌杂记》，《西宁文史资料》第5辑，内部资料1988年，第72页。

三四点钟即出工干活，所谓‘三早顶一工’……”[①]直到1932年，大通县“对于耕耨、收获，还是用的古法，不知用机器进行生产”[②]。在这种传统农耕经济的滋养下，当时的农民“俭朴自守，情谊敦厚，所以养生送死，安于畎亩，衣食而外，皆不愿见外事，终岁劳作，痛恶游闲，以故失业之人盖不多睹”[③]。正是周边地区落后的经济条件和保守的民风民俗，制约了当时西宁的整体发展水平。

近代以来，城市的发展往往仰赖于近代工商业，特别是在我国沿海地区，工商业堪称近代城市发展的“助推器”。然而，直到建省时，西宁地区的近代工业几乎是个空白，大量商品须从内地进口，货物价格因此远比内地高昂，具有地方特色的皮货、羊毛等交易活动则日益受到甘青回族军阀势力的操控，成为地方军阀势力的财富源泉。

据廖霭庭先生的《解放前西宁一带商业和金融业概况》一文介绍，“西宁原属甘肃，地区辽阔，出产丰富。由于交通不便，封建保守思想较重，当地人出外经商的很少，仅有少数土产，零星运销邻省，以换回一些必需的商品，大多数资源，则处于货弃于地，无人过问的状态。商业主要由山陕两省客商经营，其中尤以山西人较多，来宁的时间也较早。如合盛裕、晋益老等商号，都有二百几十年以上的历史。民间有‘先有晋益老，后有西宁城’的传说”[④]。民国时期，西宁县“经商人数一百五六十人，山陕两省占大多数，本地人占少数，鲁豫及各省人更少，艺徒约一千六百多人。货物，布匹多来自湖北及陕西之山原，茶尽系湖南省之大块茶，药物多由四川、汉中一带运来，洋货多由天津运来”[⑤]。正唯如此，西宁传统商业活动基本为外省人把控，商品货物也基

---

① 刘秉德：《青海建省前后西宁城乡生活风貌杂记》，《西宁文史资料》第5辑，内部资料1988年，第79页。

② 王昱、李庆涛编：《青海风土概况调查记》，青海人民出版社1985年版，第88页。

③ 王昱、李庆涛编：《青海风土概况调查记》，青海人民出版社1985年版，第130页。

④ 王昱、李庆涛编：《青海风土概况调查集》，青海人民出版社1985年版，第56页。

⑤ 廖霭庭：《解放前西宁一带商业和金融业概况》，《青海文史资料选辑》第1辑，内部资料1963年，第98页。

本是从外地运来。因此，西宁市民直接参与商业经营活动的数量不多，因商品价格昂贵，百姓的消费能力也受到限制。

马氏政权经营的官办企业肇始于马麒、马麟执政时期，在马步芳执政时达到鼎盛。据青海省工商联署名《马步芳官僚资本的企业机构》一文介绍，马步芳在化隆充任团代时，曾以其亲属马祥臣名义开设义源祥商号，1929 年，马步芳移驻西宁，将义源祥迁至西宁并退还马祥臣入股资本，使之成为独资企业，广立分号，不断扩充业务，随着马步芳在青势力的扩充，义源祥“采取了独家垄断和不等价交换的硬性手段”[①]，借此控制青海经济命脉。1938 年冬，马步芳吞并了马麟在西宁开设的协和商栈，并把义源祥改名为德兴海，由协和商栈专管畜牧税及收购皮毛业务，由德兴海专收采金税、放贷及农副产品、工业品的销售。马家官办企业通过垄断经营、不等价交换、放高利贷、与税局相勾结等手段盘剥农牧工商诸民，如代购羊毛一项，“名为代购，实际用硬性摊派方式，使商人劳而无偿，赔累不堪”[②]。马步芳后来建立的湟中实业公司，控制了青海的经济命脉，商业领域内求生存谋发展的民营资本、手工业者、小商小贩的日子更加难过，西宁城市的经济发展也在官僚经济的制约下举步维艰。

总之，在前现代社会，西宁周边落后的农业经济制约了这座城市的人口、经济及文化积累，除城市规模较小外，市民的人口构成和文化水平也受制于传统农业社会，没能形成独立于农村的文化氛围。近代以来，工商业发展的相对滞后，限制了西宁城市的近代化发展进程，外来商贸团体的垄断经营和外来货品的高昂价格，使得市民生活成本大大提高，加之官办企业对原有经贸活动的垄断，阻碍了西宁民营经济的发展和商业资本的扩充，这些因素都使得西宁市民的消费能力和生活质量皆

---

① 青海省工商联：《马步芳官僚资本的企业机构》，《青海文史资料选辑》第 1 辑，内部资料 1963 年，第 63 页。

② 青海省工商联：《马步芳官僚资本的企业机构》，《青海文史资料选辑》第 1 辑，内部资料 1963 年，第 65—66 页。

较低下。

在传统农耕经济的影响下，西宁历来以民风朴实、淳厚著称。有清一代，西宁县商人“虽逐什一之利，从无垄断之行”①。农民安于稼穑，“农习勤俭，岁不再登。田家多牧养牛羊”②。手工业者“不尚淫巧奇技，构屋制器，质朴坚固”③。丹噶尔百姓“以敬畏官长为先，从无聚众抗官，亦不惯于上控越诉，或有不服官判而上控者，必斥为刁恶匪棍而不与齿。若卑幼敬事长上，后生尊礼先辈，安分循良，深厚扑（应为‘朴’）诚，本境风土之长也。其安于固陋，不能奋勉，以就功业，则所短即寓于所长之中也”④。民国时期，素朴的民风仍在西宁延续，当时，西宁的“妇女一如陕甘，装饰朴素，不施脂粉，虽大家闺秀，亦皆布衣布鞋，毫无骄奢习气。……盖此间妇女同胞尚能我循古礼重妇德也”⑤。湟源县“民气敦厚，对于交际往来，视为重要。有喜则贺，有丧则吊，有疾则问，亲亲睦邻之义，友助扶持之风，未能或后”⑥。当时，最受百姓舆论谴责之事，莫过于盗窃，一旦发现某人偷窃邻里东西，“则其人一生甚至连其家人被视为可耻，不与为伍，他本人也难在人前抬头”⑦。植根于传统农业社会的一些旧习陋俗也在流行，西宁“妇女概能勤俭耐劳，自强不息，所惜买卖婚姻及早婚之弊，尚未彻底革除”⑧。妇女一旦嫁人，“终身不离；非是丧偶，绝不二婚。离异之事，则是很

① （清）邓承伟修，张价卿、来维礼等纂，基生兰续纂：《西宁府续志·地理志》，青海人民出版社 1985 年版，第 66 页。

② （清）邓承伟修，张价卿、来维礼等纂，基生兰续纂：《西宁府续志·地理志》，青海人民出版社 1985 年版，第 66 页。

③ （清）邓承伟修，张价卿、来维礼等纂，基生兰续纂：《西宁府续志·地理志》，青海人民出版社 1985 年版，第 66 页。

④ （清）杨志平编纂，何平顺等标注：《丹噶尔厅志·风俗》（青海地方旧志五种），青海人民出版社 1989 年版，第 288—289 页。

⑤ 林鹏侠著、王福成点校：《西北行》，甘肃人民出版社 2002 年版，第 89—90 页。

⑥ 王昱、李庆涛编：《青海风土概况调查记》，青海人民出版社 1985 年版，第 128 页。

⑦ 刘秉德：《青海建省前后西宁城乡生活风貌杂记》，《西宁文史资料》第 5 辑，内部资料 1988 年，第 77 页。

⑧ 林鹏侠著、王福成点校：《西北行》，甘肃人民出版社 2002 年版，第 89—90 页。

少，且被视为最不道德”[①]。一些少数民族妇女生活还受到特别限制，如“回教女子不许乘马，回教人所御之舟车，亦每年特别标志”[②]。可见，包办婚姻、缠足守节等风俗和观念仍对当时城市及周边地区女性的生活多有影响。

此外，源自传统农业文明的风水、迷信等对当时西宁市民的社会生活产生着影响。西宁百姓的居宅、坟茔“皆以山水方向主言吉凶，如丁、财、官、禄、贵人，趋生旺而避衰败……往往因地师一言而费巨金。……实耗其财于无用，则风水之说中人深也”[③]。西宁居民禁忌颇多，民国人马鹤天行走在西宁街巷，“见数家门首，贴有红纸条，书‘狮王在此’四字，同人以为系有猛犬在内，请来客注意者。询之本地人，始知家有婚事时所书避邪者，等于‘姜太公在此百无禁忌’”[④]。此外，西宁人还有老鸦叫祸、竹子开花兆灾、喜鹊报喜、“左眼跳福、右眼跳祸”、“母鸡叫鸣、人丁不宁”等前兆迷信。

在外来商贸团体及近代官僚资本的双重辖制下，西宁市民的消费能力偏低，一些市民不仅享受不到近代城市发展的成果，有时反而受累于落后的城市经济与混乱的金融市场。当时，除少数市民或从事商业活动或因依附于官僚资本，生活甚为奢侈外，大多数市民的生活水平仅能维持温饱，还有一些市民无法维持正常生活，甚至居住于马厩之中，与牲畜为伍。民国时期，西宁市民的生活还受到近代金融业的直接影响，如 1935 年 5、6 月，西宁外汇回跌而物价飞涨，丝绸杂货价格增至原价

---

① 刘秉德：《青海建省前后西宁城乡生活风貌杂记》，《西宁文史资料》第 5 辑，内部资料 1988 年，第 78 页。

② 马鹤天著，胡大浚、张科点校：《甘青藏边区考察记》，甘肃人民出版社 2003 年版，第 221 页。

③（清）杨志平编纂，何平顺等标注：《丹噶尔厅志》（青海地方旧志五种），青海人民出版社 1989 年版，第 292 页。

④ 马鹤天著，胡大浚、张科点校：《甘青藏边区考察记》，甘肃人民出版社 2003 年版，第 173 页。

的1.5倍，而“粮价亦由二十七元升至三十五六元”[①]。1935年9、10月间，“省钞狂跌，物价飞涨”，“市民多三五成群，街谈巷议，咸为省钞前途担忧”[②]。1936年9月，青海省政府印制的维持券因数量过大，政府不能及时为市民兑换，变为废纸，“兑换的人挤满街道，从早到晚，喊声震天，群众愤恨之下，用砖头石块，乱向银行抛击，以示反抗，情况一时万分紧张。当时魏敷滋越房逃跑，赵秃子吞金自杀，幸在事后救活未死。任凭群众如何吵闹，兑现终于无望，以致绝大多数维持券，损失在商号和广大群众的手中。很多人在愤慨中把维持券拿到城隍庙哭骂烧化”[③]。

经济滞后制约市民生活方式近代转型的现象还典型地反映在医疗卫生领域。民国时期，西宁近代医疗资源匮乏，市民又多受旧有陋俗影响，盛行喝符水、求佛拜神、巫婆驱鬼的治病之风，加之“神多医生少，所以生病后首先想的就是求神问卜，捉妖弄鬼符水治病。从而贻误病情，害人致死的事，不胜枚举，以致妇女不生孩子，先到庙里去缚一个泥塑的，待生下孩子后，双去还愿解脱，孩子出了天花，先去求拜‘痘疹娘娘’，如得了神经病，则无疑是‘猫鬼神’、‘狗头神’、‘柳树精’等在作祟，要得请阴阳法师或‘神汉’、‘神婆’驱邪”[④]。当时，市民居住环境的卫生状况也十分脏乱、落后，“过去西宁市的饮用水，多数依靠井水及泉水，部分居民使用河水。而家家户户的粪坑，既无防蝇设备，也不能防漏，因此老式粪坑既孳生苍蝇，也污染地下水源……

① 编者辑：《一月来之青海·西宁外汇回跌货价依然飞涨》，《新青海》第3卷第7期，1935年，引自徐丽华、李德龙主编：《中国少数民族旧期刊集成》第38册，中华书局2006年版，第226页。

② 编者辑：《最近之青海·省钞狂跌物价飞涨》，《新青海》第3卷第10期，1935年，引自徐丽华、李德龙主编：《中国少数民族旧期刊集成》第38册，中华书局2006年版，第358页。

③ 廖霭庭：《解放前西宁一带商业和金融业概况》，《青海文史资料选辑》第1辑，内部资料1963年，第102—103页。

④ 刘秉德：《青海建省前后西宁城乡生活风貌杂记》，《西宁文史资料》第5辑，内部资料1988年，第78—79页。

估计在西宁伤寒痢疾等胃肠传染病的发生和危害，可能与饮用不洁水有关”[①]。西宁市民日常卫生仍用原有土法，“关于粪便、垃圾管理及下水道，由于当时农村仍主要依靠人粪（包括兽粪）作肥料（一般生活垃圾和污水，均习惯于倒入厕所内）。本来在青海多数人家，在厕所内备有干土，以备‘便后盖土’之用，这样做是可以达到防蝇防臭的目的，而且是最简便的方法，但事实上有的人家执行好，有的人便后并不盖土，因此就难以收防蝇之效”[②]。

由于城市近代化的社会基础与文化积累过于滞后，西宁市民生活方式的近代化历程显然无法与内地城市相提并论，但是，在整体滞后的社会背景下，西宁市民旧有生活方式也在发生着一些变化，特别是在国家权力的干预下，市民生活中的一些旧习陋俗逐步在革新，市民的卫生健康也在逐步得以改善，读书识字的习惯也在逐步养成。

近代以来，西宁市民生活中最为显著的旧习陋俗便是妇女缠足，这一现象直到抗战前夕仍然存在。当时，青海省政府为了革除旧习，曾由省教育厅组织学生成立“不娶缠足女子会”，力图杜绝此陋习。《新青海》第 3 卷第 7 期“新青论坛”刊《革除青海妇女缠足之治本办法》一文认为，杜绝此陋习，除推行教育外，改革生活习惯、加强宣传也是重要方式。[③]经过数年努力，至抗战结束时，妇女缠足的陋习基本被革除。

国民政府推行“新生活运动”后，青海省成立“新生活运动”促进会，并设立工程计划。1935 年，青海省立西宁简易女子师范学校组织成立青海省会妇女服务团，推定五人为干事，以女训育员为总干事，并以该校校长蒲顺志为指导员，隶属于青海省“新生活运动”促进会。其

---

① 许学培：《回顾青海解放前的卫生医疗工作》，《青海文史资料选辑》第 17 辑，内部资料 1988 年，第 152 页。

② 参见许学培：《回顾青海解放前的卫生医疗工作》，《青海文史资料选辑》第 17 辑，内部资料 1988 年，第 152 页。

③ 参见“新青论坛”，《新青海》第 3 卷第 7 期，1935 年，引自徐丽华、李德龙主编：《中国少数民族旧期刊集成》第 38 册，中华书局 2006 年版，第 179—180 页。

宗旨是，从自身做起，厉行新生活，及于家人、邻里。[①]同年，西宁曾举办儿童节国语比赛和健康比赛，获奖者分甲乙丙三等给予奖励。[②]抗战前，西宁妇婴卫生健康问题也受到社会关注，当时，西宁产妇死亡的主要原因有产褥热、胎毒、产后失血；婴儿死亡的原因有肠胃病、天花、破伤风。《新青海》第4卷第7期载《开发西北声浪中的婴妇卫生》一文，详细论及防治上述疾病的基本方法，大多为放弃陋习，尊重科学，可见当时人们已经意识到旧有生活习惯对身体健康的不利之处。[③]同期载《儿童营养问题之研究》一文，述及儿童营养，《推行边疆公共卫生之我见》一文视公共卫生为“科学化的行政”[④]，健康教育的行政问题也引起人们关注。[⑤]1936年，小学生健康教育也引起关注，有人对健康教育目标、课程等进行过设计，市民生活方式的近代化进程已体现于小学生群体。[⑥]总之，“新生活运动”的推行，使西宁市民健康问题国家化，这也在一定程度上反映了国家权力对市民生活方式的规制与影响。

值得一提的是，近代以来，西宁也有了一些文化消费场所。1922年，西宁人吴秀山在今东大街大新街口开设“盖世书铺”，俗称“吴书

① 参见宋积琏编：《一月来之青海·青海省会妇女服务团已成立》，《新青海》第3卷第5期，1935年，引自徐丽华、李德龙主编：《中国少数民族旧期刊集成》第38册，中华书局2006年版，第84页。

② 参见宋积琏编：《一月来之青海·健康比赛评判结束》，《新青海》第3卷第6期，1935年，引自徐丽华、李德龙主编：《中国少数民族旧期刊集成》第38册，中华书局2006年版，第166页。

③ 参见张永顺：《开发西北声浪中的婴妇卫生》，《新青海》第4卷第6期，1936年，引自徐丽华、李德龙主编：《中国少数民族旧期刊集成》第39册，中华书局2006年版，第82—89页。

④ 参见李宪：《推行边疆公共卫生之我见》，《新青海》第4卷第6期，1936年，引自徐丽华、李德龙主编：《中国少数民族旧期刊集成》第39册，中华书局2006年版，第104页。

⑤ 参见陈三光：《推进青海健康教育的我见》，《新青海》第4卷第7期，1936年，引自徐丽华、李德龙主编：《中国少数民族旧期刊集成》第39册，中华书局2006年版，第139页。

⑥ 参见杨文炯：《推进边疆小学健康教育应注意之点》，《新青海》第4卷第7期，1936年，引自徐丽华、李德龙主编：《中国少数民族旧期刊集成》第39册，中华书局2006年版，第129页。

铺”，“售《三字经》、《百家姓》、《弟子规》、《四书》、《共和国初小课本》及西安石印的《秦腔剧本唱词》小册子，《古文嗜凤》等书。该铺在民国初是西宁最早的第一家书铺”[①]。1926年，天水人陈仁轩在西大街开设“合兴书馆”，专售中小学课本。“由于该馆是当时的唯一课本书馆，学生急需学习，故盛行一时。”[②]1932年，陕西华县人骞清和在大什字开设“天兴成书店”，并兼营印刷业，民国二十三年（1934）他又在东大街开设“青云书店”，专售《水浒传》《聊斋志异》等小说类书刊。[③]可见，以读书识字或文化消遣为目标的近代市民生活方式也成为一部分西宁市民社会生活的重要内容。

（二）衣食住行的近代化过程

衣食住行是居民生活的主体内容。在城市生活中，市民衣食住行的大部分内容须仰赖市场供给，市民生活的消费特征也具体地反映在衣食住行方面，体现出市民生活与农牧民生活方式的不同之处。

古代中国，受专制等级制度及儒家礼乐文化影响，衣食住行往往体现着人与人之间的尊卑高下与等级分层。自古以来，西宁为多民族杂居之地，“人有汉、土、番、回之殊俗，以耕植孳牧为业”[④]，当地少数民族百姓“衣被毳毛，饔飧湩酥”[⑤]，衣食住行具有鲜明的民族特色。明清以来，西宁市民社会生活的内地化进程逐步加深，衣食住行也逐渐中原化。近代以来，西宁市民的衣食住行也开始迈向近代化的历史进程。由于城市近代化水平相对较低，西宁市民衣食住行方面的变革步伐相对内

① 陈邦彦：《解放前西宁的书店及印刷业》，《西宁文史资料》第4辑，内部资料1986年，第62页。

② 陈邦彦：《解放前西宁的书店及印刷业》，《西宁文史资料》第4辑，内部资料1986年，第62页。

③ 参见陈邦彦：《解放前西宁的书店及印刷业》，《西宁文史资料》第4辑，内部资料1986年，第62—63页。

④ （清）杨应琚纂修，李文实校注：《西宁府新志·地理·风俗》，青海人民出版社1988年版，第251页。

⑤ （清）杨应琚纂修，李文实校注：《西宁府新志·地理·风俗》，青海人民出版社1988年版，第252页。

地城市较为缓慢，但在某些方面也发生了较大变化，而这些变化反过来映衬着这座城市的近代化历程。

首先，近代以来，西宁市民的服饰样式、材质等发生了较大变化，服饰的近代变迁十分鲜明地体现了西宁的近代化特点。

清初，统治者在全国推行满族服制，以改易服色的方式宣示满人政权的合法性，并以服饰、发型上的改易与否来评判汉人效忠大清的程度，故当时有“留头不留发，留发不留头”之说。清中期以来，中原居民为满族服制所濡化，特别是满族化的男性服饰普遍为汉人所接受。清代男子服装主要是长袍和马褂，长袍为立领直身，偏大襟，下摆有两开衩、四开衩和无开衩三种类型。马褂为外衣，按照材料和质地，分单、夹、棉等几种类型。男子服饰袖端一般呈马蹄形，这是典型的满洲服装样式。此外，满族女性服饰，如旗袍、旗鞋等，也为汉族女性所接受。平定蒙古贵族罗布藏丹津叛乱后，清廷在青海东部地区大力推行府、县（厅）制，对当地百姓实行编户齐民，并组织政策性移民进入河湟屯田垦殖，汉文化在该地区的主导地位也逐步得以确立。在这一背景下，西宁汉族的服色与中原汉地逐渐趋同，服装样式也遵从中原服制。

清政府往往在少数民族聚居区实行“因俗而治”的统治策略，允许少数民族保留原有服制。因此之故，清代西宁街头往往多见身着本民族服装的蒙古族、藏族、土族等百姓。西宁城市周边少数民族服饰“贵虎豹皮，用缘饰衣裘。妇人衣锦，服绯、紫、青、绿”[①]，湟源藏族“男子则穿长领衣袄，以带围腰，令腰间衣悬垂如袋，取其多能携带物件也；女子则多穿长袍，腰间亦系带，惟不令取悬垂也”[②]。大通藏族“男子常服缘领大袖，略同汉制，惟法衣缝成大幅，由左肩披搭，扣入右胁，名曰袈裟。女服身长袖小，周围镶以红色，上束大带。戴帽辫发，脑后绣花辫套，双枝下缀，长与衣齐，或饰以宝石金银不等。另用氆氇上嵌海

① 刘运新等编纂，大通县民族古籍办公室标注：《大通县志·艺文志》（青海地方旧志五种），青海人民出版社1989年版，第636—637页。

② 王昱、李庆涛编：《青海风土概况调查记》，青海人民出版社1985年版，第128页。

罗，俗呼‘克图儿’，交十字负之于肩，上背而下，垂五六寸红穗，丝棉不一”[①]。大通土族“男服大领长袖，内地亦有汉制。妇女戴帽，辫发红棉绳贯青铜钱垂于脑后。耳缀大环，银铜不一。足穿腰袜，衣服不论绸布，杂以五彩，束之大带”[②]。此外，西宁回族基本遵从中原服色，只有个别配饰方面体现本民族特色。

民国初年，沿袭数百年的满族服制被废止，新的服制逐步确立起来。受制于中国近代化的外缘特质，当时的服饰文化也多受西方影响，特别是礼服、官服及民间服饰的西化色彩颇浓。民国时期，西宁流行中山装、学生装和其他西式服装，但汉族男性通行穿长袍马褂，头戴瓜皮小帽，穿自制或购买的皮鞋。[③]抗战时期，西宁城内青年男子曾一度流行穿人称“鸡大腿”的马裤。[④]20世纪20年代，西宁城镇女子一般穿长衫长袍，或上衣下裙，农村妇女多穿大襟上衣，大裆长裤。[⑤]湟源汉族“女子则多穿长袍，鲜有着短衫长裙者”[⑥]。到三四十年代，城镇女性曾一度热衷旗袍。据巢生祥先生回忆，“那时候的妇女，都身穿旗袍，穿各色的绣花鞋，脑后盘着发纂（已婚妇女的发髻，西宁人称纂纂），姑娘们大多梳一根长辫子，头上喜欢插些丝绒花；少妇们更是满头锦绣，佩戴耳环和手镯，胸前缀满荷包，手拿凉伞。留双辫或剪短发的，则是新派的女学生，她们也有穿短衣的，不插花。……农村妇女平时喜欢穿大红袄儿，葱绿色的裤子，头戴白色凉圈帽，显得朴实、淳厚、健美”[⑦]。

---

① 刘运新等编纂，大通县民族古籍办公室标注：《大通县志·种族志》（青海地方旧志五种），青海人民出版社1989年版，第514页。

② 刘运新等编纂，大通县民族古籍办公室标注：《大通县志·种族志》（青海地方旧志五种），青海人民出版社1989年版，第516页。

③ 参见朱世奎主编：《青海风俗简志》，青海人民出版社1994年版，第42页。

④ 参见朱世奎主编：《青海风俗简志》，青海人民出版社1994年版，第43页。

⑤ 参见崔永红等主编：《青海通史》，青海人民出版社1999年版，第754页。

⑥ 王昱、李庆涛编：《青海风土概况调查集》，青海人民出版社1985年版，第128页。

⑦ 巢生祥：《旧时西宁印象》，《青海文史资料集萃·社会卷》，内部资料2001年，第161页。原载《西宁城中文史资料》。

当时，一些少数民族服饰与汉族开始趋同，如西宁县“土民服饰、用品与汉民同”①。大通县“汉、回服装相同。土人男子服装亦与汉、回相同”②。也有一些少数民族仍然保持原有服装样式，如大通“番民多穿皮衣、毡袄、皮靴、皮帽，身披红褐或氆氇袈裟，其男妇所穿大衣，甚为宽长，腰束一带，凡有零碎物件，均贮于胸前、胸后，尤以皮衣为储藏随身物品之地”③。湟源东科尔藏族“男子穿长领皮袄，以带围腰，领腰间衣悬如袋，取其多能携带物件也；女子则多穿长袍，腰间亦系带，惟不令取悬垂也”④。

清代至民国时期，西宁市民服饰的材质和用料也发生了一些变化。有清一代，西宁与中原地区的商贸往来较为滞后，服装材料往往因利就便，就地取材，西宁紧邻畜牧产地，故当地服装材料多取材本地皮革、羊毛。加之西宁气候寒冷，城市居民对服装的保暖作用尤为重视，城市居民有穿裘服、皮袄、毛褐、皮靴的习惯，裘服“以羔羊皮及野牲等皮为之，官场及外路客商服之者多。以大毛羊皮作裘，尤便于工作之人。毛褐以羊毛捻线织成，为服温厚适体。然因捻线费工，值亦甚昂，制之者无几。……番皮靴硝熟牛皮，使柔制成，染皂色，售于蒙、番，率多粗拙，故汉人不喜服用，惟行泥淖者间服之焉。皮鞋多以野牛皮为之，系农作、行路人所用，间售于宁属各乡。暖靴、暖鞋硝熟鹿皮及山羊皮，使柔，夹毡为之，资以御寒”⑤。直到民国初年，西宁市面上经营的布料商品，仅限于湖北的宽面土布、梭布，“民国八九年后，随着外地商人的增多，商品亦转变为多种多样。如人马弓斜布、九龙洋布、采石机德国缎、斜文缎、哈机布等。其它日用针织品，如洋袜子、毛

---

① 王昱、李庆涛编：《青海风土概况调查集》，青海人民出版社 1985 年版，第 44 页。

② 王昱、李庆涛编：《青海风土概况调查集》，青海人民出版社 1985 年版，第 63 页。

③ 王昱、李庆涛编：《青海风土概况调查集》，青海人民出版社 1985 年版，第 63 页。

④ 王昱、李庆涛编：《青海风土概况调查集》，青海人民出版社 1985 年版，第 128 页。

⑤ （清）杨志平编纂，何平顺等标注：《丹噶尔厅志 · 动物》（青海地方旧志五种），青海人民出版社 1989 年版，第 254—255 页。

巾……，也都逐渐增多”[①]。

清末民初，男性发型的改易十分典型地体现了中国近代化的民族特质。顺治二年（1645），颁布薙发令，要求汉族男性依照满洲制度剃发留辫，在清政府的强制推行下，前额剃发、后脑蓄发梳辫的发式成为汉族人民屈辱的标志。[②]在西宁，汉族、回族等男子都须剃发留辫，借以体现清政府的统治威权。民国初年，全国掀起一股剪发热潮，西宁男性市民也大多剪去发辫，不再遵从前清旧制，多数人留短发，只有少数男性仍然蓄发。

两宋以来，中原女性裹脚的陋习逐步风俗化。有清一代，西宁城镇女性普遍裹脚。受汉族风俗影响，一些回族女性也裹脚。民国时期，妇女“放足”与前述男性剪辫一样，都是摆脱积习、树立国民新形象的重要象征。西市城内妇女“放足”较早，大约1915年以后生的城市妇女，大多数没有裹脚。不过，因裹脚陋习风行时日甚长，民国时期西宁城内庙会上，往往所见老年妇女全都是小脚，中年妇女中一部分也是裹了脚，行动起来十分不方便。[③]西宁回族“妇女亦多缠足，男女界限，一如汉人旧礼教，限制甚严，虽戚属亦多避而不见。出门以帕蒙首，乘轮车亦以布密围”[④]。

帽子是重要的服装配饰。民国时期，西宁城镇男子除戴瓜皮小帽外，还戴宽边大礼帽，农村男子普遍戴一种箕形毡帽，抗战时期，青年学生中曾盛行毛线帽。[⑤]回族服饰中的帽子、盖头等配饰，既富有民族特色，同时也有一定的宗教内涵。民国时期，西宁县“回民服饰，男与汉民同，惟平常戴帽无顶。妇女无论冬夏，戴一古风帽式之暖帽，名曰

---

① 廖霭庭：《解放前西宁一带商业和金融业概况》，《青海文史资料选辑》第1辑，内部资料1963年，第118页。

② 朱和平：《中国服饰史稿》，中州古籍出版社2001年版，第323页。

③ 参见巢生祥：《旧时西宁印象》，《青海文史资料集萃·社会卷》，内部资料2001年，第161页。原载《西宁城中文史资料》。

④ 林鹏侠著，王福成点校：《西北行》，甘肃人民出版社2002年版，第92页。

⑤ 参见朱世奎主编：《青海风俗简志》，青海人民出版社1994年版，第43—44页。

‘盖头’，又带一面罩，名曰‘脸罩’，虽步行，亦如此”[①]。当时就有人注意到，“按回教教规，凡信回教者，有一定服制。今虽比较自由，但普通多白布缠头或戴软白布帽，故俗有白帽回之称”[②]。在重要场合，回族群众十分注重戴帽，“凡入寺、上坟、会客、访友，一律要求戴上帽子”[③]。时至今日，西宁城市回族男性戴白帽女性着盖头，仍然是其民族身份和宗教信仰的重要象征。

西宁城市居民服饰的近代化总体上与我国服饰文化的近代化是同步的，来自内地的服装及配饰也生动地体现了西宁的内地化进程。据巢生祥先生回忆，1949年前夕的西宁街头，妇女大多身着蓝阴丹士林布旗袍，男学生大部分身穿毛蓝色土布中山装，中老年男人大都身着青布长衫，黑裤绑腿，白袜布鞋，一顶红顶的或黑顶的瓜皮小帽，或草帽飘带。也有个别头戴礼帽、身着白纺绸长衫、戴茶色水晶眼镜的绅士模样的富者[④]，市民的着装样式与内地城市几乎没有差别。同时，西宁又是多民族聚居之地，民族不同，服饰也有很大区别，大通“回族女人爱穿红、绿衣服；番子女人爱带银牌；土人女子爱穿大袖衣服，袖口上镶红、黄、蓝、白等杂色布条；汉人女子服装最近有点改良，多爱淡装，不穿色布，不粘辫条，这也是人人群化的现象”[⑤]。在中原人士眼里，西宁城内不同民族服饰区别甚大，“在街上来往的人们，单从服饰上，很显然分出汉、蒙、回、藏四族，初到此间的旅客，诚有五光十色，难于接应之势”[⑥]。此外，受惠于地利之便，西宁地区的服饰材料多有保暖御寒之功效，然而，服装材料的选择取决于百姓财力，有清一代，西宁城

① 王昱、李庆涛编：《青海风土概况调查集》，青海人民出版社1985年版，第43页。

② 马鹤天著，胡大浚、张科点校：《甘青藏边区考察记》，甘肃人民出版社2003年版，第220页。

③ 朱世奎主编：《青海风俗简志》，青海人民出版社1994年版，第377页。

④ 参见巢生祥：《旧时西宁印象》，《青海文史资料集萃·社会卷》，内部资料2001年，第161—162页。

⑤ 王昱、李庆涛编：《青海风土概况调查集》，青海人民出版社1985年版，第83页。

⑥ 范长江：《中国的西北角》，新华出版社1980年版，第87页。

乡多有衣不蔽体者，直到民国时期，西宁仍因“地处边陲，交通滞塞，农、工、商均不发达，生活困苦，乡村男女衣不蔽体者十居八九。向年羊毛价廉，每百斤不过值银洋五元之谱，农家自纺自织，多衣褐服，近年皮毛价昂，褐服几同丝罗，布又价贵，是以冬夏裸体者比比皆是。至严冬时，惟以畜粪煨热火炕，藉以御寒”[①]。

总之，近代以来，西宁地区服饰的近代化步伐较内地缓慢，直到抗战时期，西宁街头身着少数民族传统服饰的百姓并不鲜见，一些得风气之先的群体，如政府公职人员、学生、商人等也很快接受了西化服饰，故这一时期，西宁服饰文化呈现出保守落后与追新慕异相交织的特征。[②]

其次，近代以来，西宁市民的饮食生活基本沿袭了旧有传统。随着外来人口的增多，一些内地饮食品种和菜系也进入西宁，居民在饮食健康方面的要求也较过去有所提高。

西宁处于西北饮食文化圈和青藏饮食文化圈交接之地，市民饮食习惯既受草原文化影响，也受到西北面食文化的浸润，加之回族、土族等百姓饮食习惯多与宗教信仰有关，故而西宁市民的饮食品种既包括种类繁多的面食，也包括青藏饮食文化圈特有的品种，饮食习惯也因市民民族成分不同，各具特色。

一般而言，市民的饮食品种与城市周边物产关系密切。《西宁府新志·地理·物产》载有清代西宁府各类物产，包括谷物、蔬菜和瓜果：“谷之类：有小麦、大麦、荞麦、青稞、大豆、豌豆、藏豆、扁豆、糜、芒谷、胡麻、油菜子（籽）、燕麦。蔬之类：有芹、芥、萝卜、茼蒿、木耳、白菜、甜菜、蕨菜、菠菜、苦苣、莴笋、王瓜、茄、蒜、胡荽、韭、苋、瓠子、蔓精（菁）、沙葱、野韭、蕨麻。”[③]“果之类：有杏、

① 王昱、李庆涛编：《青海风土概况调查集》，青海人民出版社1985年版，第44页。

② 参见李健胜：《清代——民国西宁社会生活史》，人民出版社2012年版，第21—29页。

③（清）杨应琚纂修，李文实校注：《西宁府新志·地理·物产》，青海人民出版社1988年版，第253页。

李、楸子、山樱桃、林檎、沙檎、沙枣。”[①] 这些都是西宁市民的基本食材，直到近现代，“本地所种植的农作物品种当时已基本齐全了”。[②]

西宁市民主食以小麦面和杂面为主。“宁郡不产粳粟，米皆贩自他邑，而宁人亦多不食此，惟以豆稞杂面为日需之要。”[③] 尽管本地消费量不大，但当时已从外地运来稻米，除供应本地一些居民外，还售于青海牧区的蒙古、藏族。此外，西宁市民食用油一般为菜籽油，俗称“青油”，其中，丹噶尔百姓食用“青油”“本境制造者十之七八，余皆来自宁属迤西各乡，合计每年十万余斤”[④]。

西宁市民的肉类食材以猪肉、羊肉和牛肉为主。其中，羊肉是西宁地区重要的食材。《丹噶尔厅志》载有四类羊“一曰孳生家羊。农家所畜。剪毛、取皮、食肉，亦间取乳。而尤资以积粪，以供拥田、火坑（应为‘炕’）之用。然山浅草薄，汉人不能擅其利也。一曰番羊。青海周围牧厂（应为‘场’）弥望遍于山谷原野，无虑数百千万。皮毛之利，青海甲于内地者，以羊为大宗。每年自口外来售，西宁全境食肉之羊皆资焉。一曰大尾。产于青海柴达木一带。颇肥美，尾尤大，有重一、二斤至四、五斤者。一曰山羊……肉味、斤重皆不及羊，故价亦仅得其半。亦有家畜、番产二种”[⑤]。当时，西宁市民食用羊肉一般来自青海牧区，清末民初“每年约二万余只，蒙、番自口外贩至丹邑本境及宁属一带销售食用”[⑥]。西宁地区农村百姓也以鸡肉为食，鸡为“农家所

---

① （清）杨应琚纂修，李文实校注：《西宁府新志·地理·物产》，青海人民出版社 1988 年版，第 254 页。

② 崔永红：《青海经济史》（古代卷），青海人民出版社 1998 年版，第 167 页。

③ （清）杨应琚纂修，李文实校注：《西宁府新志·建置·城池 街市附》，青海人民出版社 1988 年版，第 274 页。

④ （清）杨志平编纂，何平顺等标注：《丹噶尔厅志·商务出产类》（青海地方旧志五种），青海人民出版社 1989 年版，第 277—278 页。

⑤ （清）杨志平编纂，何平顺等标注：《丹噶尔厅志·动物》（青海地方旧志五种），青海人民出版社 1989 年版，第 248 页。

⑥ （清）杨志平编纂，何平顺等标注：《丹噶尔厅志·商务出产类》（青海地方旧志五种），青海人民出版社 1989 年版，第 274 页。

畜，乳雏抱卵。全境合计亦为生利之一端”[①]。鸭鹅“供庖厨者，偶因官场需用而购自境外，本境不产也”[②]。雉“有雌雄两种。飞止为群，弋人取之稍易，堪供羹食”[③]。此外，西宁普遍食用青海湖湟鱼。据《丹噶尔厅志》记载，清末民初，捕捞湟鱼“每年约分两节[④]：夏季干鱼，冬季冰鱼。而冰鱼味鲜尤珍贵。每鱼之价，夏约二、三分，冬约五、六分。青海西番无食鱼者，专由蒙古钓取运至丹邑售于番、番（应为‘汉’）至兰州、甘凉各地销售食用。两季合计，共鱼约二十万。每条以四分计，共银八千两”[⑤]。民国时期，西宁街头的卖鱼者“将蒸好的干板湟鱼的蒸笼挂在胸前，沿会场叫卖，卖出时给顾客一片大头菜叶子，用以盛鱼”。[⑥]

1929年前后，西宁城内的面粉铺“将小麦衔在郊区水磨上加工成面粉，连麸皮带面运至面铺，除去麸皮，出售净粉……农民所交公粮或营买粮，专供军营食用；称从军的士兵为‘吃粮人’。……卖油郎从农村贩来青油，挑着担子敲着梆子沿街巷行走，需油者听到梆声，即提着油罐去打油。……蔬菜主要产于西宁北郊，俗称北园，即今七一路以北地区，由园子家自行挑着菜担子入城出售，也有专搞蔬菜买卖生意的铺面，蔬菜品种不多，有萝卜、芹菜、韭菜、白菜、胡萝卜、葱、莴笋、菠菜、黄瓜、芫荽等。肉食主要靠牧区贩运来活牛活羊，在市区由屠宰行业视行情宰杀出售。居民饮水，主要是井水，有的还以井名街，如赵

① （清）杨志平编纂，何平顺等标注：《丹噶尔厅志・动物》（青海地方旧志五种），青海人民出版社1989年版，第249页。

② （清）杨志平编纂，何平顺等标注：《丹噶尔厅志・动物》（青海地方旧志五种），青海人民出版社1989年版，第249页。

③ （清）杨志平编纂，何平顺等标注：《丹噶尔厅志・动物》（青海地方旧志五种），青海人民出版社1989年版，第250页。

④ “节”当为“季”，笔者按

⑤ （清）杨志平编纂，何平顺等标注：《丹噶尔厅志・商务出产类》（青海地方旧志五种），青海人民出版社1989年版，第276页。

⑥ 巢生祥：《旧时西宁印象》，《青海文史资料集萃・社会卷》，内部资料2001年，第163页。

家井、水井巷等有专门以卖水为生的人；无井或买不起水时，则出城到南川河、北门泉或水城门泉、周家泉等自行挑水吃”[①]。从上述史料中，我们可以窥到当时西宁市民的基本食材。

清代民国时期，西宁地区最为常见的面食品种有面片、拉面、麻花、油饼等，主要由小麦面和粗粮杂面制成。民国时期，西宁饭馆经营拉面、炒面片、粽子、凉面、凉粉、麻花、油饼、甜醅、馒头、花卷等面食和地方小吃。[②]其中，面片是西宁地区一大特色面食，民国时期已有以所做面片色、香、味俱佳而闻名的饭馆，如大通县城关镇的苗家馆子就是其中颇具代表性的一家，这家馆子“烹饪技艺精湛，蒸煎油炸、爆烤溜扒手艺高超，所做的鱼翅海参，羊肉八盘，花样繁多，……特别是炒肉面片，更是脍炙人口，具有独特的民族风味，驰誉遐迩，当时久负盛名的西宁福盛馆，兰州的小西天，八坊（指甘肃临夏）的三道桥诸家均与之不可媲美”[③]。

受青海牧区饮食文化影响，西宁也有一些肉类、奶酪类饮食，其中最为知名的当为“手抓羊肉”。“手抓羊肉”是青海牧区最为常见的肉类饮食，蒙古、藏族群众将新鲜羊肉置入锅中煮熟或半熟，捞出后佐盐即食，西宁市民也依循牧区做法，经年历久，成为西宁一道特色美食。史载，丹噶尔人“皆喜食羊肉。依蒙、番俗，六七人共煮一大块，重十余斤，手裂而啖，同席皆然，不以为嫌。家常所食，亦用以请客，惟需盐、醋、蒜三种，以助滋味。八、九月番羊多时，几于比户皆然，谓之‘手抓羊肉’云”[④]。民国时期，除“手抓羊肉”外，当时饭馆还经营牛

---

① 刘秉德：《青海建省前后西宁城乡生活风貌杂记》，《西宁文史资料》第5辑，内部资料1988年，第71—72页。

② 参见任国安：《民国时期大通民是贸易琐记》，《大通文史资料》第3辑，内部资料1990年，第149—150页；张生佑、赵永年：《建国前鲁沙尔镇的工商业概况》，《湟中文史资料选》第1辑，内部资料1989年，第55—56页；邸兆贵：《西宁的羊肉泡馍》，《西宁城中文史资料》第4辑，内部资料1991年，第85—86页。

③ 周耀宗、张进援：《苗家馆子》，《大通文史资料》第4辑，内部资料1993年，第4页。

④ （清）杨志平编纂，何平顺等标注：《丹噶尔厅志·风俗》（青海地方旧志五种），青海人民出版社1989年版，第293页。

肉粉汤、羊肉粉汤、羊肉泡馍等。[①] 此外，来自牧区的酥油也为西宁百姓所接受。酥油“以牛羊乳制成之，用以和茶及拌炒面之需。每岁由番人运售于各寺院者最多，本境内不过百分之一二耳”[②]。清代民国时期，西宁地区酥油最大的消费之地为当地藏传寺院，喇嘛们除食用酥油外，还用酥油制成特殊的工艺品，“番僧寺院每岁元宵，以酥油制成庙宇、宫殿、人物、花卉，惟妙惟肖，色泽光润，兼燃灯，万千灯辉相映，名曰花灯”[③]。

民国时期，西宁县“汉、回、蕃、土均喜牛乳茶，米汤间有之，本地生产小米、黄米，妇人产孩后饮米粥，以其乳多也。食用面。回民禁食猪肉，汉、番、土则牛、羊肉均食。城市居民间数月必食肉，近年生活程度日益增高，乡村之民除冠、婚、丧、祭及年、节用肉外，粗粮唯恐不饱，朝夕饮开水、食炒面。市民中食麦面者过半，乡农视麦面如珍馐，生产之而不获食，可怜也已”[④]。上述材料说明，当时西宁地区百姓有吃面食、喝牛奶、吃牛羊肉之习惯，饮食习惯还受到家庭财力影响。有些贫困之家，常年只吃馍馍，甚少有菜、肉一类的饮食，这些人常自嘲：“早起开水馍馍，晌午馍馍开水，黑了变个样，开水泡馍馍。”这虽然有所夸大，但有一定的代表性，是相当一部分人家真实的生活写照。[⑤]

由于缺乏相关史料，我们无法全面了解当时西宁百姓接受南方饮食习惯的情况。大体而言，抗战前，由于流动人口数量不多，西宁饮食文

① 任国安:《民国时期大通民是贸易琐记》,《大通文史资料》第 3 辑，内部资料 1990 年，第 149—150 页；张生佑、赵永年:《建国前鲁沙尔镇的工商业概况》,《湟中文史资料选》第 1 辑，内部资料 1989 年，第 55—56 页；邸兆贵:《西宁的羊肉泡馍》,《西宁城中文史资料》第 4 辑，内部资料 1991 年，第 85—86 页。

② （清）邓承伟修，张价卿、来维礼等纂，基生兰续纂:《西宁府续志・志余》，青海人民出版社 1985 年版，第 557 页。

③ （清）杨志平编纂，何平顺等标注:《丹噶尔厅志・植物》(青海地方旧志五种)，青海人民出版社 1989 年版，第 255 页。

④ 王昱、李庆涛编:《青海风土概况调查集》，青海人民出版社 1985 年版，第 44—45 页。

⑤ 参见巢生祥:《西宁面食录》,《城西区文史资料》第 3 辑，内部资料 2005 年，第 96 页。

化的本土色彩浓郁，抗战以来，随着大量内地移民的到来，各地饮食文化也随之落户西宁，当地饮食行业为迎合移民口味，也当引进内地菜系。例如，当时西宁大新街住着一位陇姓四川人，人称“陇大爷”，他爱人是红四方面军流落的女红军。夫妻二人经营的川味熏肉，“种类有：猪肉、牛肉，有鸡有鸭。皮黄肉嫩，味道鲜美，光顾者多为南方人”[①]。

总之，西宁市民饮食文化因袭、传承传统习惯的现象远远多于对中原及西方饮食的效仿。这说明近代城市生活在总体上发生变迁的过程中，也有不变的成分和内容，这也说明城市近代化不应是一味地求变求新。至于当时部分市民饮食简陋、生活质量低下的问题，主要是由于社会经济发展迟缓造成的。正如马鹤天先生所云，一些中原人士“以为青海荒僻，饮食居住必极鄙陋。不知西宁在汉唐时早已进步，故汉人食居，或多优于内地。惟回教徒饮食简单，蒙藏族衣食住行未进步，为例外耳。又西北人民俭朴成性，能吃苦耐劳，虽小康之家，中人之资，均节衣缩食，不肯在衣食住上多耗家资，实际上亦不如东南人民之富裕。而浅见者遂以为不开化之表征，甚至视为野蛮生活，误矣。且西北富源不开，教育未兴，普通人民困苦，吾人应哀怜而思开发之，不当鄙视讥笑也”[②]。我们认为，没有哪个民族或群体不愿意改善自身饮食条件和增进生活质量的，仅从一些卫生习惯上找寻西宁市民生活方式落后、保守的所谓“证据”，是没有意义的。

复次，近代以来，西宁民居建筑材质、样式的变化以及市民居住条件的改善程度，虽然较为缓慢，但某些方面的变化也在一定程度上反映了西宁城市的近代化进程。[③]

中国传统民居建筑以木料为主要构材，以梁柱为主要构架[④]，西宁

---

① 何鸿仪、邸兆贵：《西宁的风味小吃》，《青海文史资料集萃·社会卷》，内部资料 2001 年，第 273 页。原载《西宁城中文史资料》。

② 马鹤天著，胡大浚、张科点校：《甘青藏边区考察记》，甘肃人民出版社 2003 年版，第 149 页。

③ 参见李健胜：《清代—民国西宁社会生活史》，人民出版社 2012 年版，第 52—54 页。

④ 参见梁思成：《中国建筑史》，百花文艺出版社 1998 年版，第 13—15 页。

的传统民居也基本依循中原地区传统建筑形制。近代以来，我国建筑的取材、形制多受西方建筑文化影响，发生了前所未有的巨大变化，民居建筑的样式和取材也发生了大的变化。相比较而言，近代西宁的民居建筑基本依循传统材质和样式，民居的近代化程度甚微，这主要与当地经济发展滞后的状况有关。

民国时期，西宁民居多为四合院格局。具体而言，“西宁民居的特点首先表现在平面布置上，最突出的是院门几乎无例外的不设在整个院落的轴线上，而是设在院落的某一个角上。……其次是合理利用地皮，在并不方整的地面上，力求把院落建设得方整。……再次，在建筑结构上，虽沿袭了明清的一些则例，但又根据实际，有所简化和变革，更适应环境，也更趋合理。突出了地方特色”[①]。西宁民居一方面深受中原汉族民居的影响，“传统文化一经传入和被接受，就具有相当的固着力。表现在民居建筑的设计思维中，无论平面或其三维空间布局上都贯穿了伦常、谦恭、‘深藏若虚’等传统精神，以及‘聚气’、‘聚财’等传统观念，同时也结合防盗、防窃等实际需要”[②]。西宁城内的四合院一般坐北朝南，中间堂屋一般不设卧室，地基比两侧厢房高出约三四十厘米，堂屋两侧无论兄弟妯娌共居，还是与子侄同居，堂屋都起到互不干扰的作用。[③] 房屋之间用土墙隔开夯实，屋墙之外也夯有土墙，以加强保暖效果。一般人家设大门和二门各一，之间为天井，或进大门迎面设一照壁，俗称影壁，左右侧转才能进入院内。[④] 照壁上常用红漆写有一个“福”字，四角还绘有蝙蝠图案，取“吉祥”、“幸福”之意，有功名者

① 邓靖声：《旧时的西宁民居》，《西宁城中文史资料》第 6 辑，内部资料 1993 年，第 148—149 页。

② 邓靖声：《旧时的西宁民居》，《西宁城中文史资料》第 6 辑，内部资料 1993 年，第 149—150 页。

③ 参见邓靖声：《旧时的西宁民居》，《西宁城中文史资料》第 6 辑，内部资料 1993 年，第 152 页。

④ 参见崔永红等主编：《青海通史》，青海人民出版社 1999 年版，第 757 页。

还在照壁上悬有“岁进士”、“父子同科”等匾额。[①] 房屋构造分硬山式、悬山式、卷棚式、平顶式等。西宁城镇大量民居房屋为平顶式，这种房屋“屋面均不覆瓦，只以黏土调成草泥墁平，然后用小碌碡碾实。起坡一般在六分之一至十分之一间，这是为了防止雨水下流时冲刷过猛。这种屋面由于造价低，被大量采用。缺点是草泥易干燥风化并裂缝，故须经常除草压平或踩平。每三五年要加一层草泥”[②]。木质结构房屋包括柱、梁、檩、门、窗等，砖石工程则包括台阶、墙等。[③]

西宁民居用料方面因地制宜，建造手法也简洁实用，且多依循旧有传统，加之西宁市民十分重视庭园绿化，也十分讲卫生。[④] 城中殷实之家“多为独户独院，小小的四合院中，屋内桌明几净，台阶打扫的干干净净，不时洒些水，干净舒适。院子当中花坛内设有中宫，供奉着土地神，小对联有书‘上天言好事，回宫降吉祥’者，有书‘富惠留中土，德言奏上苍’者。花池围以砖砌花格矮墙，花池内栽一棵丁香、探春，几枝翠竹，或碧桃、樱桃；夏日满花池的芍药、牡丹、百合、牵牛花、穿地莲、荷包牡丹盛开，菜瓜、刀豆之类食用植物，整齐地挂到四面屋檐，像绿色帘帐，不但可以观赏、遮阴，而且即摘即食，新鲜实惠”[⑤]。曾游历西宁的民国人林鹏侠女士注意到，西宁“城内房屋，除福音堂、天主堂、第一女子师范、第一中学及回教促进会各建新式洋楼外，余多旧式”[⑥]。范长江先生也曾说：“西宁的市街颇有北平那样古色古香的外景，古装的商店，庄严的牌楼，和辉煌的机关，在表示出这座古城的

---

① 朱世奎主编：《青海风俗简志》，青海人民出版社1994年版，第45页。

② 邓靖声：《旧时的西宁民居》，《西宁城中文史资料》第6辑，内部资料1993年，第154页。

③ 参见邓靖声：《旧时的西宁民居》，《西宁城中文史资料》第6辑，内部资料1993年，第155—162页。

④ 参见邓靖声：《旧时的西宁民居》，《西宁城中文史资料》第6辑，内部资料1993年，第163页。

⑤ 巢生祥：《旧时西宁印象》，《青海文史资料集萃·社会卷》，内部资料2001年，第157页。

⑥ 林鹏侠著，王福成点校：《西北行》，甘肃人民出版社2002年版，第87页。

来历不浅。”[①] 当时，古风浓郁的旧式民居建筑体现了西宁城市文明的延续，承载着这座城市的历史与现实的和谐交融。

“庄窠”（又称“庄廓”）是近代西宁周边农村居民的基本居住形式，“它以一户为独立单元筑成，平面为方形或长方形，用四至五米高、近一米厚的板筑黄土庄墙，包围着内部的房屋和庭院。除了设有唯一的出入口——‘大门’之外，别无门窗开于庄墙之上。靠庄墙四周或三面，还有的两面布置房间，多以三间为一组，中为堂房，两侧是卧室。‘庄窠’内的四个角落为厨房、仓库、牲畜圈、厕所等。院中建有花坛，种植树木花草。‘庄窠’内的正房的方向多为南向，庭院和院外有的用曲廊相连，空间构成颇有地方风味。庭院排水是通过暗沟将水排出院外”[②]。“庄窠”大门有土门、砖门之分，富裕人家用砖砌成大门，并用砖雕、木雕加以装饰。土族人家“庄窠”四角较高，并在四角墙头各固定一块圆形白石。[③]

近代以来，西宁也出现了一批砖木结构的近代建筑，如湟中大厦、湟光电影院及马步芳私邸馨庐等。“这类建筑较一般建筑高大，用现代的材料玻璃装备门窗，有较好的采光、通风，面积有所扩大，内部装修陈设趋于近代化。个别建筑利用厚砖墙、大木料，盖起了十几米跨度的小礼堂、舞厅及电影院”[④]。由于受建筑工艺的限制，这类建筑“窗小、墙厚，给人以笨拙不大方之感，但它摆脱了单一用木柱承重的结构形式，在造型上比青海原有建筑有所突破”[⑤]。“20 世纪 40 年代初一些豪富之家修建的高级住宅有中式平房、楼房，又有仿西式的‘洋楼’、‘洋

---

① 参见范长江：《中国的西北角》，新华出版社 1980 年版，第 87 页。

② 陈梅鹤：《青海房屋建筑概况》，《青海文史资料选辑》第 7 辑，内部资料 1980 年，第 118—119 页。

③ 参见崔永红、张得祖、杜常顺主编：《青海通史》，青海人民出版社 1999 年版，第 756 页。

④ 陈梅鹤：《青海房屋建筑概况》，《青海文史资料选辑》第 7 辑，内部资料 1980 年，第 125 页。

⑤ 陈梅鹤：《青海房屋建筑概况》，《青海文史资料选辑》第 7 辑，内部资料 1980 年，第 125 页。

式房子'，附有花园、凉亭、长廊等，备极华丽。"[①]这说明，当时西宁已有一些新的民居，近代建筑文化也开始落户于这座地处偏僻的西部小城了。

如前所述，西宁民居依循传统旧制的主要原因是经济滞后，因民居建筑耗费巨大，大多数市民在短时间内无力改善自身居住条件，只好居住在"低矮破旧的小土屋"[②]。1949 年之前，西宁是唯一没有消防设施的省会城市。虽然街头及铺面都设有"太平水桶"，一旦发生火灾，这些旧的消防设备一如杯水车薪，无济于事。"1943 年除夕夜，东大街的勤学巷口迤西宝元兴商号的隔壁，因燃放鞭炮起火。一时大火熊熊，照亮半个天。当我们赶到现场时，只有少数警察拒挡观火的人群，邻居们则用盆子往火上浇水。路南的铺面为两层木楼，大火一烤，嘎嘎作响，主人以毛毡复护，并往毡上浇水，毡上水变蒸气，一片雾气浓罩街道。很快地'太平水桶'水均用光，火势并未减弱，直到店铺变成一片瓦砾为止。"[③]总之，西宁市民居住条件及城市消防设施的落后，集中反映了西宁近代化积累的严重不足和居民社会贫富分化巨大的历史事实。

最后，西宁城内道路设施的改进和市民出行条件的改善，也体现着城市生活的近代化程度。

古代中国城市道路多为泥土路，上至京城下至一般小城镇，城市街道一到雨季便泥泞不堪，天干物燥之时则尘土飞扬。明清时期，我国城市与外界沟通的交通要道也多为土路，东部地区因社会发展条件相对较好，交通条件也较西部地区较为优越。这一时期，西宁的交通条件受到各种社会因素的限制，较为落后。

明清以来，西宁城内街道基本为土路。直到抗战前夕，西宁"街道多系土地，石筑者亦不易见"[④]。城内北小街设有诸多车马旅店，以方便

① 崔永红等主编：《青海通史》，青海人民出版社 1999 年版，第 757 页。
② 崔永红等主编：《青海通史》，青海人民出版社 1999 年版，第 757 页。
③ 邓靖声：《湟滨往事偶拾》，《青海文史资料集萃·社会卷》，内部资料 2001 年，第 53 页。
④ 林鹏侠著，王福成点校：《西北行》，甘肃人民出版社 2002 年版，第 87 页。

周边农牧民住宿和休养牲口。“牲畜每天朝夕饮水，必须从北小街经过水城门到湟水河及有泉水地区去。北小街历来高低不平整，到处坑坑洼洼，多有沼泽地。天降阴雨，各处雨水积流成河，从北小街一直淌出水城门，淙淙流入湟水。饮水牲畜有时陷入泥坑，路面泥泞，来往行人寸步难走，严寒的冬季天降大雪滴水成冰，呵气成霜，结成冰凌的一段路面行人及牲畜经常滑倒在地。”①1938 年，马步芳推行六大中心工作，其中一项为修整公路，“遂将北小街不平整的泥泞路面，从新用石块、白灰、红土，筑成较平整的路面”②。1941 年，省政府还对西宁东西大街进行了较彻底的修缮，“这年春天，西北公路二务局拨款、并调派工程技术人员协助；省上动员兵工、民伕连同学生，将甘青公路穿越西宁市区部分，按商店铺面分段，包干备料，全面施工。老式街道弯曲狭窄，起伏不平以及雨雪后泥泞情况非常严重，经修整后，不仅提高了标准，并还改善了市容”③。

民国时期，沟通西宁城市与周边农村的玉带桥、通济桥、惠宁桥、广济桥等曾重新翻修，建桥所用材料、工艺也日趋近代化。④近代以来，西宁城内的照明条件也逐渐得到改善。有清一代，西宁街道使用牌灯照明，“它是用木架制成的，高约五米左右，宽约三米，木架上端悬有三格纱窗，纱窗上精工彩绘着内容精彩的古代人物传记……这种牌灯，可算是西宁最早的路灯了。但是这种牌灯，经常不摆设，每年只有到了春节期间，在腊月三十日那天，才从各街存放处取出套装设立……那时摆放牌灯的街巷，西宁城内仅有东、西、南、北大街及隍庙街、观门

---

① 苏昌滋：《昔日西宁水城门风貌》，《西宁城东文史资料》第 3 辑，内部资料 1994 年，第 84 页。

② 苏昌滋：《昔日西宁水城门风貌》，《西宁城东文史资料》第 3 辑，内部资料 1994 年，第 88 页。

③ 刘秉德：《民国时期的西宁交通概况》，《西宁文史资料》第 4 辑，内部资料 1986 年，第 81—82 页。

④ 参见刘秉德：《民国时期的西宁交通概况》，《西宁文史资料》第 4 辑，内部资料 1986 年，第 82—84 页。

街、石坡街、勤学巷、饮马街这几处，其他则无”①。20世纪20代，“西宁在街上才出现了固定的‘路灯’（俗名警灯），它非常简陋，是用木料做成的方形灯，三面糊粘白纱布，背面不糊，里面放置清油小灯壶，白铁皮做的，有稔子，内装清由，按距离用木质三脚架钉固在墙壁或铺面的柱子上，供晚上行人照亮。不多久，又将灯上的纱布，改换为玻璃。民国时期，路灯的管理由西宁警察一、二分局负责，雇有专人每天早上取灯，拿回去盛好清油后于下午六点以后，天黑时点亮。至于灯内消耗的油料，则由各商号及居民按用摊收开支”②。1941年，西宁电厂发电，“适逢上元节，开始供电，古城西宁大放异彩，从此，西宁的照明进入了电的时代”③，西宁街道也开始有了真正的近代化路灯。

明清时期，西宁市民与外界沟通的交通条件也甚为滞后，直到青海建省前，西宁仍“沿用古已有之的车骑驮道，零星修筑道路之举，是以能通行木车为标准。真正的公路建设始于青海建省之后”④。当时，“从兰州来西宁有两条路：一条是大车路（也走骆驼），从甘肃永登、八宝川到冰沟、老鸦城、乐都达西宁，里程比较远。另一条小路由兰州、安宁堡、黑咀子、老鸦城、乐都达西宁。这条路近，但很危险。如经过老鸦峡阎王匾、鹦哥咀等等地段时，都不能骑牲口，只能牵住驮货的牲口，单人步行”⑤。

青海建省后，首届政府便将“修筑道路”列为八大施政纲领之一，西宁也掀起修路热潮，以省垣西宁为中心的近代化公路建设也得到很大发展。经过数十年努力，抗战前后，西宁已有了东向兰州、北向河西地

---

① 张奋生：《西宁照明今昔》，《西宁城中文史资料》第4辑，内部资料1991年，第225页。

② 张奋生：《西宁照明今昔》，《西宁城中文史资料》第4辑，内部资料1991年，第225—226页。

③ 张奋生：《西宁照明今昔》，《西宁城中文史资料》第4辑，内部资料1991年，第227页。

④ 崔永红等主编：《青海通史》，青海人民出版社1999年版，第722页。

⑤ 廖霭庭：《解放前西宁一带商业和金融业概况》，《青海文史资料选辑》第1辑，内部资料1963年，第115—116页。

区、南向、西向青海牧区的相对完善的公路网。[①] 其中，西宁东向兰州的交通条件改善程度颇为明显，马鹤天先生曾于1937年第三次来到西宁，并在《甘青藏边区考察记》一书中写道，“余来西宁，已三次矣。十年前来时，乘架窝，一周始达，一年前虽乘汽车，因路工尚差，需四日；此次仅半日即达，可知西宁交通逐年进步”[②]。20世纪40年代，西宁市民主要的代步工具车拉轿车，并“以胶轮代替了铁轮，车厢也装了玻璃，乘车已无碰壁之虞，而且也较舒适，这是社会生产的一大进步”[③]。除胶轮大车、木轮车外，西宁开始有汽车上路，20世纪三四十年代，西宁至兰州、鲁沙尔、大通桥头、湟源都有客运专线。[④] 不过，当时汽车数量并不多，到1948年1月1日成立青海省公路局时，“只接受原青新公路汽车五十七辆，连同其他公私汽车，全省共有大小客货汽车只一百九十六辆。……纯属私人性质汽车还不到十辆”[⑤]。

1930年，西宁城郊还修建了机场。“民国二十年，在西宁东郊乐家湾整修长、宽各一千米，面积一百万平方米的空场地，称为乐家湾飞机场。两年后，民国政府交通部计划将上海至迪化，即今新疆乌鲁木齐的航空班机，飞经西宁起落，要省政府修筑飞机场。西宁县政府受命后，即强征民伕、车马运输施工。在已建飞机场的基础上，重新扩建为长、宽各一千六百米，总面积二百五十六万平方米，较原来加大了一倍半的新飞机场。……竣工后，欧亚航空公司曾派飞机来试航，但民航班机并

① 参见李健胜：《清代—民国西宁社会生活史》，人民出版社2012年版，第58—62页。

② 马鹤天著，胡大浚、张科点校：《甘青藏边区考察记》，甘肃人民出版社2003年版，第141—142页。

③ 巢生祥：《旧时西宁印象》，《青海文史资料集萃·社会卷》，内部资料2001年，第166页。

④ 参见刘秉德：《民国时期的西宁交通概况》，《西宁文史资料》第4辑，内部资料1986年，第87页。

⑤ 刘秉德：《民国时期的西宁交通概况》，《西宁文史资料》第4辑，内部资料1986年，第87页。

未飞经西宁；仅供高级军政人员的专机使用”[①]。

总之，青海建省以来，西宁交通设施的近代化进程较为迅速，当时的政府和一般百姓都把改善交通条件视为迈向近代化的必由之途，政府组织劳力、筹措经费修建公路的积极性颇高，西宁市民为改善城内交通也付出了极大的人力和物力，这都反映了人们希望早日赶上内地近代化步伐的迫切心情，而业已改善的交通条件对当时市民的生活提供了便利条件，也为城市社会生活的近代化奠定了较好的基础。

二、体育、娱乐的近代进程

体育运动不仅可以强健市民身体，也有丰富百姓的日常生活之功能。近代以来，一些体育项目通过外地求学的青籍青年、进驻青海的国民军、商人及传教士、学者等传入西宁，在西宁城市社会生活近代化转型过程中扮演着颇为重要的角色。城市市民历来重视娱乐活动，一些人还热衷于娱乐消费，而近代娱乐业的发展也是城市社会生活近代化的典型体现。

（一）体育运动的普及与影响

近代以来，西宁市民集体参与体育活动的形式包括学校体育运动、社会团体举办的健身活动、政府组织的运动会，以及由西宁市民为主体形成体育代表团参加全国性体育运动会等。随着西宁与内地联系的日趋紧密，除常见的田径、球类项目外，室内游泳、滑冰等项目也逐步为西宁市民所熟知。为适应市民参加体育锻炼需要的增加，政府也适时扩建了一些体育运动场所，并逐步形成体育运动管理机构。

学校体育是传播近代体育知识的重要场所。清末新政以来，西宁各学校已推行体操课程，但因师资缺乏，学生不重视等原因，体育课程一直未能引起学生及家长的重视。民国初年，基督教会学校是较早开设

① 刘秉德：《民国时期的西宁交通概况》，《西宁文史资料》第4辑，内部资料1986年，第91—93页。

体育课程、传播体育知识的场所，“如英国传教士胡立理夫妇 1919 年在西宁创办培英小学（校址在今教场街基督教会），就设有以篮球、足球为主的体育课程”[①]。1920 年 10 月，西宁蒙番学校校庆十周年，“举行跳高、掷铁饼、铁球，且有哑铃、劈刺、毛瑟枪表演，同时演出新剧‘人心不足蛇吞象’”[②]。1927 年 10 月 3 日，西宁各校举行联合运动会，“公推参加大会的甘肃省教育厅长马鹤天为总裁。马在会上提出：‘德、智、体、群、美，五育之关系。’五日，运动会发奖，第一高中的成绩最优，学生张生珠分数第一。”“是年，北京女子师范大学体育专修科青海籍学生韩树兰学成回到青海。这是青海最早的体育专业人才。”[③]1928 年，西宁中学生参加了在兰州举办的甘肃省中等以上学生运动会。当时，西宁仅有两所中等学校，一所为甘肃省立第四师范，一所为青海筹边学校。“当时两校长是邑人名士朱绣。两校学生总共只有三百左右。两校体育设备简陋，器材缺乏，学生体育水平不言自明。”[④]根据运动会的要求，这两所学校选拔了一些学生运动员，还“起早抹黑的苦练了一个多月”[⑤]。4 月下旬，一行 17 人每两人雇一头骡子驮运行李，从西宁出发，6 天后到达兰州。运动会比赛场上，两校组建的篮球、足球因准备不足，比完上半场后皆以弃权终止，其他项目取得了一些成绩，如李承玮获得五项全能第一名等。大会结束时，正值马仲英叛乱，人心惶惶，全体人员只能徒步回宁。“青海地处边陲，文化晚开，现代体育更为落后。在那动乱的年代步行兰州参加比赛与当时教育界的朱绣、祁中道等的重视分不开，运动成绩虽然不佳，但全体学生长途跋涉，不畏强手，精神

① 姚晃、杨元春:《西宁体育史话》,《西宁文史资料》第 6 辑，内部资料 1989 年，第 57 页。

② 方协邦:《青海体育史略》，甘肃民族出版社 1995 年版，第 2 页。

③ 方协邦:《青海体育史略》，甘肃民族出版社 1995 年版，第 3 页。

④ 李承玮:《对“甘青宁中等以上学生运动会”的回忆》,《西宁文史资料》第 2 辑，内部资料 1985 年，第 116 页。

⑤ 李承玮:《对“甘青宁中等以上学生运动会”的回忆》,《西宁文史资料》第 2 辑，内部资料 1985 年，第 116 页。

也算可嘉。”[①]

青海建省后，西宁第一中学建有较完备的体育场所，该校不仅严格执行当时教育部规定教授的体育课目，兼任该校校长的教育厅厅长杨希尧还十分重视篮球比赛[②]，学生参与体育活动的热情也颇高。湟川中学的体育教育也较为严格，“该校体育活动的特点是，每天早操和课外活动期间，体育场上经常看到师生在一起进行各项体育活动。湟川中学的课外体育活动，除球类、田径比赛外，其他活动项目更是丰富多彩，别开生面。如拔河、摔跤、滑冰、爬山、踢毽子、扳手、拔腰、武术、垫上运动、双杠、单杠、木马、夜行军、远足旅游、夏令营等等”[③]。昆仑中学的体育活动也甚为活跃，为培养军政骨干，“全校师生的大部分时间花费在军事体育方面，这也是昆仑中学最大特点”[④]。该校早操主要是跑操，军事教官对学生管理甚严，稍有不轨，便会受重罚，昆中还十分重视武术训练，学生在全省运动会和武术比赛大会上每每名列前茅。[⑤]1938 年秋，国民党中央政治学校包头分校迁至西宁，“该校专职体育教师张立潮曾肄业于北京师范大学体育系，有较丰富的专业知识和教学经验。他的到来，使各项体育活动尤其是篮球走向正规，被誉为‘西宁现代体育的传播者’”[⑥]。

西宁县及青海省政府在省垣西宁举办的体育运动会，一方面体现了近代国家权力利用团体形式的体育运动大会，实现政府管理、表达

① 李承玮：《对“甘青宁中等以上学生运动会”的回忆》，《西宁文史资料》第 2 辑，内部资料 1985 年，第 119 页。

② 参见方协邦：《解放前青海中等学校体育活动概况》，《青海文史资料选辑》第 14 辑，内部资料 1985 年，第 76—77 页。

③ 方协邦：《解放前青海中等学校体育活动概况》，《青海文史资料选辑》第 14 辑，内部资料 1985 年，第 78 页。

④ 参见方协邦：《解放前青海中等学校体育活动概况》，《青海文史资料选辑》第 14 辑，内部资料 1985 年，第 78 页。

⑤ 方协邦：《解放前青海中等学校体育活动概况》，《青海文史资料选辑》第 14 辑，内部资料 1985 年，第 78—79 页。

⑥ 姚晃、杨元春：《西宁体育史话》，《西宁文史资料》第 6 辑，内部资料 1989 年，第 58 页。

国家意志的统治理念；另一方面，这种形式的运动会也是西宁市民参与体育活动的重要形式，展现了城市市民社会生活的近代风貌。1921年10月10日，“在西宁县长周子扬的主持下，召开了西宁地区有史以来的第一次运动会，约有百余名学生参加。有团体操表演和球类（篮球、足球、网球）、田径（百米、二百米、五百米、高栏、低栏）等比赛项目”[①]。这次运动会共有600余名运动员参加，规模较大。[②]1931年8月，青海省第一届体育运动会在西宁大校场举行，“竞赛项目有田径（50米、100米、400米、800米、高栏、低栏、400米接力、勺蛋竞走、2人3足竞走、标枪、铁饼、铁球、跳高、跳远、三级跳远、撑竿跳高）、篮球、足球；表演项目有劈刀、拳术、哑铃操、手绢操、三角红旗操等。会期3天。乐都、民和、化隆等县及西宁地区的各团体、机关、学校、军队等1000多人参赛。少数学校和女子师范学校的女学生首次参加了比赛。省立一中的王廷璋、侯建邦分别获得男子100米、200米及400米跑的冠军；西宁南川逯家寨人马驷获800米第一名。这届运动会是青海建省后的首届运动会，对近代体育在青海进一步传播和推动青海体育具有先声作用”[③]。1933年8月，青海省举办了第二届体育运动会，“大会设置了竞赛项目和表演项目。竞赛项目有田径（17项），与第一届相同，新增兜囊竞走、滚铁环跑、篮球、足球等；表演项目有武术、马术、团体操、网球等。运动会由省教育厅、国民党青海省党部联合举办，会期5天。省属7县及省垣各界都派运动员参加，5000余名运动员参加了比赛和表演。大会总指挥为赵永鉴。开幕式上军乐队为先导，手枪团表演了武术、兵式操，骑兵表演了骑马钻火圈、越障碍、打靶等；童子军表演了军棍操、哑铃操，各学校表演了柔软体操、手绢操等。比赛中，省立师范侯建邦、吴永泰分获100米、200米跑第一

① 姚晃、杨元春：《西宁体育史话》，《西宁文史资料》第6辑，内部资料1989年，第57页。

② 参见西宁市志编委会：《西宁市志·大事记》，陕西人民出版社1998年版，第62页。

③ 方协邦：《青海体育史略》，甘肃民族出版社1995年版，第129页。

名；张洪发获 400 米、800 米跑第一名；赵永棠、陈文郁分获女子 100 米、200 米跑第一名”[①]。1934 年 5 月 4 日，“国民党青海省部、省教育厅举办‘子香杯篮球赛’，有十九个学校队，二十二个机关、军营队参加，比赛共进行两个月”[②]。1943 年夏，三青团青海支团部曾在西宁发起、组织了“青年杯”篮球赛，“这是西宁地区以夺杯形式进行球类竞赛的创始”[③]。1946 年 8 月，兰州“瀚海”篮球队来西宁访问比赛；9 月，82 军参谋长马振武率队回访。“这在西宁地区的体育史上，可能是最早的‘友好往来’吧！”[④]

青海建省后，西宁市民有了参与全国运动大会的机会。1935 年，第六届全国运动大会在上海举行，鉴于前三次全国运动大会时，青海尚未建省，第四、五次大会因交通不便、经费缺乏，青海省也未参会，第六届大会召开时，张得善、邹国柱等人士认为，参加运动大会是破除青海留给外界的神秘之感，摘掉“落后”帽子，展现市民风采的绝好机会，故极力促成并组织运动队参加，组织选手训练，并最终成功参会。虽然运动员们在这次大会上没有取得好的成绩，但这毕竟是第一次参与全国性运动大会，对于急于向全国展示西宁城市及青海风采的政府及民间人士而言，仍具有特别重要的意义。[⑤]

一些民间团体及外来人士对西宁市民体育事业作出过贡献。1930 年 5 月，“王玉堂、王剑平、张昌荣、黎丹、马凤图等五人，经省政府决定，筹建‘青海省国术研究馆’，馆址设在小教场内，并特聘北京武术专家来宁担任教练。一时间，西宁地区的机关、学校练武成风，连缠

① 方协邦：《青海体育史略》，甘肃民族出版社 1995 年版，第 129 页。

② 方协邦：《青海体育史略》，甘肃民族出版社 1995 年版，第 5 页。

③ 姚晃、杨元春：《西宁体育史话》，《西宁文史资料》第 6 辑，内部资料 1989 年，第 58 页。

④ 姚晃、杨元春：《西宁体育史话》，《西宁文史资料》第 6 辑，内部资料 1989 年，第 58 页。

⑤ 参见张科善、邹国柱：《青海代表队参加第六届全国运动大会经过》，《新青海》第 3 卷第 11 期，1935 年，引自徐丽华、李德龙主编：《中国少数民族旧期刊集成》第 38 册，中华书局 2006 年版，第 397—423 页。

足的女学生也以练习梅花剑术为必修课[①]”。1938 年元月，“率剧团来西宁演出的王洛宾，在湟中公园（现五一俱乐部），表演穿冰鞋滑冰，西宁开始有近代冰上体育活动”[②]。在王洛宾的带领和影响下，西宁市民喜欢上了这项适合在西宁冬日开展的冰上运动项目，政府为满足市民需要，开辟了一些冰上运动场所。1945 年元月，“马步芳下令在省政府后院浇成面积约一千多平方米的冰场。男女七十多人穿冰鞋滑行。后由赵永鉴在麒麟公园南侧建成冰场一处，群众滑冰者日增”[③]。此外，王洛宾等人还在西宁首先发起了室内游泳健身项目，1944 年夏，“湟中公园简易游泳池建成，王洛宾、陈显达、马振兴表演池内游泳，这是西宁池内游泳的开始”[④]。

民国时期，西宁市区的体育运动场所也逐渐多了起来。起初，位于今省政府家属院所在地的小校场是西宁市民参与集体运动项目的主要场所。小校场于青海建省后改称青海省娱民大会场，政府派专人管理，“设有平梯、穿梯、滑台、浪桥、转球、平台、秋千、转台、浪船各 1 架，单杠、双杠、木马各 2 副，篮球场（带球架）、排球场、足球场各 1 块。1931 年增网球场 1 处。1939 年 5 月，在此建设省垣公共体育场。经半年修建，修成面积为 110 × 80 米的会场。场内分布有篮球、网球、木马、国术、田赛、足球场及百米田径赛跑道”[⑤]。后又在今城东区开辟大校场，是当时西宁最大的军事训练和体育运动场所。1944—1945 年，西宁县政府又在今西门体育场原址修建篮球场和网球场，并设有木马、单杠、双杠等体育设备。此外，青海省政府还设有专门的体育运动管理机构。1938 年，省政府设立国民体育委员会，隶属教育厅，“1942 年夏，升格为省政府所属委员会。并聘任许学培等 9 人为委员。其主要职

① 姚晃、杨元春：《西宁体育史话》，《西宁文史资料》第 6 辑，内部资料 1989 年，第 56 页。

② 方协邦：《青海体育史略》，甘肃民族出版社 1995 年版，第 6 页。

③ 方协邦：《青海体育史略》，甘肃民族出版社 1995 年版，第 8 页。

④ 方协邦：《青海体育史略》，甘肃民族出版社 1995 年版，第 7 页。

⑤ 方协邦：《青海体育史略》，甘肃民族出版社 1995 年版，第 139 页。

责是‘专负设计指导监督全省体育之职’”①。

总之，近代以来，西宁城市的体育运动形式多样，市民参与体育锻炼的机会也较多，这集中反映了近代城市市民社会生活的新气象和新追求。同时，政府对市民体育活动的组织和管理日趋常态化，这也反映了国家权力干预市民社会生活程度的逐步加深。

（二）市民娱乐方式的近代变迁

市民娱乐方式的变化也能反映出城市近代化的进程与特点。整体而言，西宁市民的娱乐方式在承袭旧有形式的基础上，逐步增加了一些新的内容。听戏、游园、逛庙会、看电影等新旧交织的娱乐活动，呈现出城市近代化过程中新旧文化互相交融的历史画卷。

清末民初，丹噶尔人就有以养狗、养鸽子、驯鹰为娱乐者。当时，一些人喜欢畜养金狮狗，金狮狗“杳小灵便，畜者以为玩具，或有并畜三、四，系以响铃，按名呼之而辄应者”②。有人也驯养鸽子，以为娱乐。丹噶尔鸽子“分三种，有栖止屋梁者；有居处山野者，色间红青；有一种白色或黑白相间者，人家饲养驯服，飞则带哨，响彻天空，好者至于忘餐”③。有些人也驯服野鹰，用来捕捉猎物。鹰“本野物。有罗得饲喂以搏兔者”④。还有一些人养蝉为娱，蝉“逢秋始生，鼓翼作声。或捕诸山，笼之而听其声，药品中亦用之”⑤。上揭丹噶尔百姓的娱乐方式，也能反映西宁地区的基本情形。西宁民间还流行“打毛蛋”、“踢毽子”等娱乐方式。其中，“打毛蛋”“是用羊毛或牛毛线缠绕而成，直径约七八厘米，好像小皮球。有手拍、转拍或从胯下穿过转身拍等多种形

① 方协邦：《青海体育史略》，甘肃民族出版社 1995 年版，第 103 页。

② （清）杨志平编纂，何平顺等标注：《丹噶尔厅志・动物》（青海地方旧志五种），青海人民出版社 1989 年版，第 248 页。

③ （清）杨志平编纂，何平顺等标注：《丹噶尔厅志・动物》（青海地方旧志五种），青海人民出版社 1989 年版，第 249 页。

④ （清）杨志平编纂，何平顺等标注：《丹噶尔厅志・动物》（青海地方旧志五种），青海人民出版社 1989 年版，第 249 页。

⑤ （清）杨志平编纂，何平顺等标注：《丹噶尔厅志・动物》（青海地方旧志五种），青海人民出版社 1989 年版，第 254 页。

式，主要是在男青年中间进行。二人或二组对比。如多人在一起奇数时，选一人为裁判，余者‘入手拉伴’，既多人面对面站成一圆圈，同将一只手向中间伸出，手背或手心向上，由个人自愿，待手背手心相等时，手背为一组，手心为一组，二组自然分成。以拍打次数多少进行比赛”①。直到民国时期，上述传统娱乐方式仍在民间流传。

游园是西宁市民最为热衷的娱乐休闲方式。民国时期，西宁地区有数处园林娱乐场所。香水园“系清代光绪中叶修建，位于北门外城墙根、依城坡从上而下修建的（现省卫校马路南一代②地区）。园内有清泉二处，清而味香，因以为名。园门口原有一块石碑，系记载该园修建的始末，该碑已早年遗失。建筑物有娘娘庙、子孙庙、药王阁、八德庵、雷殿等庙宇七十余间。农历三月初三城市居民踏青传统庙会日，因该园与城毗相连，游人甚多，络绎不绝，是西宁春天夏初游览的胜地”③。该园于“公元一九三一年改名为‘青海省第一森林公园’，一九三七年又复名为香水园”④。

娱民大会场在“在省府之后，面积广阔，内有营房数十间（位于今省人民政府北大楼后面省府家属大楼地区，原小教场的东北角）为屯军操演地。建省后每逢记⑤念日，在该地集合民众开会。当年七月省府民政厅会同建设厅，建立新式讲演台一座，并设置了一些运动器材，遂定名为‘青海省娱民大会场’。省银库每月拨款七十二元，派员管理。一九三二年二月，又在会场设陈列所，向各县及各地名人征集动物、植物、矿物及书画古器等分别陈列。经半载又置以亭、榭、楼台、草木花

① 刘秉德：《青海建省前后西宁城乡生活风貌杂记》，《西宁文史资料》第5辑，内部资料1988年，第75—76页。

② “代”当为“带”字。——笔者按

③ 陈邦彦：《解放前西宁园林概况》，《西宁文史资料》第2辑，内部资料1985年，第108—109页。

④ 陈邦彦：《解放前西宁园林概况》，《西宁文史资料》第2辑，内部资料1985年，第109页。

⑤ “记”当为“纪”字。——笔者按

石。游览者日益增多”[①]。因该娱民会场圈养了狗熊、狼、蛇、狐等动物供人观赏，故被西宁人称为“动物园”。[②]此外，湟中公园也是西宁居民踏青、游园的好去处，“每年初夏，因地广林茂，城市居民游览者络绎不绝。自带炊具野餐者亦不少。时有秦剧在园内演出”。[③]1941年，湟中公园并入昆仑中学校园。

麒麟公园原系南川河畔西岸沼泽地，1941年春，时任西宁县县长赵永铿组织西宁附近民工义务劳动，种植花木、开掘池塘，并修建亭台楼阁，并于民国三十二年（1943）开放，供人游览，并取名麒麟公园。“溯麒麟二字由来，一说南川河从前有麒麟经过，为此叫麒麟河而得名，一说系承建人赵永铿为了歌颂马步芳的父及叔父马麒马麟取其名而命之，二说孰是不敢定论，怙并述存。”[④]麒麟公园靠近城市，风景优美，游人络绎不绝，“每当春末夏初，溪水清冽，纵横溢流，处处绿草如茵。树浓蔽荫，因此茶园酒肆、饭馆处处皆是。城乡游人在这春光明媚时节，或结伴或举家逞兴娱乐，或独座凉亭品茗，有些秦腔爱好者自唱自乐别有情趣”[⑤]。抗战后期，“当湟中公园被占用，香水园被马步芳无形封锁之后，麒麟公园，成了唯一供市民游乐的园林。每值三春盛夏，游人如梭，商贾云集，更较前热闹”。[⑥]在游园活动中，“最能吸引人者，莫过于‘刮碗子’，冰糖、桂圆、茉莉茶，美称‘三泡台’。人们一边品茶，一边嗑大板瓜子，是逛公园的一大乐趣。游园喝酒，是西宁人的一

① 陈邦彦：《解放前西宁园林概况》，《西宁文史资料》第2辑，内部资料1985年，第109—110页。
② 陈邦彦：《解放前西宁园林概况》，《西宁文史资料》第2辑，内部资料1985年，第110—111页。
③ 陈邦彦：《解放前西宁园林概况》，《西宁文史资料》第2辑，内部资料1985年，第111—112页。
④ 陈邦彦：《解放前西宁园林概况》，《西宁文史资料》第2辑，内部资料1985年，第113页。
⑤ 陈邦彦：《解放前西宁园林概况》，《西宁文史资料》第2辑，内部资料1985年，第114页。
⑥ 罗耀南：《当年麒麟公园》，《西宁城中文史资料》第1辑，内部资料1988年，第123页。

大爱好。除饭馆酒肆之外，在绿杨荫里，芳草地上，好酒者猜拳行令，品味青海特产的低度酒——酩馏酒。待到夕阳西下，游人四散时，便‘家家扶得醉人归’了”[①]。此外，大通县桥头有“香山公园”，地点在牦牛山，始建于1938年，后又陆续修建了香山别墅和香山泉林，专供马步芳及当地官员使用，但“除马家官员外，桥头富商，或附近绅士等往游外。广大劳动人民则无心去游，偶有往游，则被管守都阻止”[②]。

逛庙会是西宁市民重要的娱乐形式。每年农历五月，“小麦拔地而起，做完了耘草的农妇农夫，得到了暂时的休息时机。古城的庙会，又聚集了城乡居民。五月十三的南山寺关帝庙会，五月十八的城隍庙会，六月二十的南山寺财神会，六月六的北山寺和苏家河湾药水祠庙会，一个接一个，纷至沓来。有的庙会唱着大戏（秦腔），人们相继奔往”。[③]除秦腔外，地方戏“倒浆水”也颇受市民欢迎。“倒浆水”又名叫板歌子，“类似北方的快板或数来宝，演唱时艺人手持碰铃（当地人称为盏儿）自打自唱”[④]。

一些市民还喜欢逛茶园。“解放前，西宁地区经营茶馆颇有名气的有两家大户：一家户主名叫金吉斋，外号称金家禄禄，兰州人。……另一家户主名叫冯宝山，西宁人（住新民街），在香水园开茶馆，规模较金家次之。”[⑤]当时的茶馆设备简陋，只有桌椅、火炉、小壶和三泡台茶碗，附带些瓜子、花生等零食。因此之故，消费甚为便宜，店主招呼客人也甚是殷勤，故而生意红火。

当时，最为时尚的娱乐方式莫过于看电影了。西宁市民最早接触到

---

① 罗耀南：《当年麒麟公园》，《西宁城中文史资料》第1辑，内部资料1988年，第123页。

② 伊正气：《民国时期的大通香山公园》，《大通文史资料》第2辑，内部资料1987年，第123页。

③ 巢生祥：《旧时西宁印象》，《青海文史资料集萃·社会卷》，内部资料2001年，第159页。

④ 邓靖声：《解放前青海文化界见闻》，《青海文史资料集萃·社会卷》，内部资料2001年，第189页。

⑤ 张奋生：《西宁的茶馆与茶俗》，《青海文史资料集萃·社会卷》，内部资料2001年，第263页。

的电影可能是由传教士放映的，“据民间传说：民国初年，西宁市福音堂的英国牧师曾放映过幻灯片，其中也有‘人物能够活动的照片’。看来，这就是青海最早见到的‘电影’”[①]。1930年，“外地商人在山陕会馆放映无声电影《日本火山爆发》及卓别林滑稽影片”[②]。这是西宁放映电影的较早记录。青海建省之后，原省政府主席孙连仲东去后，统治大权落入地方军阀马麒手中。马麒为了巩固其统治，一面归顺国民党，一面极力培植其子马步芳的势力。为笼络民心，扩大影响，马步芳在陆军新编第九师党部放映“‘小型教育电影’，除给部队放映外，还‘免费招待市民’”[③]。据说，当时的西宁市民因没有更多机会观看电影，所以每当“免费招待市民”时，前往观映者甚多。[④]1943年，马步芳控制的“湟中实业公司”在西宁设立湟光电影院。这家电影院起初在山陕会馆对外营业，有两台放映机，一台是日本产的“百代”机，一台是德国产的蔡氏提包机（即手提包式的机）。“当时对外每张票价银元三角（约合小麦八公斤）。试映初期，影票统一发给西宁各商店，不管观看与否，都要收钱。”[⑤]1946年，湟光电影院迁往西宁东关新址。[⑥]同年起，该电影院除上映《荒江女侠》影片外，“继续还曾上映过下列影片：《秘密女探》《海天情侣》《忠孝节义》《纽约奇谈》《火烧碧云宫》《张文祥刺马》《嘉会良缘》《玫瑰魂》《返魂香》《黑衣盗》《76号女间谍》《白雀寺出家》《东吴招亲》（京剧）《四郎探母》（京剧）《化身姑娘》《亚历山大大帝》《动物大观园》（即美国动画片《唐老鸭与米老鼠》）《花开花落》《荒郊女侠》《荡寇志》《莺飞人间》《慈禧太后》《赛金花》《火烧红莲寺》《贼

① 傅坚中，《西宁电影史话》，《西宁文化史料选辑》第1辑，内部资料1986年，第97页。

② 西宁市志编纂委员会：《西宁市志·大事记》，陕西人民出版社1998年版，第67页。

③ 傅坚中：《西宁电影史话》，《西宁文化史料选辑》第1辑，内部资料1986年，第97页。

④ 参见傅坚中：《西宁电影史话》，《西宁文化史料选辑》第1辑，内部资料1986年，第97页。

⑤ 青海省文化厅、中国电影发行放映学会青海分会：《青海电影志》，内部资料1989年，第41页。

⑥ 参见罗麟、程起瑞、醴泉：《湟光电影院的往昔》，《西宁城东文史资料》第5辑，内部资料1998年，第21页。

美人》《裸体跳舞》《大劈察》《天字第一号》《各有千秋》《燕子李三》《落金扇》《欲望》《长相思》《金玉满堂》《现代青年》《天网恢恢》《除却巫山不是云》等”[①]。作为一种新兴娱乐方式，电影成为当时西宁市民接触新鲜事物、了解中原及国外风土人情的一个窗口。当时，湟光电影院的票价甚高，“据一九四九年二月《青海民国日报》广告：该院二月四日涨了一次票价，每张普通票‘金圆券’40元，包厢票400元，这已经是惊人的数字了；但第二天继续提高票价，普通票每张100元，包厢票每张1000元。时隔一夜，竞[②]上涨一倍多”[③]。可见，因票价太高，且经常上涨，一般市民显然是消费不起的。

综上所述，西宁近代城市的发展规模不及中原与沿海城市，城市的各项设施也不如内地完善，加之百姓经济条件较差，这都在一定程度上限制了市民的娱乐消费。不过，市民文化的消费特质和他们对娱乐生活的热衷并没有因上述原因委顿，相反，随着西宁城市近代化进程的缓慢推进，市民的娱乐生活也逐步丰富起来，一些体育、娱乐项目具有鲜明的近代化特征，表征着这座城市的一些近代化成果及其特点。

---

① 西宁市文化志编写办公室、西宁市电影发行放映公司：《西宁文化史料选辑》第5辑，《西宁电影》专辑，内部资料1988年，第33页。

② “竞”当为“竟”。——笔者按

③ 青海省文化厅、中国电影发行放映学会青海分会，《青海电影志》，内部资料1989年，第41页。

第五章　河湟文化的历史地位与基本特征

自古以来，河湟地区就是多元文化碰撞、交融之地，其社会文化的主要特征即是文化上的多元性，同时，基于文化传播而形成的文化上的次生性特征也是这一区域的主要文化特征之一，而这些特征在一定程度上表征着河湟文化的历史地位。

第一节　夷夏羌东中西说

傅斯年先生的名作《夷夏东西说》一文提出先秦时期民族分布“地理形势只有东西之分，并无南北之限”[①]的观点，揭示了夷、夏二族的斗争与交融及其对我国早期历史文化的影响，为研究早期民族关系史奠定了重要学术基础。近几十年来，随着考古学材料的日益丰富、学术研究的不断深入，相关问题值得重新梳理和探讨。笔者认为我国北方早期民族分布自东向西，依次为夷、夏和羌，结合当前早期国家及文明起源研究的相关成果，在傅先生观点的基础上提出“夷夏羌东中西说”，并以此就教于方家。

① 欧阳哲生编：《傅斯年全集》卷 3，湖南教育出版社 2003 年版，第 181 页。

一、夷、夏、羌的分布

考古发现证实我国境内存在猿人、早期智人、现代人的生存遗迹，特别是旧石器时代晚期以来的遗址广泛分布于我国南北东西各地，这都说明我国是人类文明的重要发源地之一。距今 100 万年至 10000 年左右的旧石器时代，我国境内的原始人群处于游猎、采集阶段，居无定所，文化落后。一个种群在某地留下活动印迹后，迁往别处；下一个种群循着前者的足迹，又踏上游猎、迁徙之路，如此周而复始，在漫长的百万年间犹如一阵阵季风掠过中华大地。因此，各地出土的旧石器时代文化遗迹与当地早期民族历史之间不一定有必然的联系。直到新石器时代晚期，受生产力的发展、婚姻方式的进化等因素影响，原始人群开始进入定居阶段，同时在语言、生产方式、风俗习惯及心理认同等方面具有共同特征的民族共同体也开始逐步产生。就我国民族历史而言，距今 5000 年前当不存在民族关系及其文化边界问题，距今 4500—4000 年的"传说时代"，各个人群之间在语言、习俗等方面有了明显区别，民族意识也才逐步产生。当时在我国北方，除分布于今山东及河北、辽宁等环渤海地区的东夷人群，分布于今山西南部、河南西部及渭水下游的华夏族群，以及广泛分布于今山西、陕西中北部，甘肃、青海及新疆南部地区的羌人，共同构成了当时我国北方地区，特别是黄河流域及其周边区域民族分布的大致格局。

（一）东夷的分布

"夷"是少数民族的代称，所谓"凡蛮、夷、戎、狄总名四夷者，犹公、侯、伯、子皆号诸侯云"[①]。同时，"夷"又指某一地区的少数民族，如西南地区民族称为西南夷，东方民族简称东夷等。其中，东夷既是一个民族泛称又是一个族别概念。从民族泛称上讲，东夷是对东方民族的泛称，且有广义和狭义之分。广义上的东夷是指居住在我国山东、

① 《后汉书・东夷列传》，中华书局 1965 年版，第 2810 页。

东北地区，朝鲜半岛，日本列岛乃至南北美洲环太平洋地区所有远古民族的总称。狭义的东夷是指居住在我国山东、环渤海地区及淮河中下游的古老民族。距今4600—4000年的新石器时代晚期的龙山文化当为东夷族文化的直接源头。夏时，东夷为势力强盛的东方大族，山东岳石文化即是东夷人的文化创造。[①] 后世文献记载，夏人称东夷为“九夷”，《后汉书·东夷列传》云：“夷有九种，曰畎夷、于夷、方夷、黄夷、白夷、赤夷、玄夷、风夷、阳夷。”《尔雅·释地》云：“九夷、八狄、七戎、六蛮，谓之四海。”“九”为约数，意指当时东夷部族众多。商本为东夷一支，自东向西进入豫西、晋南一带，灭掉夏后，又掉过头来长期与东夷对峙。商称东夷为“夷方”“人方”“尸方”。西周时期，东夷是周族劲敌，周王朝长期与东夷作战，并将后者驱离故地。

东夷传说为太昊、少昊及蚩尤部落及其后裔。据《左传·昭公十七年》，太昊故墟在“陈”，即今河南淮阳一带。周初，曾分封其后裔于“任、宿、须句、颛臾”[②]。《左传·定公四年》云：“因商奄之民，命以伯禽而封于少昊之墟。”杜预注云：“少昊墟，曲阜也，在鲁城内。”传说少昊为黄帝之子，嬴姓。《山海经·大荒东经》云：“东海之外大壑，少昊之国。少昊孺帝颛顼，弃其琴瑟。有甘山者，甘水出焉，生甘渊。”传说蚩尤“九黎”之族亦为东夷部族，分布于今山东、河北、河南三省交界之处。[③] 这些族群共同的特点是崇拜太阳，多以鸟为图腾。从考古学资料看，龙山文化与东夷族关系密切，学术界普遍认为海岱地区的龙山文化为东夷族所创造。[④] 龙山文化于1928年首先发现于山东章丘龙山镇城子崖遗址，故名，距今4600—4000年。后来的考古发现证实，这一文化广泛分布于今山东、江苏、安徽境内，且西向传播至河南东部地

---

① 参见严文明：《胶东原始文化初论》，载山东省《齐鲁考古丛刊》编辑部：《山东史前文化论文集》，齐鲁书社1986年版，第77—83页。

② 《左传》僖公二十一年，《春秋左传正义》，《十三经注疏》整理本第17册，北京大学出版社2000年版，第458页。

③ 参见徐旭生：《中国古史的传说时代》，文物出版社1985年版，第52页。

④ 参见栾丰实：《东夷考古》，山东大学出版社1996年版，第7页。

区，在辽东地区也有分布。有学者将山东境内发现的“沂源猿人”、细石器文化、后李文化、北辛文化、大汶口文化、龙山文化和岳石文化看成是一脉相承的原始文化线性发展序列，并提出“现有考古发掘资料证明，在整个新石器时代，不是东夷族以外的其他族的居民向山东迁移定居，恰恰相反，而是东夷族居民大量向山东周围其他各省区迁移定居”[①]。实际上，以“沂源猿人”为代表的山东旧石器时代的文化与后来的东夷文化并无实质联系。长江下游的良渚文化，河南、山西等地的仰韶文化及其人群，以及自北向南分布的红山文化对山东新石器文化的影响也较为明显。不过，山东境内的东夷文化系统未必是独立的，但其文化风格的确具有自身特性，与中原新石器文化的确多有不同。

（二）夏族的分布

夏族是居住在晋南、豫西及渭水下游，即伊洛嵩高一带的古老民族。也有学者认为夏族起源于东方，主要活动于古济河之间，夏代晚期才迁往河洛一带。[②] 传说华夏族有两个亚族，即黄帝集团和炎帝集团，是从少典、有蟜二氏族中分化出来的。[③]《国语·晋语四》云：“昔少典娶于有蟜氏，生黄帝、炎帝。黄帝以姬水成，炎帝以姜水成。成而异德，故黄帝为姬，炎帝为姜。”显然，炎、黄传说有鲜明的周人印记。黄帝为有熊氏，其地望大概在今河南中西部一带，炎帝地望在今陕西关中的渭水流域。《水经注·渭水》云：“岐水又东径姜氏城南，为姜水。”可能炎帝部族发源于岐山、宝鸡一带。古时，“华”“夏”并称，《左传·襄公二十六年》有“楚失华夏”之说。有学者认为“华”有“大”之意，也有学者认为华和夏是两个不同的部族，后来才融合为一。苏秉奇先生就认为华族地望在华山一带，仰韶文化繁盛期的庙底沟类型可能是华族的文化遗存，庙底沟代表器物为花卉图案的彩陶，华族命

① 逄振镐：《东夷文化研究》，齐鲁书社 2007 年版，第 83 页。

② 参见王国维、杨向奎及沈长云先生持此说。参见王国维：《殷周制度论》，《观堂集林》，中华书局 1950 年版；杨向奎：《夏民族起于东方考》，《禹贡》第 7 卷，1937 年；沈长云：《夏族兴起于古济河之间的考古学考察》，《历史研究》2007 年第 6 期。

③ 参见徐旭生：《中国古史的传说时代》，文物出版社 1985 年版，第 40 页。

名可能由此而来。[①] 沈长云先生认为，夏族是构成夏代国家主体的众多夏后氏的同姓与异姓氏族的统称。[②] 据说鲧为夏后氏的直接祖先，居崇山，其部族是从炎帝集团共工一支分化出来，又融合了黄帝集团少昊氏等若干氏族部落所形成的一个奉颛顼为祖神的部落或部落联盟，其后裔迁到了汾水下游的以夏为名的地方，自称夏后氏。禹时，因治水有功，赐姒姓。夏后氏的同姓氏族大约有有扈氏、有莘氏、斟寻氏、斟灌氏、缯氏、寒氏等几支。与夏后氏有姻亲关系的氏族为有仍氏、有虞氏及涂山氏。

从考古材料看，华夏族文化是由以仰韶文化为代表的黄河中游文化区和以大汶口文化为代表的海岱文化区这两大文化区交汇融合所形成的，距今4200年左右的仰韶文化庙底沟二期即河南龙山文化形成期为夏族文化的先导。仰韶文化人群是最早种植粟的原始先民。粟又称稷，俗称谷子，去皮后称小米，由野生狗尾草逐步培育而成，性耐干旱，是黄河流域的传统农作物。学术界普遍认为，我国是粟作农业的重要起源之地，但在起源时间问题上学者们意见不一。侯毅先生认为，粟作农业起源于距今16000年的山西下川旧石器晚期文化，距今13000—9000年是中国北方粟作农业的大发展阶段。[③] 大多数学者认为粟作农业起源于距今8000年左右的仰韶文化。有学者对仰韶文化西山遗址、鱼化寨遗址及西坡遗址居民食物状况进行研究，发现当时仰韶文化中期、后期居民主食中，粟的比重均在80%以上，家养动物的食物来源也部分地依赖于粟作种植业。[④] 在新石器时代，粟作农业自黄河中游地区向东、西方向传播，使之不仅成为我国北方种植范围最广泛的农作物，也对当时

① 参见苏秉奇：《关于仰韶文化的若干问题》，《考古学报》1965年第1期。

② 参见沈长云：《说“夏族”——兼及夏文化研究中亟待解决的认识问题》，《文史哲》2005年第3期。

③ 参见侯毅：《从最近的考古发现看北方粟作农业的起源问题》，《北方文物》2007年第2期。

④ 参见张雪莲等：《中原地区几处仰韶文化时期考古遗址的人类食物状况分析》，《人类学学报》2010年第2期。

人类文化的进步作出了重大贡献。从距今4000年左右的河南龙山文化考古遗存看，仰赖于粟作农业的高度发展，华夏族发展成为一个从事农业生产的定居民族。尽管其活动区域没有前述东夷及后文所涉羌人范围广大，但其借助农业生产的优势及其地理位置的特殊性，在文化发展及民族竞争过程中逐步占据了优势地位。

（三）羌人的分布

和东夷一样，羌既是一个民族泛称，又是一个族别概念。羌首先是中原华夏族对西部民族的泛称。从华夏族对外族称谓习惯上看，和“夷”一样，“羌”也是异族的代名词。历代中原人士把居住在陕、甘、青等地的少数民族统称为“羌”、“西羌”或“诸羌”。商周时期，商人、周人所谓的“羌”，包括当时活跃在西部地区的戎、氐等族。周秦以来，随着陕西中西部、陇西一带少数民族的华夏化，“羌”的民族指涉也西向迁播。西汉中期时，居住在甘、青河湟地区的异族被称为“西羌”。[①]这种称谓习惯一直持续到明清时期，光绪《西宁府续志·艺文志》载金文同诗：“欲使边陲媲邹鲁，雍容弦诵洽诸羌。”此处的“诸羌”即指当地藏、回、土等少数民族。作为族别概念，羌是我国北方地区的一个古老民族，商代甲骨文中有“羌”“羌方”，特指的是与商人关系紧张的山、陕一带的羌人。东汉许慎的《说文解字》称“羌”为“西戎牧羊人也”，意为西方养羊的民族。结合其他传世文献及考古资料可知，先秦时期，羌人就有东羌、西羌之分。战国时期，东羌主要分布于上郡、陇西一带，到两汉时，北地郡、上郡仍是东羌人集居之地。西羌主要“分布在河西走廊之南，洮岷二州之西”[②]。近年来，这一地区发现了丰富的新石器时代文化遗存，特别是河曲地区的考古文化引起学者们的普遍关注。马长寿先生认为，“羌族应是河曲一带新石器文化的主人”[③]。马先生所谓“羌族”当为西羌，但河曲一带的新石器文化的主人是否皆为羌

① 参见王明珂：《游牧者的抉择》，广西师范大学出版社2008年版，第158页。

② 马长寿：《氐与羌》，广西师范大学出版社2006年版，第80页。

③ 马长寿：《氐与羌》，广西师范大学出版社2006年版，第81页。

人，应当加以进一步探究。除此而外，《汉书·西域传上》云：“出阳关，自近者始，曰婼羌。婼羌国王号去胡来王。去阳关千八百里，去长安六千三百里，辟在西南，不当孔道。户四百五十，口千七百五十，胜兵者五百人。西与且末接。随畜逐水草，不田作，仰鄯善、且末谷。山有铁，自作兵，后有弓、矛、服刀、剑、甲。西北至鄯善，乃当道云。”可见，新疆天山南路亦有古代羌人，他们也是西羌的组成部分。1954年，新疆沙雅县古代遗址中出土的一枚汉代铜质官印“汉归义羌长”，这说明秦汉时期新疆地区也是羌人生息之地。①

中土文献把羌族族源追溯至炎黄、尧舜时代。《后汉书·西羌传》云：“西羌之本，出自三苗，姜姓之别也。其国近南岳。及舜流四凶，徙之三危，河关之西南羌地是也。滨于赐支，至乎河首，绵地千里。”受大一统观念影响，后世的羌人往往视大禹为其始祖，并认为羌人出于炎帝世系，与华夏族姜姓部族关系密切。实际上，羌是一个独立的民族，与夏族可能有过联姻关系，但绝非同一个民族。新石器时代的马家窑文化和齐家文化广泛分布于陇山以西至青海河湟及河西地区，东、西地区间有着明显的文化交流。从地望上看，源于湟水、洮河流域一带的辛店、卡约、寺洼文化在文化上有相当显著的共性因素。②辛店、卡约文化主要分布于河湟流域，东向发展至陇山以西；寺洼文化则以洮河流域为中心，北至甘宁二省区交界，东至陕西宝鸡一带。由此可见，河湟地区的羌人文化与后来为秦所灭的义渠国及渭水上游的羌人文化之间有密切的关联，广泛分布于河湟地区的羌人和上郡、陇西一带的东羌实为一个民族。此外，如若以东、西羌人关系为基点检视《后汉书·西羌传》所载无弋爰剑没入“三河间”为羌人“敬信”的故事，也可知东、西羌人间的交流一直持续至春秋战国时期。

东、西羌人普遍牧羊，殷墟卜辞中，“羌”字刻成“[illegible]（HJ163）”、

① 参见肖之兴：《试释“汉归义羌长”印》，《文物》1976年第7期。

② 参见俞伟超：《胡代“西戎”和“羌”、“胡”文化归属问题的探讨》，《青海考古学会会刊》1980年第1期。

“[illegible]（HJ19764）”等形状，皆为“羊”字的象形，说明当时东羌人所从事的牧羊活动，给商人留下深刻印象，进而成为他们心目中羌人的象征。距今3600—3000年，受气候变干变冷的影响，河湟地区的农业生产活动受到抑制，当地西羌民族开始从事游牧业，他们主要饲养便于移动且能利用高地植物资源的羊、马、牛，尤以养羊为主。青海西宁以西、以北的大华中庄、莫布拉等遗址中已不见从事农业的痕迹，当地居民普遍有用羊角随葬的习俗[①]，甚至把羊骨置于棺内[②]，可见，羊是西羌人的财富象征。东羌和西羌除因普遍以牧羊为业，故其“依随水草”、“随畜逐草”的生产方式相接近外，其风俗习惯和宗教信仰也有共通之处。《吕氏春秋·义赏》云：“氐羌之民，其虏也，不忧其系累也，而忧其不焚也。”《墨子·节葬下》亦云：“秦之西有仪渠之国者，其亲戚死，聚柴薪而焚之，熏上谓之登遐，然后成为孝子。”说明当时的义渠东羌人有火葬习俗。夏鼐先生在甘肃临洮寺洼山的考古活动中，发现了寺洼类型墓葬中有“火葬后将骨灰盛在陶罐中”的葬俗遗迹。[③]寺洼文化晚于马家窑和齐家文化，是公元前17—公元前14世纪的青铜文化类型，其遗址遍布兰州以东的甘肃地区，在陕西宝鸡也偶有发现，由于火葬墓的发现，寺洼文化被学界认为是当地羌人的文化创造。结合有关东羌人火葬的传世文献和考古资料中有关西羌人遗留的火葬习俗，可知东、西羌人有同样的丧葬习俗。从考古资料看，早期羌人有白石崇拜的宗教文化，上述寺洼文化中就有用砾石陪葬的现象[④]，而商代“羌方”文化遗迹的陕西扶风县刘家村、陕西宝鸡南郊高家村的刘家文化墓葬中也普遍

① 参见青海省文物考古队：《青海互助土族自治县马厂、齐家、辛店文化墓葬》，《考古》1986年第4期。

② 参见青海省考古队、湟源县博物馆：《青海省湟源县境内的卡约文化遗址》，《考古》1986年第10期。

③ 参见夏鼐：《临洮寺洼山发掘记》，《中国考古学报》第4册，商务印书馆1949年版，第98页。

④ 参见夏鼐：《临洮寺洼山发掘记》，《中国考古学报》第4册，商务印书馆1949年版，第97页。

有用石块随葬的现象。[①]东、西羌人的石崇拜在后世文献及有关现当代羌人社会的民族学、人类学研究中得到进一步证实[②]，这足以说明东羌和西羌是同一民族。综上所述，东、西羌是一个在生产方式、信仰及习俗方面具有共性的民族。

夷、夏、羌三族在地望、习俗等方面显然都是各不相同的，其中，羌、夏二族的区别较大。可能因周族西迁至岐山后与羌戎杂处，又自称"夏"或"有夏"，先周文化中也的确有羌人文化的印记，周人曾以黄帝、炎帝二族的历史记忆来统合周（或"我夏"）、羌（或姜）民族文化交融的现实情形，加之周族与姜姓之戎一直保持着联姻关系，东进至关中一带的羌人也逐步华夏化，致使夏、羌二族关于起源、祖先等的历史记忆逐步合流。近现代史家受制于周人构建的羌夏一家、羌出于夏或夏出于羌等观念影响[③]，将我国北方早期民族历史简化为夷、夏二族的斗争与交融，甚至认为"中国古代民族历史，整个的是夷、夏历史，中国古代民族文化，整个的是夷、夏文化"。[④]这显然言过其实。实际上，夷、夏二族的历史无法涵盖我国北方民族历史的全貌，更遑论其为整个"中国古代民族文化"。笔者认为我国北方早期民族分布自东向西，依次为夷、夏和羌，再加上长江、珠江流域的苗蛮、巴蜀等民族，才构成当时完整的民族地理分布状态。

---

① 参见张天恩：《关中商代文化研究》，文物出版社 2004 年版，第 279 页。

② 参见李绍明：《从石崇拜看禹羌关系》，《藏彝走廊民族历史文化》，民族出版社 2008 年版，第 180—189 页。

③ 徐中舒认为羌人是夏民族的后裔，夏王朝的主要部族也为羌，根据汉至晋五百年间的流传的羌族传说，没有理由否认夏即是羌。陈梦家先生也认为羌与夏为同族之人。当代学者冉光荣、李绍明等也持同样看法。参见徐中舒：《先秦史论稿》，巴蜀书社 1992 年版；陈梦家：《殷墟卜辞综述》，中华书局 1988 年版；冉光荣、李绍明等：《羌族史》，四川人民出版社 1984 年版。

④ 王献唐：《山东古国考》，齐鲁书社 1983 年版，第 208 页。

二、夷、夏、羌对我国文明起源的贡献

在我国北方文明起源过程中，夷、夏、羌三大族系的文明创造及其融会使黄河中游地区于公元前2000年左右进入了文明阶段。其中，东夷民族在城市及其社会组织、文字的发明与运用等方面作出过突出贡献；羌人把西亚、中亚地区的青铜冶炼技术和麦类作物带入中原，成为东西方文明交汇的重要中介；夏族的粟作农业为我国进入文明阶段奠定了重要的物质基础，夏族在自身礼乐习俗和用鼎制度的基础上，融合了东夷和羌族的文明贡献，最终在氏族制基础上进入早期国家阶段。

（一）东夷的贡献

城市是文明起源的重要物化标志。城市的出现首先说明人类定居生活方式已形成一定规模，人群间的关系复杂化且出现了阶级分化，一部分人已脱离具体劳动，专门从事社会控制与管理工作。在我国北方，城市较早出现在红山文化、大汶口文化及龙山文化中。根据考古资料可知，山东地区的龙山文化早期城邑遗址较为普遍，且规模较大，自20世纪30年代以来，在海岱地区共发现了龙山文化时期城邑17座①，其中规模较大的有城子崖、五莲丹土、茌平教场铺城址群等。数量如此之多的城邑从一个侧面说明当时的东夷人处于部落联盟阶段，而这些城邑即是不同部落的中心聚落。龙山文化早期，海岱地区的早期城邑发展迅速，随着龙山文化西向发展，东夷人创造的城市文化也传入中原，晋南陶寺文化、豫西二里头文化的早期城市及其形制明显受到龙山文化影响，并在龙山文化基础上有了质的飞跃②，成为早期国家的政治中心。

文字是人类进入文明的另一大标志。文字的出现说明人类有了保存文化创造的重要物化手段，用文字记载和保存的文明成果则是人类社会进入更高级阶段的文化基石。正唯如此，在人类文明史上文字的发明和

① 参见张学海：《试论山东地区的龙山文化城》，《文物》1996年第12期。

② 参见李丽娜：《龙山至二里头时代城邑研究》，博士学位论文，郑州大学2010年，第173页。

使用具有划时代的意义。在大汶口文化遗址中，人们发现了具有文字意义的刻画符号。山东邹平丁公遗址中出土一刻字陶片（H1235：2），为大平底盆的底部残片，陶片宽3—3.4厘米，长77—4.6厘米，厚0.35厘米。于内面刻有5行（竖行）11字，右起第一行为3个字，其余4行每行2个字。另外，在左上角有一刻划极浅的符号，疑为一字，左下角有一刻划短线伸出陶片之外。[①] 大多数学者认为这是东夷文字，也有学者提出相反意见。[②] 他们认为，这些陶片上的符号，是当时巫师们"绝地天通"的一种手段，属于文字性符号或是文字画[③]，虽不是系统性文字，但的确是文字起源、发展的重要阶段，且和后来的甲骨文字同属一个文字系统。从史前陶文的多样性看，我国早期文字可能有以陶寺遗址为代表的华夏文字系统和以龙山文化为代表的东夷文字系统，以及其他考古文化系统生成的文字系统[④]，由于前者至今未找到确切的考古学证据，加之河南龙山文化与以二里头文化为代表的夏文化关系密切，我们有理由相信，东夷人创造的文字系统是我国北方进入文明阶段后使用的文字。

（二）羌人的贡献

青铜冶炼技术也被认为是人类进入文明阶段的重要物化标志之一。从考古发现及学者研究成果来看，广泛分布于我国西北地区的羌族是西亚青铜冶炼技术传入中原地区的中介。考古发现表明中原地区出土的最早的铜器是陕西临潼姜寨第一期文化遗址中的一块残铜片，距今4500年。但是这件铜片的存在以及对中国青铜器起源的意义，学术界还存

① 参见山东大学历史系考古专业：《山东邹平丁公遗址第四、五次发掘简报》，《考古》1993年第4期。

② 参见王恩田、田昌五、严文明等：《专家笔谈丁公遗址出现陶文》，《考古》1993年第4期。

③ 参见王晖：《中国文字起源时代研究》，《陕西师范大学学报》（哲学社会科学版）2011年第3期。

④ 参见张敏：《从史前陶文看中国文字的起源与发展》，《东南文化》1998年第1期。

在争议[①]，如安志敏先生认为这项标本还存在问题，不能作为仰韶文化已经进入青铜时代的确证，并认为仰韶时代中原还不具备冶炼青铜的技术。[②]此外，考古工作者在龙山文化遗址中也找到了青铜器的残留物，但其时代晚于西北地区。中原地区的青铜器是在二里头文化的三、四期才大量出现，而新疆、甘青地区的青铜器则在新石器文化中晚期大量出现，特别是河湟地区的宗日文化、齐家文化的青铜器尤其引起学术界的普遍关注，如徐建炜等人通过对青海同德宗日文化距今5600—4000年的青铜砷铜的研究，提出宗日文化在中原和西北青铜器交流中的重要作用。[③]李水城先生则将中国青铜文化分为以龙山—二里头文化、齐家文化为代表的东部青铜文化圈，和以四坝文化、天山北路文化为代表的西部青铜文化圈，前者经历了从红铜到锡铜的冶炼发展过程，后者则经历了红铜—砷铜—锡铜的冶炼发展过程，并认为西北地区冶金术的发展要早于中原地区，并通过甘青地区传播至中原。[④]刘学堂先生认为，中国最早的青铜器群出现在新疆地区的古墓沟—小河文化、林雅文化，甘青地区的齐家文化，河西走廊的四坝文化中，他认为中原地区由二里头文化三、四期发展起来的青铜文化不早于北方青铜文化，更晚于新、甘、青地区的青铜文化。[⑤]如前所述，羌人曾广泛分布于今新疆南部、河西走廊及河湟地区，这些地区的新石器时代文化当为羌人所创造，当地发现的青铜器也当是羌人创造的。

目前，学术界对青铜冶炼技术的形成、各地青铜文化的交互关系等问题存有争议，但不能否认的是，宗日文化遗址中出土的青铜器物应当是我国北方地区最早的青铜文化遗存，其来源或许与青海地区史前东西

---

① 参见刘学堂：《中国早期青铜器的起源与传播》，《中原文物》2012年第4期。

② 参见安志敏：《中国早期铜器的几个问题》，《考古学报》1981年第3期。

③ 参见徐建炜、梅建军等：《青海同德宗日遗址出土铜器的初步科学分析》，《西域研究》2010年第2期。

④ 参见李水城：《西北与中原早期冶铜业的区域特征及交互作用》，《考古学报》2005年第3期。

⑤ 参见刘学堂：《中国早期青铜器的起源与传播》，《中原文物》2012年第4期。

交通路线及东西文明交汇有关。这一交通线沿河湟河谷向北、向西到青海湖，穿过柴达木盆地后与中亚地区相连接。考古学证明这条路线是重要的史前文化分布线[①]，也是东、西亚文明的交互区。河湟地区的羌人辗转接触到来自西亚青铜冶炼技术后，成为我国境内最早掌握冶金技术的民族之一，而青铜冶炼技术的东向传播显然也是由羌人完成的。

麦类作物是小麦、大麦和青稞的统称，栽培历史晚于粟。考古资料表明，青藏地区较早接触到麦类作物，其中，西藏昌果沟遗址“发现的农作物遗存除部分燃烧前已击碎的炭化果核外，较大颗粒的多类似于麦类的种子，籽粒细小的则均类似于粟的种子，另有少量其他植物种子的炭化粒以及部分难于划分类别的炭化种子。经过近年来的鉴定与研究，已确定遗址内的农作物遗存以青稞和粟的炭化粒为主，在大量青稞种子炭化粒中混杂有少数几粒小麦种子的炭化粒”[②]。这说明，西藏山南地区较早引种了麦类作物。傅大雄先生认为，“昌果沟古青稞的发现表明，新石器时代晚期，西藏高原上已辗转接触到了西亚‘麦’（青稞）的农业文明。青稞高产、早熟、抗旱、耐瘠，无须脱壳而易于炒食作糌粑，对高原农业生态表现出了独特的适应性……经过长期的自然选择和人工选择，青稞以其对高原农业生态独特的适应性而逐渐取代了粟”[③]。在青海境内，人们在循化县境内卡约文化遗址和都兰县诺木洪文化遗址中发现了麦类作物的遗迹。崔永红先生据此认为，“青海境内至迟卡约文化、诺木洪文化时期已在较普遍地种植麦类作物”[④]。由于考古遗存保存不完善，青海地区发现的麦类作物的具体品种未能明确鉴定[⑤]，学术界对青

---

① 参见裴文中：《中国西北甘肃走廊和青海地区的考古调查》，《裴文中史前考古学论文集》，文物出版社 1987 年版，第 273 页。

② 傅大雄：《西藏昌果沟遗址新石器时代农作物遗存的发现、鉴定与研究》，《考古》2001 年第 3 期。

③ 傅大雄：《西藏昌果沟遗址新石器时代农作物遗存的发现、鉴定与研究》，《考古》2001 年第 3 期。

④ 崔永红：《青海经济史（古代卷）》，青海人民出版社 1998 年版，第 11 页。

⑤ 参见崔永红：《青海经济史（古代卷）》，青海人民出版社 1998 年版，第 11 页。

海地区麦类作物的来源也未作研究。不过，根据傅大雄先生“青稞农耕很可能是首先在雅鲁藏布江流域确立后再向藏东北传播的”[①]这一判断，不排除青海新石器时代晚期的麦类种植来自西藏的可能。结合新疆、河西走廊及中原地区的麦类作物考古遗迹，我们能明显感觉到西部地区接触麦类作物的时间早于东部地区，有学者据此认为，中原地区的麦类作物应当是从新疆传至河西走廊，然后进入中原地区的。实际上，河湟地区也可能是麦类作物东向传播的一个中介地区。无论是河西走廊还是河湟地区，当地的土著居民羌人应当是完成麦类作物东向传播的主体人群。小麦的产量和营养价值高于粟，种植小麦也意味着定居生活方式的进一步固化，而定居农耕则是黄河中游地区进入文明阶段的重要基础。总之，正如翦伯赞先生早在 1944 年提出的那样，史前时期开始，塔里木盆地（今塔克拉玛干）一带的居民通过甘、青羌人与中原发生关系，是中西文明沟通的中介。[②]

（三）夏族的贡献

如前所述，粟作农业的发明和传播是夏族的一大文化贡献。除此之外，从陶寺遗址和二里头遗址相关考古发现看，夏族用石磬、陶鼎、陶鼓等礼器表达本族礼乐习俗的情况也在上述遗址的考古发现中得到印证。如陶寺遗址墓葬中出土了彩绘龙盘、鼍鼓、土鼓、石磬等礼乐器[③]，进一步印证了夏文化的礼乐特性。夏族接触到青铜冶炼技术后，迅速将这一文明产物用于礼乐器制作方面，上述遗址中出土的铜盆、铜鬶、铜盉等，都是同类陶器或漆木器的模仿品。与羌族利用青铜冶炼技术生产小型生活用具、兵器不同，夏族利用青铜冶炼技术有选择地发展特定的礼器种类，除包括传统的“玉兵”，如戈、戚、钺、牙璋等，以及少量璧环类礼器外，最主要的则是从既有的陶质和漆木礼器中选择了

① 傅大雄：《西藏昌果沟遗址新石器时代农作物遗存的发现、鉴定与研究》，《考古》2001 年第 3 期。

② 参见翦伯赞：《史前羌族与塔里木盆地诸种族的关系》，《中苏文化》第 15 卷第 2 期，1944 年 2 月。

③ 参见王克林：《论夏族的起源》，《文物季刊》1997 年第 3 期。

与祖先祭祀礼仪行为密切相关的饮食器具，并通过对技术的垄断赢得了其在宗教礼仪和政治上正统化、合法化的资本[①]，使之获得青铜礼器生产体系中的优势地位，进而对周边其他民族的政治、经济和礼仪制度产生深刻影响。

青铜礼乐器物被夏族统治者赋予“协于上下，以承天休”的神圣礼仪功能，利用青铜礼乐器物规范各种文明创造并统摄各类社会资源的过程，就是政教合一的国家管理与社会控制功能形成的过程。显然，青铜礼乐器物是当时夏族精英阶层手中重要的统治工具，他们利用礼乐文化的先进性统摄了东西各族创造的诸如城市、文字、青铜冶炼技术等文明成果，并在原有氏族体制基础上构建出最早的国家形态，并最终在距今4000年左右进入文明时代。显然，夏族创造的文明形态是各民族竞争融合的产物，其中，东方的夷人和西方的羌人为此作出过巨大贡献。

在肯定东方夷人和西方羌人在我国北方文明起源过程中的巨大贡献的同时，应当实事求是地对待当时这两大民族的文明程度，既不能受“夏尊夷卑”观念的牵累而贬低、抹杀他们的贡献，也不能矫枉过正，刻意扩大。东夷人虽然较早就有了城邑，但受制于半农半牧的生产方式和滞后的社会形态，龙山文化丰富、多元的城邑遗址恰恰说明当时的东夷人并没有过渡到国家阶段。龙山文化及其文化创造虽为“中国国家起源的关键”[②]，但东夷民族当时并没有因此进入文明阶段。大汶口文化遗址中出土陶文后，有学者认为大汶口文化已进入文明阶段[③]，其理据之一即是文字在文明形成过程中的标志意义。笔者认为当时的陶器文字是巫师沟通天神的神秘中介，虽有象形、指事的意义，但与后世文字的功能并不完全一样，加之文字虽是重要的文明标志，但它无法孤立地表征人类的文明状态，文字只有进入具有社会控制与国家管理功能的礼

---

① 参见方辉：《论我国早期国家阶段青铜礼器系统的形成》,《文史哲》2010 年第 1 期。

② 杜正胜：《夏代考古及其国家发展的探讨》,《考古》1991 年第 1 期。

③ 参见唐兰：《从大汶口文化的陶器文字看我国最早文化的年代》，山东大学历史系考古教研室：《大汶口文化讨论文集》，齐鲁书社 1979 年版，第 79—84 页。

乐形态，即我国的早期国家阶段后，才能与其他文明标志一起称作是人类进入文明的重大标志。据此，笔者认为东夷人在距今4000年前并没有进入文明阶段。羌人分布的区域恰好是中亚与东亚文化交汇之处，羌人对我国早期文明的贡献也与其的地域分布有关。不过，广阔的地域分布并没有让这个古老民族走向文明阶段，羌人生活的区域大多为资源相对匮乏、地形复杂、气候多变的西北山谷地带，在与不同民族的竞争过程中，羌人被逐步隔绝在狭小的山谷地带，无法形成强大的联盟。比上述情形更为本质的是，早期羌人一直处于不相统属且相互征伐的部落时代，在以亲属血统关系为纽带的“分枝性社会结构”中，大大小小的层级性羌人部落之间一直保持着松散的统属关系，没有形成真正的国家组织，这种情况一直持续到东汉甚至更晚。[①] 正唯如此，距今4000年左右，西部地区的羌人也没有进入文明阶段。

总之，从民族关系角度看，距今4000年左右，我国北方黄河流域中游地区的夏族应当首先进入了文明阶段，其文明成果并非是由夏族单独创造的，而是和其他民族共同创造的。东夷和西羌与华夏族的竞争，以及各族的文明创造及其融会是促使夏族进入文明的重要动力。

大禹建夏之后，华夏族与夷羌民族的竞争、融合一直在持续，各族之间的文明传播也仍在进行。整体上，以岳石文化为代表的东夷民族因在青铜冶炼技术方面落后于中原华夏族，加之以夏族为核心的中原早期国家对东夷的强大影响，故其文化发展受到很大抑制，其文明发展则多受华夏族影响。1963年，青海西宁发现了一件卡约文化时期的青铜鬲。这件青铜鬲保存完好，口沿外侈，短颈，深腹，袋状锥形足，通高15.4厘米，口沿11.8厘米，口部附一对成半圆形耳，各高2.1厘米，内径1.7厘米。颈部饰三道凸弦纹，腹部饰双道人字形凸弦纹。这件铜鬲出土地距朱家寨北山根卡约文化墓不远，考古学者判断其年代大致是商代。[②] 鬲是典型的礼器，它在距商族统治中心甚远的河湟地区出现，足

① 参见王明珂：《游牧者的抉择》，广西师范大学出版社2008年版，第179—191页。

② 参见赵生琛：《青海西宁发现卡约文化铜鬲》，《考古》1985年第7期。

以说明中原与西部羌人间的文化交流甚为密切。不过，限于自身的文化发展水平与社会结构，当时的羌人并没有因受到中原礼乐文化影响而进入国家阶段。

大约是在西周晚期甚至更早，西亚地区的冶铁技术东向传播至新疆、甘青一带。考古发现证实，在新疆哈密焉不拉克墓地[①]、察吾乎沟口一号墓地[②]等十多处遗址中都有铁器出土，其年代大致是西周早期至春秋中晚期。鉴于中原出土的铁器在年代上晚于新疆，唐际根先生认为中原地区的冶铁技术很可能由新疆沿河西走廊传入。[③]安志敏先生通过对新疆青铜文化的探讨，认为最初源于西亚的青铜器和铁器是由新疆作为中介传入黄河流域。[④]赵化成先生也主张我国冶铁术可能源于西亚、中亚（包括新疆地区），经由甘肃、宁夏传入内地。[⑤]值得一提的是，2008 年在甘肃临潭磨沟寺洼文化墓葬中发现了两件铁器，经碳十四测定为公元前 14 世纪左右。[⑥]之前，陈建立先生对一些地区的铁器和冶铁遗物进行了 AMS—14C 年代测定，结果青海湟中的数据和磨沟铁器不相上下。[⑦]种种迹象表明，青海、甘肃湟水、洮河流域一带可能更早地接触到了冶铁技术，辛店、寺洼文化被普遍认为是羌人所创造，故而当地出土铁器的主人当为羌人。先秦时期，羌人分布于南疆及河西走廊一带，直到两汉时，河西走廊仍是羌人的主要聚居地之一，这一点由敦煌悬泉汉简所载刘危种、藏耶茈种、龙耶种、渠归种、良种、甬种等[⑧]诸

① 参见新疆维吾尔自治区文化厅文物处、新疆大学历史系文博干部专修班：《新疆哈密焉不拉克墓地》，《考古学报》1989 年第 3 期。

② 参见中国社会科学院考古所新疆队、新疆巴音郭楞蒙古自治州文管所：《新疆和静县察吾乎沟口一号墓地》，《考古学报》1988 年第 1 期。

③ 参见唐际根：《中国冶铁术的起源问题》，《考古》1993 年第 6 期。

④ 参见安志敏：《塔里木盆地及其周围的青铜文化遗存》，《考古》1996 年第 12 期。

⑤ 参见赵化成：《宝鸡市益门村二号春秋墓族属管见》，《考古与文物》1997 年第 1 期。

⑥ 参见陈建立等：《甘肃临潭磨沟寺洼文化墓葬出土铁器与中国冶铁技术起源》，《文物》2012 年第 8 期。

⑦ 参见陈建立：《中国冶铁技术起源与发展的新探索》，中国文化遗产研究院编：《文物科技研究》第 7 辑，科学出版社 2010 年版，第 118 页。

⑧ 参见高荣：《敦煌悬泉汉简所见河西的羌人》，《社会科学战线》2010 年第 10 期。

羌所证实。故而，无论是甘肃临潭磨沟寺洼文化墓葬及青海湟中发现的铁器，还是新疆冶铁技术经河西、宁夏进入中原，都离不开羌人。换言之，羌人是冶铁技术东向传播的中介。

三、夷、夏、羌三族的竞争与融会

距今5000年前，晋南、豫西、关中平原一带江河纵横、森林密布，系炎热的低洼潮湿地带，并不适合人类居住，泰山以东的丘陵地带和关中平原以西、以北地区因地势较高、气候温和，是当时人类的重要活动区域。因此之故，这一时期的考古发现主要集中在河北、山西中北部、泰山以东及陕北、甘青一带，而后来成为中原文化核心区的晋南、豫西一带甚少有人类活动的遗迹。全新世中晚期，北半球经历了变干变冷的气候变化过程，受气候变化影响，河北、山西中北部、泰山以东的原始先民开始迁移到晋南、豫西一带。在气候降温变干的影响下①，甘青地区的原始居民也东向进入关中地区。

（一）夏族与东夷、羌人的斗争与融合

始于5000年前的北方人类大迁徙一直持续到春秋战国时期，可以说涵盖了整个先秦时期。为获得更好的生存环境、占有更多资源，北方各族之间展开了长期的角逐，并逐步形成华夏族与周边少数民族之间长期斗争融合的历史局面。

距今4500—4000年左右，即传说时代，中原地区遭遇千年未遇的“洪水期”。传世文献对之多有记载，《尚书·尧典》云：“汤汤洪水方割，荡荡怀山襄陵，浩浩滔天。”《诗·商颂·长发》云：“洪水芒芒，禹敷下土方。”《孟子·滕文公下》云：“当尧之时，水逆行，泛滥于中国，蛇龙居之，民无所定，下者为巢，上者为营窟。《书》曰：‘洚水警余’。洚水者，洪水也。”上述文献所述中原地区洪水泛滥成灾的时期，

① 参见安成邦、冯兆东、陈发虎：《甘青地区全新世中期的环境变化与文化演进》，《西北大学学报》（自然科学版）2003年第6期。

恰好也是中国文明起源的一个关键时期，即炎黄部落竞争至尧舜禅让传说，再到大禹建国之时。这一时期的大洪水在考古遗址中多有发现，河南新寨遗址、锉李遗址、孟县遗址、焦作西金城遗址、偃师二里头遗址，山东尹家城遗址，以及山西南部的绛县周家庄遗址等，都发现了大洪水的地质与考古遗迹。[①] 距今 4000 多年前的青海民和喇家遗址毁于"黄河异常洪水和地震为主，并伴有山洪暴发的群发性自然灾害"[②]。洪水泛滥成灾之时，夏族礼乐习俗赋予的部族首领国家管理与社会控制职能发挥了重要作用，在东方夷人和西方羌人被洪水围困，部族成员四散逃离之时，夏族首领共工、鲧、禹等率领族众治水，共工和鲧壅堵治水失败后，据《国语 · 周语下》，大禹用"疏川导滞"的方法，成功解决了河水壅塞的问题。大禹治水使本族人口、财富避免了更大损失，他趁势在涂山与各族首领盟誓，不仅在本族及周边各族间树立了自身权威，也建立了以夏后氏为主体的部族联盟国家，并借此使夏族获得了民族竞争关系中的优势地位。

夏后氏建国后，东、西民族内迁至夏族势力范围的情形仍在持续，夏族与夷、羌民族间的斗争、融合构成当时民族关系史的主体内容。当时，夏族与夷人的关系甚为紧张，雄居东方的夷人经常内侵至夏国境内。据说，致使太康失国的有穷氏即是当时东夷首领，消灭有穷氏的后羿也是东夷首领。在夏人部族斟灌、斟寻的帮助下，少康才得以复国。据童书业先生研究，《左传》关于太康失国、少康中兴的记述，可能是西汉末年古文经家改窜而成的[③]，但有夏一代，夏夷关系紧张是不

---

① 参见张俊娜、夏正楷：《中原地区 4KaBP 前后异常洪水事件的沉积证据》，《地理学报》2011 年第 5 期。

② 夏正楷等人认为，喇家遗址主要毁于黄河异常洪水，但是德国学者佟派、王睦在《古代中国的环境研究——关于解释和年代对应方面的问题》一文中认为，喇家遗址更有可能毁于泥石流灾害（夏正楷、杨晓燕、叶茂林：《青海喇家遗址史前灾难事件》，《科学通报》2003 年第 11 期）；［德］佟派、王睦：《古代中国的环境研究——关于解释和年代对应方面的问题》，载方辉主编：《聚落与环境考古学理论与实践》，山东大学出版社 2007 年版，第 390—397 页。

③ 参见童书业：《春秋左传研究》，《童书业著作集》，中华书局 2008 年版，第 340—342 页。

争的事实。夏代末年，商汤联合夷人族众，进一步东向发展，最终灭掉了夏。可以说，一部夏史就是夏夷二族的斗争史。从文献上看，夏族和羌人的关系较为融洽，甚至夏族首领大禹被后世认为是“出于西羌”①。“西羌”之说是两汉时期的习惯性称谓，其民族指涉包含靠近中原的东羌部族，《后汉书·西羌传》记载了原义渠国境内的上郡、北地一带的诸多东羌部族。如前所述，先秦时期虽无西羌、东羌之说，但东、西二羌的事实已然存在。“当禹之时，天下万国”②，建国于豫西、晋南的夏后氏首领大禹不可能与后世普遍认定的甘青地区的“西羌”有关联。夏族和北夷高句丽一样可能有“昏姻皆就妇家，生子长大，然后将还”③的“不落夫家”的婚姻习俗，当时，夏族和靠近夏族势力范围的东羌之间可能有联姻关系，大禹母亲当为东羌女性，大禹出生后可能与其母共居于母亲氏族，所谓“大禹出于西羌”一说，可能和当时“不落夫家”的婚姻习俗有关。④

当前，学术界对商族是否为东夷一支存在争议，但基本都持商族来自东方的观点。商族进入中原后，掉头征服东夷各部，并长期与羌人对峙，甲骨卜辞中保留了商、羌二族相互征伐的原始记录，可见商、羌二族的关系是甚为紧张的。如果说夏代为部族联盟国家的话，那么商代显然是一个方国联盟国家，在这个复合型国家结构中⑤，商族显然处于统领地位，被商人征服的夷人和羌人，被商人称为“夷方”、“羌方”，并纳入商的方国联盟体系中。为维持方国联盟体制的存续，除利用祭祀体系维护其统治外，对外征战是更为必要的统治手段，即“国之大事，在祀与戎”⑥。夏商时期，东夷民族普遍经受了华夏文化的洗礼，进入中原

① 《新语·术事》，《诸子集成》第7册，中华书局1954年版，第4页。
② 《吕氏春秋·用民》，《诸子集成》第6册，中华书局1954年版，第244页。
③ 《后汉书·东夷列传》，中华书局1965年版，第2812页。
④ 参见王晖：《古文字与商周史新证》，中华书局2003年版，第28页。
⑤ 参见王震中：《论商代复合制国家结构》，《中国史研究》2012年第3期。
⑥ 《左传年》成公十三年，《春秋左传正义》，《十三经注疏》整理本第18册，北京大学出版社2000年版，第867页。

的商族逐步华夏化，居于今山东境内的夷人也在一定程度上受到夏文化的影响，进而逐步过渡到国家阶段。借助国家机器的统治力量，到商代中后期，东夷的势力越来越大，他们对商王统治的合法性不断发起挑战。商纣时期，为征服东夷，商纣几乎穷尽了国力，且因此被周族趁机所灭，故文献中有“纣克东夷，而殒其身”[①]之说。

（二）西周以来北方诸族的融会

曾西迁至岐山的周族势力壮大后，东向发展并最终灭掉了商。西周初年，曾两次封土建邦，大规模分封了姬姓贵族及与周族有姻亲关系或为周族立过战功的部族首领等，并在此基础上建立起一个势力范围远超夏、商的封建国家。周族封邦建国的目的之一，就是要利用封国力量抵御周边各少数民族的内侵，以确保其统治的稳定。周初，周公借平定武庚叛乱之机，灭掉了奄、蒲姑等东夷大族。后来，封国领地东进至山东境内的齐国和鲁国成为周族对付东夷各族的“桥头堡”。齐、鲁二国与徐和淮夷作战，为西周东扩立下汗马功劳。《史记·鲁周公世家》载：“周公卒，子伯禽固已前受封，是为鲁公。鲁公伯禽之初受封之鲁，三年而后报政周公。周公曰：‘何迟也？’伯禽曰：‘变其俗，革其礼，丧三年然后除之，故迟。’太公亦封于齐，五月而报政周公。周公曰：‘何疾也？’曰：‘吾简其君臣礼，从其俗为也。’及后闻伯禽报政迟，乃叹曰：‘呜呼，鲁后世其北面事齐矣！夫政不简不易，民不有近；平易近民，民必归之。’”可见，周王朝在征服东夷过程中，逐步形成了对待少数民族的具体施政策略。西周中期以来，文献中多有“淮夷”之称，再后来多见“南夷”。[②]民族称谓的变化侧面反映了周夷两族势力的此消彼长。经过数代周天子及其诸侯王的打击，东夷各部族要么被征服且被同化，要么被迫南迁到江浙一带。

周武王灭商过程中，联合居于陇西一带的羌人与庸、蜀、卢、彭等

① 《左传》昭公十一年，《春秋左传正义》，《十三经注疏》整理本第19册，北京大学出版社2000年版，第1479页。

② 参见张懋镕：《西周南淮夷称名与军事考》，《人文杂志》1990年第4期。

族一起灭商。① 如前所述，可能是羌人文化遗存的刘家文化与先周文化遗迹杂处于宝鸡、岐山一带，说明羌人文化是当时先周文化的一个组成部分。② 传说周的始祖弃即后稷之母姜嫄为姜羌女性，这说明和夏人一样，周人也可能与羌人有通婚的传统。考古材料与传说及文献记述相结合，可知周、羌二族的关系的确较为紧密。西周中后期，周天子不甘于仅为封建礼乐体系中名义上的“共主”地位，试图通过抑制贵族及其他民族势力来扩张王权，并因此引起贵族及周边民族不满或反抗。公元前841年的“国人暴动”是王权与贵族矛盾激化的产物，周昭王“南征不复”、周宣王与羌戎作战而“败绩于羌氏之戎”③ 都是周天子与周边少数民族势力发生矛盾的具体事例。“千亩之战”是周、羌二族关系恶化的结果，周天子在与羌戎为敌的过程中处于劣势，并最终在羌戎各族的内侵下不得已东迁。羌人在与周族联合、对抗过程中，东迁至中原的羌人逐步华夏化，留在西北的族群仍被称为“羌”或“戎”。④

春秋战国时期，华夏诸国间战争频仍，诸夷与华夏族间的竞争融合加剧。华夏诸国间“文化先进诸国逐次结合，而为文化后进诸国逐次征服。同时文化后进诸国，虽逐次征服先进诸国，而亦逐次为先进诸国所同化”⑤。被西周征逐至淮水下游的夷人逐次为华夏诸国征服，秦穆公东向称霸不成，转而“独霸西戎”，秦人与羌人的矛盾因此加剧。公元前272年，“宣太后诱杀义渠王于甘泉宫”⑥，并发兵灭了义渠羌国，置北地、陇西、上郡。至此，华夏族势力范围越过陇西，直逼甘肃中西部。

---

① 参见《尚书·牧誓》，《尚书正义》，《十三经注疏》整理本第2册，北京大学出版社1999年版，第284页。

② 参见邹衡：《周原甲骨初论》，《四川大学学报》丛刊第10辑《古文字研究论文集》，四川人民出版社1982年版。

③ 《国语·周语上》，徐元浩撰、王树民、沈长云点校：《国语集解》，中华书局2002年版，第21页。

④ 参见顾颉刚：《从古籍中探索我国的西部民族——羌族》，《社会科学战线》1980年第1期。

⑤ 钱穆：《国史大纲》，商务印书馆1994年版，第65页。

⑥ 《后汉书·西羌传》，中华书局1965年版，第2874页。

秦汉时期，我国北方地区的民族格局发生了重大变化，居于山东、安徽及江苏北部的东夷各部已融入华夏民族。《汉书·地理志》云：“东夷天性柔顺，异于三方之外，故孔子悼道不行，设浮于海，欲居九夷，有以也夫!”《后汉书·东夷列传》亦云：“夷者，柢也，言仁而好生，万物柢地而出。故天性柔顺，易以道御，至有君子、不死之国焉。”可见，当时的东夷人群原有族性已基本消弭，因其“天性柔顺”，“易以道御”，反而成为中原华夏族仰慕的对象；两汉时，中原主体民族汉人不以具体种族而以文化不同来划分夷夏之别，既然夷人在文化上业已华夏化，那么夷、夏二族的民族边界也就消失了。

汉初，匈奴“破东胡，走月氏，威震百蛮，臣服诸羌”[①]。羌人为匈奴所挟，时常侵扰西汉边地。经过前期的休养生息后，汉武帝时确立了“征伐四夷，开地广境，北却匈奴，西逐诸羌”[②]的战略，开始向甘青一带的羌人用兵，并通过屯田耕植的方式占据羌人世居的河谷地带，迫使一部分羌人远徙青藏高原腹地，一部分羌人为夺回故地，长期与中原作战、对抗，这都致使羌人与中原政权之间的矛盾进一步激化。汉政权为制服叛服无常的羌人族众，曾强制羌人内迁，这又导致了羌人新一轮的反抗。东汉末年，“羌祸”纷起，羌人和其他民族纷纷内迁，最终形成了所谓“五胡乱华”的历史局面。此时，羌人和其他少数民族一起，在与汉族的竞争、融合过程中，又成了佛教等西方文化东向传播的中介。

综上所述，笔者认为部分学者有关夷、夏二族对中国文明起源作用的表述，往往有言过其实之处，不仅忽略了南方苗蛮、巴蜀族群的历史贡献，也忽略、低估了羌人对我国早期历史进程的重要影响。先秦时期，我国北族地区的民族分布自东向西依次为夷、夏、羌，各民族共同创造、传播的文明成果最终使夏族首先进入到文明阶段。夏、商、周时期，夷、夏、羌之间的斗争、融合，构成了我国北方民族关系史的主体内容。西周至秦汉时期，夷、夏二族逐步融合，西部羌人与华夏族的关

① 《后汉书·西羌传》，中华书局 1965 年版，第 2876 页。

② 《后汉书·西羌传》，中华书局 1965 年版，第 2876 页。

系日趋紧张，汉政权攻占羌人世居的河谷地带，强迫羌人内迁，导致“羌祸”纷起。先秦时期，羌人是西亚冶铜、冶铁及小麦种植技术东向传播的中介，东汉末年至魏晋时期，羌人又成为佛教文化进入中原的重要中介之一，这更进一步说明中华文明是各民族交流、融通的产物，其中羌人及其活动是构成我国早期文明的重要因素。

第二节　河湟文化内地化的主要因素

一般来说，国家力量和汉族移民是影响河湟地区内地化进程的主要因素，而理性反思河湟地方社会变迁及其内在理路，有助于建构合理的地方秩序。

一、国家对河湟地区内地化进程的影响

“内地化”这一概念首见于台湾学者郭廷以的《台湾史事概论》一书，他以台湾移民社会向定居社会转型中台湾地区出现的内地化趋势为历史依据，提出并运用了这一理论分析工具。台湾学者李国祁也以“内地化”为分析工具，研究台湾政治的近代化问题。[①] 后来，这一概念引入大陆，被广泛运用于边疆地区的转型研究。

“内地化”这一概念的内涵与外延往往与使用者研究对象的时空定位密切相关。多数情况下它被理解为阐释边疆少数民族地区近代化及其特征的一个学术概念，也有将其与边疆地区行政一体化的转型时期相联结的研究成果，同时也有与“均质化”这一概念相提并论的情况。笔者认为当原来的华夏边缘地区与中原王朝之间发生基于军事、政治及经济

① 参见李国祁：《清季台湾的政治近代化——开山抚番与建省（1875—1894）》，台湾《中华文化复兴月刊》1975 年第 12 期。

文化的联系，且中原王朝势力进驻该地区之时，当地的内地化进程实际上已然开始。如在河湟地区，汉中期在该地的军事行动即是当地内地化的开始。因此，“内地化”这一概念是长时段的，而非转型时期的特殊表现。

基于这种认识，再结合河湟地区的社会历史发展进程，不难发现古代王朝国家及近代民族国家是这一地区内地化进程的助推者，该地区内地化进程的过程、方式、特点等因素皆取决于国家的力量。

首先，在古代中国，王朝国家的力量是河湟地区内地化进程的助推者。

在王朝国家力量还未进入青海东部地区之时，该地区居民早已与中原内地有了文化上的联系。考古发现证实，早在马家窑文化时期，中原地区的原始居民已经迁入河湟地区①，粟作农业也由黄河中游地区传播至此地②，而当地的青铜冶炼技术③及玉石等物质资源也传入中原④。这都说明，早在史前时期，河湟与中原之间已有较多的文化联系，二者之间绝非处于隔绝状态。然而，上述人口迁徙与文明成果的交流，使二者之间彼此接受传播而来的文化因素，但这并没有改变二者居民的文化属性，进而使他们之间形成共同的社会文化生活因素。这说明，文明的传播，特别是中原文明因素向河湟地区的传播并没有改变当地居民的社会文化属性，这些文明因素会被纳入当地居民的社会文化之中，进而成为当地居民构建他们文化属性的基础，而不会由此导致当地内地化。笔者认为真正使一个民族群体族性发生大变化，不是基于文明成果而是基于

---

① 参见侯光良等：《史前人类向青藏高原东北缘的三次扩张与环境演变》，《地理学报》2010年第1期。

② 参见李健胜：《从考古资料看青藏高原原始农业与畜牧业的发展历程》，《农业考古》2012年第4期。

③ 参见徐建炜、梅建军等：《青海同德宗日遗址出土铜器的初步科学分析》，《西域研究》2010年第2期。

④ 参见李健胜：《三代时期昆仑玉输往中原的路径与方式初探》，《青海民族研究》2006年第2期。

其文化系统承接外来文明，并与之形成同构关系的力量，即来自外来军事、政治因素，而非文明传播本身。

基于这种认知，笔者认为始于史前的文化传播并没有让河湟地区迈入内地化的进程，而是王朝国家利用其军事优势在河湟开疆拓土的军事、政治行为导致了河湟的“内地化”。反观国家力量与河湟地区的内地化进程关系，我们有理由相信，正是在国家力量的助推下，这一进程才得以持续至今，不仅彻底改变了河湟地区社会文化的面貌，也使这一地区永久地纳入中国的版图。

基于上述历史经验，我们有理由相信，在民族边疆地区的内地化过程中，国家力量的地位与作用是导致“内地化”的核心与关键。当前，主张以文化传播与文明成果的互渗为主要手段，进而达到“内地化”效果的观点，不时由传媒发出，且以课堂、巷议等形式进入民众视野，成为现代国家解决民族边疆问题的一种思路。诚然，在现代社会，利用文化手段达成政治目标无疑是极具诱惑力的一种策略，不过，无论是历史经验还是现实依据都证明这样的想法并不能真正解决问题。因为国家力量、行政改革才能具备重构不同文化体系间的互融关系，因此，民族边疆地区内地化的助推之力只能是国家政治手段，而非文化上的传播与影响。

其次，国家力量影响河湟内地化进程中表现出的特点，也值得总结。

国家力量影响河湟内地化进程中表现出的首要特点是这一影响力的持续性。和其他民族权力体系作用于河湟地区之时所表现出的暂时性、片段性特点不同，中原王朝国家及近现代民族国家对这一地区内地化进程的作用与影响，不是为了某个特殊目标而形成的暂时性策略，也不是仅对这一地区个别区域产生片段化影响，而是以明确的政治目标，有效的影响策略为基础的开疆拓土之策。这种影响力的持续性首先与中原王朝国家的力量及中原文化在历史上表现出的先进性直接相关，加之河湟在地缘上与中原地区具有紧密的联系，又是中原通往西域的必经之路，同时还是中原王朝防御蒙古高原与青藏地区少数民族势力形成合力的军事要塞，诸种因素都说明，对于中原政权而言，河湟地区在政治、军事、交通等方面的重要性是其发挥持续性影响力的一个前提。

自古以来，河湟地区即为多民族聚居之所，民族、宗教、政治、经济等因素在表现形式上呈现多元化特点，在其内在结构上也具有纷繁复杂的特质，这就决定了外来政治力量整合这一地区社会资源时，面对的是较为复杂的各种情势。因此，国家力量促使河湟地区发生内地化变迁进程的复杂性也是一个重要的特点。

从地域上讲，河湟地区主要包括青海湟水河流域和青海境内黄河南北两岸地区，这一区域为青藏高原与黄土高原的交汇地带，高山与河谷组成的地理风貌，使得区域内居民的政治、经济与文化发展水平具有较大的差异性，特别是河谷地带的农耕文明与山区的游牧经济具有很大差别，整合这些社会资源本身就有很大的难度。

从民族构成上讲，一方面河湟地区拥有世居民族，如早期的羌族，后期的藏族、土族等；另一方面，河湟地区又是著名的民族大走廊，历史上，鲜卑、吐谷浑、回族等曾徙居于此，这就导致这一地区民族构成的多元性和处理民族关系的复杂性。中原王朝在该地区推行内地化时，不同民族在社会结构、文明进程上的不平衡性也会影响到内地化的具体过程。

从社会政治方面看，也呈现出一定的复杂性。在王朝国家势力未进入此地时，当地羌族早已形成了适合自身发展的地方秩序；在后来的历史发展过程中，当王朝国家力量在此地被削弱时，以特定民族为核心的内生的地方秩序趁势兴起，且会对当地的社会政治产生重要影响。在这样的时代背景下，如何推行内地化进程，这本身就是一个颇为复杂的政治问题。

自两汉至今，河湟地区的内地化进程一直在持续。如若利用“均质化”这一概念来解析“内地化”，不难发现，由国家力量推行的内地化进程明显具有缓慢性的特点。

“内地化”不同于“均质化”，后者追求的是民族边疆地区与中原的同构关系，而“内地化”则以边疆地区的社会转型为契机，追求基于中原文化为标准模式的同质化。正唯如此，“内地化”注重的是同质性本身，而“均质化”更注重达到同质性的效率，这就决定了“内地化”不可能一蹴而就，它可能是一个漫长的社会结构与文明进程的变化过程。国家力量推行内地化进程追求的是被内地化区域政治结构、生产方式、文化教育与中原内地的同质性，而这些领域中的异质因素不可能在短时间内消亡。因此，这种内地化进程的确是比较缓慢的，其间难免会产生反复，有时甚至会出现倒退。

国家力量推行的内地化进程还具有推行力量的主导性特点。广义上讲，某一边疆地区产生内地化进程的因素是多方面的，如居于边疆的少数民族主动进行中原化的变革即是一例。结合河湟地区具体的内地化进程可知，这一地区内地化的主导力量是王朝国家，而少数民族主动进行内地化的变革因素不占主导地位。

国家力量的主导性决定了内地化进程具有明确目标、持续推行的动力以及不可逆的发展态势。这一主导性特点也决定了国家力量推行内地化进程时，会较少考量被内地化地区政治、经济、文化上的自主性，进而催生出诸多矛盾。

如若不用现代性分析视角，仅从历史发展过程来判断国家力量的作用，我们能够看到，正是因为国家力量的主导，才使河湟地区的内地化进程可以持续至今，使这一地区能较充分地吸收来自中原内地的文明成果，进而使之发展、进步。当然，如若考量现代性的分析视角，从王朝国家在利用移民进行的内地化进程，造成了汉族移民与地方秩序的长期冲突，致使这一移民群体与地方秩序之间关系紧张且在一定程度上导致双输的局面等方面考量，王朝国家在推行内地化过程中表现出的强权、蛮横等，也是不争的事实。

总之，研究国家力量在河湟地区内地化进程中的作用，既有利于我们认清内地化进程与国家权力的关系问题，也让我们进一步了解到民族边疆地区事务中国家力量的强大作用，这都会对进一步认识王朝国家力量在中国社会结构中的作用大有裨益。

二、汉族移民与河湟内地化进程

作为一个特殊的移民群体，汉族移民在河湟地区历史发展过程中扮演了重要角色，他们的到来不仅改变了当地的民族构成和人口结构，也使这一地区的社会文化、生产方式等发生巨大变化。可以毫不夸张地说，正是汉族移民的到来，才使河湟地区建构起今日的社会结构与文明水准。

汉族移民徙入河湟经历了一个漫长、艰难的徙入过程。从自然条件、地理位置上讲，除部分河谷地带外，河湟地区并不是理想的移民目的地。它首先远离中原，与中原内地之间的交通条件也不甚理想，如若不是王朝国家及近代民族国家的推力，进而形成政策性移民，自发迁入该地区的可能性不是太大。其次，这一地区的自然条件比较差，和中原相比，海拔高，特产并不丰富，适合农耕的区域也并不广阔。历史上，这一地区往往被视为寒苦之地，而较为艰苦的自然条件至今也是制约这一地区发展的一大因素。最后，复杂的民族关系也是制约汉族移民自发徙入河湟的一大因素。客观上讲，多民族杂居地区的政治局面甚难稳定有序，社会治安也会存在较大问题，加之民族间因习俗、信仰等不同，日常生活中难免会产生矛盾，一些矛盾因其他因素的渗入，会导致大的民族冲突。因此，自发徙入多民族地区的汉族移民在数量上并不占主导地位。

正因上述因素，徙入河湟地区的汉族移民绝大多数为政策性移民，即在王朝国家的组织下按国家意志的需要移入河湟。

一方面，来到河湟的汉族移民并非自愿；另一方面，王朝国家往往视移民为开疆拓土的工具，加之他们的到来加剧了当地的各种社会矛盾，因此，历史上，汉族移民河湟的历史也是这些移民的苦难史。

从移民适应迁入地来看，受制于当地的自然、人文等诸条件，汉族移民适应河湟地区的气候、物产及社会人文条件本身就是一个艰难的过程。与中原地区相比，寒苦之地的生存艰难度远大于移出之地，当地落后的生产条件及复杂的社会关系，都是造成汉族移民诸种苦难的客观因素。

从王朝国家的角度看，汉族移民是国家借以开疆拓土的工具，他们中的一部分人以弛刑徒或应募之人的身份成为政策性移民，一部分则是强徙的中原贫民，由于政治地位本身偏低，加之王朝国家对待臣民向来是自上而下的强压，这都致使汉族移民沦为政策工具。移入河湟后，他们是否适应当地的生活不是国家考量的重点，当国家力量尚能较稳定地控制边疆地区时，汉族移民的生存也尚有政策性保障，但是，一旦因各种因素致使国家统治边疆的力量下降或消解，汉族移民就会沦为地方秩序的攻击对象，或是对付国家力量的替罪羊。

从地方秩序的角度看，汉族移民的到来首先增加了社会结构中人与人产生矛盾的因素，其次，基于人地、地地之间的矛盾也因此形成。比如，原本是游牧之地的区域，因为汉族移民的屯田一变而为农耕地带，这就会造成人类与自然条件之间的矛盾，农耕人口的增加会挤压牧业生产，由此导致的两种生产方式的矛盾也会引发移民与当地土著之间的冲突。在与地方秩序的冲突过程中，汉族移民虽不是单方面的受害者，但是由这一冲突引起的各种苦难，汉族移民也必须领受。

汉族移民虽然面临诸多问题，但在持续不断的移民过程中，对河湟地区社会的方方面面作出了巨大贡献。

从民族构成的角度讲，汉族移民的到来打破了原有的民族构成，汉族人口从无到有，缓慢增长，最终成为人口占多数的民族，且始终以先进的文化身份引领着河湟地区文明进步的发展方向。在汉族移民还没有到来之时，当地土著羌族虽然在沟通东西方文明过程中起到过关键性作用，虽在历史发展过程中已然承载着数个文明发展要素，但直到汉族移民到来前仍未进入国家阶段。土著居民在文明发展历程上的迟缓影响了整个河湟地区的文明发展进程，使这一地区既无西亚地区的文明繁盛之景象，亦无东方等级化的专制体制。汉族移民的到来，改变了原有的人口结构，为当地进入真正意义上的文明状态奠定了人口基础。反观笔者研究成果，凡是汉族移民相对稳定地生息于河湟之时，当地的社会文化与经济状况往往处于较快发展时期；反之，一旦汉族移民存续于此的社会基础被瓦解，当地就会出现大的社会倒退现象。这足以说明汉族移民及其后裔构成的人口基数在当地民族人口构成中的关键性作用。

从政治结构上讲，汉族移民的到来打破了原有内生的地方秩序及其政治结构的稳定性，虽然在客观上对当地土著造成了较大危害，但对落后的旧有政治结构的冲击，使得新的政治结构因素得以在河湟扎根，这为当地政治文明的进步无疑也起到了十分重要的作用。政治结构的落后是人类社会本身阻碍人类文明进步的一大因素。无论是羌族松散的部落联盟制度，还是鲜卑、藏族等以部落体制为核心的政治建构，皆是以小共同体利益为准绳的内倾化现象颇为突出的一种政治结构。这种政治结构依托于血缘关系，仅考量极少部分人的社会利益，因此具有保守落后的特征。与此相较，被编户齐民的汉族移民所代表的政治结构，更强调基于地缘关系的国家与民众利益链接，在平衡民众利益的同时，以大共同体的整体利益为政治结构建构的基础。以现代性眼光看待这一政治结构，无疑能看到国家的强大与民众的弱小之间的不平衡性。但是，站在当时的社会发展状况去评价这一政治结构，无疑是先进的，是能够促进当时社会进步的一种好的政治结构。汉族移民将这种先进的政治结构引入河湟，通过自身的政治实践及对周边其他民族进行影响、渗透的方式，最终使君主专制体制及近代民族国家政治结构落实到河湟政治秩序之中，进而真正促进了当地政治文明的进步。

从经济发展角度看，汉族移民的到来的确促进了当地经济的发展。在古代社会，迁徙于此且进行屯田垦殖的汉族百姓将先进的铁制农具、牛耕等技术引进河湟，促进了当地农业经济的发展。由于湟水河流域、青海地区的黄河南北两岸较为适宜农业生产，因此，中原农耕经济模式在当地的固化是当地社会发展的经济基础。近代以来，汉族移民又是近代手工业、商业经济移入河湟的主要推手，他们的到来也促进了当地经济的近代转型。

从文化发展的角度看，汉族移民的到来也极大地促进了当地文化事业的进步。汉族移民到来之前，河湟地区没有学校教育，掌握文字书写能力者也几乎不存在，精神文化也处于落后状态。两汉以来，随着汉族移民的到来，儒学教育开始扎根河湟，一批又一批的汉族子弟受教其中，成为引领当地文化发展的先驱。宋元以来，一些少数民族子弟进入蕃学及儒学机构受教，至清代渐成规模，这对当地少数民族文化事业的进步而言无疑是举足轻重的。近代以来，在河湟地区推行学校教育的主力军亦为汉族移民，如著名的湟川中学的主要师资力量为毕业于国内著名大学的青年教师，他们参与当地学校教育的过程本身即是汉族移民贡献于当地教育的一个典型。

总而言之，汉族移民是促进河湟地区内地化进程的主力军，也是对河湟地区的进步与发展作出巨大贡献的一个特殊移民群体。回顾过往、反思当下，笔者认为要进一步促进河湟地区的发展，就须结合当前西部大开发的有利时机，鼓励新的汉族移民扎根河湟，激发他们在各项社会发展事业中的引领作用。只有这样，才能进一步深挖当地社会发展的潜力，进而促进河湟地区的全面发展。

三、河湟地方社会变迁及其反思

上文中，笔者以国家力量与汉族移民为视角，主要分析了河湟地方社会变迁的内在因素，而反思这一过程，并从中得出一些经验教训，是笔者的最终目的。

首先，“内地化”本身是一个值得反思的问题。从笔者的研究看，“内地化”是民族边疆地区发展变化过程中出现的一种客观现象，即民族边疆地区与内地中原在政治制度、经济状态、文化发展等方面的同质化过程即是“内地化”。因此，无论站在什么立场上，都无法忽视“内地化”客观发生的事实，而问题的关键在于如何理解“内地化”的合理性。

历史上，中央王朝在河湟地区开疆拓土的行动对于当地土著而言显然具有不合法性。对于世居河湟的民族来说，外来政治、军事势力的介入和外来人口的到来，不仅破坏了原有的社会政治结构，也加剧了他们在生存上的紧张感。因此，针对汉王朝等的屯田垦殖，当地的羌族土著居民进行过激烈的反抗。如若把分析的视角稍做调整，站在当地少数民族的立场来看，由中原王朝推动的“内地化”显然不是一首轻曼美妙的牧歌，而是充满着血腥与杀戮的政治、军事斗争，其中也包括不同民族之间基于生存基础即争夺土地等社会资源的竞争与较量。对于当地土著民族而言，如若没有中原王朝的开疆拓土，上述民族间的竞争与杀戮是不会发生的。因此，如果站在土著民族的立场上考量这一“内地化”进程，它显然不具备合法性。

不过，历史理性又告诉我们，单方面地以上述思路探究这一问题，显然无法全面了解人类历史本身的规律性及其意义。

两汉时期，在中原王朝政治、军事势力进入河湟之前，当地仍处于原始落后的部落联盟阶段，精神文明与物质文明处于较为落后状态。与之相较，中原地区在精神及物质文明方面显然具有很大的优势，在整个东亚地区也居于引领地位。从人类世界先进文明的引领性及其传播形式看，有时文明会以战争、杀戮的形式传播至文明落后地域，这既是历史事实的一部分，也是历史理性的结果。因此，河湟地区的内地化进程使这一地区真正进入文明状态，且随着历史发展紧跟中原文化发展步伐，进而使这一地区的社会文化状态得以发展。因此，从这一角度看，河湟地区的“内地化”是具有合理性的，也具有现代意义上的合法性。

其次，内地化进程最终导致河湟地区成为一个民族互嵌区域，多民族杂居的状态既丰富了这一地区的民族文化景象，同时也使这一地区处于相对稳定的社会发展状态。

历史上，单一民族居住区域内因人群之间矛盾引发的社会动乱频率远少于多民族地区，原因是单一民族因有共同的族性、价值认同与行为模式，因此产生矛盾冲突的社会文化因子较少。在多民族聚居之地，由于各民族社会发展程度不一，宗教信仰、价值理念等也各不相同，因此，人群之间基于上述因素的矛盾冲突时有发生，这也是民族边疆地区不稳定因素的主要来源。如若细究民族边疆地区发生的矛盾冲突，还有一个重要因素甚难引起人们的关注，那就是当少数民族地区各民族之间因文明进程、社会文化等因素处于相近发展水平时，由于没有引领当地社会发展的民族文化在其中占主导地位，各民族之间很容易引起冲突，而解决这一问题的关键就在于确保主体民族在社会文化诸项事务中的引领地位。

就笔者的研究结果而言，在河湟地区内地化进程所形成的民族互嵌状态中，汉文化最终于近代以来成为占据主导地位的文化因素，进而使主体民族在这一区域社会文化事务中占有引领地位，这确保了当地社会发展的稳定性。

由此，可以得出这样一个结论：在形式上，民族互嵌状态并不能直接确保民族边疆地区的稳定，而在内地化进程中孕育出的主体民族社会文化作用于民族边疆地区时，社会诸方面的稳定性才得以确立。

基于上述观点，笔者认为在西部大开发时代背景下展开的移民活动已不再等同于以往的政策性移民，中原内地汉族移入包括河湟地区在内的民族边疆地区时，往往是出于自发的，他们在整体社会发展中的主体性地位也应当受到尊重，而不能像过去那样将这一移民群体工具化。具体而言，应当在教育、医疗、就业等诸方面给予与当地居民同等的待遇，给予他们相对宽松的社会发展空间，使这一群体能较快地融入当地社会，进而成为具有引领作用的主体民族中的一分子。只有这样，他们在多民族互嵌社会中既成为互嵌社会的人口基础，也能成为具有引领作用的文化代言者，从而真正起到稳定边疆的作用。

最后，汉族移民在推进民族边疆地区内地化进程的同时，是否会使当地人文风貌单质化，这也是值得反思的一个问题。

民族边疆地区的人文风貌所呈现出的多元性是其之所以为边疆地区的原因之一，即便是河湟地区这样靠近中原的区域，正因它在文化上表现出的多元性、特殊性，才在人文地理视野中被赋予民族边疆的文化特质。客观地讲，内地化进程的确让一些特殊的文化现象销匿于历史的长河之中，也让民族边疆地区文化多元性的程度减弱，这一点也是无须隐讳的。

但是，在文明传播史上，代表人类文明先进方向的成果会在传播过程中被人们接受，并转化为特定群体文化的组成，而自古以来传承有序的精神文化却不会在文明传播中被斩断或被遗失。正唯如此，在内地化进程中，来自中原内地的政治制度、文化教育、衣食住行深刻影响着河湟地区的诸少数民族，但这并没有改变这些民族的宗教信仰，也没有使其族性发生不可逆的变化。特别是近代以来的内地化进程，首先要服从于近现代社会普遍遵循的民主、平等、自由等“现代性”理念，移风易俗的目标与程度也由此发生了大的转变。也正唯如此，内地化进程不仅不会使当地的人文风貌单质化，相反，民族边疆地区的人们在共享人类文明成果的同时，基于“现代性”而发生的内地化进程还会促进少数民族文化事业的进步及其文化的保护与传承。

总之，以史为鉴让我们更加清楚地看到内地化进程在河湟地区社会发展过程中所起到的重要作用，同时也能清晰地把握住汉族移民在这一历史进程中的地位与作用，进而去反思这一群体的历史样态与现实作用，为更好地建设河湟地区奠定良好、有序的人文基础。

第三节　河湟文化的基本特征

河湟文化的一般性特征和本质性特征是什么，这个问题值得研探，在建构河湟文化过程中，政府的角色定位问题也是一个颇为重要的议题。鉴于此，本节从这些问题入手，在讨论、总结河湟文化特征的同时，分析政府的角色定位，以供参考。

一、河湟文化的一般性特征

一般而言，某一事物区别于其他事物的方面，呈现出一般性特征和本质性特征两种属性。就河湟文化的一般性特征而言，在于它的文化来源和表现形态方面具有典型的多元性。

首先，河湟文化的来源是多元的。考古学证明，大约在距今六七千年前，共和盆地缘黄河一带有人类活动，著名的拉乙亥中石器时代遗址就坐落于共和盆地的南缘，靠近黄河南岸，发现的打制石器与我国华北地区旧石器时代的石制品十分相似。[①] 处于中石器时代的人群虽没有定居所需的文化基础，但他们在黄河边的活动已然为黄河文化的孕育提供了人群基础。大约距今 5500 年左右，马家窑文化人群进入河曲地区，并与当地土著杂居于此，同德宗日文化中马家窑文化人群和宗日土著人群之间的关系[②]，是当时青海黄河原始文化来源多元化的一个确证。距今 4000 年左右，西羌民族占据着青海黄河沿岸的耕地及不远处的草场，成为当时主宰黄河文化的主体人群。汉武帝时，中原王朝势力进入河湟地区，黄河沿岸的邯川、大小榆谷等地成为汉民族移民屯田之地，汉文化的进入丰富了河湟文化，并从此成为河湟文化的主要来源。之后，羌汉之间的战和离聚影响黄河文化发育、成形的历史进程可谓长久，大约在魏晋时期，随着吐谷浑在青海草原建政，河湟文化汲取了来自东北鲜卑民族的文化血液。吐蕃民族北上后，将藏传佛教为代表的文化植入黄河流域，安史之乱后，成为主宰黄河文化建构的主要文化因素，直到宋

① 参见盖培、王国道:《黄河上游拉乙亥中石器时代遗址发掘报告》,《人类学学报》1983 年第 1 期。

② 参见陈洪海等:《试论宗日遗址的文化性质》,《考古》1998 年第 5 期。

元时期，藏文化一直在河湟文化发展进程中扮演着重要角色。元明时期，蒙古族进入青海，并在今青海黄南州、海南州一带的黄河南北两岸驻牧，当地缘黄河一带的诸多地名仍从用蒙古语，可见蒙古文化对河湟文化的深刻影响。大约在同一时期，回族也随商贸、民族迁徙等活动进入河湟地区，伊斯兰文化亦成为影响黄河文化建构的文化来源。明清时期，原本以少数民族为主体的青海黄河一带逐步成为汉族移民的生息之地，山陕一带的汉族文化成为河湟文化的一大来源。直到近代，汉、回、藏、土等民族文化及其人群种落等因素[①]，成为青海文化多元建构的基础。

河湟文化的表现形态也具有多元性。河源地区属于典型的高原地区，青海东部地区则属于青藏高原与黄土高原的过渡地带，总体上都属于游牧文化分布地带。但是，恰恰因为有了黄河及其上游重要支流湟水河的存在，河谷地带适合农耕的区域成为农耕文化赖以存续的地方。青海黄河沿线的一些古渡、城镇等是丝绸之路青海道上的交通要道、中继站，如黄河沿岸的群科、河阴等古渡，湟水流域的丹噶尔、多巴等贸易重镇等，当地的一部分居民从事商业贸易活动，由此形成的商业文化也是河湟文化的表现形态。总之，游牧、农耕、商业文化交织在一起，成为河湟文化多元化的表现形态。

游牧文化赋予河湟文化热情奔放又内敛节制的文化因素，成为这一区域重要的文化特征。游牧是一种出现较晚的文化形态，在河湟地区，牧民主要以放养羊、牛为主，过着逐水草而居的生活。草原文明中热情奔放的文化因子亦为青海游牧民族所承袭，他们乐观豁达的天性和草原本有的开阔放达融为一体，也与奔腾东去的黄河水自然天成地融为一体。当然，游牧业本身存在的局限，也煅造出内敛节制的文化特色。青海地处内陆干旱地区，草场的畜类承载力有限，加之天灾频繁，贪多奢富的生存方式与草原文化并不相融，尤其是青海黄河附近的草场往往缺

① 参见芈一之等主编：《西宁历史与文化》，辽宁民族出版社 2005 年版，第 18—19 页。

乏水源，牧民要定期赶牛羊下山至黄河边饮水，并汲取干净饮用水，经年历久，便形成固定的通道，艰辛的游牧生活也从此与黄河之间形成共生关系。游牧业也并非单纯的作业形式，同一部落甚至是同一家族，一部分人在离黄河不远的地方驻牧，另一部分人在河谷从事农业，以期达到农牧互补，从而增加生存机遇、改善生存条件的作业方式甚为普遍。正如青海黄河在峡谷地带奔流汹涌，在平川处又静谧安详的特征一样，游牧文化的确与黄河诸多特征之间有着深刻的渊源关系。

青海地区适合农耕的地区往往与黄河及其支流有关。青海黄河两岸适合农耕的地方都是黄河水冲积而成的河川地区，尽管地势高于黄河，但之所以成为农耕区，却是黄河的恩赐；湟水等支流冲积而成的平地，也是农耕文化赖以存续的地区，这些水系也是浇灌当地农田的主要水源，成为青海地区“小河文明”的典型区域。我国农耕文化是汉民族文化的重要表现形态，受其影响，青海地区从事农业生产的汉、回、土等民族也过着日出而作、日落而息的生活，重视节气、天象，尊老爱幼，安土重迁的习惯、伦理等文化特征，亦为青海农耕人群所承续。在与黄河共生的历史进程中，也赋予黄河与之相应的文化特征。

青海地区的商贸活动及其文化特征也与黄河及其支流密切相关。商贸活动的一大文化功能在于促进人群之间的交流与互动。在青海地区，黄河沿线的商贸活动往往是农牧人群互动的结果，来自中原的商人往往把农耕地区的挂面、木箱、布匹等商品销往牧场，蒙、藏等商人则把草原地带的特产牛羊皮、大黄、虫草等销往中原，沿线的城镇则是不同人群交流与互动关系发生的重要场域。黄河之水长年奔流东去，成为中原地区和青海之间交流、互动的交通中介，黄河文化中的联动因素又与商业文化特征何其相像！

总体而言，黄河文化是多元化的，河湟文化的来源与表现形态也是多元的，这些一般性特征是河湟文化融入大河文化的一个前提，也是了解河湟文化的一个起点。

二、河湟文化的本质性特征

河湟文化的本质性特征在于它在文化上的次生性。所谓次生性是指某一文化现象属于其他原生文化的派生物，从文化发生学角度不具原创性。综观河湟文化的发展历程及其文化特性，河湟文化不具文化上的原创属性。

河湟文化在其发展的初期，主要仰赖西羌民族的文化创造，这一民族的文化发展历程也决定了河湟文化的一些本质性特征。西羌世居青海黄河沿岸及周边牧场，也有一些本民族文化特色鲜明的文化属性，但是，由于这一民族未能建立统一国家，且未能形成本民族的文字，其文化上的原创品质受到很大的局限。到后来，随着汉族、吐谷浑、小月氏、吐蕃等徙入，西羌的文化体系逐步受到破坏，缺乏国家建构的西羌往往沦为被统治民族，虽然在人口上占据优势，但在文化上受到其他民族的影响重于本民族的文化创造，且其文化创造力也受到其他民族文化的抑制。随着西羌整体融入吐蕃民族后，他们的民族文化也融入藏文化之中，现在，已很难寻觅其踪影了。基于以上原因，西羌民族虽然有石棺葬、白石崇拜、羌系陶器、青铜文化、萨满信仰等文化创造及人文因素[①]，但未能赋予与其伴生的黄河原创的文化属性。

如前所述，汉族、吐谷浑、小月氏、吐蕃、回族等徙入河湟地区后，把他们原生地的文化带入这一区域，并成为滋养河湟文化的多元文化源泉。正唯如此，河湟地区的汉文化、藏文化、伊斯兰文化等，都不是产生于当地的文化体系，而是从外部植入的，受这些文化因素影响而形成的河湟文化自然是一种次生性的文化，不属于原创性文化。

作为一种文化特征，河湟文化的次生性很大程度上决定了这一区域的文化发展总体上滞后于其文化的原生区域。比如，对于河湟文化中的汉文化因素而言，它的核心区域在中原地区，无论是齐鲁之地的儒家文

① 参见李健胜、武刚：《早期羌史研究》，人民出版社 2014 年版，第 25—28 页。

化，还是关中地区的农耕文化，都是具有原创属性的文化因素，对于当地及周边地区产生持续性影响，当地的汉族无论是在生产生活方式上，还是文化素养、精神状态上，都能充分代表汉文化的基本特征，也属于文化上完全得到发展的族群。与之相反，河湟地区的汉族仰赖于中原实现自身文化的更新，其社会发展程度也与周边少数民族并无实质性区别。藏传佛教文化是藏文化的典型，从这一文化早期的分布及发展状况看，西藏地区是这一宗教文化的输出地，河湟地区的藏传佛教文化是文化传播的产物。西亚、中亚伊斯兰文化持续不断地影响着河湟地区的伊斯兰文明，也属于文化次生区域接受原生地区影响的范畴。当然，也须看到，次生性的文化对原生文化也有一定的反作用力，河湟地区流传的贤孝、平弦戏、眉户等，已然在内地失传，藏传佛教后弘期发端于青海湟水流域等，[①] 都是这种现象的最好注解。

河湟文化的次生性特征，使得这一区域的文化发展不得不依赖于原生文化的不断滋养，一旦失去了原生文化持续性的文化供给，就会出现文化上的衰变。新石器时代，中原的仰韶文化人群向西发展，进入青海河湟地区，湟水流域的民和核桃庄遗址、黄河流域的化隆一带，都有仰韶时代的彩陶出土。仰韶文化人群徙入这一区域后，逐步成为当地土著，其文化体系逐步与原生地疏离，人们熟知的马家窑文化，其早期类型石岭下时代，彩陶的纹饰基本与仰韶相同，典型地反映出中原地区原始人群的审美特征，以及蕴含其中的礼乐精神。但是，到了马家窑文化阶段，一些土著化的文化因素开始作用于彩陶纹饰，到了半山、马厂时代，彩陶纹饰的艺术手法及其文化内涵已然脱离了仰韶文化系统，虽然富有想象、夸张等文化表现力，亦可从区系类型学角度辨析彩陶纹饰符号化的历程，但不可否认的是，它与原生文化相比，已然属于独立的文化系统，没有发展出仰韶文化庙底沟类型所代表的典型的早期礼乐文化特征，这也是河湟文化的早期阶段没能进入文明阶段的一个原因。西汉

① 谢热：《西藏佛教后弘期发祥地——丹斗寺》，《西藏研究》1987 年第 2 期。

中期以来，大量汉族徙入河湟地区，受之影响，农耕文化开始对这一地区的人文生态系统产生重大影响，《三老赵掾碑》可证实，东汉时，湟水流域已然儒风甚浓。[①]然而，受中央王朝在这一区域统治权消长不一的影响，汉文化在河湟地区的传播呈波浪式发展态势，一旦政局不稳，汉文化的发展势头迅速受到抑制，当地汉文化与中原之间的联系便会断裂，其存续发展的历史命运就此被扼杀。反观其他文化因素与原生地区的关系，也存在相似的现象。由此可知，次生性的文化系统不仅需要原生文化的滋养，更需要源源不断的文化输入，一旦这个文化链条断裂，那么，次生性的文化系统会出现衰变乃至灭绝。

总之，了解河湟文化次生性的本质性特征是十分必要的，它一方面有利于我们形成谦虚谨慎的文化态度，理性判断其在整个黄河文化中的地位与作用，不至于形成不切实际的文化幻想，把河湟文化乃至青海文化看作是中华民族文化的源头，并提出一些荒诞不经、令人不齿的文化口号来。另一方面，也有利于认清河湟文化与原生文化之间的亲密关系，尤其是要准确判断黄河上游文化与中、下游文化之间不可分割的亲缘关系，从历史与现实的角度认清中、下游文化对河湟文化的重大意义。

三、地方政府在建构河湟文化中的作用

黄河文化一直是激励中华民族勇敢前行的动力源泉，它不仅是中华文明的摇篮，也是时代精神的象征。从文化象征角度看，黄河一直被赋予国家统一和民族团结精神支柱的文化内涵[②]，近年来，随着生态文明建设的推进，学术界推崇黄河与人类的共生关系，以彰显黄河文化的时代意义。建构黄河文化不仅仅是个学术问题，它也与政府的行政行为密切相关，在黄河文化的发展过程中，政府的角色定位也是一个值得反思

---

① 参见沈年润：《释东汉三老赵掾碑》，《文物》1964 年第 5 期。

② 参见安作璋、王克奇：《黄河文化与中华文明》，《文史哲》1992 年第 4 期。

的重要问题。

对于河湟文化建构中的政府角色而言，首先，青海省政府应当利用行政调控手段，加强河湟地区的交通、城镇、水利等基础设施建设，在这一流域建设一座人口规模达50万以上的城市，使得这一区域拥有一座中心城市，成为带动当地经济、文化等事业发展的新引擎。长期以来，青海河湟地区中，湟水流域的文明发展程度高于河湟地区，这一方面与区域自然地理条件有关，也与行政建置等人为因素相关。历史上，湟水流域的乐都、西宁一直是青海地区的行政中心，这导致青海的优势资源集中于湟水流域，文化教育、市镇商贸等设施也集中于此，直到今天，湟水流域的压倒性优势仍在持续扩大。事实上，河湟地区的自然环境、人文条件等也有利于形成一个经济、文化中心，这一方面可缓解西宁的人口、交通、水资源等压力[①]；另一方面，可带动河湟地区的社会经济发展。在区域经济学领域，有学者早就提出青海经济南向发展的意义及途径等[②]，青海省扶持贵德、同仁等县的具体政策，也体现出这一点。在此基础上，应当加大力度，在河湟地区尽快建设起一座现代化的新型城市，只有这样，黄河文化建设才会有赖以发展的依托和基础，也才会有持续发展的经济基础、人口基础和人文条件。

其次，青海省政府应当从政策层面解决好河湟文化中存在的“多元”与“一体”关系问题。如前所述，河湟文化具有多元性特征，这与中华民族文化中的多元性是相一致的。不过，正如中华民族文化的“多元”与“一体”的辩证关系一样，河湟文化中的“多元”与“一体”也应当具有辩证关系。具体来说，政府在指导、调控河湟文化建构过程中，一方面要尊重流域内民族文化的多元性，另一方面要抓住主心骨，建设具有一体性特征的主导性文化。从文化学角度看，“多元”往往是现代民族国家的一般性特征，“多元”是客观存在的，也是现代民族国家文化建构的基本样态。然而，如若把客观存在的“多元”文化特征上

① 参见张效科、刘德铭：《复兴青海道》，青海人民出版社2017年版，第85—86页。

② 参见刘同德等：《青海“南向发展战略”思路分析》，《青海社会科学》2007年第1期。

升为一种文化政策，往往会出现“多元”文化的恶性竞争和多中心或无中心的文化发展模式。换言之，以“多元”为借口的文化发展策略，可能会导致多中心或无中心的结果。所谓“多中心”，即构成某一文化体系的多元因素各自发展，从而脱离文化母体，成为肢解这一文化体系的力量，从而导致某一文化体系崩解；所谓“无中心”，即以文化的“多元”论为借口，使某一文化体系无法形成统一、稳定的文化共性。在河湟文化建构中，也存在“多元”文化因素导致多中心或无中心的风险，因此需要政府从政策、制度层面，保障文化建构中“一体”因素的恒定发展，尤其注重中原文化持续滋养河湟文化的渠道建设，从而在政策层面保障河湟文化的多元一体特性，使之成为彰显中华文明的标志之一。

最后，青海省政府也可以通过一些具体的行政行为，来参与河湟文化的建设。比如，青海省政府可利用黄河经济带建设的契机，加强与黄河流域各省区之间的经济、文化联动。在经济建设方面，通过举办论坛、会展、洽谈会等形式，积极参与黄河经济带建设，尤其是在全流域联动的旅游资源开发、旅游线路规划等方面发挥积极作用，从而推动青海新兴经济的发展。在文化建设方面，适时建设一座有一定规模的黄河文化博物馆，展示河湟地区的生态文明建设成果、青海黄河开发史等，使之成为展现河湟文化建设的重要窗口和国民生态文明教育基地。政府也可以通过组织省垣专家研究青海黄河的历史文化、沿线民俗及民族宗教诸问题，探究青海黄河在中华民族形成与发展过程中所起到的作用，也可以通过成立研究机构、加强流域内高校间的合作、举办学术会议、出版学术刊物等形式，研究、宣传河湟文化。总之，政府以策划、组织、协调等手段，做好角色定位，显然有利于河湟文化的宣传、研究等具体工作。

责任编辑:贺 畅 周 颖
责任校对:白 玥

图书在版编目(CIP)数据

区域的交错与变奏:河湟地区历史文化研究/李健胜 著. —北京:人民出版社,2020.6
ISBN 978-7-01-021891-5

Ⅰ.①区… Ⅱ.①李… Ⅲ.①文化史-研究-西北地区 Ⅳ.①K294

中国版本图书馆 CIP 数据核字(2020)第 030830 号

区域的交错与变奏:河湟地区历史文化研究
QUYU DE JIAOCUO YU BIANZOU HEHUANG DIQU LISHI WENHUA YANJIU

李健胜 著

人民出版社 出版发行
(100706 北京市东城区隆福寺街 99 号)

山东韵杰文化科技有限公司印刷 新华书店经销

2020 年 6 月第 1 版 2020 年 6 月北京第 1 次印刷
开本:710 毫米×1000 毫米 1/16 印张:19.25
字数:267 千字

ISBN 978-7-01-021891-5 定价:69.00 元

邮购地址 100706 北京市东城区隆福寺街 99 号
人民东方图书销售中心 电话 (010)65250042 65289539